辽宁大学法学学术文库

提升高等学校核心竞争力特色学科建设工程

潜伏性毒物致害侵权问题研究

涂永前 著

QIANFUXING DUWU ZHIHAI QINQUAN
WENTI YANJIU

知识产权出版社
全国百佳图书出版单位

图书在版编目（CIP）数据

潜伏性毒物致害侵权问题研究 / 涂永前著．—北京：知识产权出版社，2014. 5

ISBN 978 - 7 - 5130 - 2746 - 5

Ⅰ. ①潜…　Ⅱ. ①涂…　Ⅲ. ①毒物—伤害—侵权行为—研究—中国　Ⅳ. ①D923. 84

中国版本图书馆 CIP 数据核字（2014）第 109019 号

责任编辑：彭小华　　**责任校对**：董志英

特约编辑：郭广通　　**责任出版**：刘译文

潜伏性毒物致害侵权问题研究

QianFuXing DuWu ZhiHai QinQuan WenTi YanJiu

涂永前　著

出版发行：知识产权出版社有限责任公司　　**网　　址**：http：//www. ipph. cn

社　　址：北京市海淀区西外太平庄 55 号　　**邮　　编**：100088

责编电话：010 - 82000860 转 8115　　**责编邮箱**：huapxh@ sina. com

发行电话：010 - 82000860 转 8101/8102　　**发行传真**：010 - 82000893/82005070/82000270

印　　刷：北京嘉恒彩色印刷有限责任公司　　**经　　销**：各大网上书店、新华书店及相关专业书店

开　　本：720mm × 960mm　1/16　　**印　　张**：17. 5

版　　次：2014 年 5 月第一版　　**印　　次**：2016 年 7 月第二次印刷

字　　数：336 千字　　**定　　价**：58. 00 元

ISBN 978 - 7 - 5130 - 2746 - 5

内容提要

毒物致害侵权，更确切地说是潜伏性毒物致害侵权，在国内是一个几乎无人研究的领域。潜伏性毒物致害是经济无序发展和科技发达社会的副产品，其影响范围广泛并且具有累积性、隐蔽性以及不易检测等特征，使得该问题的解决变得越来越复杂。由于事关每个个体的生命健康及生存发展，从法学角度对其展开系统、全面研究自然是一项非常有意义的工作。

本研究首先从词源、毒物学、医学以及法学等角度对毒物、潜伏性以及潜伏性毒物的概念进行了厘清。之后，对潜伏性毒物致害侵权的特征进行了归纳，为本研究的展开论述进行铺垫。

潜伏性毒物致害侵权的类型主要表现为产品毒物致害侵权以及环境毒物致害侵权。在分别对其进行系统的概括性研究过程中，本书重点就潜伏性毒物致害侵权中会涉及的侵权者积极抗辩事由——发展风险问题及我国相应制度的完善，环境毒物致害侵权的特征与民事责任构成，以及诉讼时效制度的再造进行了深入探讨。

跟普通侵权行为一样，在潜伏性毒物致害侵权中，因果关系问题至关重要，通过对因果关系的宗教、哲学渊源进行探索，发现两大法系在法律上的因果关系理论虽然众多，但是其共同点比较一致：是出于一种法律政策的考量；很明显，这种法律意义上的因果关系已经与其本源的理论发生背离，但是在法律上对于侵权责任的承担及范围界定却意义重大。鉴于潜伏性毒物致害侵权所具有的诸多特殊性和复杂性，其因果关系的证明通常要经过科学证据才能认定，为此对科学、科学方法、科学知识以及潜伏性毒物致害侵权中会涉及的科学方法进行探讨。然后就潜伏性毒物致害侵权诉讼中会涉及的科学证据、其运用以及相关制度在我国的构建进行了研究。

给予潜伏性毒物致害侵权中的受害者以法律救济是问题解决的重中之重。由于这种侵权损害行为中存在诸多不确定性，对其诉讼过程中可能会出现的不确定性进行分类界定很有必要。民事诉讼的证明标准因潜伏性毒物致害侵权的特殊性而具有特别意义。虽然法律对举证责任有特殊安排，但是在潜伏性毒物致害诉讼中，诉讼证明标准“高度盖然性”的认定变得异乎复杂、抽象。在对两大法系民事诉讼证明标准进行比较研究之后，概括出其共同之处：盖然性要超过50%。

高度盖然性标准在普通民事诉讼中自有其价值空间，而在潜伏性毒物致害侵权这种特定类型的民事诉讼中，适用此标准，则可能有违侵权法的威慑及矫正的正义目的。鉴于此困境，发展新的诉讼救济理论十分必要。在总结国外一些具有潜伏性毒物致害侵权类型特征的诉讼解决模式，诸如美国法上择一责任、一致行为、企业责任以及主流的市场份额责任及其修正模式的利弊之后，提出证据损害理论可作为这些特定类型诉讼问题解决的可行性路径选择。为此，以侵权行为法的威慑和矫正正义目的为立论基础，通过大量实例与理论分析，本书对证据损害的特征、其救济机制、理论架构以及该理论的可行性进行了深入的探讨。

潜伏性毒物致害是人类社会发展所产生的副产品，如何对有毒物质可能存在的潜伏性损害风险进行充分的科学评估，进而对其进行有效控制，以及对受害者进行充分及时的法律救济将是未来社会发展所面临的急迫课题，它需要我们突破传统的法学研究路径，需要我们通过一个系统治理的思路来遏制此类危害的出现，立足人类发展的长远利益，突破法学学科研究的藩篱、法学学科和其他人文科学以及自然科学之间的壁垒，本研究在这方面的研究尝试只是一个开始，在接下来的研究中将就每一种具体类型的有毒物质侵权，诸如不安全食品、药品等致害侵权的情形及其法律救济展开更为深入的专门研究。

关键词　潜伏性毒物　侵权责任　证据损害　法律救济

ABSTRACT

Toxic torts, more exactly, toxic torts with latent injury, is a domain rarely touched in China. It is evident that toxic torts is a byproduct of disordering economic development and scientifically-developed society and boasts of cumulative, latent and hidden features and has mass influence, which make the issue become more and more complicated. As far as the topic concerns the health, life and development of each individual, it is of great value to investigate the topic systematically and comprehensively from the perspective of law.

The dissertation defines the conceptions of toxic and latency from etymology, toxicology and law at the beginning. Then, the author briefly singles out some typical cases in toxic torts field at home and abroad, and induces the prominent features of said torts, which establishes the basis for the following investigation.

Toxic torts mainly combine with product tort liability and environmental tort liability. In the systematic and general investigation into these two fields, the paper highlights the affirmative defense such as development risk defense and the improvement of corresponding norms concerning it, the characteristics of environmental toxic torts and their civil liabilities, and finally the reconstruction of time bar in present laws comprehensively.

As the case of ordinary torts, causation is a critical knot must be tackled, so is it in the field of toxic torts. After the investigation into the sources of causation in religion and philosophy, it is can be concluded that the legal causation is a type of consideration concerning certain legal policies, though there are many diversified doctrines in both civil law and common law world. Obviously, these kinds of theories regarding causation in law has deviated from its original theory in religion and philosophy, however, it is of vital importance for the culpability, assumption of liability and the definition of the scope of liability in law. As far as the specialties and complexity of toxic torts concerns, the proof of its causation always depends upon the scientific evidence, therefore, the paper discusses scientific-evidence-related concepts such as science, scientific methods, scientific knowledge, and especially the scientific methods employed in toxic torts in detail successively. At the end of this part, the paper focuses on the scientific evidence, its application and the establishment of corresponding institution that toxic tort litigations always involved.

Providing legal remedies for the victims of toxic torts is key point of this dissertation. It is necessary to classify and define the diversified types of uncertainty in civil proceedings because there exist many uncertainties in typical toxic torts cases. The standard of proof in civil litigation in toxic torts is of great interest due to their specialties. Though there are many extraordinary institutional arrangements for the proof of evidence in civil proceedings, anyhow, the determination of the standard of higher probability of evidence in toxic tort litigations is abnormally complex and abstract. While making a comparative study of the two types of standards of proof in the two legal families, the common place of the two doctrines can be concluded that if one wants to prevail in the litigation, the probability of the evidence must be over 50%.

The doctrine of higher probability of evidence possesses its own value in ordinary civil litigation, however, in this special toxic tort field; the application of the standard will violate the deterrence and corrective justice objectives of tort law. As to the dilemmas between the settlement of disputes in toxic torts and the prescribed rules, there is a necessity to create a remedial doctrine for mass toxic tort litigations. After summarizing and analyzing the dispute settlement modes such as those of alternative liability, concert action, enterprise liability and market share liability in the United States, and the merits and demerits of them, the paper puts forward a doctrine of evidentiary damage as a feasible alternative for the settlement of issues arising from toxic tort litigation. Therefore, taking the deterrence and corrective justice objectives of tort law as its argumental basis, the paper investigates the features, the remedial mechanism, doctrinal structure, and its theoretical feasibility of evidential damage further via a large number of typical case and doctrinal analysis.

Key Words: toxics with latent harm, tort liability, evidential damage, legal remedies

前　　言

人类发展到今天，一直都在不停地面对这样或者那样的风险，但是在我们这个科技快速发展、全球化趋势越来越强劲的现代社会，其中所存在的风险与以前世代相比已在本质上发生了变化。虽然我们人类社会面临的外部风险，诸如旱灾、地震、饥荒以及暴风雪等来自自然界的风险一点也没有减少，但是这些风险一般与人类行为没有太大关系。然而，我们今天却在越来越多地面临各种类型的人为风险，说得直接些，就是我们人类通过自己掌握的知识和技术对自然界进行改造的同时所引发的风险。其中近半个世纪以来所发生的诸多环境及健康威胁就是人为风险的最典型例证，这些人为风险的出现很明显是我们人类干预自然、改造自然的结果。

在过去的50年里，健康风险日益成为人们关注的重点话题。比如，由于人类活动以及工业生产中大量排放化学物质，致使大气层中的臭氧逐渐减少，臭氧层损耗严重，甚至出现大面积“空洞”，从而使得出现“臭氧空洞”的地区皮肤癌患病率大幅提高。健康风险更多来源于人为因素，主要与食品、药品以及各种工业产品有关。众所周知，现代科学技术已经强烈影响到了现代耕作技术与食品、药品以及产品生产技术。比如，在商业化农业生产中大量使用化学杀虫剂、除草剂以及其他化学农药，从而使许多食用动物身上的抗生素及荷尔蒙含量不断累积。科研跟踪资料显示这些化学农药的使用已经严重危及农业食品安全，给人类带来了巨大副作用。近些年，人们对于转基因（Genetic Modified Organisms，GMOs）食品以及“疯牛病”（bovino spongiform encephalopathy，BSE，也叫牛海绵状脑病）的热议和担忧并非空穴来风，因为已经有相当多的科学研究资料显示，人们对于这些新物质以及疾病存在诸多未知因素，如果不进行很好的控制就会对人类的生存形成严重威胁。

生态风险及健康风险已经成为人类社会进一步发展所面临的重大挑战。这些风险，在那些曾经或者正在经历经济高速发展的工业化国家表现得尤为明显，中国亦不例外。由于人类的急功近利，对社会进步以及经济发展的片面追求，在没有对风险进行充分评估的情况下，对自然资源进行掠夺性开发，对人类生存的环境进行肆意蹂躏；在尚未得到科学证实有效且无害的情况下，不断推出新的食品、药品以及产品，从而使得人类作茧自缚的实例屡见不鲜。其实从矛盾的对立统一观点来看，这些风险的制造者可能会获得一时的利益，但是从长远来看，他们的所作所为均是短视行为，物极必反，他们此时是风险制造者，彼时就可能成为受害者。

风险无处不在，人类在自然界面前其实像幼小的孩子，非常天真而又脆弱。本书探讨的对象不涉及那些非人为风险，而是集中于人类在生产、消费产品以及改造环境时所出现的人为风险。细言之，本书的研究对象不是那种一般意义上的产品责任和环境污染责任，而是专注于那些潜伏性毒物，对人身体和健康的损害要经历一定潜伏期之后才出现的侵权行为，对其法律救济进行深入的、有重点的探索。至于潜伏性毒物对财产或其他客体造成的侵权损害因其研究价值与潜伏性毒物对人身的侵权损害没有可比性，因此笔者此处的研究不将其列入探讨范畴之内。

一、本书拟研究的主要问题及对研究目标的整体描述

中国俗话说“是药三分毒”，在西方世界中也有类似表述，比如，16 世纪著名的瑞士医学家、炼金术士兼反传统人士帕拉塞尔苏斯（Philippus Aureolus Paracelsus，1493～1541）就曾说过这样一段有名的话语：“世界上的所有物质都是有毒的，无一例外。只要剂量正确，就可以把毒物变成仙丹。”[1] 这些古老的表述告诉我们一个简单的道理：我们无时无刻不为毒物所包围。我们吸取的食物，吞食的药物，接触的商品，呼吸的空气等当中可能随时都含有毒物。当吸取量达到某种危险程度时，这些毒物的毒性就会急剧发作，能够使人体很快表现出中毒症状，使得病因非常容易查证。但是，也有很多环境污染物，食品、药品以及产品中潜藏的毒物对人身体和健康所造成的损害不是一时就能够发现的，而是具有一定的潜伏期。这种潜伏期有长有短，长者多达 30 年以上，潜伏期的长短与个体的身体素质、遗传基因，特别是接触毒物的程度和时间或者说环境存在着重大关系。这些毒物，在经历了漫长的潜伏期后，就会导致疾病症状出现，同时也会造成一系列的不确定情形：致害行为与损害事实之间的因果关系不确定，致害人不确定，受害人不确定，侵权损害证据因为时间久远无法收集或者不完整，以及诉讼时效的经过所导致的诉讼法律后果不确定，还有由于科学的不确定性导致侵权诉讼证据证明力的不确定，等等。

众所周知，我们国家还远远不是一个福利国家，购买各种健康保险、医疗保险、工伤保险以及养老保险等各种社会保险的人数比例相当低，据相关资料

---

[1] 原文为：“All substances are poisons; there is none which is not a poison. The right dose differentiates a poison from a remedy.” 剂量（dose）通常用“每千克体重（kg）摄取多少毫克（mg）”来表示。给人服用的治疗性药物剂量经常是根据他们的机体重量来计算的。

显示尚不足20%。[1] 对于那些遭受潜伏性毒物侵扰的受害者，目前不存在完整形式意义上的法律文本对其进行规制，很多相关法律条文散见于《民法通则》《产品质量法》《消费者权益保护法》《民事诉讼法》《食品安全法》《环境保护法》《职业病防治法》《尘肺病防治条例》等法律、司法解释、行政立法以及部门规章当中，但是这些相关法律条文本身以及各种相关条文之间存在的问题太多，比方说：条文之间的逻辑不清；可操作性不强；对诉讼时效的规定缺乏一致性；在特殊的产品及环境侵权责任归责原则的表述上存在模棱两可；关于专家鉴定的科学标准及复审程序等缺乏明确规定，等等，不一而足，本书将一一进行阐述。总之由于种种原因，立法上的缺陷非常明显，从而使得现实的法律运行存在诸多障碍。由于这些因素，使得潜伏性毒物的受害者几乎无法得到法律的救济。从目前可以收集到的案例来看，绝大多数受害者提出的诉讼因为这样那样的法律障碍遭到法院拒绝受理或者被无情驳回，或者诉讼之路极其坎坷且最终无法得到公正判决，或者由受害者自己承担损失，种种不公正的结果体现了我国法律职能的缺位。与此形成鲜明对照的是，有些致害人却因为其非法经营行为在经济上获利颇丰。从侵权行为法的角度来讲，这种致害人因非法行为获利巨大，而受害人的损失无法得到填补或者充分填补的状况是一种严重有违矫正正义的法律现象，并且会因此造成更加严重的法律后果，即：法律无法对这些致害人的不当行为起到一定的威慑作用，从而会导致为恶者更加肆无忌惮，使得其损人利己的非法行为更加猖獗。

本书从侵权法的威慑、矫正正义以及损害赔偿三大功能入手，为这些潜伏性毒物致害中的受害者提供救济，寻求法律理论及实务上的支撑，使那些法律处境艰难的受害者能够看到其个体正义得到实现的前景。

二、国内外研究现状及存在的不足

本书通过对已有的国外相关领域的一些文献的细致研究，发掘其中蕴藏的法律内涵，以克服国内以往在相关领域研究中所出现的断章取义以及囫囵吞枣之流弊。在综观国外及国内相关方面的研究资料后，笔者将食品、药品、产品以及环境污染中的毒物致害侵权损害结合在一起进行研究，总结其中的共性，明确提出了潜伏性毒物致害侵权的概念，目前国内相关研究中尚无人提出这种

---

[1] 截至2007年6月底，养老、医疗、失业和工伤四项保险参保人数均突破1亿人，其中养老保险参保人数接近2亿人……城市低保制度也在不断发展，目前已覆盖了包括困难职工及其家庭在内的2 200多万人，此数据仅限于城市范围。在农村这些社会保障项目几乎都没有大规模展开。参见http：//news. xinhuanet. com/video/0010-07/11/content_ 6767882. htm.

概念，国外同类研究领域中亦鲜见。此前，在国内的相关研究中，特别在特殊侵权责任——产品致害侵权责任以及环境污染致害侵权责任——中有人在产品的发展风险中提及过产品制造者的严格责任及其发现风险免责，在环境侵权的特征及其民事责任中提及过环境污染后果的潜伏性等特征以及污染者的严格责任，及其相关诉讼时效等，并对以上内容进行过一些探讨。对于潜伏性毒物致害侵权中存在的诸多不确定性没有进行过深入探讨，并且潜伏性毒物致害侵权诉讼中可能存在的科学证据采纳及其证明力，以及新的诉讼证明标准“高度盖然性”标准在潜伏性毒物致害侵权诉讼中的不足更是无人进行过探讨。

对于国外的相关研究资料，许多国内学者在引述时存在较为严重的断章取义，致使谬种流传，为此，笔者就涉及潜伏性毒物致害侵权中国外著名的责任归咎原则，如：择一责任（alternative liability），市场份额责任（market share liability），一致行为（concert of action）以及企业责任（enterprise liability）等进行系统的深入探讨，还原这些制度的本来面目。为了弥补潜伏性毒物致害侵权诉讼中所存在的法律难题，笔者基于前述侵权行为法目的之上提出证据损害理论，通过该理论，迫使致害人采取各种手段事先保留证据，并尽力发现事实真相，否则将承担不利后果。通过对美国著名的弗莱伊（Frye）以及多伯特（Daubert）案的细致研究，笔者还就潜伏性毒物致害侵权中的因果关系证明，也即科学证据，在诉讼中的运用、认定、认定标准以及具体的认定程序提出自己的观点，为国内未来的科学证据认定及其相关程序规则的制定和完善提出了具有可行性的见解。

三、本书研究目标的学术价值和实现研究目标的方法

为了阐明本书的论题，书中进行了大量的跨学科研究，比方说，为了阐述毒物的特性，笔者专门就相关术语的表述及其内涵查阅了毒物学书籍；为了阐述致病因素，笔者参阅了一些病理学书籍；为了厘清科学、科学知识以及科学证据之间的联系，笔者参阅了有关科学哲学方面的书籍；还专门的对社会流行病学研究方法及其利弊进行了研究。为了系统解决本论题中所存在的问题，笔者融合了实体法和程序法的研究路径，参阅了大量的民事实体法、民事诉讼法以及证据法学的专业书籍。为了使立论充分，笔者同时还参阅了大量的（法）哲学、法律经济学、法律社会学、法律逻辑学及方法论等方面的理论著述。通过以上跨学科、跨专业的研究路径，融合贯通各科知识，突破传统的法学研究模式的藩篱，就本论题进行了开拓性研究，研究方法上具有一定创新价值。为了验证本书中提出的新观点，笔者从不同角度进行了正反论证以及客观评估，使观点的合理性更加可靠。

笔者所展开的这种跨学科研究以及将实体法与程序法相结合研究，其实也是反映了侵权法的终极目标，实现矫正正义，使受害者得到救济，如果仅仅依靠实体法的规定，而没有程序法的设计，这种目标实难实现。总之，笔者尽力通过严密的论证，充分展示本论题的实用价值和学术价值。

四、本书所采用的主要研究方法

（1）语义学的研究方法。对于书中涉及的有关专业语词，笔者从该术语的中西词源进行考究，探寻其发展轨迹以及真实内涵，以清楚界定该术语与其他语词之间的差别所在。

（2）法律经济学的研究方法。书中通过对风险、效用、成本、收益以及概率的法律分析，总结得出某些法律制度在设计上存在合理性欠缺。

（3）比较法律方法。通过比较研究的方法探寻异域法律制度中的法律理论、制度背景、成因、运行以及发展演变，对我国相关制度的构建提出有益的参考。

（4）规范分析和实证研究相结合。通过对相关法律条文的规范分析，找出其中存在的法律漏洞和规范缺陷，为未来立法提供建设性的意见；对相关法律规范的设计进行了客观评估及实证研究，同时结合对国内外成案的整理、比较、分析、研究，总结出其中具有一般性的共通之处，使得所设计的规范更加具有合理性和可操作性。

（5）辩证唯物主义的研究方法。本书中一直秉承实事求是的研究理念，对所收集到的实证材料和数据，进行辩证的客观分析，从而使本书的论证材料更加具有说服力。

目　　录

第一章　潜伏性毒物致害侵权所涉相关概念、特征及现状

第一节　与潜伏性毒物致害侵权有关的概念及特征

一、毒物的概念

（一）语义分析及科学界定

毒物，或者说有毒物质，其英文表述可以是 toxic substance，toxic 以及 toxicant，比较通俗一些的表示法则为 poison。词典上对毒物的定义基本上很接近，比方说："被摄取或被有机体吸收后，会造成死亡或伤害的一种物质，尤其指那种即使微量吸入也会快速造成死亡的物质。"[1]网络版《美国传统词典》上的解释更为直接："能够造成人体伤害或者死亡的有毒物质，尤指通过化学方法获得的有毒物质。"根据毒物学（toxicology）专业书籍上的解释，所谓毒物是指在一定的条件下，不论以何种方式，小剂量的作用于机体，与机体产生物理或者化学作用，导致机体正常生理代谢功能的破坏，引起一系列病理改变，甚至危及生命造成死亡的物质。

毒物的概念是相对的，许多物质在正常情况下对人是无毒的，甚至是有益的，但使用不当就可能使人中毒成为毒物。和我们日常生活密切相关的食物、药物、毒物的区别从本质上讲不是绝对的，可因条件不同而相互转换。凡可维持或继续正常新陈代谢（即能向机体提供热量及营养）的物质就是食物；可以改善或恢复正常代谢功能（即能使机体的不正常状态转变为正常状态）的物质就是药物；扰乱或破坏正常新陈代谢的物质就是毒物。食物和药物的服用遵循量变和质变规律，因此暴饮暴食、过量滥用药物都会造成机体正常功能的破坏，使其转化为毒物。[2]

毒物根据其性质、用途和作用进行不同的分类。（1）化学分类，按毒物

---

[1] See John Timbrell, *The Poison Paradox: Chemicals as Friends and Foes*, Oxford University Press, 2005, p. 1.

[2] 刘景林、周亚红：《毒物及微量物证分析学》，南京大学出版社 2005 年版，第 183 页。

的化学性质和分离方法进行分类：①挥发性无机及有机毒物；②非挥发性有机毒物；③水溶性无机及金属毒物；④农药。（2）毒理学分类，按照毒物毒性作用进行分类：①腐蚀毒；②实质毒；③血液毒；④神经毒；⑤酶抑制毒。❶

毒物必须被人的机体吸收才能发挥其毒性作用，吸收途径主要有四种：（1）呼吸道吸收；（2）皮肤及黏膜吸收；（3）胃肠道吸收；（4）血液直接吸收。❷ 毒物进入机体后，因毒物本身的性质和中毒者机体状态的不同，毒物在体内产生的毒性作用存在很大的差异。影响毒物毒性作用的因素主要表现在以下几个方面。（1）毒物的理化属性。其中，毒物的物理属性主要指：①分散度。毒物的分散度大时，总表面积增大，使得化学活性增大，毒性也大；反之毒物的分散度小，其毒性也小。②溶解度。毒物在水或者弱酸中的溶解度越小，其毒性作用越小。③挥发性。挥发性大的毒物多易被呼吸道吸入，毒挥发性越大越容易中毒。（2）机体的状态。①年龄与性别。通常儿童对毒物比较敏感，除了其体重小，只需较小剂量的原因外，还因儿童处于发育阶段，各方面尚未成熟，机体对毒物的抵抗力较弱。老年人的代谢机能受到一定的限制，其抵抗力也较弱，特别是对于作用于心血管系统或消化道的毒物比较敏感。妇女对毒物的耐受性与男性相比一般较低，尤其是孕期或月经期，反应比较大，会引起流产、早产及月经不调。②健康状况。健康状况对毒物的作用影响很大。当有慢性疾病，营养不良时，机体抵抗力降低，容易造成中毒，尤其是心脏、肝脏及肾脏有病变时，更能加重毒物的作用。精神病患者对安眠镇静药有极大的耐受力，即使给予剂量的几倍甚至几十倍，也不能引起严重中毒。③习惯性和过敏性。某些毒物经常少量地服用，能使机体对毒物的敏感性降低，一旦服用剂量大时，也可不引起中毒或者中毒很轻。与习惯性相反的是过敏性，即对某种药物或毒物特别敏感，与一般人相比有质的区别。❸ ④饮食状况。在富裕的西方国家，虽然大部分人都有丰富、营养均衡的饮食，但是在世界某些地区并非如此。如果机体出现蛋白质和维生素匮乏情况，便会对化学毒性的消解造成影响。饮食若欠缺蛋白质，会减少化学物代谢时所需要的许多酶含量，也会减少血液中的蛋白质的含量。如果大量的化学物和血液中的蛋白质结合，就会影响到它被处理的情况，结果是血液中的蛋白质更少，而药物含量却更高，这将会导致毒性增加。胃内空虚时，毒物更易吸收，其中毒症状出现较

❶ 以上毒物分类的具体细分及表现形态，详见刘景林、周亚红：《毒物及微量物证分析学》，南京大学出版社 2005 年版，第 183 ~ 185 页。

❷ 人体对毒物的具体吸收途径，详见刘景林、周亚红：《毒物及微量物证分析学》，南京大学出版社 2005 年版，第 185 ~ 186 页。

❸ 刘景林、周亚红：《毒物及微量物证分析学》，南京大学出版社 2005 年版，第 187 ~ 189 页。

早；若长期饮食匮乏则还会导致机体对氰化物（cyanide）毒性的消解降低。⑤基因差异。基因差异是每个个体对化学物反应不一样的最重要因素。这些差异经常会影响某种化学物被代谢的方式，也会影响人体对化学物的反应。人体内的基因会影响对物质代谢的大部分作用，有时则会影响机体对化学物的反应方式。这些基因差异经常是因为从事新陈代谢功能的酶变动（同质多形），而变动是由含有特定酶的 DNA 片段发生突变（mutations）、损害或改变造成的。我们知道，对化学物的分解或者说解毒（新陈代谢）是由酶来执行的，这些生物催化剂都是蛋白质，是由 DNA 所含的信息密码产生。如果含有信息的 DNA 密码出现错误（突变），从而产生出的酶（蛋白质）也许会出现缺陷。突变会自然产生，并且会从一代传到下一代。如果负责解毒的酶消失或无法发挥正常功能，则不幸的个体可能会因为服用了正常剂量的化学物中毒，或出现不良后果。⑥多种化学物之间的相互影响。比方说，食物中含有多种化学物，它们可能会与其他的化学物，如人们服用的药品产生交互影响。这种一种化学物改变另一种化学物效果的方法有两种：抑制或引进某种酶。化学物彼此可以进行交互作用，直接改变它们本身的功效，使得彼此的效果增加或者减少。此外，人类暴露于不同化学物时会出现诸如耐药性（tolerance）、协同作用（synergy）、增益作用（potentiation）以及对抗作用（antagonism）。所有上述因素都会对化学物的毒性产生影响，使某个体比其他个体更容易或更难受到某种特定化学物的影响。❶

（二）毒物危害健康类型及相关实证数据

前述的各种毒物分布于空气、水源、土壤以及食物链当中，对动植物体的良性发展会形成障碍。根据环境卫生学的统计，散布于这些载体的毒物会对人体造成损害，并且与一定的疾病存在疫学因果关系。

1. 空气污染及其对健康的危害

（1）城市空气中重点污染物排名依次为：颗粒物（PM_{10}，TSP）、二氧化硫以及氮氧化物（或者说二氧化氮）。可吸入颗粒物（PM_{10}）和细粒子（$PM_{2.5}$）污染对人体健康危害很大。美国空气质量标准为 PM_{10} 为 $50\mu g/m^3$，$PM_{2.5}$ 为 $15\mu g/m^3$（平均值），我国 PM_{10} 为 $100\mu g/m^3$，比美国标准高 1 倍，目前尚不存在 $PM_{2.5}$ 标准。人们生活在含大量细粒子污染的空气中，会增加肺癌发生率和死亡率以及其他心肺病的危险。美国研究人员在研究肥胖、节食、吸烟等混杂因子时，发现空气 $PM_{2.5}$ 每增加 $10\mu g/m^3$，其心血管疾病死亡率上升

---

❶ See John Timbrell, *The Poison Paradox: Chemicals as Friends and Foes*, Oxford University Press, 2005, pp. 20 ~ 32.

6%，肺癌死亡率上升 8%。[1]

（2）重金属污染。冶金、石油化工、燃煤以及机动车尾气排放是空气重金属污染的主要来源。在工业及化工燃料燃烧过程中金属以蒸汽态（如汞）或以氧化物的形式（如 P_bO，As_2O_3）释放到空气中，并且附着在空气的细颗粒上。铅污染是造成儿童血铅居高的重要原因。[2]

2. 水质污染及其对健康的危害

2006 年在国家环境监测网（简称“国控网”）实际监测的 745 个地表水监测断面中（其中，河流断面 593 个，湖库点位 152 个），Ⅰ～Ⅲ类，Ⅳ、Ⅴ类，劣Ⅴ类水质的断面比例分别为 40%、32% 和 28%。主要污染指标为高锰酸盐指数、氨氮和石油类等。[3]

3. 土壤和食物链污染及其对健康的危害

2007 年 5 月，国土资源部公布了一个惊人的数据——中国受污染的耕地面积约 1.5 亿亩，形势严峻。有研究机构最近对城市部分“菜篮子工程”土壤进行检测调查，结果表明有 3%～5% 的菜地面积已不同程度受到重金属镉、铅、铜、砷、锌的污染，其含量已经超过土壤背景值上限。[4] 我国城市的土壤污染问题也很严重，主要以重金属污染为主，受镉、砷、铬、铅等重金属污染的耕地面积近 2 000万 hm^2，约占全国总耕地面积的 1/5。重金属污染物在土壤中移动性差、滞留时间长、不能被微生物降解，并可经水、植物等介质最终影响人类健康。我国重金属污染比较严重的地方往往集中于矿山及工业密集地区

---

[1] 相关具体环境监测数据及评论可参见：“空气污染与人类健康密切相关”，载《科学时报》2002 年 3 月 18 日，第 2 版；魏复盛：“我国的环境污染及其健康危害”，载中国工程院环境委员会编：《环境污染对健康的影响——“环境污染与健康”国际研讨会论文集》，中国环境科学出版社 2005 年版，第 3 页；“空气质量恶化肺癌发病率高”，《中国环境报》2004 年 3 月 10 日，第 2 版。

[2] 研究人员对我国 32 309名 0～6 岁儿童血铅水平进行综合分析，结果发现血铅浓度为 37.2～254.2μg/L，平均值为 92.9μg/L。其中血铅大于 100μg/L 的儿童为 11 272名，占 33.8%，也就是约有 1/3 的儿童达到铅中毒的诊断标准。铅中毒会导致儿童出现铅中毒性脑病、低智商、注意力集中时间短、学习障碍、多动症、身体发育受损、听力与视力问题、胃痛、肠炎、肾功能障碍、贫血和大脑受损，还会出现孕妇早产、婴儿发育不全等问题。另据最新的统计资料显示，儿童血铅中毒情况进一步恶化势头，约有 50% 的儿童血铅含量超过国际公认的铅中毒标准。详见王舜钦、张金良：“我国儿童血铅水平分析研究”，载《环境与健康杂志》2004 年第 6 期，第 355～360 页；《环球时报·生命周刊》2005 年 05 月 03 日，第 2 版。

[3] 中国环境监测总站：“2006 年全国环境质量概要”，资料来源：http：//www.zhb.gov.cn/plan/zkgb/06hjzkgb/200706/t20070619_ 105424.htm。另可参见沈阳市环境监测中心站：“辽河流域洋河沈阳段有毒有害有机物污染物探查、安全性评估及控制对策研究”，2003 年 6 月研究报告。

[4] 研究人员就重金属对土壤、粮菜的污染及健康危害做过总结，具体监测指标及危害情形，可参见魏复盛：“我国的环境污染及其健康危害”，载中国工程院环境委员会编：《环境污染对健康的影响——“环境污染与健康”国际研讨会论文集》，中国环境科学出版社 2005 年版，第 5～6 页。

和城镇，特别是矿山和城市周围问题更加突出。❶

持久性毒物，其中有机氯农药的污染非常普遍。以杀虫剂（DDT）以及六六粉（HCH）为例，虽然我国在20世纪80年代初就已经停止了生产和使用，但是在环境中散布有数十万吨，因为这些有机氯农药非常难以降解，至今仍然可以在土壤以及食物中检查出来，残余浓度虽然有所下降，但是在有些地区的土壤中DDT及HCH的含量仍然非常高，大大超过国家标准。❷

4. 持久性有机污染物（POPs）及其对健康的危害

持久性有机污染物，其英文缩写为POPs，全称为Persistent Organic Pollutants，它是一类具有环境持久性、生物累积性、长距离迁移能力和高生物毒性的特殊污染物。为了推动POPs的淘汰和削减、保护人类健康和环境免受POPs的危害，在联合国环境规划署（UNEP）主持下，国际社会于2001年5月23日在瑞典首都共同缔结了专门环境公约，其全称是《关于持久性有机污染物的斯德哥尔摩公约》。此公约的成功签署，被认为是继《巴塞尔公约》《鹿特丹公约》之后，国际社会在有毒化学品管理控制方面迈出的极为重要的一大步。首批列入公约控制的POPs共有12种（类），它们被合称为“肮脏的一打(Dirty dozen)”。其中不仅有环保经典名著——《寂静的春天》所针对的导致

---

❶ 例如，在田营镇，土壤中的铅含量是国家健康标准的10倍；在万特山区，土壤中的汞含量为24.3~348mg/kg，是国家规定的汞排放最高标准的16~232倍。在万特山区，人均寿命明显降低，气管、支气管、肺、胃和肝脏方面的癌症发病率上升，肺结核、硅肺病、胸膜疾病以及昆虫传播的疾病如疟疾和登革热，噪声性听力损伤，细菌与病毒性疾病，以及血液、皮肤和肌肉骨骼系统疾病明显上升。尽管矿山已关闭，但村民们仍暴露于汞环境中，这些汞来源于遗留的废物。村民经常出现消化问题、战栗和体重减轻等状况。当地居民由于吸入空气中的汞和食用受汞污染的食物（尤其是大米和鱼类）与水而受到汞的影响。这些居民血清中汞的浓度是对照组的40倍，平均尿液浓度约是对照组的75倍。中国科学院国家科学图书馆编：《科学研究动态监测快报》（电子刊物），2007年10月15日，第20期。

❷ 魏复盛：“我国的环境污染及其健康危害”，载中国工程院环境委员会编：《环境污染对健康的影响——“环境污染与健康”国际研讨会论文集》，中国环境科学出版社2005年版，第5~6页。另有研究人员在上海市对人奶脂含HCH、DDT的浓度所展开的调查中，1983年上述两项数据分别为22.6μg/g和13.9μg/g，到2002年时这两项的浓度分别为1.732μg/g，下降92%，DDT为1.159μg/g，下降91.6%。而根据1989年世界卫生组织（WHO）规定婴儿每日最好允许摄入量HCH为10μg/kg，DDT为20μg/kg。按此标准，2002年上海市婴儿摄入HCH超标率为18.3%，摄入DDT超标率为0.81%。与国外相比仍处于较高水平。HCH和DDT是脂溶性的，容易蓄积在人体脂肪组织中。李延红、郭常义、汪国权，等，“上海地区人乳中HCH、DDT蓄积水平的动态研究”，载《环境与职业医学》2003年第3期，第181~185页。

“万鸟齐喑”景象的滴滴涕等有机氯农药。❶ POPs对人体健康的危害主要表现在：(1)对免疫系统的危害。众所周知，免疫系统的目的是要保护身体对抗外来侵略者，通常是细菌、病毒或者其他被视为外来物的有机体。而POPs会抑制免疫系统的正常反应、影响巨噬细胞的活性、降低生物体的病毒抵抗能力。❷ (2)对内分泌系统的危害。多种POPs被证实为潜在的内分泌干扰物质，它们与雌激素受体有较强的结合能力，会影响受体的活动进而改变基因组成。❸ (3)对生殖和发育的危害。生物体暴露于POPs，那么这些生物机体细胞核内的DNA或染色体就会与这些POPSs发生交互作用，若造成DNA改变或者重大损坏，则表示基因码已经被改变，以至于从DNA被改变的细胞群取回来的细胞，已经跟原来不一样，如果这种情形发生在精子或者卵子细胞上，并且遗传到子女体内，就有可能会出现生殖障碍、先天畸形、机体死亡等现象。❹ (4)致癌作用。如果这些毒物破坏了细胞的DNA，就会在末期造成癌症或者出现肿瘤。如果这种破坏和突变发生在DNA分子的重要区域，或是像致癌基因（oncigenes）这样的特定基因，细胞分裂的管控可能会受到影响，

---

❶ 这些有机氯农药具体包括：艾氏剂，用于防治地下害虫和某些大田、饲料、蔬菜、果实作物害虫，是一种极为有效的触杀和胃毒剂。狄氏剂，有机氯农药，用于控制白蚁、纺织品类害虫、森林害虫、棉作物害虫和地下害虫，以及防治热带蚊蝇传播疾病。异狄氏剂，用于棉花和谷物等大田作物。滴滴涕，有机氯农药，曾用于防治棉田后期害虫、果树和蔬菜害虫，具有触杀、胃毒作用，目前主要用于防治蚊蝇传播疾病。六氯苯，用于种子杀菌、防治麦类黑穗病和土壤消毒，也用作有机合成的中间体，同时也是某些化工生产中的中间体或副产品。七氯，用于防治地下害虫、棉花后期害虫及禾本科作物及牧草害虫，具有杀灭白蚁、火蚁、蝗虫的功效。氯丹，用于防治高粱、玉米、小麦、大豆及林业苗圃等地下害虫，是一种具有触杀、胃毒及熏蒸作用的广谱杀虫剂。同时因具有杀灭白蚁、火蚁的功效，也用于建筑基础防腐。灭蚁灵，具胃毒作用，广泛用于防治白蚁、火蚁等多种蚁虫。毒杀芬，用于棉花、谷物、坚果、蔬菜、林木以及牲畜体外寄生虫的防治，具有触杀、胃毒作用。

❷ 研究表明，海豚的T细胞淋巴球增殖能力的降低和体内富集的滴滴涕等杀虫剂类POPs显著相关，海豹食用了被PCBs污染的鱼会导致维生素A和甲状腺激素的缺乏而易感染细菌。一项对因纽特人的研究发现，母乳喂养和奶粉喂养婴儿的健康T细胞和受感染T细胞的比率与母乳的喂养时间及母乳中杀虫剂类POPs的含量相关。在北京进行的一项针对持久性有机污染物的调查发现，在北京采集的孕妇的乳汁里，300多位孕妇中有90%检出多氯联苯或者有机磷农药等持久性有机污染物，有10%的人处在比较危险的水平。

❸ 例如：亚老哥尔（多氯联苯商品名）在体内试验中表现出一定的雌激素活性。另有研究发现，患恶性乳腺癌的女性与患良性乳腺肿瘤的女性相比，其乳腺组织中PCBs和DDE（滴滴涕的代谢产物）水平较高。

❹ 受POPs暴露的鸟类产卵率降低、种群数目减少；捕食了含PCBs鱼类的海豹生殖能力下降。一项对200名孩子的研究（其中3/4孩子的母亲在孕期食用了受POPs污染的鱼）发现，这些孩子出生时体重轻、脑袋小，7个月时认知能力较一般孩子差，4岁时读写和记忆能力较差，11岁时的智商值较低，读、写、算和理解能力都较差。

如此一来，细胞就会不断重复分裂，无法控制，结果就会出现癌症肿瘤。❶(5) 其他毒性。POPs 还会引起一些其他器官组织的病变，导致皮肤表现出表皮角化、色素沉着、多汗症和弹性组织病变等症状。一些 POPs 还可能引起精神心理疾患症状，如焦虑、疲劳、易怒、忧郁等。❷

5. 持久性有毒污染物所造成的污染

持久性有毒化学污染物（Persistent Toxic Substances，PTS）与臭氧层破坏和温室效应一样并称为21 世纪影响人类生存与健康的三大环境问题。无论是斯德哥尔摩公约中确定的12 类 POPs（Persistent Organic Pollutants）；还是美国 EPA 确定的12 类 PBT（Persistent Bioaccumulative & Toxic Chemicals）；以及环境内分泌干扰物 EEDs（Environmental Endocrine Disruptors）的研究都与持久性有毒化学污染物有关。联合国 UNEP 制订的持久性有毒化学污染物（PTS）目前包括27 种有毒化学污染物。❸ 由于持久性有毒化学污染物在全球普遍存在，具有生物累积性、致畸致癌致突变性、生殖毒性、难以降解、可远距离传输以及内分泌干扰等特性，这些化合物所引起的污染问题已经引起国际环境保护组

---

❶ 国际癌症研究机构（IARC）在大量的动物实验及调查基础上，对 POPs 的致癌性进行了分类，其中：2，3，7，8-四氯代二苯并-对-二噁英（TCDD）被列为 I 类（人体致癌物），PCBs 混合物被列为 IIA 类（较大可能的人体致癌物），氯丹、DDT、七氯、六氯苯、灭蚁灵、毒杀芬被列为 IIB 类（可能的人体致癌物）。世界自然基金会的一次检测发现，欧盟 13 个国家环境部部长的血液中含有包括 DDT 在内的 55 种有害甚至致癌物质。联合国环境规划署执行主任特普费尔认为，在所有人为向环境释放的污染物中，持久性有机污染物是最危险的。这类毒性很强的化学物不仅致癌，而且能破坏神经、生殖和免疫系统，使人和动物患病，甚至死亡。

❷ 1962～1971 年，美国在越南北部喷洒了 4 163万升含有二噁英的脱叶剂，导致至少 100 万人身患精神错乱、癌症、生育能力丧失或降低等疾病，同时，造成了数十万计的畸形儿；1998～1999 年，在德国、比利时等国先后发生人和家禽二噁英中毒及多氯联二苯中毒等恶性事件，造成了巨大的经济损失；还有在 1999 年曾在欧洲引起鸡肉污染事件轩然大波、直接导致比利时内阁集体下台的二噁英类。另外还有 20 世纪六七十年代在日本和我国台湾省两度造成重大环境公害——“日本米糠油事件”和“台湾油症事件”的元凶多氯联苯（PCBs，该毒物曾广泛用作电容器油、变压器油、复印纸油或掺入油漆中使用，由于热稳定性好，也用作加热介质，制造米糠油）。

目前，POPs 的巨大危害和淘汰、削减的必要性已成为国际社会共识。截至 2006 年 6 月底，已有 151 个国家或区域组织签署了 POPs 公约，其中 126 个已正式批准该公约，公约已于 2004 年 5 月 17 日正式在全球生效。我国是 POPs 公约的正式缔约方，是 2001 年 5 月 23 日首批签署公约的国家之一。2004 年 11 月 11 日，公约已正式对我国生效。中国政府已建立了以国家环保总局牵头、11 个相关部委参与的国家 POPs 履约协调机制，并已在机构建设、能力加强、技术示范、公众意识加强等方面开展了一系列扎实有效的履约工作。国家环保总局斯德哥尔摩公约履约办公室为该协调机制的日常办事机构。

❸ 具体包括：1. 艾氏剂（Aldrin），2. 氯丹（Chlordane），3. 滴滴涕（DDT），4. 狄氏剂（Dieldrin），5. 异狄氏剂（Endrin），6. 七氯（Heptachlor），7. 六氯代苯（Hexachlorobenzene），8. 灭蚁灵（Mirex），9. 毒杀芬（Toxaphene），10. 多氯联苯（PCBs），11. 二噁英（Dioxins），12. 多氯代苯并呋喃（Furans）等 27 种化学毒物。

织、各国政府和民众的高度关注。

（三）对毒物的法律界定

对于与人体健康有关的毒物的界定，我国尚无专门机构给出确切定义，而毒物的概念则多见于卫生部、国家食品药品安全监督管理局、国家环保局所制定的行政规章和部门文件当中。由国家卫生部牵头，经由国务院立法通过的《使用毒物品作业场所劳动保护条例》（2002 年）第 3 条就毒物品进行了一般的分类，即："按照毒物品产生的职业中毒危害程度，毒物品分为一般毒物品和高毒物品。国家对作业场所使用高毒物品实行特殊管理。一般毒物品目录、高毒物品目录由国务院卫生行政部门会同有关部门依据国家标准制定、调整并公布。"根据该条例第 3 条，卫生部于 2002 年颁布了《一般毒物品目录》（2002 年版），2003 年颁布了《高毒物品目录》（2003 年版）；国务院颁布了《剧毒化学品目录》（2002 年版），并且不断处于更新之中；此外，国务院还颁布了《列入第三类监控化学品的新增品种清单》《中国禁止或严格限制的有毒化学品名录（第一批）》《易制毒化学品分类目录》《国家危险废物名录（第一批）》《各类监控化学品目录》《危险化学品名录》（2002 年版）《高毒物品目录》（2003 年版）；此前，公安部治安管理局根据其标准在 1993 年制定了《剧毒物品品名表（GB58-93）》。我国就毒物所制定的国家标准对于毒物的行政管制起到了良好的作用，这些标准可以作为相关案件对毒物进行鉴定的参考标准。

对于何为毒物，美国《毒物控制法案》（Toxic Substances Control Act，TSCA）[1] 中进行了广泛的、具有可操作性的界定，其中指出，对于生产化学物质以及化合物的生产者来说，所谓的"急迫危害"（imminent hazard）是指"生产、加工、商业销售、使用，或者处理某种物质时……很有可能会……导致健康以及环境伤害"。与此相类似，美国职业安全健康管理局（Occupational Safety and Health Administration，OSHA）所颁布的危险物认定标准 29 C. F. R. § 1910. 1200（c）这样规定，所谓"有害健康物"是指"根据已经确定的科学原理，至少进行了一次以上的研究，并且其统计数据证明该化学物质对暴露于该环境的员工健康会产生急性的或者慢性的不良影响"。这两种界定方法都非常灵活，它虽然没有详细列举具体的毒物该是什么，但是这种抽象的界定已经确定什么样的化学品会被认定为是危险品的评判标准，那就是：这种物质对暴露其中者的健康造成了伤害。不过，对于什么物质才能构成法律意义上的毒物，美国法律对此也是有界定的，即"当人体摄取某种物质时，如果它的剂

---

[1] 15 U. S. C. A. § 2606（f）.

量在每千克体重摄取50毫克（或者更少）时就会致命，这样的物质就被视为是毒物。”也就是说，只要3/4汤匙的量就可以毒死一名正常的成年人。[1] 不过，这种毒物是专门针对化学品而言的，对于那些物理性的有害物质，诸如有毒辐射物，则没有涵括其中。

为了促进对人类健康和环境的保护，免遭化学品的危害，同时增强欧盟化学工业的竞争力，欧盟专门颁布了《关于化学品注册、评估、授权及安全使用的法规》（Regulation on Registration, Evaluation and Authorization of Chemicals，即EC 1907/2006法令，简称REACH法规），在REACH框架下，对化学品使用安全的举证责任由各成员国转到企业，企业要确保能充分控制、规避化学品对人类健康和环境保护的风险。REACH要求每年生产或进口超过1吨化学物质的企业到中央数据库对该化学品进行注册。REACH将取代已有的40种法律文件，对化学物质的管理形成单一的制度。与过去的化学法规不同的是，以1981年为界，REACH将现有化学物质分成既有物质和新物质。1981年前投放市场的物质通称为既有物质，约有100 106种，在其后投放市场的则通称为新物质，约有4 300种。这些新物质已按现有法规要求进行了相当严格的测试，但对既有物质则没有这样的规定，因此，普遍缺乏对既有物质的特性及使用的知识。此外，风险评估过程缓慢，效率低下，而且资源受限。例如，自1993年以来，仅有140种产量大的化学品（超过1 000吨）优先进行了风险评估，然而拿出最终报告的仅有70种，这样一些缺陷给人类健康和环境保护带来了潜在的风险。大约1 500种高度关注物质必须经过授权。[2] 另外，需极高关注度的物质有：致癌物（1，2类）；致突变物（1，2类）；生殖性毒物（1，2类）；持久、生物累积性毒物（PBTs）；永久性、高生物累积性物质（vPvBs）；有科学证据表明其能引起前述相当关注度的物质如干扰激素系统的物质（内分泌干扰物）。据估计，现在约有900种极高度关注的物质，加上通过REACH建立的数据，在未来11年中将有助于鉴别另外的约600种极高关注度的物质，因此，REACH将列出约1 500种极高度关注的物质。虽然不是极高度关注的物质，但还是具有危险的，如急性毒物；皮肤和肺部过敏物；高爆炸性和易燃物质；在1981年后上市流通或生产的物质中，危险物的比例约占70%，包括那些极高度关注物和关注度稍低，仍属于危险的物质。这意味着

---

[1] See John Timbrell, *The Poison Paradox: Chemicals as Friends and Foes*, Oxford University Press, 2005, p. 1. 如果按这个公式推算，假设一名正常成年人的体重是70kg，那么致命剂量就是50mg/kg，这就表示当一个正常成年人摄取3500mg（50 × 70 = 3500mg）这种毒物，就会死亡。

[2] 相关化学毒物的具体分类，详见 http://acs.mofcom.gov.cn/cms/www/news/2334423612688.cgp 等政府网站及相关以REACH为主题的研究网站。

70%的新物质至少具有一种危险特性。❶

相比之下，有一点非常遗憾，到目前为止，国内至今没有一个专门对毒物进行监控、管理以及信息发布的公共服务机构。为了应对这方面的公共事务，美国商务部下属美国卫生与公共服务部（U. S. Department of Health and Human Services，HHS）的疾病控制与预防中心（Center for Disease Control and Prevention）专门设立了一个机构——美国毒物和疾病登记署（Agency for Toxic Substances and Disease Registry，ATSDR），该署的职责就是为公众提供最新科学服务，对公共卫生事务作出快速反应，为公众提供可靠的、防止有害物质暴露以及与疾病有关的毒物的卫生信息。该署还受美国国会的委托，对环境中有害公众健康的危险物质所产生的影响发挥其特别职能。这些职能包括对废物处理场进行卫生评估、就特定危险物质为公众提供卫生咨询、进行卫生监控和疾病登记、对危险物质的突发泄露作出快速反应、为支持公共卫生评估进行应用研究、为大众提供信息服务传播最新资讯以及就有关危险物质进行大众教育和培训。在该署的网站上公众可以一览有关危及人体健康的毒物的相关信息，比如说，“毒物档案信息”（Toxicological Profile Information Sheet）栏目，该栏目中的毒物档案是在对1980年《综合环境应对、赔偿和责任法案》（Comprehensive Environmental Response，Compensation，and Liability Act，CERCLA）进行修正的基础上，依据于1986年颁布的《超级基金修正案及再授权法案》（the Superfund Amendments and Reauthorization Act，SARA）所制定的。该项公共法律要求ATSDR就CERCLA所列出的国家优先整治场址名录中最常见的危险物质以及ATSDR以及美国环保署（EPA）所认定的对人体健康存在重大威胁的有害物质建立详细的毒性档案。该栏目就对该机构所列出的275种毒物都有详细描述，其中包含对这些毒物的毒理分析以及对人体会产生不良反应的信息，由指定的权威生化专家对该毒物的特征所进行描述文本均要经过同行审阅，并且也提供一些对其特征进行描述的相关文本，但是不会有主流研究结果显得那么详细和该毒物所进行的描述也并非详尽无余，为此，还在该概览中对毒物的特定信息专门提供了更多来源文献供公众及研究者参考。每种毒物概览中集中描述的是该毒物的卫生和毒理信息，为了方便非专业读者，该概览还用非专业的术语形象地讲述该毒物的所具有的毒性特征，并且就该毒物的在当前公共卫

❶ 葛志荣：《欧盟REACH法规文本》，中国标准出版社2007年版，“附件”。

生领域的状况进行描述。❶

从为民众健康负责的态度来讲，我国同样急需这样一个权威的官方机构为广大民众提供及时、科学的毒物信息。而目前对毒物的认定存在诸多版本，各种版本只有大概的介绍，例如，英文名、化学分子式以及品名编码等简单的信息，没有专业知识的公众根本无法知道该种物质到底存在于哪些环境、食品药品以及产品之中，多大剂量该毒物会对人体产生致病作用，对儿童的健康影响，等等，可以说还没有一个机构出来为公众的毒物信息知情权负责，因而，国内颁布的此种标准完全不具有实用性和科学性，只能供某些执法部门以及生产者参照使用。虽然我国也设立了中国疾病控制与预防中心（Chinese CDC），但是笔者通过仔细搜索其网站信息，没有查询到类似于美国毒物和疾病登记署（ATSDR）的机构，更无法查询到相关毒物的具体描述。鉴于我们还没有一个专门机构公开对毒物的信息进行详细披露，我们期待类似于美国毒物和疾病登记署（ATSDR）这样一个公共服务机构的出现，统一毒物的认定标准，使公众对毒物有一个完整、清晰、科学的认识。这也有助于毒物界定法律标准的统一。

对于那些引发侵权诉讼、造成人体健康损害诱因的毒物，我国法学界目前还未进行过全面的界定，笔者仅发现张新宝教授曾在 1994 年第 1 期《外国法译评》的名为《美国有害物体侵权行为法介评》一文中提及，他指出，“有害物体可界定为：由被告生产、运输、销售、储存、堆放或倾倒的，经过原告接触后足以导致其严重的、长期的健康损害的化学、生物或者核物质。”结合毒物学上对毒物的定义，笔者认为，所谓侵权法上的毒物是指在一定的条件下，由被告生产、持有或处理的，经原告接触后，对原告机体产生物理或者化学作用，导致其机体正常生理代谢功能破坏，引起一系列病变，危及生命健康以致

❶ 具体来说，在每份毒物报告中都会有大众关心的章节，比如，第 1 章“公共卫生描述”（Public Health Statement），其中会对可能暴露于该毒物的患者提供一些有用的工具，通过问答形式、以非专业的语词向读者描述该毒物的毒理特性，其中还会包括对暴露于该物质的人身体所发生的健康影响进行的评估。第 2 章“与公共卫生的关系”（Relevance to Public Health），其中会对人体健康形成威胁的毒物的毒性数据进行估测、解释以及评估。第 3 章“对健康的影响”（Health Effects），其中会就所涉危险物质对健康所产生的特定影响（例如是否会致死，对全身系统、免疫系统以及生殖系统所产生的影响），从暴露的途径以及暴露的时间（急性的、亚急性的以及慢性的）等不同角度进行描述。此外，本章还会从对人体以及动物（并非均在临床环境中进行的）研究中所得出的结果进行全面披露。另外，该部分还专门分四节从儿科（Pediatrics）角度就该毒物对儿童的健康影响进行详细描述，例如，该化学物质如何对儿童产生影响？家庭该如何减少暴露于这种毒物的风险？儿童对该毒物的感病性以及儿童暴露于该毒物的情形。总之，该机构就每份毒物提交的报告都是非常详尽、科学，达数百页之多，而且更新速度非常的快。由上述可知，该机构对民众健康以及公共卫生的责任心态是何等的认真负责。资料来源：http：//www. atsdr. cdc. gov.

造成死亡的有害物质。

二、对潜伏性/潜伏期的概念分析与法律界定

潜伏性，英文表述为 latent 或者 latency。在本书中所探讨的潜伏性毒物通常指那些具有一定潜伏期的毒物。潜伏期，在英文中可以表述为 latent period、latency、latency period 以及 incubation period，意指从暴露于致病因子到致病因子爆发之间的时间间隔。有些传染病通常会有一定潜伏期，但有些并非如此。有些疾病可能会潜伏、保持不爆发，或在人体中处于停顿状态。比方说，感染 HIV（human immunodeficiency virus）病毒到 AIDS（acquired immunodeficiency syndrome）病爆发，这期间会经过很多年时间，机体首次暴露于 HIV 病毒至其首次感染症状出现通常需要 2 周到 3 周时间。有些疾病的潜伏期可能就那么几分钟，或者几周，或者几个月，或者几年，然而有些顽症会潜伏好多年，比方说前述“疯牛病”的病毒 BSE，由受感染的朊病毒传播，其潜伏期至少长达 20 年以上。

Latent period 和 latency period 虽然是同义词，但是，其实 incubation period 和 latent period 之间是有些细微区别的，incubation period 是指感染病毒到疾病的临床爆发之间所间隔的时间，而 latent period 则是指感染病毒到传染病毒之间的时间间隔，这个时间间隔要比得病时间短一些。

一般来说，暴露于毒物或者病毒的剂量和潜伏期之间呈反比关系，也就是说，大剂量吸收毒物或者病毒所产生的潜伏期要短得多，小剂量则意味着长潜伏期。白血病人暴露于离子辐射物到发病的平均潜伏期是 5 年左右，而某些其他恶性病，例如，骨癌的潜伏期则可能会达到 20 年以上。从首次暴露于毒物或者病毒到相关疾病能够从临床上检测出来，在此潜伏期间，病理发展过程可能非常缓慢并且表现顽固，但是通过适当的高性能扫描设备还是可以检测出来的。人类发展到今天，对于很多疾病的发展历史，即暴露于毒物到明显发病，这个潜伏期仍旧无法确切测知。因此，要从法律角度对潜伏期进行界定很难，也没必要，因为随着新的医学发现，这种数据会不断更新，而且各种病情也会随个体机体的状况不同而变化。笔者查阅的资料显示，某些特殊疾病的最长潜伏期大约为 40 年。不过，这种潜伏期对于长期诉讼时效的构建有价值，后文将详述之。

三、对本书关键词——“潜伏性毒物”的界定

从本质上来讲，潜伏性/潜伏期是一个医学上的专业术语。从上面的专业解释可以看出，对于疾病的潜伏期远远无法精确，因为它与人体接触毒物或者

病毒的剂量，接触这些物质的时间，个体机体素质以及遗传基因存在密切的关联。

“潜伏性”作为本书的标题“毒物致害侵权”的限定词，是有一定意义的。在美国相关领域的法律文献中，一般多用“Toxic Torts”来表述“毒物致害侵权”，而对于“潜伏性毒物致害侵权”则通常表述为“latent harm in toxic torts”，从英文字面上来看就是“毒物致害侵权中的潜在损害”。但在阅读英文Toxic Torts著作时，笔者发现，很多作者在概括Toxic Torts时都首当其冲地提到这种类型的侵权行为具有“潜伏性”或者“存在潜伏期”的特征，而且在文中也只对这种潜伏期进行了类似于医学资料的概括列举。

笔者在此特别加上“潜伏性”一语，目的是想直接展现毒物致害侵权的最突出特征，使人从观念上不至于立即联想到那些具有及时性或者急性的毒物中毒事故，因为这种急性中毒的案件在日常生活中也频繁发生，例如最近爆发的“中日毒饺子事件”“奶粉添加三聚氰胺”等事件。本书涉及潜伏性毒物致害的侵权行为，确切说，是指在受害者不知情或者没得到警示的情况下，暴露于被告所生产、持有或处理过的毒物或者污染源后，历经多年，众多居于同样环境或者接触过同种物品的受害者机体才开始出现同样发病症状，此时，潜伏期的经过已经使得很多损害证据缺失或者无法收集，并且还有可能出现致害人无法确定，受害人无法确定，致害行为与损害事实之间因果关系无法确定等诸多不确定情形。通常此时还存在致害人已破产，诉讼时效已过等风险。因为对那些急性中毒事故来说，其因果关系，损害事实等都比较容易确定，相关的法律责任相对容易确定一些，发生讼争后比较容易判明各方责任，受害者的救济相对容易得到实现。但本书所涉及的潜伏性毒物致害涉及诸多法律盲点、争论的焦点，在近五十年里，一直都是工业发达国家法律诉讼的热点和难点。

第二节 毒物致害侵权的特征

一、什么是毒物致害侵权

为了在中文法律世界中搜寻有关毒物致害侵权的参考资料，笔者大量查证所能收集到的所有法律词典、侵权法教科书以及词典，上面均不存在毒物致害侵权的表述。而在英文法律世界中，毒物致害侵权（toxic tort）已经成为tort词条中的一个专门表述，在Black's Law Dictionary中“tort”词条项下17种涉及“tort”的专门术语中专门对“toxic tort”进行了解释，即“毒物致害侵权是一种民事不法行为，它缘于暴露于毒物，比方说石棉、辐射以及有害废弃物。毒物致害侵权可以通过民事诉讼（通常采用团体诉讼的形式）或者行政诉讼的形式来寻求救济。另外，毒物致害侵权通常与大规模侵权行为（mass tort）存在关联。"❶

在网络上，笔者用搜索引擎GOOGLE进行查询，发现涉及"toxic torts"的词条高达1 800 000项（截至2013年12月10日）。不过仔细对提供该词条的机构进行翻查，发现其中大概有80%与律师行业提供的服务有关，并且很多律师事务所在给律师的专长领域进行介绍时，多有"toxic tort attorney"（即"毒物致害侵权事务律师"）的表述，并且与人们通常认为非常热门的"corporate attorney"以及"company lawyer"（即"公司事务律师"）等法律执业领域并驾齐驱。由此可见，这种毒物致害侵权官司在律师业务中的分量。❷ 至于具体原因如何，笔者在下文将会进一步解说。

非常出名的几个词源文献查询网站对"toxic tort"均有比较详尽的解释。为了初步弄清"toxic torts"的含义，笔者对这些进行整理，编译如下：

在法律上，侵权行为是一种不法行为，会导致伤害，法院会因此为受害人提供救济。而毒物致害侵权则是指那种因非法使他人暴露于毒物而形成的行为。这种侵权行为有不同表现形式，比方说事故性泄露（化学品泄漏或爆炸）、工作场所暴露于有害物质（可溶性烟雾、石棉）、长期接触农药、噻汞撒（thimerosal，一种消毒水）、有毒废弃物、医疗产品与设备、放射性及电磁源头、烟草及有毒模具，或者来自于缺陷药品、化妆品以及其他消费产品所产生的有害作用。毒物致害侵权案件中的伤害可能会是"急性的"（即刻就会出现症状的），比方说皮肤接触致命毒物或者灼伤所产生的伤害就是急性的。但是，一般来说，毒物致害侵权诉讼中所涉及的伤害通常都是具有严重潜伏性的疾病，比如说癌症，或者出生缺陷，这些伤害可能会在暴露于毒物之后经过多年发展，最终爆发。在牵涉潜伏性疾病的毒物致害侵权案件中，通常都会发生因果关系争执。在这种案件中，原告通常很难举证其罹患的疾病起因于暴露于该特定毒物而不是其他原因（基因遗传，吸烟、缺少运动、饮食、暴露于其他毒物，或者简单说是来自"不明原因"）所引起，特别是暴露于这种毒物历经10年、20年，或者更长时间时更是如此。

石棉导致伤害是一种例外，因为医学已经可以确证它会导致患者致癌或者其他严重疾病。因此由石棉所造成的巨额侵权索赔已经导致美国很多生产石棉的厂家关门大吉，对这方面的实例后文有简要介绍。毒物致害侵权的潜在责任

---

❶ See Bryan A. Garner ed，*Black's Law Dictionary*（8th ed. 2004），p. 1527.

❷ 资料来源：http：//www. google. cn/search？ hl = zh-CN&q = toxic + tort&meta = &aq = f.

会影响到新产品的开发。生产者如果对危险产品进行测试时会发现存在过高致害风险，并且会因此而承担侵权责任，那么他们通常会决定不再开发并销售该危险产品。但是，有时毒物致害侵权的幽灵会阻碍对人类有益产品的开发，比如说疫苗以及其他新药。20 世纪八九十年代，在美国针对本涤汀（Bendectin）提起了无数毒物致害侵权诉讼，本涤汀是治疗孕妇妊娠期间晨吐的药物，受害者指控该药造成了新生儿出生缺陷。生产商向法庭所出示的科学证据显示本涤汀不会导致新生儿出生缺陷。但是，生产商最终还是停止生产该药，据报道是因为他们对反复被提起诉讼所要支出的高昂法律成本不堪重负。

对于毒物致害侵权，其实法庭可以提供多种有利于公共健康的救济方式。比方说，当有毒废物从污水处理厂流出并且污染了公共饮用水，法庭可以要求该污水处理厂的所有者清除污染，为替代安全饮用水支付费用，并且对那些因为饮用水被污染而导致的生病的个体提供医疗费用。更为甚者，为了避免承担责任，污水处理厂被逼更加注意其操作从而避免有毒废物溢出。

毒物致害侵权诉讼有时会因为快速暴露于毒物而很快爆发，特别是那种大规模的毒物泄露，尽管此时原告可能尚没有得病的生理征兆，但是原告会说他们应该得到补偿，因为暴露于有害物质增加了他们未来罹患癌症的风险，并且他们还会因为担心未来罹患癌症而存在精神痛苦（emotional distress）。对此，美国法庭已经比较倾向让致害人对那些暴露于毒物的受害者定期进行医疗检查的补偿观点。法庭的推理是：这种定期医疗检查会有利于疾病的早期发现及时治疗，从而可以帮助排除或者减少未来的病情。[1]

从我们可以收集到的诸多实例当中，我们其实可以知道毒物致害侵权其实广泛存在于世界各国，只不过，在我国侵权行为法中没有专门提出这种表述，原因很多，因为在我国这种毒物致害侵权通常被产品责任诉讼和环境污染致害侵权诉讼掩盖，其实这两种诉讼中因毒物导致的侵权诉讼存在很多共性，有些侵权形态完全可以归结到是因为毒物导致损害引发侵权，将二者结合起来研究能够将复杂的问题简单化。基于前述引例及适才引用的词典释义，我们可以给这种特殊的侵权（诉讼）类型——毒物致害侵权（诉讼）的特征进行一番总结。

二、毒物致害侵权的特征

毒物致害侵权责任通常与各种形式的人类活动密切相关，涉及消费品、废物处理以及工业活动，这一点通过笔者在本书中所提及的诸多药害、职业环境

---

[1] 资料来源：http：//www. answers. com/topic/toxic-tort？ cat = health.

致害以及环境污染致害等情形即可见一斑，这些活动都有可能导致毒物致害侵权责任。每种类型的活动通常都包括更多特定的具体类型。❶ 在产品销售领域，比方说药品、化学品、杀虫剂、工业材料以及所有的消费品（consumer products）都会导致毒物致害侵权责任。目前，在药品领域所引发的毒物致害侵权诉讼包括前述 DES、达康盾（the Dalkon Shield）子宫内避孕器、白喉、百日咳、破伤风混合疫苗（也称 DPT 疫苗）、脊髓灰质炎疫苗以及本涤汀等；在化学品领域则涉及苯、铅、PCBs 以及 TCE 等有毒化学物质。在工业活动领域，涉及最多的工业材料诉讼是石棉诉讼。在过去，消费品不是诉讼的主要源头，但是最近，在毒物致害侵权领域，烟草诉讼势头正劲。❷ 由此观之，在消费品领域，很多活动都潜在地会导致毒物致害侵权责任。在有害废弃物方面，诉讼主要集中在产生、整理、处置、运输、储藏以及销售废弃物上。❸ 这些活动当中有很多在法律领域都是非常新的问题，尤其在产品销售领域。问题是这些新的活动所引发的侵权责任和以往的侵权行为存在很大不同。

对于毒物致害侵权，迈克尔·多尔（Michael Dore）曾在其有关毒物致害侵权的论文中列举了系列主要特征，❹ 概括来说，有如下一些：（1）受害者遭受所暴露的物质造成伤害，从而导致诉讼；（2）因为暴露于同样物质，从而使得很多人处于可能遭受同样伤害的风险之中；（3）一般会导致潜伏性疾病；❺（4）因果关系问题非常有争议，因为对于所指称的物质是否存在危害，暴露于这种物质是否严重，或者所受伤害是否还存在其他病因，等等，均存在问题；（5）实际上的致害人无法确认；（6）需要通过新的科学方法来证明因果关系成立；❻（7）因为同情原告方面，法庭在运用适用传统的法律抗辩时，

---

❶ See Michael Dore, *Law of Toxic Torts* 3.01（Release 9, 1991）.

❷ See Michael Dore, *Law of Toxic Torts* 3.02［6］.（Release 9, 1991）. 关于石棉诉讼和烟草诉讼方面的案例主要发生在美国。因为石棉诉讼，很多石棉制品以及涉及石棉作为原材料的生产企业因为巨额索赔而破产或者全行业转产或采用新的替代品；而烟草诉讼正在美国如火如荼地展开，目前已有少数胜诉案例。由于文化、历史以及制度上的原因，这种案件在中国鲜有发生，即便出现若干诉讼，由于众所周知的原因也被拒绝受理。

❸ See Michael Dore, *Law of Toxic Torts* 3.04.（Release 9, 1991）.

❹ See Michael Dore, *Law of Toxic Torts* 2.01 .（Release 9, 1991）.

❺ See Allan Kanner, Emerging Conceptions of Latent Personal Injuries in Toxic Tort Litigation, 18 *Rutgers Law Journal* 1987, p. 343; Also see Robert L. Rabin, Environmental Liability and The Tort System, 24 *Houston Law Review*1987, p. 27.

❻ See Edwin J. Jacob, Of Causation in Science and Law: Consequences of the Erosion of Safeguards, 48 *Business Law*, 1985, pp. 1229, 1240.

会面临困难，比方说，时效问题；[1]（8）要求法院提供介于行政或者立法决策之间的解决路径，这样对原告或者被告均有利；（9）通常会涉及保险问题；（10）涉及法律中非侵权领域的额外责任。尽管可能不全面，但是以上所列情形还是体现了美国在潜伏性毒物致害侵权诉讼中所体现的主要特征。

结合各主要国家和地区在毒物致害侵权诉讼方面所反映出来的情况，以下就毒物致害侵权的主要特征进行具体阐述。

（一）必须暴露于毒物

一般来说，毒物致害侵权诉讼涉及的毒物非常多，从目前可以查阅到的诉讼主题物有石棉、隆胸用硅胶、处方药、化学品、辐射以及有害废物。因这些毒物所引起的诉讼索赔比较多，通常会涉及受害者要求对人身以及财产损害给予补偿。此外，这种诉讼通常与存在污染的工作场所造成的人身伤害诉讼——职业病诉讼有关联。总而言之，这种侵权诉讼通常都会与一种或者多种被人们称为有毒的物质的泄露以及暴露有关。不过，对于“毒物”的界定存在多种文本，除了本书一开始部分从毒理学角度所进行的科学分类外，在法律上我国尚没有进行界定，只是颁布了一些毒物品名录。美国在 TSCA 以及 OSHA 中所颁布的标准对毒物均有界定，欧盟在其 REACH 法规中更是加强了对有毒化学品的管控，并且制定了严格的标准，对此前文已有述及，不再赘述。

人们暴露于毒物的途径多种多样，前文已有述及。不过，在美国纽约州时效法典中，还专门列举了暴露于毒物的途径，具体来说有以下几种途径，即“吸收（absorption）、接触（contact）、摄取（ingestion）、呼入体内（inhalation）、灌输（implantation）、注入（injection）”[2]。而为我们大众所比较熟悉的暴露途径通常是摄取了含有有毒物质的食品，服用处方药，或者是饮用了被污染的水。

在毒物致害侵权诉讼中，这些相关毒物通常都有一定特征，与我们所见到的传统侵权中的致害媒介不大一样，比方说，交通事故致残，则通常会涉及机动车辆。而毒物致害侵权中的毒物可能有很多种，比如说美国 OSHA 就专门针对所涉有毒化学品进行分类，通常包括“致癌物质，有毒的或剧毒的药剂，生殖毒素，刺激物，腐蚀物，感光剂，肝毒素，肾毒素，血毒素，以及其他任何对人体肺、皮肤、眼睛及黏膜有害的毒素”。[3] 在欧盟 REACH 法规中，分类

---

[1] See Allen P. Gruness, Exclusion of Plaintiffs from the Courtroom in Personal Injury Actions: A Matter of Discretion or Constitutional Right?, 38 *Case Western Reserve Law Review*, 1988, p. 387.

[2] See *NY Civil Practice Law & Rule* 214-c（MiKinney 1990）.

[3] 29 C. F. R. §1910. 1200.

标准比较概括，主要有几种极高关注度的毒物有：致癌物（1，2类）；致突变物（1，2类）；生殖性毒物（1，2类）；生物累积性毒物（PBTs）；永久性、高生物累积性物质（vPvBs）；有科学证据表明其能引起前述相当关注度的物质如干扰激素系统的物质（内分泌干扰物）。美国TSCA则确定下列物质可称为毒物，即“那些具有致癌、突变、致畸、行为紊乱，以及具有累积和增强效应的物质”。[1] 所谓致癌物质（carcinogenesis），就是能够引发机体罹患癌症的物质。所谓致畸物（teratogenesis）则是指在胎儿成长期能够导致胎儿发生畸形的刺激物。致突变物（mutagenenesis）则是指那些能够诱发人类DNA发生基因突变的物质。基因突变的自我表达多种多样，在时间和途径上存在差异。暴露于某种致突变物会直接产生伤害作用。说直接些，基因具有遗传性，上一代基因所遭受的伤害会在下一代基因中表现出来。

在毒物致害侵权诉讼中所涉及的物质有时无法界定，它们可能是新的化合物。有时，毒物致害侵权诉讼中会牵涉同时暴露于几种或者更多毒物混合在一起的环境。此时，对这些混杂在一起的物质所产生的有害的累积效应以及增强进行逐一排查是非常必要的，但是如果没有先进的科学技术进行甄别也是非常困难的。对于这种涉及甄别物质毒性的精细科学课题，通常会涉及专家论证，非一般人所能，因此，在这种涉及毒物致害侵权的诉讼中，通常会涉及科学知识或者需要专家证人的参与。

（二）存在潜伏期

一般来说，毒物致害侵权诉讼所涉及的毒物暴露情形都不是即刻就可以出现症状的。原因有二：一则因为有些伤害本身就没有明显征兆；二则因为这种伤害通常会潜伏一段时间。有些伤害，比如，癌症、新生儿出生缺陷以及基因突变通常都会经历很长的潜伏期。尘肺病就是一种非常典型的、具有潜伏期的疾病，从暴露于石棉开始，到尘肺病症状爆发通常都会经历一段潜伏期。而且在石棉环境中工作不长时间的工人很难在短期内发现与石棉有关的疾病症状。但是，这些工人罹患石棉沉着病（asbestosis）非常常见，因为这种疾病是慢性的，并且是逐步恶化的，会导致机体肺部功能逐渐减弱，从工人首次接触石棉这种物质，到发病为止可能会潜伏达10~30年之久，这种潜伏期的长短通常与机体的体质、遗传基因存在关联。这种潜伏期可能会延续数十年，甚至通过基因遗传传递给下一代。因为已有科学证据表明，暴露于毒物，因而受到损害的上一代基因潜伏数十年后极可能传递给下一代。DES受害者即为明显例证。

---

[1] TSCA，15 U. S. C. A. §2603（b）（2）（A）.

与毒物致害侵权诉讼有关的长潜伏期使得这种侵权诉讼与一般侵权诉讼存在特别之处。最突出地表现在诉讼时效的经过上，以我国《民法通则》上的一般诉讼时效规定为例，该法第135条规定普通诉讼时效为2年，法律另有规定的除外。[1] 第136条规定下列的诉讼时效期间为1年：（1）身体受到伤害要求赔偿的；[2]（2）出售质量不合格的商品未声明的；（3）延付或者拒付租金的；（4）寄存财物被丢失或者损毁的。第137条就最长诉讼时效进行了规定，即“诉讼时效期间从知道或者应当知道权利被侵害时起计算。但是，从权利被侵害之日起超过20年的，人民法院不予保护。有特殊情况的，人民法院可以延长诉讼时效期间”。[3]《产品质量法》第45条规定：“因产品存在缺陷造成损害要求赔偿的诉讼时效期间为2年，自当事人知道或者应当知道其权益受到损害时起计算。因产品存在缺陷造成损害要求赔偿的请求权，在造成损害的缺陷产品交付最初消费者满十年丧失。但是，尚未超过明示的安全使用期的除外。”《环境保护法》第42条规定：“因环境污染损害赔偿提起诉讼的时效期间为3年，从当事人知道或者应当知道受到污染损害时起计算。”按特别法优于一般法原则，在产品致害以及环境致害的情形，产品致害诉讼时效最长为10年，而环境污染损害的时效则为3年。如果按照《民法通则》20年最长诉讼时效来计算，很多涉及毒物致害侵权的诉讼都将超过诉讼时效，原告虽然享有诉权，但是已经基本上没有太大意义，再加上这种毒物致害的证据很难收集，因为经过了太长时间，记录缺失而且记忆模糊，很多证人都有可能不在人世，诉讼证据非常难以收集，甚至连侵权行为人、被侵权人都无法准确认定，如果法律没有特别制度安排，受害者想要胜诉实难想象。从国外发生的多起毒物致害侵权诉讼案例可以看出，这种新的诉讼请求会对传统的普通侵权诉讼提起挑战，而且这种新的诉讼形式会牵涉复杂的科学问题。

在确定本书最终标题时，笔者曾考虑过仅用“毒物致害侵权研究”这个

---

[1] 《最高人民法院关于贯彻执行〈中华人民共和国民法通则〉若干问题的意见》第167条规定：“民法通则实施后，属于《民法通则》第135条规定的二年诉讼时效期间，权利人自权利被侵害时起的第十八年至第二十年期间才知道自己的权利被侵害的，或者属于《民法通则》第136条规定的一年诉讼时效期间，权利人自权利被侵害时起的第十九年后至二十年期间才知道自己的权利被侵害的，提起诉讼请求的权利，应当在权利被侵害之日起的二十年内行为；超过二十年的，不予保护。”

[2] 《最高人民法院关于贯彻执行〈中华人民共和国民法通则〉若干问题的意见》第168条规定：“人身损害赔偿的诉讼时效期间，伤害明显的，从受伤害之日起算；伤害当时未曾发现，后经检查确诊并能证明是由侵害引起的，从伤势确诊之日起算。”

[3] 《最高人民法院关于贯彻执行〈中华人民共和国民法通则〉若干问题的意见》第169条规定：“权利人由于客观的障碍在法定诉讼时效期间不能行使请求权的，属于《民法通则》第137条规定的‘特殊情况’。”

标题，为此，在网络世界里通过中、英文搜索引擎百度、GOOGLE，以及 LexisNexis、Westlaw 等英文数据库，发现其中粘连在一起最多的词语表述是“toxic torts”，在翻阅这方面的图书材料后，笔者发现凡标题中含有“toxic torts”的书籍，其中所探讨的问题都是有关潜伏性毒物致害侵权的问题，对于那些具有急性毒发作用的毒物致害侵权根本没有太多提及。为了准确查询资料，笔者试图能够检索到表示“潜伏性毒物致害侵权”的大概或者相关的对应英文表述，例如“tort of toxic with latency period”“tort of toxic with long latency period”“latent toxic torts”“latent disease and toxic torts”“latent disease in toxic tort exposure”等等，结果非常令人不满意，几乎没有以上完整的对应表述。但是转念一想，前文提到帕拉塞尔苏斯所言：“世界上的所有物质都是有毒的，无一例外。只要剂量正确，就可以把毒物变成仙丹。”此语之中，包含了至少两层含义，即万物皆有毒以及机体接触毒物剂量的多少是有害和无害的关键。因此，笔者推论“潜伏性毒物”实乃“毒物”的题中应有之义，关键是机体暴露于毒物剂量多寡程度以及接触毒物的时间长短如何。

但是，笔者认为选择“潜伏性”作为限定词是有一定道理的。具体原因如下。

第一，惟恐有人根据个人经验常识简单地将毒物（toxics）与我们在媒体上描述的以及日常生活中经常见到的毒药（poisons）所产生的明显效果联系起来，认为这种明显损害在因果关系上非常容易举证，没有必要成为侵权行为法研究的主题，故而选择在“毒物致害侵权问题研究”前加上一个限定词“潜伏性”，以明示笔者所展开的研究主要是那些具有长潜伏期的毒物致害侵权行为。

第二，从毒理学上考察，毒物通常被划分为急性（acute）、亚急性（subacute）以及慢性（chroinc）等不同类型，在导致人体伤害方面也通常会出现不同的发病期，对于那些具有急性和亚急性的毒物，它们所造成的伤害通常会立刻或者在很短时间内表现出来，这一点毒理学典籍中均有描述。至于急性、亚急性毒物致害侵权行为与人身伤害的因果关系确认上不会存在太大问题，因此争议应该不会太大。笔者选用“潜伏性”作为限定词来源于毒理学上对毒性的第三种类型划分，即“慢性”，这一点说明毒物致害的确存在一个发展期间的问题，而这个问题在医学上的对应语正好可以用“潜伏期”来概括，对此前文在对“潜伏性/潜伏期”进行界定时已有述及。在此需要补充一点，“慢性”一词通常给人的感觉是其发展过程能够被监控而且会反复出现，因此不具有隐蔽性以及无法监测到等特征，如“XX 得了慢性 xx 病”，等等。

第三，对于潜伏期的具体时间是多长，在医学上没有确切的定义，但是根据可靠医学临床统计，有些疾病的潜伏期很短，一到五天，比如：由巴斯特杆菌所引发的蜂窝组织炎潜伏期为不到一天时间，霍乱 1~3 天，流行性感冒（influenza）1~4 天，猩红热 1~4 天，感冒（common cold）2~5 天；有些疾病的潜伏期达数十天，比如，埃博拉病毒潜伏期为 2~21 天，SARS 至少在 10 天以上，脊髓灰质炎 7~14 天，麻疹 9~12 天，腮腺炎 14~18 天，传染性单核细胞增多症 28~42 天；有些已有确切医学统计资料显示的病情则会潜伏更长时间，比如，库鲁病（Kuru）的潜伏期长达 10.3~13.2 年。[1] 本书中所探讨的毒物引发的疾病通常上都是那种长潜伏期的疾病，至于长到什么程度，笔者的认定标准是，这种潜伏性因子至少在机体中间蛰伏了若干年以上，长的可达 30 年以上，并且，这些具有长潜伏期的疾病暴发后会出现前文提及的一系列法律困难，从而使其与一般的毒物致害侵权存在非常大的区别，只有这样的潜伏性毒物致害侵权才是本书所要探讨的重点所在。

（三）存在诸多不确定性

因为暴露于毒物至其疾病症状出现通常会经过很长一段时间，受害者通常很难讲在其所遭遇的损害与某种毒物之间建立因果联系。并且，因为长时间的经过，导致损害发生的原因中可能还存在很多其他的介入因素。更为复杂的是，毒物致害侵权诉讼的原告所提起的病情在一般人群中也会发生，并非只在那些暴露于毒物的人中间出现。比方说，前述“浙苏鲁三个癌症村的死亡日记”中所提到的癌症高发区域，其中所列高发癌症在一些文中没有指出的非癌症带同样会发生。并且这种癌症的发生可能还有其他很多因素在起作用，比方说遗传，暴露于其他毒物，以及在其他场合曾暴露于其他毒物之中。有时，这些致病因素集中在一起，无法解释清楚，但是给人的感觉是自然而然发生的，当事人事前根本就无法检测到或者无从感知到。因此，实际上，很多情况下不可能确定原告的病情是否是因为被告的产品或者有毒物泄漏所引起，也无法确定要是没有暴露于其所声称的毒物，原告是否仍旧会罹患此种疾病。

在毒物致害侵权诉讼中，存在一个极度相关的复杂问题，那就是无法从科学上将原告所声称的疾病与其得病的真实原因建立联系。很多疾病，比方说癌症、自体免疫疾病以及神经损害等疾病的病源研究结论在医学界就从来没有过完全一致的共识。但是，有一个共识，那就是“物极必反”，也就是说，暴露于有关毒物的程度过高必然会导致伤害。而且，科学界对于某些毒物暴露所造

---

[1] 库鲁病（Kuru），一种致命的、渐进性变性的神经系统疾病，由一种慢性病毒引起，在新几内亚的某些部落中发现，由吃人肉的习俗传染。资料来源：http：//www. answers. com/incubation + period + ？ cat = health.

成的伤害类型基本上是持一种开放的探讨态度。对于病因的研究，很多临床医学及环境医学研究人员都展开各种各样的实地跟踪研究和动物模拟实验，在某些疾病的发病因果关系上已经发表了一些成果，但是争论一直都在继续。正因为学界对于某特定疾病的病因存在诸多争论，所以，在毒物致害侵权诉讼中，患病原告或许能够找到身体状况的临床证据或者可靠的因果关系证据。

鉴于以上原因，毒物致害侵权诉讼中的原告所提出的诉讼请求中极少能够向法庭提供确凿的因果关系证据。在这种情况下，对于受到伤害的原告所提出的法律救济，法院是否该接受其诉讼请求，抑或在多大程度上接受其诉求是一个非常棘手的法律问题。因为，在法律诉讼中，谁掌握了确凿的证据，其胜诉的筹码就会大得多。而在毒物致害侵权诉讼中，所能够提供的证据充满了盖然性。这种盖然性证据，从其本质上来讲只会展现暴露于某种特定物质会导致其罹患某种疾病。但是，这种盖然性证据无法证明暴露于某种毒物是导致原告所受伤害的实质原因。它始终只是一种盖然性的证据，绝对谈不上是100%具有确定性的证据。

退一步讲，即便原告无法提供传统意义上的事实因果关系证据，法院也会接受原告的诉讼请求，但是，很多审判结果并不必然会偏向原告方面。在很多涉及本涤汀的诉讼案件中，[1] 原告声称因其母亲服用此种止晨吐的药物导致其出现出生缺陷，但是这些诉讼的最后结果，要么因为根据法院证据标准被认为主要是盖然性的证据无法接受而被驳回，要么因为法院认为这种盖然性证据无法使其对所争执的问题作出一个理由充分的裁决而判决原告败诉。

不法行为与损害事实之间的因果关系是侵权行为构成的必要条件，如果这种因果关系存在不确定性，就必然会引发诉讼结果的不确定性。如果不运用一些特别的因果关系推定技巧或者证据力更强的证据，原告的利益是无法得到保护的。

（四）诉讼中依赖于专家的科学证据

在前面我们已经探讨过，在毒物致害侵权诉讼中，因为因果关系问题横亘其中，各方当事人都要尽力寻找有说服力的证据证明原告声称其暴露于毒物与原告所遭受伤害之间的联系在法律上存在与否。与一般侵权行为不同的是，一般侵权行为，比如过失伤人，其因果关系非常简单，事实裁判者可以根据其所掌握的一般知识及个人经验，能够很简单地找出其中的因果联系。但是，在毒物致害侵权诉讼中，所涉主要问题与科学和医学存在极大关联，并且与科学

---

[1] See *Daubert v. Merrell Dow Pharmaceuticals*, *Inc.* 509. 579（1993），本书在下文中将详细述及此案；*DeLuca v. Merrell Dow Pharmaceuticals*, *Inc.* Dkt. No. 870226（GEB）（D. N . J. Mar. 25，1991）等案。

和医学的发展都存在关联，因为有些证据是要通过科学实验以及一定时间来检验证明的。如此这番，这种证据只有极少数掌握了相当必要知识或拥有相当经验者才可以证明，其中又由于各种风险和意外因素存在，所以不一定能够给出一个确切的结论。

在一般侵权伤害案件中，只要通过治疗医生（复杂一点的，由指定的法医进行鉴定）出示证据就足以证明被告的不法行为或者产品与原告所受伤害之间存在因果关系。然而，在毒物致害侵权诉讼中，只有治疗医生的证明是远远不够的。例如，骑自行车意外撞伤行人，致其头部受伤，在这种常见的一般侵权行为当中，原告所受撞击外伤只要治疗医生出示一个诊断证明就足够把所受伤害情况描述得一清二楚，治疗医生还可以根据其掌握的医学知识和累积的经验将受伤者大脑受损程度以及大概可以复原到什么程度作进一步阐明。但是，在毒物致害侵权诉讼中，治疗医生可能对于病人的病因相对难于给出确切答复，在有些案件中，尽管治疗医生知道该如何治疗这种因暴露于某种特定毒物而导致的疾病，但是大多数时候，治疗医生根本不知道患者曾经暴露于某种毒物，因为罹患同种病情的人太多，医生是无法确切对每一个人的病因进行详细解说，或者说，他们根本就不知道因何引起这些疾病。为了证明这种暴露于某种毒物与特定疾病之间的因果关系，在毒物致害侵权诉讼中，如原告能够出示一些真实可靠的医学统计信息以及各种试验研究结果，那么胜诉的几率就可能大得多。

在决定科学证据在解决毒物致害侵权争端中将起到何种作用时，法院肯定会在医学或者科学因果关系与法律上的因果关系之间进行充分考虑。虽然法院希望把每件案子都办成证据充分的铁案，如果证据能 100% 证明因果关系存在，那么非常明显这种因果关系就具有确定性。但是在现实案情中，法庭上重现案件真实原貌肯定是不可能的，并且法庭上法官非因法定事由是不可主动去收集调查证据的，因此，诉讼证据就成为其断案的根据。毒物致害侵权诉讼属于民事诉讼，据最高人民法院在总结民事审判中遇到的疑难问题后颁布的《最高人民法院关于民事诉讼证据的若干规定》第 73 条规定："双方当事人对同一事实分别举出相反的证据，但都没有足够的依据否定对方证据的，人民法院应当结合案件情况，判断一方提供证据的证明力是否明显大于另一方提供证据的证明力，并对证明力较大的证据予以确认。因证据的证明力无法判断导致争议事实难以认定的，人民法院应当依据举证责任分配的规则作出裁判。"据此可以判断得出，我国法院所采的诉讼证明标准是所谓的"高度盖然性"标准，同英美法上的优势证据标准比较接近。这种诉讼证明标准不再要求人民法院在审理案件时所谓的"客观真实""以事实为准绳"等抽象、虚空的证明标准，可以理解成在民事诉讼中，只要一方的证明力超过50%就可以认为其拥有优势证据，证明力大于另一方。但在没有科学证据作为依据时，法院是不会轻易认定法律因果关系存在的。因此，在毒物致害侵权诉讼当中，各方当事人及其诉讼代理人都会极力去集中收集对己方有利的、可信的、具有相当分量的专家证据。

此外，在有些毒物致害侵权诉讼中还会有前所未有的、人数众多的、各种类型的专家参与。比方说，在一些因毒物泄露导致引用水源遭污染造成人身伤害的毒物致害侵权案件中，要对原告所受伤害以及被污染水源进行鉴定，通常会涉及方方面面的专家，例如，化学家、工业毒物学家、化学工程师、环境工程师、水文学家、流行病学家以及大量医疗专业服务人员。由于在这种诉讼中，利益攸关，特别对那些毒物的暴露者来说更是如此，因为他们的处境通常比那些毒物制造者所处环境更艰难，但是被告通常也会重视诉讼证据的收集，在这种两厢对峙的情形下，各方都会聘请专业人士支持其立场，此外，专家证据出具过程非常耗时，并且成本非常之高，因为专家要对毒物暴露与损害事实之间进行科学考证，反复试验，所以，在有些诉讼当中，专家费用的支出有时可能会使一方当事人不堪重负。在我国，由于相关制度的欠缺，科学证据抑或专家证据的运用尚存在诸多问题，笔者将在下文潜伏性毒物致害侵权的因果关系证明部分就此问题进行深入探讨。

（五）损害范围广泛

毒物致害侵权通常会涉及产品责任诉讼、职业病诉讼以及环境污染致害侵权诉讼，从这些诉讼类型来看，它们通常都会牵涉范围广泛的毒物暴露受害者。有时会涉及数千乃至数万受害者，甚至会造成受害者无法确定的情形。这种诉讼与普通人身伤害诉讼所涉及的一对一的侵权与被侵权诉讼关系相比要复杂得多。特别是大规模毒物突然爆发、泄漏的情形，在这种情况下所造成的伤害尤其广泛，就拿1984年美国联合碳化物公司在印度的博帕尔农药厂突然发生剧毒化学品泄漏事故为例，1984年12月2日晚，博帕尔农药厂工人发现异氰酸甲酯的储槽压力上升，午夜零时56分，液态异氰酸甲酯以气态从出现漏缝的保安阀中溢出，并迅速向四周扩散，毒气的泄漏犹如打开了潘多拉的魔盒。虽然农药厂在毒气泄漏后几分钟就关闭了设备，但已有30吨毒气化作浓重的烟雾以5千米/小时的速度迅速四处弥漫，很快就笼罩了25平方公里的地区，数百人在睡梦中就被悄然夺走了性命，几天之内有2 500多人毙命。当毒气泄漏的消息传开后，农药厂附近的人们纷纷逃离家园。他们利用各种交通工具向四处奔逃，只希望能走到没有受污染的空气中去。很多人被毒气弄瞎了眼睛，只能一路上摸索着前行。一些人在逃命的途中死去，尸体堆积在路旁。至

1984 年年底该地区有 2 万多人死亡，20 万人受到波及，附近的 3 000头牲畜也未能幸免于难。在侥幸逃生的受害者中，孕妇大多流产或产下死婴，5 万人可能永久失明或终生残疾，余生将苦日无尽。

1986 年 4 月 25 日苏联的切尔诺贝利核电站事故所造成的损失则更加惨重，爆炸发生时泄漏的核燃料浓度高达 60%，且直至事故发生 10 昼夜后反应堆才被封存，放射性元素一直超量释放。事故发生 3 天后，附近的居民才被匆匆撤走，但这 3 天的时间已使很多人饱受了放射性物质的污染。在这场事故导致当场死亡 2 人，至 1992 年，已有 7 000多人死于这次事故的核污染。这次事故造成的放射性污染遍及前苏联 15 万平方公里的地区，那里居住着 694. 5 万人。由于这次事故，核电站周围 30 公里范围被划为隔离区，附近的居民被疏散，庄稼被全部掩埋，周围 7 千米内的树木都逐渐死亡。在日后长达半个世纪的时间里，10 公里范围以内将不能耕作、放牧；10 年内 100 公里范围内被禁止生产牛奶。不仅如此，由于放射性烟尘的扩散，整个欧洲也都被笼罩在核污染的阴霾中。邻近国家检测到超常的放射性尘埃，致使粮食、蔬菜、奶制品的生产都遭受了巨大的损失。核污染给人们带来的精神上、心理上的不安和恐惧更是无法统计。事故后的 7 年中，有 7 000名清理人员死亡，其中 1/3 是自杀。参加医疗救援的工作人员中，有 40% 的人患了精神疾病或永久性记忆丧失。时至今日，参加救援工作的 83. 4 万人中，已有 5. 5 万人丧生，7 万人终身残疾，30 多万人受辐射伤害死去。

在这种大规模毒物致害侵权诉讼中，存在一个非常特别的问题，那就是会有很多潜在的、未来的诉讼主张者，这些人都曾经暴露于毒物环境，但是在诉讼开始时他们还没有显现出患病症状，这些人的诉讼地位就成问题了，是应该将他们纳入诉讼当中一起判决或者通过和解解决呢？还是待其疾病出现征兆后另行起诉呢？如果将这些诉讼请求者合并到当前诉讼中就会无限扩大诉讼的范围，这种情形会对一国诉讼制度严重形成挑战，因为一般诉讼中原告都必须是相当确定的，原告不确定的诉讼情形极为罕见，法院通常也不会接受这种荒谬的诉讼请求。

由于毒物致害侵权诉讼中存在的这些特殊问题，法院要应对这种诉讼事务无疑对法院的管理来说也是一种挑战。因为法官要面临众多的诉讼当事人，为了诉讼经济和效率，此时多半会牵涉到代表诉讼制度或者诉讼合并等诉讼程序的运用，而在美国，此种诉讼则通常会涉及团体诉讼（class action）。对于经办这种案件的诉讼代理人来说，其诉前的准备工作更是繁重，要收集方方面面的证据。尤为重要的是，各方当事人在诉讼时援引的科学证据是否有价值尚有赖于特定专业知识以及法院的特定司法管理技能。所有这些因素纠结在一起，通常会使得毒物致害侵权诉讼道路极为崎岖而又漫长，并且诉讼前途通常存在诸多变数。

第三节 潜伏性毒物致害侵权的现状

一、潜伏性毒物致害侵权在我国的现状

尽管附录中已经列举了若干在我国发生的潜伏性毒物致害侵权案例，但是在我国尚不存在潜伏性毒物致害侵权的表述，究其原委，主要因为本书所提及的毒物分布广泛，涉及各种产品（主要是食品、药品）、工作场所以及生活环境中的毒物，就像附录中列举的几个典型事例、各种不为大众所熟知的药害❶、龙胆泻肝丸事件、浙江温州及陕西洛南的尘肺案、广西平阳的重金属污染案，这些案件涉及的相关法律比较分散，涉及《食品安全法》《药品管理法》《药品不良反应报告和监测管理办法》《产品质量法》《环境保护法》《职业病防治法》《水污染防治法》《大气污染防治法》《放射性污染防治法》《海洋环境保护法》等行政法律法规及部门规章。因为这些领域与毒物的分布关系重大，所以，简单来说，毒物致害侵权诉讼主要会涉及产品责任法、劳动法以及职业病防治法、环境保护法等领域。鉴于职业环境中的毒物致害侵权，在特征上与污染环境致害侵权比较接近，只不过在诉讼上的诉由以及法律依据有所不同，但是在因果关系认定、举证责任承担等重大问题上基本一致，所以在本书中将重点探讨与产品责任以及污染环境有关的毒物致害侵权。

但是，由于我国经济处于高速发展期，各种有关环境污染、食品安全❷、药害事件❸频频见诸各大媒体头条，成为街谈巷议。由于电子网络的发达，国内外有关食品安全、药品不良反应、某产品存在缺陷等信息会迅速在网络世界

❶ 药害（drug misadventures）是用药固有的医源性意外风险，它使用药者因接受或遗漏用药而受到往往是非预期的、不能接受的伤害，其发生与原有疾病有关或无关，可能涉及人为和/或系统的差错、免疫学或特异质反应。与药物不良反应（合格药品正常量用法的意外有害后果）相比，除两者都包括过敏与特异质之外，药害还可能与不合格药品（成分、包装、调配、标示问题）与不正常用法（适应症、用法、用量有误）有关；表现可能明显（休克）或隐蔽（耐药菌）。

❷ 近年广为报道的食品安全事故大概有：最近发生的“三鹿奶粉事件”及多家奶制品企业在奶制品中掺入三聚氰胺所引发的系列政府管制风暴，“苏丹红”工业添加剂事件、雀巢婴幼儿奶粉转基因事件、雀巢奶粉碘超标事件、巨能钙含过氧化氢事件、广州毒酒事件、郑州光明回奶事件、立顿茶氟超标事件、龙口粉丝事件、“豫花”面粉“有毒”事件、阜阳奶粉事件、金华敌敌畏火腿事件。

❸ 主要有20世纪七八十年代温州市用四咪唑（Tetramizole）引发迟发性脑病、近年发生的齐二药“亮菌甲素”事件、华源药业“欣弗”事件、上海华联制药厂“甲氨蝶呤”事件。

中传播，民众口口相传，很快就会得知相关毒物致害侵权诉讼在国内外的最新发展动态。加之民众对身体健康以及个人法律权利的日益重视，以及法律环境日渐变得宽松，笔者可以预知，在未来有关毒物致害侵权诉讼将会有增无减，并会越来越朝着一边倒的方向发展，即：暴露于毒物的受害者会得到更多法律以及社会的支持和关注，而毒物制造者将承担更加严格的法律责任和社会责任。

为了防范及威慑类似侵权行为的重复发生，特别是存在大规模侵权行为的时候，在现有司法资源匮乏的背景下，通过法庭救济的方式可能会显得有些捉襟见肘，因此，如何构建其他纠纷解决模式也是我国法律界所面临的重大疑难问题。这个问题在我们构建和谐社会的大背景下，显得特别有意义。

二、潜伏性毒物致害侵权在国外的现状

前文已有述及，毒物致害侵权“toxic torts”词条在 GOOGLE 上的搜索超过百万，并且大多是律师事务所在其业务栏目上推出的主打业务，这种业务在美国律师事务所很普遍，很多律师事务所甚至明确在其网站上公开征集毒物暴露者，例如，“我们梅斯格法律集团（Metzger Law Group）是加州一个非常富有同情心的、诚实待人并且在处理暴露于有毒化学品致个体严重伤害方面有丰富代理经验的团队。我们的律师在毒物致害侵权以及环境诉讼方面享有公认的国内声誉。我们在为客户代理因有毒化学品致害及死亡诉讼中有诸多有据可查的记录……如果您对苯中毒或者白血病症状有疑问，及对可能的职业疾病及癌症很关注，我们随时可以为您提供服务。毒物伤害方面的法律纷繁复杂且很容易混淆，但是我们梅斯格法律集团可以竭诚为您提供服务。现在就致电我们，我们将对您进行免费评估，以便确知您是否可能真的成了毒物的受害者，您也可以点击此处向我们的负责人员咨询。[1]”诸如此类的网站信息充斥着各大律师事务所。毒物致害侵权缘何在美国如此成为律师事务所争相承办的业务呢？主要原因有以下几点：（1）美国是采取诉讼对抗制的国家，也就是说在法庭上，各方当事人为了使自己的利益最大化会在法庭当中进行对抗。这种理论的根据是通过利益冲突的双方当事人站在各自立场上充分展示其认为对自己最为有利的证据，从而最佳地反映案件事实。在这种诉讼制度中，法官所扮演的角

---

[1] The Metzger Law Group is a compassionate, honest and experienced team of lawyers representing individuals who have been seriously harmed by toxic chemicals in California……The Metzger Law Group can help you. Call us today for a FREE evaluation to find out if you have a case or click here to consult with a member of our caring staff. See http://www.toxictorts.com/.

色相对中立，并且很多准备工作都已经通过对专业人士、其他证人以及相关文件进行诉前审查完成。这种诉前程序非常漫长并且很费时。（2）有一点非常明显，美国是实行陪审团审理制度的国家，实际上，所有的侵权案件在没有接受陪审团审理之前是不会得到解决的。也就是说，这些诉讼中所涉及的义务（责任）问题，以及损害赔偿金的数额多寡是由平民组成的陪审团来决定的，而不是由法官来决定的。这一点对于毒物致害侵权诉讼来讲非常重要。因为，这些平民陪审员通常只会根据双方的陈述、证人证明以及自己的个人良知进行裁断，他们通常都会对处于同样地位的被侵权者表示同情，因此在决定损害赔偿金（有时，这种损害赔偿金中有相当一部分是精神损害赔偿）的时候，会倾向给处境艰难的原告多赔，特别是当被告是大公司或者所谓的“富有”（deep pocket）被告时愈发如此。（3）美国制度中还有一个非常明显的特色之处，这种制度与其他国家的法律制度存在明显不同，即：原告的律师通常是根据胜诉酬金（contingency fee）制度来创收的。说得具体点，这种制度通常是这样安排的，即律师与客户之间事先订立一个报酬协议（retainer agreement），其中规定如果官司打输，原告律师将分文不收，但是，要是一旦胜诉，律师费用就要根据诉讼所得进行分配，通常至少是总赔偿金的30%。也就是说，如果官司打赢，原告获赔30 000美元，那么它可以拿回家的赔偿款就是20 000美元，而其律师将会得到10 000美元胜诉酬金。这种胜诉酬金制度是毒物致害侵权诉讼为什么在美国为各大律师事务所所争先强夺的案源的关键所在❶。

与我国频繁发生的食品安全事故及损害事故相比较，在美国、加拿大、英国、德国等发达国家，食品安全事故是小概率事件，在这些国家真正对食品安全事故起到威慑作用的是美国的社会信用体系及私权保护和救济之发达。以2008年6月在美国大范围爆发的花生酱中圣保罗沙门氏菌感染事件为例，该事故牵涉44个州，650人感染，至少导致9人死亡，始作俑者为美利坚花生公司在乔治亚州的一个加工厂生产的花生酱。事后，为预防损害范围继续扩大，该花生酱的生产商紧急召回所有花生产品，并建议消费者在购买花生产品时注意生产厂家，以免购买到可能被污染的花生食品。但是，这还不是事故的结束，接踵而至的法律后果是，多家律师事务所联合代表受害者将该花生酱生产企业告上法庭。在美国，遇到这种产品责任事故或者环境污染致害事故，律师通常会征集受害者组成团体诉讼（class action），他们与受害者签订胜诉酬金协议，即“no success，no pay. 或 no win，no fee.”，也就是我们常说的“打不赢官司不收费”协议。该项制度极大地鼓励消费者主动提供证据成为原

❶ Robert L. Rabin，*Tobacco Tort Litigation in the United States*（a seminar report），Roma，1995.

告。对于这种胜诉酬金制度，笔者认为对于律师来说不管是出于其公益考虑还是私益考虑，该制度的存在对于食品安全事故制造者、环境污染事故等大规模侵权事故的制造者来说是非常具有威慑力的，其中的合理价值值得我们深入研究和大力借鉴。

本章小结

通过前文从毒物学、医学、语义学以及法律角度等对毒物、潜伏期、潜伏性毒物等定义进行了梳理，本研究主题的关键词已经非常明确。不过从中我们可以发现，对潜伏性毒物的定义有赖于科学实践的不断发展，法律对潜伏性毒物的定义是建立在科学的定义之上的。没有科学基础以及科学的发展，要想从法律自身给潜伏性毒物寻找一个答案是不可能的。由此，我们也可以推断出，潜伏性毒物致害侵权其实是与人类的发展与科学的不断进步息息相关的。当科学存在不确定性之时，那么法律是否也会存在不确定性呢？法官是否可以不进行判决呢？回答当然是否定的，因此，当科学的不确定性遭遇法律难题时，其中必定会存在冲突。

从笔者对毒物致害侵权及其诉讼当中总结得出的几个特征可以看出，这几个特征其实都是围绕不确定展开的，暴露于毒物、潜伏期、专家证据以及损害范围等都不具有确定性，因此，对于这样一种独特的侵权类型来说，要想从法律上解决相关问题其实非常复杂。但是，从笔者收集到的国内外相关案例可以看出，越来越多的此类纠纷不断发生在药品、食品、工作环境致害以及环境污染致害侵权领域。以我国为例，国家为了预防这些致害情形的发生也制定了很多行政法规来规制相关产品的制造者以及环境污染的制造者，但在我国以经济发展为首要任务的大背景下，从企事业单位、政府机关到司法机构都以此为中心，这些行政法规对于很多缺乏社会责任感的生产企业来说完全形同虚设，其急剧发展以牺牲环境和消费者的利益为代价，如果不从私法和公法相结合的领域切入，严刑峻法，对致害者进行严厉的民刑事制裁，这种牺牲当代人和后代人利益的短视行为必将导致自戕。

鉴于目前人类的发展状况，历史学家汤因比曾惊呼：“人类的生存再没有比今天更危险的时代了！”[1] 而中国的情况则更为恶劣，有人甚至认为，改革

---

[1] 汤因比、池田大作：《展望二十一世纪》，荀春生等译，国际文化出版公司 1985 年版，第 51 页。

开放30年的经济发展就是以牺牲“环境、资源、劳动者为代价”,❶ 笔者以为这种说法并非没有道理，而且从目前发生的一些食品、药品致害事件来看，广大消费者的利益，特别是那些同类低端价位商品的消费者，其利益也受到了极大的伤害，因为这些相关产品的制造者通常都是低价位冲击并占领市场，但是又利润稀薄，因此就会不择手段降低成本，违背市场规律，扰乱市场经营，作出伤害民生的行为。❷

不过，在我国发生的那些食品、药品致害情形属于笔者前文所讲述的那种急性毒物致害情形，其证据保留以及责任判明相对容易，至于其伤害所造成的潜伏性影响或者说未来伤害尚无法评估，但是对其进行前瞻性研究实属必要。笔者所研究的毒物致害，确切说潜伏性毒物致害，它是从产品毒物致害和环境毒物致害中抽象出来的特定致害形式，目前在英美法，特别是美国法当中对其探讨非常热烈，已归为一种特定类型的侵权行为，并且已经体系化，但是在大陆法当中还不存在相关的概念，因此，笔者试图从英美法的路径入手，结合大陆法的传统模式对这一特殊侵权行为的构建进行探讨。

---

❶ 郎咸平：“未来和下一代很悲惨，我都不想讲了”，参见 http：//www. tecn. cn/data/detail. php? id =21513.

❷ 相关观点，可参见近期对三鹿奶粉事件等的各种新闻评论、网络评论。

第二章　潜伏性毒物致害侵权类型之产品毒物致害侵权

潜伏性毒物致害行为有若干表现形态。其中一个主要形态，也是相对比较新的法律领域——产品致害，以笔者的表述当为“产品毒物致害”。本书第一章已经列举了国内外历史上发生的大量药品、食品致害情形，这种因产品而引发的潜在侵害行为是潜伏性毒物致害侵权诉讼中最为重要的来源之一。另一个重要来源是来自污染环境所导致的潜伏性侵害，当然，这其中也包括工作环境存在潜在毒物致害可能的情形，鉴于工作环境，特别是可能引发职业病的环境，已有专门的法律对其进行规制，并且这种制度规制已有相当多规定，[1] 在有关职业病，特别是慢性职业病引发的诉讼中所出现的问题与环境污染受害者诉讼中存在的问题具有很多相通之处，故而，笔者重点就污染环境导致潜在毒物致害侵权情形进行重点阐述。此处，还必须指出一点，在英美法当中，由于法律门类划分的不同，涉及潜伏性毒物致害侵权的法律部门还包括比较传统的侵权法领域，比如说与侵扰（nuisance）及非法侵入（trespass）有关的侵权法。这些英美侵权法领域所涉法律问题与大陆法的特殊侵权类型——高危活动致害，侵犯他人物权以及公共环境权有交叉重叠之处。

本书所阐述的潜伏性毒物，主要包括两种：产品毒物和环境毒物。对于毒物，在毒物学、毒理学上已经有很精确的定义。为了与那些由产品自身缺陷导致的直接机械伤害或者物理伤害相区别，笔者将那些产品所负载毒物产生的致害媒介形态称为产品毒物，一来是为了表述方便，以与对机体的毒害作用、有工业生产中的有毒化学物质之称的工业毒物相区分，因为在工业毒物概念中还要考虑其他有害作用，如以气体、蒸汽、雾、烟尘、粉尘状态存在的毒害作用。二则是与环境毒物形成对应，因为环境毒物是一个在环境毒物学上已有明确定义的成熟概念，广义上的环境毒物包含弥散在空气、水、食物、食品添加物、杀虫剂及各种污染物中的各种有毒物质，因此从广义上讲，产品毒物以及工业毒物当属于环境毒物之一类型。不过，根据我们普通人的认识，产品毒物

[1] 这方面的法律制度最主要的问题是如何进行完善，特别是明确贯彻在司法活动对受害劳动者的保护，提高违法者的违法成本问题以及严格执法问题。另外，必须指出的是，在国外有关潜伏性毒物致害侵权的著述当中，通常把这种工作环境导致职业病致害的情形单列出来作为研究对象。

和环境毒物还是能够区分清楚的，因为客体上虽然具有交叉或包含关系，但是产品通常会被认为是独立的物质形态，而环境则是明显指的是工作环境或自然环境。

第一节 产品毒物致害侵权的历程

关于潜伏性毒物致害所引发的侵权诉讼，从20世纪60年代开始就在美国不断发生、发展，以至于现在成为一项各大律师事务所争相追逐的业务，这其中有很多因素左右，诸如美国是采取对抗诉讼制度（adversary system）的国家，法官只会根据利益冲突双方提供的事实来判明责任，处于一种相对被动的地位，并且诉讼准备阶段一般通过诉前专家审查、证人以及相关文件材料来进行的，其过程非常漫长并且成本高昂，这个因素在潜伏性毒物致害侵权诉讼中的地位非常重要。而陪审团审判制度，实际上所有侵权案件只要在诉前没有解决都得由陪审团来审理。这就意味着，所有的责任问题以及相应的损害赔偿金都是由陪审团裁定的，而非由法官来裁定，众所周知，陪审团成员通常都是普通平民，他们对这种存在危险的侵权事实通常采取的态度都是同情弱者，即受害者一方，精明的律师只要能够用事实打动这些陪审团每一个成员就等于取得了制胜法宝；还有一点，美国独特的律师收费制度——胜诉酬金（contingent fee）制度，如果案件胜诉的话，律师们通常可以拿到1/3的损害赔偿金，这种制度的刺激推动作用非常大。[1] 但是，从毒物致害侵权诉讼的发展历程来看，在早期涉及毒物致害的侵权诉讼中，美国法院一般都不太愿意将产品责任引入到这种由于接触毒物而产生的伤害诉讼当中来。在巴沙姆诉欧文斯-科宁玻璃纤维公司[2]案中，法院拒绝根据产品责任法来处理石棉工人所提出的诉求，法院裁定职业病诉求不属于产品责任法管辖范围所导致的那种损害。从接触石棉开始到出现疾病症状之间存在的长潜伏期是这种诉求与一般产品责任诉讼中所出现的那种由于接触缺陷产品导致的直接损害是存在重大区别的。美国法院在巴沙姆案中所持的司法立场一直到20世纪70年代中期都非常常见。

1973年，博若尔诉纤维板纸品公司案[3]开创性地适用严格产品责任原则于与工作场所有关的石棉伤害诉讼案件中。在此案中，原告是一名从事绝缘工作

---

[1] See Robert L. Rabin, *Tobacco Tort Litigation in USA*, Roma seminar article, 1995, available at http://www.ssrn.com.

[2] *Bassham v. Owens-Corning Fiber Glass Corporation* (D. N. M. 1971) 327 F. Supp. 1007, 1008.

[3] *Borel v. Fiberboard Products Corporation*, 493 F. 2d 1076, 1083 (5th Cir. 1973), cert. denied, 419 U. S. 869, 95 S. Ct. 127, 42 L. Ed. 2d 107 (1974).

的工人，他对几家生产石棉绝缘材料的提起诉讼，诉由是这些石棉制品生产商没有警示在操作石棉时可能会存在危险。原告还声称因为在工作场所接触石棉长达33年之久，他已经感染石棉沉着病（asbestosis）❶ 以及间皮瘤（mesothelioma）❷，要求这些石棉制品生产商对石棉所造成的人身伤害给予赔偿。

依据德克萨斯州的法律，法庭裁定生产商因没有适当警告原告工作环境中所含石棉制品会造成危险，要对其警告缺陷承担严格责任。在作出如此判决时，法庭在查阅了有关石棉对工人会产生影响的医学著述后，断定石棉与导致原告所患疾病之间存在明显的因果关系。法庭作出的让石棉生产商承担严格责任的判决意义重大，明显与法庭在类似巴沙姆案中所主张的法律原则截然相反。还有一点特别值得注意的是，尽管原告在该案中也存在部分过失，但是还是裁定原告的损害应该得到补偿。如果法院适用与有过失（contributory negligence）原则，原告就不能因为其过失行为得到补偿；但是，根据严格产品责任原则，与有过失在其中不是一种抗辩理由，所以原告的过错不会对其要求补偿造成障碍。

一俟博若尔案法庭将产品严格责任适用于与石棉有关的职业病后，其推理严密的法律意见为众多法院所采纳，随之而起的与石棉有关的诉讼案件像洪水般涌向法庭。而且，以此为起点，产品严格责任原则也开始适用于其他一些导致原告罹患潜在疾病的致害产品案件诉讼中。从这个简短的诉讼历史，我们会发现涉及潜伏性毒物致害侵权产品责任的法律原则适用经历了从适用过错责任原则到严格责任原则的诉讼演变过程。

第二节　产品责任

产品责任，严格说来应该是产品缺陷致人损害的侵权责任，它是指产品的制造者和销售者，因生产、销售或者提供的产品存在缺陷，给他人人身或者财产造成损害时，所应承担的赔偿责任。产品责任是一种新型的民事责任形式，在20世纪中期才逐渐形成。在国际标准化组织（ISO）制定的国际标准《质量管理和质量保证——术语》当中，产品责任被定义为“生产者或他方因产品造成的与人员伤害、财产损坏或其他损害有关的损失赔偿责任”。

就产品缺陷致人损害侵权责任的责任主体来说，我国目前的立法存在一定

❶ 石棉沉着病（asbestosis），这种疾病的规律已经为医学界所熟悉，即在接触石棉10年到25年，或者更长时间之后才出现症状。

❷ 间皮瘤（mesothelioma），通常指间皮组织的恶性肿瘤，尤指胸膜瘤和腹膜瘤，是肺癌的一种。

缺陷。首先，正式的法律条文没有对《民法通则》及《产品质量法》中的“生产者”进行定义。不过，最高人民法院《关于产品侵权案件的受害人能否以产品的商标持有人为被告提起民事诉讼的批复》中对“生产者”有界定，其中指出“任何将自己的姓名、名称、商标或者可资识别的其他标识体现在产品上，表示其为产品制造者的企业或者个人，均属于《民法通则》和《产品质量法》规定的‘生产者’”。一般还认为，产品的进口商也被视为产品的生产者。其次，两部主要法律的条文之间，对相关责任主体的规定不尽一致，例如《产品质量法》第4条规定，生产者、销售者依照本法规定承担产品质量责任。第43条规定，因产品存在缺陷造成人身、他人财产损害的，受害人可以向产品的生产者要求赔偿，也可以向产品的销售者要求赔偿。属于产品生产者责任的，产品销售者先赔偿的，产品的销售者有权向产品的生产者追偿。属于产品销售者责任的，产品生产者先赔偿的，产品的生产者有权向产品的销售者追偿。但是，《民法通则》第122条规定，运输者、仓储者对此负有责任的，产品制造者、销售者有权要求赔偿损失。将这一条纳入产品责任范围显得很牵强，因为产品的运输者、仓储者有责任的，其被追索对象是产品的生产者、销售者，而不是受害消费者。必须指出，运输者、仓储者与生产者、销售者之间的责任不是产品责任问题，从实践来看，这种责任多数属于一种合同责任。所以，把运输者、仓储者当成产品责任主体的观点是明显错误的。

产品责任法是调整有关产品生产者、销售者、供货商、进口商和消费者之间因产品质量而发生的侵权责任之法律规范的总称。广义产品责任法包括一个国家的国内产品责任法和有关产品责任的国际公约及国际惯例。狭义产品责任法仅指一个国家国内的产品责任法及相应的法律规范。其基本特征为：(1) 调整因产品责任引起的人身或财产损害，不包括单纯的产品本身的损坏；(2) 主要调整没有任何合同关系的产品责任侵权行为。产品责任法是在20世纪随着现代化工业大生产及市场经济的发展完善而首先在英美法中发展起来的。对于因产品引起的责任，各国最初适用的是合同责任规定，没有合同即没有责任，因而产品缺陷受到损害的受害人与产品制造者、销售者间只要没有合同关系（privity of contract），就不能向生产者或销售者索赔。很明显，这一时期的产品责任立法更多的是倾向于产品的生产者和销售者。在现代化大生产中，由于使用产品的受害者与制造者、销售者之间往往并没有直接的合同关系，因此，为保护消费者的利益，各国于20世纪上半叶开始逐渐采用对产品责任由合同责任转向侵权责任的做法，以使产品生产者、销售者对受害人承担直接责任。美国的产品责任制度对世界各国产品责任立法影响深远。1916年纽约州上诉法院法官B·N·卡多佐（B. N. Cardozo）在麦克弗森诉别克汽车公司案（McPherson v. Buick Motor Co.）中确立了过错责任原则，判决中确认："如果物品的性质可以合理地确定，制造疏忽将使人的生命和肢体有危险，那么它就是一个危险的物品……明知该物将由买方以外的他人使用，使用时也不会进行新的试验，那么，不论有无合同，该危险物品的制造者就负有谨慎制作的义务。"[1] 1932 年美国华盛顿州法院在巴克斯特诉福特汽车公司案[2]中又提出担保理论，发展了担保原则，以违反担保原则来处理产品责任。该理论认为，因产品有缺陷，卖方违反了对货物的明示或默示担保，以致对使用者造成伤害时，应承担法律责任。1944 年美国在艾斯科拉诉可口可乐瓶装公司案[3]的判决中又提出了严格责任原则，该原则在 1963 年格林曼诉优霸电力公司案[4]的判决中正式得到确认。该理论认为，凡产品有缺陷，对使用者或消费者"具有不合理的危险"，因而致他们损害时，产品生产者和销售者都应承担责任。在大陆法系国家，各国对有关产品责任案件的审理也通过判例或立法等不同的方式逐渐适用侵权行为法的规定，并且逐步趋向于采用无过错责任原则。现在随着国际经济关系的发展，已陆续拟定了有关产品责任的国际公约，逐步形成了国际产品责任法。

我国《民法通则》将产品责任认定为侵权责任。该法第 122 条规定："因产品质量不合格造成他人财产、人身损害的，产品制造者、销售者应当依法承担民事责任。运输者、仓储者对此负有责任的，产品制造者、销售者有权要求赔偿损失。"有学者认为，该条文与《产品质量法》第 41 条"因产品存在缺陷造成人身、缺陷产品以外的其他财产损害的，生产者应当承担赔偿责任。"结合在一起，总结得出两法条所确认的产品生产者、销售者的责任是一种无过错责任。[5] 其实，根据《产品质量法》第 41 条及第 42 条"由于销售方的过错使产品存在缺陷，造成消费者人身、他人财产损害的，销售者应当承担赔偿责任，销售者不能指明缺陷产品的生产者，也不能指明缺陷产品的供货者的，销售者应当承担赔偿责任。"的规定可以看出，我国的产品责任归责原则采用了无过错责任与过错责任相结合的具有中国特色的归责模式。

---

[1] *McPherson v. Buick Motor Co*, New York Court of Appeals, 1916；另外，还有一个著名的英国案例——多诺修诉史蒂文森（*Donoghue v. Stevenson*，［1932］All ER Rep 1）也是人们最经常引用的过错责任案例。

[2] *Baxter v. Ford Motor Co.* 168 Wash. 456，12 P. 2d 409（1932）.

[3] *Escola v. Coca-Cola Bottling Co.* 24 Cal. 2d 453，150 P. 2d 436（1944）.

[4] *Greenman v. Yuba Power Products*，Inc.（1963）59 Cal. 2d 57［13 A. L. R. 3d 1049］.

[5] 王成："各类侵权责任"，载魏振瀛主编：《民法学》，北京大学出版社、高等教育出版社 2006 年版，第 712 ~717 页。

第三节 产品的概念与范围

由于潜伏性毒物致害侵权中通常会涉及各种各样的产品毒物，那么对产品的概念及范围进行厘清就显得非常必要。在产品责任法中，“产品”的概念是构成产品责任法体系以及确立产品责任法适用范围的基础。对产品范围的界定，通常会直接反映一个国家的社会经济发展水平、公共政策适用及立法理念。同时，它也是一国立法者运用法律来平衡生产者和消费者利益的重要手段。因此，从立法角度来讲，各国均会根据本国国情，对“产品”一词进行科学严谨而又详尽准确的界定，以期平衡保护生产者与消费者之间的利益。

美国市场经济高度发达、科技实力雄厚，拥有完备的产品责任法律制度。美国产品责任立法一直都是其他国家借鉴的对象。美国产品责任立法强调保护消费者的利益，对“产品”范围规定得比较宽泛。1979 年美国商业部颁布的《统一产品责任法示范法》第 102 条 C 款规定：“任何具有内在价值的、为进入市场而生产的、能够作为组装整件或者作为部件、零件交付的物品。但人体组织、器官、血液组成成分除外。”该法以概括的方式介绍了产品的范围，对产品的范围规定得相当广泛。“几乎任何经过工业处理的东西，包括所有有形物，不论可以移动的还是不可以移动的、工业的还是农业的、加工的还是未加工的，凡涉及任何销售，可移动或可使用的制成品，只要由于使用它或通过它引起了伤害，都可视为发生责任的产品。”[1] 由于产品责任法仍属于美国各州的立法范围，尽管该示范法尚未得到美国大多数州的认可，但从中仍可看出美国立法对有关产品范围规定的灵活性倾向。随着科学技术的快速发展，新的产品不断出现，加之公共政策日益向保护消费者权益倾斜，各州在立法和司法活动中，不断发展严格责任理论，一个突出的表现就是，对“产品”范围界定有进一步扩大的趋势，认为“产品”包括加工过的和未加工过的、可移动的和不可移动的、工业的和农业的、有形的和无形的产品等。根据美国在产品责任方面的司法判例，我们大致可以对美国的产品范围归类如下：（1）无形产品。诸如电力，美国法院的判决通常将电力认定为一种产品，像其他货物一样，电力可以被制造、运输和出售，是一种无形的消费品，[2] 法院认为：电力是一种可以被人类制造或生产的能源，并且作为一种可以发热、提供动力和发

---

[1] 国家技术监督局政策法规司：《国外产品质量与产品责任法规选编》，中国计量出版社 1992 年版。

[2] *Ransome v. Wisconsin Elec.* Power Co. , 275 N. W. 2d 641 (Wis. 1979).

光的能源而为人们所控制、传送、分销，是一种可消费的无形产品。而且，适用严格责任的理由也同样适用于电力生产者。这一观点现在已被世界大多数国家认同，电力、煤气和天然气等均被列入“产品”之中。(2) 不动产。如房屋被认为是产品。❶ 阿肯色州高等法院认为：“社会化生产及房屋销售与社会化生产及汽车销售之间不存在差别。正因为如此，严格责任应根据现实需要而适用。我们没有理由不让严格责任原则适用于房屋损害赔偿案件。相应地，在解释阿肯色州严格责任法时，我们主张‘产品’一词适用于房屋和汽车。”(3) 天然产品。未经加工的动植物在美国判例中同样被视为“产品”。❷ (4) 书籍和智力产品。美国有的州认为，只要在不涉及言论自由的情况下，对大批量出版的书籍所提供的不精确信息或资料导致的损害，应适用严格责任。❸ (5) 计算机软件。❹

欧共体为了协调各成员国的产品责任立法，于1985年通过的《欧共体产品责任指令》第2条明确地把“产品”定义为动产，包括组装到另一动产或组装到不动产中的动产，但初级农产品和猎获物除外。其中初级农产品是指种植业、畜牧业和水产业所生产的产品，但已经过初级加工的产品除外。1999年《欧共体产品责任指令》对1985年指令进行了部分修订，其中明确规定，“产品包括电力”，并且还取消了将初级农产品及猎获物排除在产品之外的规定。该条采用列举法和排除法并用的方法，界定了产品的范围。与美国《统一产品责任示范法》的规定相比，范围较为狭窄。大多数欧洲国家基于《指令》的规定，在本国的产品责任立法中，对产品的范围均持限制态度，在英国，根据其司法判例及1987年《消费者保护法》第1条规定：“产品是指任

---

❶ *Blagg v. Fred Hunt Co.*, Inc., 272 Ark. 185, 612 S. W. 2d 321 (1981).

❷ *Sease v. Taylor's Pets Inc.*, 74 Or App 110, 118, 700 P2d 1054 (1985)，在该案件中，带有狂犬病病毒的宠物鼠鼬给原告造成了损害，俄勒冈州上诉法院采纳了纽约州法院1977年在 *Beyer v. Aquarium Supply Co.* 94 Misc 2d 336, 404 N. Y. S. 2d 778 (N. Y. Sup. Ct. 1977) 案中所作出的判决意见，即“没有任何理由说明为什么将有病的动物投入商业流通的饲养人、经销商或卖主，应承担比出售有缺陷的产品的人要少得多的责任。动物对一个健康人所构成的风险可能大于有缺陷的产品，因为对于一个普通消费者来说，难以像辨认产品缺陷那样来辨别动物的疾病。”据此，俄勒冈州上诉法院认为：活宠物鼠鼬是严格责任项下的“产品”。

❸ 参见 *Saloomey v. Jeppesen &Co.*, 707 F. 2d 671 (2nd Cir. 1983)，在该案中，被告杰普森公司大量生产、销售的航空地图因为存在缺陷，导致原告飞机飞行时坠毁，法院判决出版航空地图的出版商承担严格责任。

❹ 美国学者认为，常用软件由于被大量生产和销售，已广泛运用于工业生产、服务领域和消费者的日常生活，与大众消费者的利益息息相关，而生产者处于控制风险的较好地位和具有分散风险的能力，因此应将计算机通用软件列入“产品”的范围；专用软件系提供特定对象的、以职业服务为目的，应被排除在“产品”的范围之外。

何物品和电，同时包括组成另一产品的物品。”无论这些物品是以零部件或原材料或其他形式构成。捕获物和未加工的农产品排除在外。但将血液及其制品列为产品责任中的产品。挪威1988年《产品责任法》第2条规定：“产品是指所有货物或动产，包括自然产品或工业产品、原材料或制成品、部分产品或最终产品以及组成另一动产或不动产的一部分产品。”并在产品范围内增加了‘生产中所产出的废料’，如果该废料由生产者在其营业或业务活动范围内将其投入流通，也成为产品责任法中的“产品”。[1]《荷兰民法典》第187条明确规定：“‘产品’是指动产，即使其成为另一件动产或不动产的部件后仍为可移动的，产品还包括电能”。[2] 综合欧共体及部分欧盟国家的产品责任法，我们可以对欧盟的“产品”的范围作如下界定：[3]（1）产品包括动产。由经营者提供的所有经生产和加工的物品都是产品，包括原材料和零部件，还包括燃气、水和电。但是，对于电力来说，其缺陷必须产生于电力的生产阶段，电力在分配系统中造成的供应瘫痪不属于产品责任的范围。（2）产品包括废物。当生产者将废物作为副产品出售时，废物也被视为产品。但是，废物在被生产者排放或废弃的情况下，生产者不承担产品责任。（3）产品不包括不动产。如土地、大楼和固定建筑物（如桥梁和马路）等就不属于产品。但是，建筑材料属于产品。如果砖头有缺陷，造成房屋倒塌，则会引起产品责任诉讼。如果建筑物的设计和建造方法有缺陷，不以产品责任为依据进行诉讼。（4）产品不包括服务。提供的咨询、信息、技术等系非物质性产品，不包括在产品范围之中。至于计算机软件是不是产品，在欧洲还存在争议，不过大多数欧盟国家倾向于将其视为产品。

对于产品的界定，我国《产品质量法》第2条将其定义为“经过加工、制作，用于销售的产品。建设工程不适用本法规定。”该法第50条还规定：“军工产品质量监督管理办法，由国务院、中央军事委员会另行规定。”从这两条我国《产品质量法》中的“产品”具有以下三层含义[4]：（1）必须是经过加工、制作的产品。未经加工、制作的天然农产品、矿产品都不应列为产品质量法中的产品。（2）必须是用于销售的产品，也就是通常所说的商品，是用以买卖的加工物或制作物。如果生产的产品仅仅是为了自己使用或作为礼物送给亲友，那么，该产品不是产品责任法中的产品。（3）《产品质量法》不适

---

[1] 刘静：《产品责任论》，中国政法大学出版社2000年版，第12页。

[2] 张新宝：《侵权责任法原理》，中国人民大学出版社2005年版，第393页注释。

[3] See Christopher J. Wright, *Product Liability*, Blackstone Press Limited, 1989, p. 48.

[4] 王利明：《中国民法典学者建议稿及立法理由》，法律出版社2005年版，第227～228页。

用于军工产品和建设工程。也就是说，将军工产品和建设工程排除在《产品质量法》规制范围之外。但是，《产品质量法》中对“产品”概念的界定，并没有获得法律界的一致认可。鉴于我国社会经济发展的需要，同时也顺应了国际上对产品概念范围扩大的趋势，在目前国内专家起草的几部民法典专家建议稿中对产品概念有了新的界定，在梁慧星教授主编的版本中将产品界定为：“产品是指经过加工、制作，用于销售的动产。导线传输中的电，视为产品。”“建设工程不适用于本节规定，但建设工程使用的建筑材料、建筑构配件和设备，属于前款规定的产品范围的，适用本节规定。”❶ 王利明教授主持的版本中侵权法部分第40条将“产品”界定如下：“本法所称产品是指经过加工、制作，用于销售的动产。” “下列用于销售的物，视为本法所称的产品：（1）导线输送的电能，以及利用管道输送的油品、燃气、热能、水；（2）计算机软件产品和类似的电子产品；（3）用于销售的微生物制品、动植物制品、基因工程制品、人类血液制品。”“下列用于销售的物，不属于本法所称的产品：（1）建筑物和其他不动产，但是建设工程中使用的建筑材料、构件和设备除外；（2）仅经过初加工的农（林、水）产品。”❷ 从已有的专家稿来看，其认识均已经超过了原来对产品质量法中对产品的界定，而更加趋于合理，在未来的民法典侵权法编中可以考虑对以上条款进行整合并入，但是一定要注意以上版本，包括杨立新教授的版本，❸ 对于部分物的界定仍有不同，或存欠缺。笔者认为，应该在借鉴他国，特别是欧美国家立法及司法实践经验之上重构产品的范围界定。例如，对于在初级农产品是否属于产品范畴问题上，欧盟经历了最初的排除，到现在的不排除，这一点集中反映了人们对影响人类生命安全的自然产品的担忧。如果我们不采取相似政策，在外贸领域可能会因此产生法律争端。

通过以上对产品范围的比较界定，笔者认为，在潜伏性毒物致害侵权中所探讨的毒物主要是那些负载有有毒物质的药品、食品以及广泛分布于人们日常生活环境中的具有金属毒性、辐射毒的物品。

---

❶ 梁慧星：《中国民法典草案建议稿附理由》，法律出版社2004年版，第107页。

❷ 王利明：《中国民法典学者建议稿及立法理由》，法律出版社2005年版，第227~228页。

❸ 该版本应该说与王利明教授的版本一样，因为作者系同一个人，但是杨教授的版本中好像因疏忽遗漏了“仅经过初级加工的农（林、水）产品排除在产品之外”的条款，因为其建议条文与其后文的立法解释矛盾。具体参见杨立新：《中华人民共和国侵权责任法草案建议稿及说明》，法律出版社2007年版，第225~226页。

第四节 产品缺陷及其种类

一、产品缺陷概述

在产品责任中，缺陷的界定及其认定标准是一个至关重要的问题，同时也是一个相当复杂和困难的问题，在实行客观归责原则的情况下，认定产品是否存在缺陷，对责任承担进行合理控制，防止一方过度担责是主要的法律控制点，可以说，没有产品缺陷就没有产品责任。

在美国法中，因为产品责任仍属于州法规制的范畴，所以在“产品缺陷”尚没有明确定义实属正常，在《侵权法重述第三版》402A、《统一产品责任示范法》《侵权法重述第三版》§2 以及美国大多数法院有关产品责任的判例中，对产品缺陷的认识都不一样。《第二次侵权法重述》402A 把缺陷定义为：“对使用者或消费者或其财产有不合理危险的缺陷状态”，“凡销售有不合理危险的缺陷产品应对最终使用者或消费者因此遭受的人身或财产损害承担赔偿责任。”而在 1998 年推出的《侵权法重述第三版》§2 把缺陷定义为：“……使得该产品具有不合理的安全性能”（…render the product not reasonably safe…）。从新旧版本的侵权法重述可以看出美国学界对产品缺陷的表述已有所变化，新版本更加注重产品的“不合理的安全缺陷”，重心在“安全”与否，而旧版本则重视是否存在“不合理的危险”，视角截然相反，笔者认为新版本的表述可能更加贴切一些，因为消费者购买产品首先考虑的是产品的安全性能如何，其次才是产品是否能够满足通常的用途，而不是先考虑产品是否具有危险，推定产品安全是消费者购买该产品的心理底限，如果产品具有不合理的安全缺陷，生产者可能要为此承担相应的法律责任。可以说，新的界定，更贴近于消费者的消费认知，因为产品的危险通常是一般消费者难以预见的。另外，笔者还认为“不合理的安全缺陷”外延比“不合理的危险缺陷”更广泛，是一种逻辑上的包含关系。但是，在司法实践中，确定是否存在不合理的安全缺陷或者不合理的危险是法院要解决的首要问题。当然，在缺陷的表述上《侵权法重述第三版》和《统一产品责任示范法》达成一致。

在欧洲，《欧洲共同市场产品责任法草案》（以下简称《草案》）的前言指出，当判断何谓“产品缺陷”不是经由事实认定该产品不适用（unfit for use）就是“缺陷产品”，而必须着眼于产品不安全，而安全性的标准以普通人客观上的期待为依据。《草案》第 4 条规定：“当产品不能提供人们所期待的身体或财产上安全时，产品有缺陷。”《草案》第 5 条规定：生产者若能证明，未将商品置于市场销售或当商品于市场销售未具有缺陷，则生产者不负责任。”这说明，商品制造人将缺陷产品置于市场上出售且商品制造人知悉缺陷存在时，才采取“商品制造人无过失责任”原则。如果制造人能举证，缺陷商品的销售非制造商的意思（against his will）；或缺陷是商品出售以后才出现或缺陷非原始制造过程中产生，商品生产者不负损害赔偿责任。《欧共体产品责任指令》（85/374/EEC）在其前言中指出，为确保消费者身体健康与财产安全，缺陷的认定不是以产品的适用性判断，而是以一般大众期待产品安全性的权利为着眼点，该指令第6条规定，考虑下列所有情况，如果产品不能提供人们有权期待的安全性，即属于缺陷产品：（1）产品的使用说明；（2）能够投入合理期待的使用；（3）投入流通时间（产品置于市场销售的时间）。但不能以后来投入流通的产品更好为理由认为此前的产品存在缺陷。欧洲理事会《关于人身伤害与死亡的产品责任公约》（Convention on Products Liability in Regard to Personal Injury and Death）第2条C款规定：考虑包括产品说明在内的所有情况，如果一件产品没有向有权期待安全的人提供安全，则该产品存在缺陷。在欧盟国家，德国非常忠实地将《欧共体产品责任指令》上的规定照搬进了其国内法。德国《产品责任法》（1989年）第3条规定，考虑下列所有情况，产品不能提供人们有权期待的安全性，就是存在缺陷的产品：（a）产品的说明；（b）能够投入合理期待的使用；（c）投入流通的时间。不得以后来投入流通的产品更好为理由，认为以前的产品有缺陷。在英国，其《消费者保护法》（1987年）第3条（1）款规定：依本条下述规定，为本章之目的，如果产品不具有人们期待的安全性，该产品即存在缺陷；对产品而言，安全性包括组合到另一产品之中的产品安全性以及造成人身伤害、死亡危险方面的安全性。（2）为上述（1）款之目的，在确定人们有权期待某项产品应当具有何种安全性时，应当考虑与产品有关的所有情况，包括：（a）该产品被出售的方式与目的，产品的样式，与产品有关的任何标识的使用，关于允许或不允许使用该产品以进行任何事项的警告与指示。（b）可以合理期待的产品用途或可合理期待的与产品有关的用途。（c）生产者向他人提供产品的时间。按本条规定，不得以后来提供的产品比以前的产品更安全的事实而认定之前的产品存在缺陷。

从上述美国法上的“不合理的危险缺陷”，“不合理的安全缺陷”，再到欧盟的“消费者的期待安全性”标准，虽然其中可能存在一致之处，但是笔者认为，事情远不止那么简单，缺陷的定义与各国经济发展水平有着密不可分的联系，也受消费者权利意识不断增强的影响。也就是说，产品缺陷定义的背后，隐藏着深刻的政治、经济社会背景。一般来说，一个社会在一定时期对于缺陷的认识，其判断标准有：消费者期待标准（consumer's expectation test），风险-效用标准（risk-utility test），以及对生产者-消费者之间的混合平衡评价。风险-效用标准是指通过对产品的有用性与必要性的比较，对产品危险规避的可能性、消费者的危险预防可能性、制定时或预定使用时的技术发展程度，替代设计的可能性认定，检查是否采取了安全措施，以判断产品是否存在缺陷。消费者期待标准则是以普通消费者的期待为标准来评价产品的安全性，也就是在判断缺陷时，再考虑是否缺乏作为消费者的买方所期待的性能、质量或指示、警告，等等。

我国《产品质量法》第46条规定："本法所称缺陷，是指产品存在危及人身、他人财产安全的不合理的危险；产品有保障人体健康和人身、财产安全的国家标准、行业标准的，是指不符合该标准。"第42条规定："由于销售者的过错使产品存在缺陷，造成人身、他人财产损害的，销售者应当承担赔偿责任。销售者不能指明缺陷产品的生产者也不能指明缺陷产品的供货者的，销售者应当承担赔偿责任。"第43条规定："因产品存在缺陷造成人身、他人财产损害的，受害人可以向产品的生产者要求赔偿，也可以向产品的销售者要求赔偿。属于产品的生产者的责任，产品的销售者赔偿的，产品的销售者有权向产品的生产者追偿。属于产品销售者责任的，产品生产者赔偿了的，产品的生产者有权向产品的销售者追偿。"根据国家立法机关工作人员所编撰的法律读本来看，他们认为本条的规定从法律上确立了判断产品是否存在缺陷的基本标准。实践中如何具体运用这项法定标准来判断产品是否存在缺陷，是个事实问题，需要根据每一案件、每种产品的情况具体分析，作出结论。一般来说，产品存在缺陷，即产品存在"不合理的危险"，大体有以下情况：一是产品本身不应当存在危及人身、财产安全的危险（如儿童玩具），但因设计、制造上的原因，导致产品存在的危及人身、财产安全的危险即为"不合理的危险"。二是某些产品因本身的性质而具有一定的危险（如易燃易爆产品），但如在正常合理使用的情况下，不会发生危害人身、财产安全的危险，但因产品设计、制造等方面的原因，导致该产品在正常使用情况下也存在危及人身、财产安全的危险，这种危险属于"不合理危险"。❶

实际上，根据《民法通则》第122条的规定："因产品质量不合格造成他人财产、人身损害的，产品制造者、销售者应当依法承担民事责任。运输者仓储者对此负有责任的，产品制造者、销售者有权要求赔偿损失。"及其相应的

❶ 刘左军：《中华人民共和国产品质量法释解与实用问答》，中国标准出版社2000年版，第172～174页。

司法解释《最高人民法院关于贯彻执行〈中华人民共和国民法通则〉若干问题的意见》第153条："消费者、用户因为使用质量不合格的产品造成本人或者第三人人身伤害、财产损失的，受害人可以向产品制造者或者销售者要求赔偿。因此提起的诉讼，由被告所在地或侵权行为地人民法院管辖。"的规定，我们可以总结得出，对于产品责任没有采用"缺陷"这个大多数国家都比较认同的概念，而是以"质量不合格"作为产品侵权民事责任的根据，这种立法上的欠妥值得反思。在《产品质量法》中既有质量不合格的概念，也有缺陷的概念，但是笔者认为，作为产品质量管理法，在《产品质量法》中出现产品质量不合格的概念实属正当，但是，在谈及产品责任时，还是应当以"产品缺陷"为核心来构造其责任归咎机制。

对于我国《产品质量法》第46条就"缺陷"所进行的规定中，我们可以看出，首先，所谓缺陷是一种不合理的危险，是指那些显而易见的，隐蔽的（潜在的）或者为社会公众所认可的不应当存在的并且具有危及人身及财产安全的情形。生活中，其实所有物质都会隐含有一定的危险性，比如食品、药品、酒类，如果暴饮暴食、没有节制肯定会对人体产生一定的破坏作用，因而具有危险性，但是对于这些食品的消费来说，从量上来讲，消费者是可以自己控制的，因而即便它们具有危险性，也是合理的危险，这一点对于具有成熟心智的普通人来说是一种常识。其次，这种缺陷危及的是人身和财产安全，至于给其他对象造成的危险或者损害的则属该法第41条所规定的——生产者的责任范畴。最后，[1] 产品有保障人体健康，人身、财产安全的国家标准、行业标准的，产品缺陷"是指不符合该标准"的规定，应当说这是该法从方便对缺陷产品的认定的角度出发作出的规定。按照标准化法的规定，对需要在全国范围内统一的技术要求，由国务院标准化行政主管部门制定国家标准。对没有国家标准而又需要在全国某个行业范围内统一的技术要求，可以由国务院有关行政主管部门制定行业标准，并报国务院标准化行政主管部门备案。保障人体健康，人身、财产安全的标准是强制性标准；强制性标准，必须执行。不符合强制性标准的产品，禁止生产、销售和进口。产品不符合"保障人体健康，人身、财产安全的国家标准、行业标准的"，属于产品不符合强制性标准，即为违法产品。这种违法产品一旦进入市场就有可能给消费者造成人身、财产上的损害。因此，该条将不符合"保障人体健康，人身、财产安全的国家标准、行业标准的"产品规定为缺陷产品。这里需要指出的是：如果产品的各项性

[1] 刘左军：《中华人民共和国产品质量法释解与实用问答》，中国标准出版社2000年版，第173～174页。

能指标都符合该产品的强制性标准，是否可据此判定该产品不存在缺陷呢？不能笼统地下如此结论。因为某一产品的强制性标准，可能并未覆盖该产品的安全性能指标（特别对某些新产品更是如此），有鉴于此，如果因该产品中的某项属于强制性国家标准、行业标准中未作规定的性能指标不符合保障人身、财产安全的要求，可能造成他人损害的，仍可判定该产品存在缺陷。例如，某厂生产的农用地膜的有关性能指标都符合国家、行业关于农用地膜的强制性标准，但该地膜中含有一种国家和行业标准中都未作规定的对农作物生产不利的有害物质，结果导致使用该厂生产的地膜的农田减产，造成农民的财产损失，对该种地膜仍应认为是存在缺陷的产品。[1]

对于《产品质量法》第46条，梁慧星教授在其主编并由法律出版社2004年出版的《中国民法典草案建议稿附理由》中指出，该条第二句应采反对解释方法，即，如果产品符合“保障人体健康，人身、财产安全的国家标准、行业标准”，则应当解释为“产品不存在缺陷”，于是应当许可生产者通过证明产品符合该强制性标准而获得免责。但是考虑，这种情形的受害人不可能从其他渠道（如国家赔偿法、意外损害赔偿基金等途径）获得补偿，许可生产者免责将显然违背产品责任制度的性质和目的。因此，裁判实务中并不许可生产者主张产品符合强制性标准而免责。有鉴于此，并参考发达国家和地区的产品责任法均对“缺陷”规定单一判断标准的经验，本条仅保留《产品质量法》第46条第一句，删除第二句。在此，需要补充一点，在产品免责事由上，根据《欧共体产品责任指令》（85/374/EEC）第7条（d）款的规定：由于遵守政府机构颁布的强制性规定所导致的产品缺陷属于生产者可以提出的抗辩理由。由于欧盟国家拥有良好的社会福利保障制度，对这种遵守强制性标准造成的损害通常由公共福利机构支出，所以这种免责事由在欧盟国家可能行得通。不过，诉讼中被告援用此条款要求免责的情况并不多见，因为欧盟国家已经颁布很多具体标准，其要求非常严格，以严谨著称的德国人更是制定了3万余种国家标准，其标准很多都超过了国际标准，这些国家标准大大提高德国产品在国际市场上的竞争力，同时也为他国产品进入德国造成障碍。

笔者认为，《产品质量法》第46条第2款所确定的强制性标准是存在缺陷的，应当作如下理解：（1）强制标准只是产品的最基础性标准，即最低标准。《中华人民共和国标准化法》（以下简称《标准化法》）第7条规定：“保障人体健康，人身、财产安全的标准和法律、行政法规规定强制执行的标准是强制性标准。”第14条规定：“强制性标准，必须执行，不符合强制性标准的

[1] 安建：“试论产品质量法关于产品责任的规定”，载《中国法学》1993年第5期，第65页。

产品，禁止生产、销售和进口。”并在该法的第20条规定了生产、销售、进口不符合强制性标准的产品的法律责任。从以上规定可以看出，产品符合强制标准，是产品得以生产、销售和进口的前提条件，不符合该强制标准的产品，根本没有市场准入资格。该法第6条第2款规定：“已有国家标准或者行业标准的，国家鼓励企业制定严于国家标准或者行业标准的企业标准，在企业内部适用。”综合分析以上条款，不难得出国家标准和行业标准中的强制性标准是产品能够生产和进入市场的最低要求，并不是非常严格。（2）即使作为最低标准，强制标准本身也存在许多不足：①强制标准制定的局限性。《标准化法》第12条规定：“制定标准应当发挥行业协会、科学研究机构和学术团体的作用。”不难看出，产品质量标准的制定与生产者的积极参与是分不开的，特别是有关产品质量的行业标准，更是在很大程度上依靠行业协会内生产企业的广泛参与。再加上几十年来我国的企业都是政企不分，有些企业的经营者本身就是享有行政级别的政府官员，制定的相关标准，很多是体现了他们的意见和要求。在一定程度上，生产者既当运动员，又当裁判员，这就使得国家标准、行业标准不能不受到企业利益的影响，更多地考虑和代表生产者的利益，从而袒护生产者，忽视消费者本应享有的合法利益。[1]②强制标准制定的滞后性。这包括以下两方面：A. 标准的制定不适时。当一种新产品投入市场时，规范此产品的标准并不能同时产生，产品与相应产品标准之间存在着时间差。这是符合人类认知的规律的。B. 标准的更新不适时。《标准化法》第13条规定：“标准实施后，制定标准的部门应当根据科学技术的发展和经济建设的需要适时进行复审，以确认现行标准继续有效或者予以修订、废止。”《标准化法实施细则》第12条则进一步明确：“标准复审周期一般不超过5年。”标准制定时会受制于当时的社会发展水平。所以针对我们的国家标准、行业标准，要进行统一规范，负责任的政府应该制定尽可能多的统一的国家标准，并参照国际标准，逐步淘汰行业标准；国家标准应该视为最低标准，鼓励企业按照国家标准生产具有竞争力的产品，这样才会整体提高企业产品的竞争力。笔者认为，当前在司法实践当中认同符合国家标准、行业标准并非生产商免责的事由，是非常适合我国国情的，只有这样才能使得生产者严格遵照标准生产，否则，作为受害消费者只有向其寻求损害赔偿。这种明确规定，对于判明潜伏性毒物致害侵权者应承担的责任来说极具针对性。

---

[1] 周汉民、程斌：“晚近期产品责任立法趋势及可供我国的借鉴”，载《国际商务研究》1997年第2期。

二、产品缺陷的种类

产品缺陷的种类很多，[1] 但是，从立法角度来看，我国《产品质量法》没有直接对产品缺陷进行类型化，而是在该法第 41 条、第 42 条、第 43 条及第 46 条分别对产品生产者及销售者的产品质量责任和义务进行了具体规定。其中也涉及对各种缺陷的不同分类。但是，由于我们没有自己的产品责任理论，已有的产品缺陷类型基本上都是在借鉴美国的产品责任理论得出的，这些缺陷，一般分为制造缺陷、设计缺陷和警示缺陷。这一点可以通过美国《侵权法重述第三版》 §2 就可以非常清楚地显示出来，该条规定：当产品在销售或者分销的时候，其中包含有制造缺陷（manufacturing defect），或在设计上存在缺陷（defective in design），或者因为缺乏充分的使用说明或警示而存在缺陷（defective because of inadequate instructions or warnings），则该产品就是缺陷产品。(a）如果产品背离其原初的设计，尽管在制造及销售该产品的过程中已经力所能及地尽可能谨慎，则该产品存在制造缺陷。(b）对于产品可预见的危险所造成之损害，销售者或者商业供应链上其他商品供应人，若未采用合理的替代设计来减少或避免损害，而且，该消极不作为使产品设计不存在合理的安全性能时，则该产品存在设计缺陷。(c）对于产品的可预见损害危险，销售者或者其他分销者，或者商业供应链上的其他商品供应人，能够通过提供合理的使用说明或者警示使其得到减少或者避免，而且，该消极不作为使得产品的使用说明或者警示不存在合理的安全性能时，则该产品存在使用说明或者警示缺陷（defective because of inadequate instructions or warnings），也可以说是信息或警示缺陷（information or warning defects），或者称作是“营销”缺陷（“marketing” defects）。[2]

（一）制造缺陷

所谓制造缺陷（manufacturing defect，production defect），是指产品离开制造者之前，产品在制作、装配、铸造或包装等生产过程中产生的缺陷，它是产品对其设计及生产者的本意所产生的一种背离。与其他两种缺陷相比，制造缺陷则完全背离了消费者的期望。《美国产品责任重述》 §2（a）规定：“当某个产品因为背离了其设计意图而未能达到消费者的期待，则该成品存在生产瑕

[1] 赵相林、曹俊：《国际产品责任法》，中国政法大学出版社 2000 年版，第 86～88 页。该书至少具体列举了七种不同的类型化观点。

[2] 这种分类如今已得到普遍认可，可参见 Banks v. ICI Americas，Inc.，264 Ga. 732，450 S. E. 2d 671（1994）. Also see Dan B Dobbs，*The Law of Torts*，Thompson West，2000，p. 979.

疵或制造缺陷。”制造缺陷亦或说是生产瑕疵（production flaw），它是一种偶然产生的缺陷或欠完美（a random failing or imperfection）。这种缺陷存在于特定产品的生产或者分销环节，而非存在于产品生产线的设计环节。[1]

美国《统一产品责任示范法》104 A 指出：“为了确定产品制造上存在的不合理的不安全性，事实裁判者必须认定：产品脱离制造者控制时，即在一些重要方面不符合制造者的设计说明书或性能标准，或不同于同一生产线上生产出的同种产品，它可以是由产品的零部件导致的，也可以是由产品的装配过程造成的，或产品的原材料有问题造成的。”美国《侵权法重述第三版》在§2条的评注中指出，“不论制造者对质量监控的努力是否满足了合理性标准，(a) 款所规定的制造缺陷责任都可以成立。”“侵权法的一个重要功能就是充当制造安全产品的驱动力，对制造商的产品制造缺陷课以严格责任，从而能够使制造商在产品安全方面能够投入更多；相比较而言，从实际操作层面来考察，过错责任制度的适用可能会导致销售者逃脱其应负的部分责任。有些法院和学者认为，严格责任相对于过失责任能够通过产品的销售价格更充分地体现缺陷所承载的成本，从而遏制人们对于缺陷产品的消费。”“对于批发商和零售商来说，让其对制造缺陷承担严格责任最经常被引述的理由是：在他们和缺陷产品的无辜受害者之间，产品的销售者作为商业机构比个人用户及消费者更有能力针对此类损害采取保险措施。在大多数情况下，批发商和零售商能够将产品责任的所有损失追击至产品销售链的源头——制造商那里。”

目前，在美国产品责任领域的司法实践中，制造缺陷并非一个有很大争议的问题。一旦归责原则从过错责任变成严格责任，免除了原告对于被告过错的证明负担，制造缺陷的确认就变得相对容易起来。生产者特定的产品标准可以作为判断缺陷是否存在的客观标准，因此制造缺陷较之设计缺陷就更容易被认定。产品制造缺陷的主要特点是该缺陷不包括制造者的任何主观意志，并且这种缺陷可以通过对其规格、技术要求的检验或通过对正常产品的对比检验进行主观识别。此外，制造缺陷一般仅涉及某一件产品，而不至于影响全部一类产品。在美国，产品制造缺陷引起的案件远远没有设计缺陷引起的诉讼多，法院在审理制造缺陷时，也不像审理设计缺陷时要确定特定产品的设计缺陷标准。

中国产品责任侵权案件中，大部分产品缺陷属于制造缺陷，这在一定程度上是我国目前经济发展水平的反映。2004 年 5 月份安徽省阜阳地区发现 171 名婴儿因食用劣质奶粉出现营养不良综合征。在这些奶粉中，脂肪、蛋白质和碳水化合物等基本营养物质不及国家标准的 1/3，低于 5% 的有 31 个品种，最

---

[1] See Dan B Dobbs, *The Law of Torts*, Thompson West, 2000, p. 979.

少的不足0.37%。食用劣质奶粉的婴儿由于蛋白质含量严重不足，根本不能满足婴儿的生长需要，长期食用导致婴儿患上“重度营养不良综合征”，一些儿童在生长最快的时期因食用黑心奶粉而停止生长，四肢短小，身体瘦弱，脑袋尤显偏大，被称为“大头娃娃”，严重的甚至越长越轻、越长越小，直至心、肝、肾等器官功能衰竭而死亡。这种劣质奶粉的产品制造者为了追求非法利益，制造脂肪、蛋白质和碳水化合物等基本营养物质含量几乎等于零的奶粉，造成众多儿童患上重度营养不良综合征严重损害了食用儿童的身体健康甚至造成死亡的后果，侵害了受害人的健康权或者生命权，构成制造缺陷的产品侵权责任。

国外已爆发的潜伏性毒物致害诉讼，尽管它们肯定会牵涉产品的制造缺陷，但是，在潜伏性毒物致害诉讼中，这种诉讼请求较之设计缺陷和警示缺陷鲜见一些。尽管如此，制造缺陷诉求可能会因外来化学物质对某一批特定产品造成污染而引发。有例为证，在20世纪70年代的美国密西根，农场主给农场动物喂养含有多种PBB❶饲料，结果导致牲畜死亡，并且引发大量诉讼，其中以一桩状告美国自然资源部的诉讼案为典型代表。❷

（二）设计缺陷

美国《侵权法重述第三版》§2（b）对设计缺陷（design defect，defective design，defect in design）界定如下：对于产品可预见的危险所造成之损害，销售者或者商业供应链上其他商品供应人，若未采用合理的替代设计来减少或避免损害，而且，该消极不作为使产品设计不存在合理的安全性能时，则该产品存在设计缺陷。简单来讲，产品本身应当不存在危及人身、财产安全的危险性，却由于没有采用更合理“设计”的原因，导致产品存在危及人身、财产安全的危险。例如，如果玻璃制品的火锅，由于结构或安全系数设计上的不合理，就有可能导致在正常使用中爆炸，危及使用者或者他人的人身、财产的安全。产品设计缺陷是三种缺陷类型中最有特点的一种，指产品的设计不存在合理的安全性能，从而使其往往导致产品存在潜在不安全因素。设计缺陷一般由配方、处方的错误、原理的错误、结构设计的错误等方面造成。❸

“对于法院和评论人士来讲，产品设计缺陷诉讼是产品责任诉讼中最为麻烦的部分。一方面，此类案件的判决会对社会资源分配产生重大影响。这一点

---

❶ PBB英文全称为polybrominated biphenyl，多溴联苯，具有阻燃性能，这种物质疑具有扰乱内分泌作用的化学物质（环境荷尔蒙）之一。

❷ *Oscoda Chapter of PBB Action Committee, Inc., v. Department of Natural Resources*, 403 Mich. 215, 268 N. W. 2d 240（1978），该案涉及被PBB污染的家畜尸体的填埋问题。

❸ 赵相林、曹俊：《国际产品责任法》，中国政法大学出版社2000年版，第89页。

并没有什么大惊小怪，该领域司法行为的妥当性得到了最大程度的监督。另外一方面，制造商对设计缺陷诉讼极为关注，因为一旦法院判定某种产品存在缺陷，那就意味着涉及该产品的整条生产线被处以极刑。”“最基本的设计缺陷案例通常涉及一些缺乏安全设备的产品，如没有保险装置的电动割草机、缺乏内部电子断电装置的工业机械，以及没有安装保险装置的枪支。”❶

与制造缺陷和警示缺陷相比较而言，产品设计缺陷拥有其自身特点，因为其本身所要求的技术性很高，判断标准也很复杂。它的特点主要有：❷（1）危害的严重性。设计缺陷是产品的先天不足，其影响面极为广泛，会影响到所有同类产品。如果判定被告的产品有设计缺陷，那么产品就要重新设计，整个生产线就要废掉，而生产商会把重新设计的成本加到产品中，从而使得产品的价格上涨，不利于整体消费者的利益。（2）判断的困难性。设计缺陷是一个难以定义的概念，这使得设计缺陷的标准难以把握，判断起来比较困难。在这类诉讼中，原告往往是大量的消费者，起诉的是整类产品而非个别产品，这就意味着证明的范围较广，花费的代价较高。（3）设计缺陷往往难以在保险公司投保产品责任险。就产品责任保险来说，保险标的是被保险人因其生产经营的产品存在缺陷给他人造成人身或财产损失而依法应承担的损害赔偿责任。生产经营者就其生产经营的产品向保险公司投保产品责任险后，如果发生产品致人损害事件而应依法负赔偿责任时，可由其所投保的保险公司代为承担责任。但是保单常常免除对设计缺陷的责任。前面已提到，由于这种缺陷影响所及的不仅仅是单个产品，而是整个生产线，随之而来的很可能是大量的受害用户请求赔偿，“潜在的索赔请求大量增多”，这显然不利于风险分散和经济秩序的稳定，其在商业上的牵连是深远的。

设计缺陷常是导致产品存在潜在危险的根本因素。对于设计缺陷的认定普通消费者较难作出判断，特别是对涉及较高技术水平的设计缺陷的判断。❸由于我国没有区分产品缺陷和设计缺陷，因此在我国司法实践中，对如何判定设计缺陷并没有统一的标准。1999 年，因为经常上火，50 岁的李某到其所在单位的合同定点医院某医院就诊。医生给她开了 5 盒同仁堂生产的“龙胆泻肝丸”。此后，她连续服用该药约半年时间。2001 年年底，李某出现了恶心、呕吐、后背疼痛等新症状，到北京医院就诊后被诊断为尿毒症，病历中记载着

---

❶ See David. G. . Owen, John E. Montgomery & W. Page Keeton, *Products Liability and Safety* (3rd ed.), The Foundation Press, Inc., 1996, p. 282.

❷ 赵相林、曹俊：《国际产品责任法》，中国政法大学出版社 2000 年版，第 89 页。

❸ 刘静：《产品责任论》，中国政法大学出版社 2000 年版，第 134 页。

“马兜铃酸中毒致肾病（曾有长期服用龙胆泻肝丸历史）”。2003年11月，李某将同仁堂告到了崇文区法院。但是证明服用同仁堂生产的“龙胆泻肝丸”的重要证据两张药方，在报销上交后丢失。一审中李某提供的证据有：吃剩的龙胆泻肝丸药以及单位开具的其定点医院是朝阳门医院的证明。但一审判决李某败诉。[1] 根据我国《产品质量法》规定，产品不应当存在危及人身、财产安全的不合理的危险因素，并应当符合其产品说明标明的质量状况。否则，就可以判定它是缺陷产品。现在的科学研究结果已证明关木通中的马兜铃酸能够造成肾损害。尽管同仁堂的龙胆泻肝丸是按照国家配方生产的，也许不存在制作上的缺陷。但这种产品本身由于对人体健康有不合理的危险存在，应当认定为存在设计缺陷。同仁堂辩解称完全按照国家的配方生产就不该承担责任，这实际上是在偷换概念——以没有制造缺陷来掩盖设计缺陷。并且产品责任实行严格责任，消费者只需证明缺陷产品与其因产品侵权而致的人身或财产损害存在因果关系，而在本案中却让李某来对因果关系进行举证，是举证责任的错误颠倒。

随着科技的发展，产品缺陷越来越多地表现为设计缺陷，由于我国对设计缺陷未加以明确规定，导致了法律在保护消费者利益时陷入了尴尬的境地。2000年，两名美国用户以“东芝笔记本电脑内置的Foc半导体微码有瑕疵，从而存在导致数据破坏的可能性”为由，起诉日本东芝公司。最终双方达成庭外和解：拥有或租用1985年1月1日或以后生产、由东芝美国信息系统公司销售或分销、带有一个软驱和软驱控制器的任何型号的东芝便携式或笔记本电脑的所有美国用户，都可获得东芝公司提供的赔偿金。东芝公司因此赔偿10.5亿美元。在中国的东芝笔记本电脑用户提起的“东芝笔记本电脑诉讼”中，中国用户却只得到软件补丁，未能获赔。东芝公司的理由是：按照美国法律，如果存在对消费者造成某种不利后果的可能性，即潜在的损失，制造商就可能要承担责任，而中国的法律对此没有明确规定。目前，我国有关产品设计缺陷标准的法规基本上是一片空白，导致在很多产品责任案件中都无法对此作出“存在设计缺陷”这样的结论性意见。因此，我国应借鉴欧美产品责任中有关设计缺陷的规定，采用产品缺陷的一般判定标准，即不合理危险标准，通过成本—效益标准来分析产品设计中的风险与效益，确定产品设计是否存在缺陷，从而完善我国的产品设计缺陷的判定标准。在进行风险—效用分析时，需要考虑的因素如下：（1）产品的使用价值以及其对消费者和社会的效用；（2）产品的安全性以及导致伤害的可能性及伤害的大致严重性；（3）一种符

[1] 吴晨光：“谁对‘龙胆泻肝丸’受害者负责?”，载《南方周末》2004年3月11日。

合同样需要并且没有那么不安全的替代产品的可行性；（4）制造商消除该产品的不安全因素并不损害其有用性或者不使它为维持其功用的代价；（5）使用者在使用产品时给予注意以避免危险的能力；（6）根据一般常识，对产品显而易见的状况或合适的警告或指示，消费者对产品的危险性预见的可能性；（7）生产商通过提高产品价格补偿伤害造成的损失的适当性或进行产品责任保险的可行性。由于我国目前生产力水平尚不发达，在保护消费者利益的同时，法律仍需要保护生产力的发展，鼓励技术创新，因此，在判定设计缺陷时采用有利于生产者的风险—效用分析标准，具有一定的现实意义。

（三）警示缺陷

美国《侵权法重述》§2（c）对于警示缺陷（inadequate instructions or warnings，warning defect，failure to warn）的界定是：对于产品的可预见损害危险，销售者或者其他分销者，或者商业供应链上的其他商品供应人，能够通过提供合理的使用说明或者警示使其得到减少或者避免，而且，该消极不作为使得产品的使用说明或者警示不存在合理的安全性能时，则该产品存在使用说明或者警示缺陷。产品销售者必须对产品可能造成的风险提供合理的使用说明和警示。产品使用说明主要是告知人们如何安全地使用和消费产品。警示告诫使用者和消费者产品风险的存在和性质，从而使他们能够在使用或者消费时选择适当的行为，或者选择不使用、不消费该产品来避免损害。在大多数情形下，产品的使用说明和警示来自产品的制造商，但在商品供应链的销售者也必须提供警示，如果对于他们来说，这样做是可行的并且是合理而又必要的话，则其警示义务非常明显。不管怎样，处在商业供应链上的前手销售者提供的使用说明或警示如果存在缺陷，其下手销售者也都会承担相应责任。[1] 很明显，《侵权法重述第三版》已经将警示责任强加在销售者身上，这种处理对于保护消费者的利益来说当然是非常好的选择。不过，一般认为这种责任主要是生产者的义务，在进行举证责任分担时，原告必须证明使用说明或警示存在缺陷。一般来讲，警示缺陷是因告知上的原因产生的不合理危险，所以也称告知缺陷、指示缺陷、说明缺陷，即由于产品本身的特性就具有一定的危险性，由于生产者未能用警示标志或者警示说明明确地告诉使用者使用时应注意的事项，而导致产品存在危及人身、财产安全的危险。例如，煤气热水器在一定条件下对使用者有一定的危险性，需要生产者告知，必须将热水器安装在浴室外空气流通的地方。如果生产者没有明确告知上述情况，就可认为该产品存在不合理的危险。在产品使用过程中，通过充分的警告或详尽的使用说明提请使用者注意产

[1] *Restatement Third of Torts* 1998：Prod. Liab. § 2，Comment i.

品固有的潜在危险或缺陷的问题是产品责任法的一个重要方面。许多涉及产品责任的索赔都集中于此，强调警示说明将继续成为严格责任体系中的一个组成部分。对有设计缺陷问题的普遍的解决方法是警示消费者或者使用者注意。通常，警示具有两方面的基本作用：(1) 告知消费者“知道危险的权利”。产品中所存在的危险或者风险，是消费者判断决定购买该产品的考虑因素之一，惟有产品的功效大于该产品危险的预防费用和该产品的价格时，消费者才会决定购买该产品从而在交易中得到净值收益。(2) 使消费者在使用该产品时知道如何避免危险的发生，以保证产品的安全性。因此，警示既作为一项交易的前提要件，又是避免因设计原因而造成的额外风险的必要弥补手段，对它的充分性要求应当是十分严格的。

在我国，生产者对于产品的设计与生产往往给予极大关注，而忽视对产品危险性给予充分的警示。一般说来，生产者在其产品投入流通之时，就应当就产品可能产生的危险及其预防方法给予充分的说明和警示，以便于消费者在选购时参考和在使用时遵循。这是现代社会对人身安全和财产安全的重视，也是人文观念在产品领域和消费领域中的普及。为了保护广大的消费者的安全，产品制造者和销售者必须遵守这样的高度注意义务。因此，《消费者权益保护法》第18条规定：“对可能危及人身、财产安全的商品和服务，应当向消费者作出真实的说明和明确的警示，并说明和标明正确使用商品或者接受服务的方法以及防止危害发生的方法。”这是商品经营者的法定义务。通常产品的警示与标识紧密相连。《产品质量法》第27条对标识的要求作了规定，即要求产品有质量合格证明，有中文标明的产品名，生产厂家和厂址；根据产品的特点和使用要求，需要标识产品规格，等级所含主要成分的名称和含量的，相应予以标明；限期使用的产品，标明生产日期和安全使用期或失效期；对使用不当，容易造成产品本身损坏或可能危及人身、财产安全的产品，有警示标志或中文警示说明。此外，适当的警示要求也适用于包装的安全性。该法第28条规定：剧毒、危险、易碎、储运中不能倒置以及其他特殊要求的产品，其包装必须符合相应的要求，有警示标志或中文警示说明，标明储运注意事项。但我国《产品质量法》仅对标识及一些特殊的产品的警示作了规定，而没明确规定判定产品存在警示缺陷的标准。警示缺陷属于产品缺陷的一种，我国产品责任法中采用双重标准来判定产品缺陷的方法不尽合理，这一点还体现在对产品警示缺陷的判定中。由于双重标准的存在，司法实践中对产品警示缺陷的判定中存在一定的不确定性。

《南方周末》曾报道过这样一个案例：❶ 原告王英的丈夫张广甫饮酒过量引发急出血坏死性胰腺炎，该病死亡率高达50%~90%。原告王英认为香烟能使人上瘾、致病，烟盒上就标有‘吸烟有害健康’，而能让人上瘾，能喝死人的白酒从医学、法律、道义等多方面考虑也应加警示标志，王英状告白酒厂家。主张“被告生产的白酒应在标签上标注警示内容：酒中所含的真实成分及其比例、酒致死量、中毒量，酒能使人上瘾、能引起9种精神病、能引起胰腺炎、肝硬化等多种躯体病，酗酒基因可遗传，超量饮酒可使人控制力减弱甚至丧失，酒的正确饮用方法及防止危害发生方法等。”目的是让全国白酒标签都加上警示标志，让消费者不再受白酒之害。而被告认为，酒在我国有数千年历史，酗酒有害健康是人人皆知的事实，没必要标“酗酒有害健康”的警示。并且认为富平春酒厂的酒标签是按照国家标准GB10344—89《饮料酒标签标准》的强制性标准印制的，且由技监部门审查合格。原告要求标识警示内容无法律依据。依照法院的理解，凡是符合国家标准的，就不能认定为有缺陷，因而也就不构成产品责任。

而在另一起案件中，法院适用“不合理危险”标准，在产品虽然符合国家标准，但却存在不合理危险时，判决被告生产商承担由于其产品存在警示缺陷而引起的产品责任。❷ 由于我国没有明确产品警示缺陷的认定标准，导致在司法实践中，分不清产品警示缺陷和产品质量不合格的问题，将两者混为一谈，往往作出极不利于消费者的判决。笔者认为，我国应借鉴欧美产品责任中有关产品缺陷的规定，采用产品缺陷的一般判定标准，即不合理危险标准判断产品是否存在警示缺陷。我国目前产品责任立法中并没有规定在产品离开生产商的控制后产品流通过程中其他产品经营者的责任。随着社会的发展，社会分工越来越细化，一些产品的风险需要依赖商品供应链上其他销售者的专业知识来告知消费者，例如，消费者在理发店染发时，理发师应当告知消费者其染发剂的适用人群以及可能产生的危险性。我国立法应明确产品经营者的警示责任，从而更好地保护消费者的利益。

在美国司法实践中，牵涉产品毒物致害侵权诉讼中，如果该产品存在警示缺陷，则这种诉讼通常会依单独的严格责任理论来处置。在潜伏性毒物致害侵权诉讼中最主要的案件是1973年发生的博若尔诉纤维板纸品公司诉讼案，❸

---

❶ 王忠：“白酒标签上该不该加警示标志？”载《南方周末》2000年6月16日。

❷ 具体参见杨立新：“论我国产品责任法中的警示缺陷”，载杨立新侵权法网，2004年9月13日。

❸ *Borel v. Fiberboard Products Corporation*（493 F. 2d 1076，1083（5th Cir. 1973），cert. denied，419 U. S. 869，95 S. Ct. 127，42 L. Ed. 2d 107（1974））.

前文已具体述及此案。将警示缺陷应用于毒物致害侵权诉讼当中存在一个疑难问题，那就是在生产及销售该产品时尚不知道该产品含有有害物质。因此，在此问题上就会出现争执，卖方会以自己根本就不知道存在毒物，及其也不知道原告接触这些产品时的结果为由进行抗辩。这种抗辩理由就是所谓的“最高工艺”抗辩（state-of-the-art defence），后文将就此抗辩理由之利弊以及受害者的救济进行深入探讨。从目前的审判实践来看，法庭允许事实裁判者在确定责任时更多考虑知识现状与被告可归咎行为之间的关系时，就会越来越将警示缺陷理论往过错行为方面靠近。一般来讲，产品的销售者只有披露与产品有关的可预见性风险的义务。比方说，在博若尔案中，法庭对涉及石棉绝缘产品存在危害的科学知识进行过研究，发现该风险在20世纪30年代就已经有科学材料证明是可以预见到的。不过，一些危害不太大的风险也可能会导致侵权责任。在戴维斯诉魏伊斯实验室案[1]中，法庭认为，小儿麻痹症疫苗的制造商有义务警告消费者，感染小儿麻痹症者在接种这种疫苗时会出现百万分之一的风险，也就是说在一百万接种该疫苗的人中会有1人出现危险。

法庭当时明确指出：当然，在有些案情当中，尽管人们知道会存在人身危险并且已经降至最低程度，但是这种风险跟人们获得的益处相比是微不足道的。被上诉人所陈述的事实的确如此。从纯粹统计学的角度来看待这个问题的话，就会认为百万分之一的风险并非不合理。但是，我们反对这种路径，我们认为在特定案件当中，风险既有量的区分，也有质的区分（如导致死亡或者残疾的风险），必须在二者之间进行权衡，以便让人从医学上或者人身上作出真正的选择性评判，为此目的，制造商必须警示这种风险的存在。

更为甚者，在这种产品责任诉讼案中，制造商通常会被视为是“在专业知识和技能上的专家”。因此，制造商有积极义务来提醒人们注意与产品有关的当下科学发展状况，并且他们也有义务对其产品有效性和安全性进行合理调查。在博若尔案中，法庭明确指出：

生产者的地位犹如专家，这意味着至少他们要与当时的科学知识、发现以及进步同步，并且人们一般会假设他们知道这些最新的科技资讯。但是，更为重要的是，生产者有义务对其产品进行试验和检测。并且研究和试验的范围要与可能会产生的风险相称。

即便采用风险——效用分析会得出结论认为产品的效用会比其风险更重要，并且会因此得出该产品不存在设计缺陷的结论，但是这种警示缺陷仍旧是不能免责的。在博若尔案中，法庭在研究了石棉绝缘制品的风险与效用进行权

---

[1] *Davis v. Wyeth Laboratories, Inc.*, 399 F. 2d 121, 131 (9th Cir. 1968).

衡之后，认为警示缺陷更为重要。故法庭指出，“含有石棉的绝缘产品的效用可能比其对从事绝缘工作者所已知的或者可预见到的风险更重要，并且因此为其在市场上销售这种产品找到合理性。但是，这种产品仍旧具有不合理的危险性，要是没有充分警示的话亦会如此。”

第五节 产品责任抗辩

一般认为，在消费关系中，消费者相对于商品生产经营者来说是弱者，但是如果一味地偏向于保护消费者，就有可能会挫伤商品生产经营者的积极性，因此，现代各国法律在注重保护消费者合法权益的同时，也赋予生产者相应的抗辩事由来保护其合法权益不被侵犯。通常，法律允许在一定的情形下，可以减轻或免除生产者或销售者的责任，这些情形就是抗辩事由。产品责任的抗辩事由，是指消费者或用户因使用某缺陷产品受到损害时，在向生产者、销售者提起诉讼时，生产者或销售者可根据充分的证据进行抗辩，各国法律规定的生产者抗辩事由包括责任排除、责任减免及其他抗辩事由。

一、免责事由

免责事由是指产品生产者的缺陷产品虽然给受害者造成损害，但法律明文规定不承担法律责任的情形，这些情形一般包括：

（1）生产者未将产品投入流通的，包括批发、零售、租赁以及提供货物履行任何法定或约定义务，或者提供货物作为奖品、捐赠甚至换取任何非金钱的代价（包括商品奖券）等，总之是指在任何时候均未将该产品提供给其他人。世界上很多国家的产品责任立法都规定了这一生产者抗辩事由。我国《产品质量法》第41条第2款第（1）项也作了同样规定。据此规定，即使缺陷产品给他人造成了损害，生产者也不承担损害赔偿责任。

（2）产品投放流通时引起损害的缺陷尚不存在的。即引起损害的缺陷在产品离开生产者之后才形成的。我国《产品质量法》第41条第2款第（2）项对此进行了规定。此种情形，除日本的《制造物责任法》外，欧共体成员国及美国等大多数国家的产品责任法均有类似规定。这一免责条款意味着产品生产者只对其控制之下（如设计、制造、储运等）的产品形成的缺陷负责。如果生产者能够证明造成损害的缺陷在其控制产品时并不存在，或者证明缺陷是以后形成的，那么生产者就可借此提出有效抗辩。需要指出的是，对于这一情形，英国1987年《消费者保护法》的规定与其他国家的规定不同，该法第4条第1款（e）项规定，在相关时间内，产品缺陷并不存在时即可成立抗辩

(The defect did not exist at the relevant time)。而所谓“相关时间”，该法解释指出：①就电力而言，是指电力被输出的时间；②对电力以外的其他产品而言，是指被告供应他人产品的时间或最后一个提供该产品的人提供该产品的时间。

(3) 将产品投入流通时的科学技术水平尚不能发现缺陷的存在。即按照当时的科学技术水平，该产品的缺陷是未知的或不可知悉的，此时受害者不能以依照后来先进的技术发现产品有缺陷为理由要求生产者对缺陷发现前所造成的损害进行赔偿。我国《产品质量法》第41条第2款第（3）项有此规定。对于这一抗辩理由大多数国家持赞成态度，但是也有一些国家持反对态度，或者将部分反对态度，鉴于该条款对于潜伏性毒物致害所引发的侵权诉讼会形成特别障碍，本书将在下文就其合理性专门进行探讨。

(4) 产品不是为了经济目的而生产、销售的。所谓经济目的，就是从生产经营中获取利润的目的。1985年《欧共体产品责任指令》第7条（c）项，1987年英国《消费者保护法》第4条第1款（c）项，以及德国等产品责任立法对此均有规定，我国《产品质量法》没有明确就此进行规定。但是根据“生产者未将产品投入流通的”这一抗辩事由，有理由认为上述情形已被包含在内。不过，对于那些免费赠送的推销行为应该是可以明确推定其具有经济目的的。

(5) 产品的缺陷是由于成品生产者的设计或说明造成的，那么就可以排除半成品生产者的赔偿责任。“因为潜伏性毒物与食品药品中的不安全物质致害有关，所以你要在论文中增加相关阐述”，此时的不安全物质是否属于半成品或者原材料的范畴？如果属于，此处是否应有论述？简而言之，此处有一个问题就是，如果是由于产品生产所需要的半成品或者原材料出现问题，如何界定责任，而又采取如何的制度设计，毕竟这里存在一个矛盾的情形，即，消费者不可能去确定到底是什么因素，或者产品中的哪种物质出现了问题。（且消费者没有义务去这样做，即没有能力也没有义务这样做），同时，如果成品生产者承担了责任，那么如何去主张自己的权力，此时，该责任的分配是简单的消费者损害的转移还是成品生产者加入自身的损害？毕竟，成品生产者在生产过程中在谨慎义务方面是存在瑕疵的。换言之，如果零件是根据成品生产者的指示制作的，且随后由其以并非该产品设计意图的方式使用，那么该零件生产者即对该成品的缺陷所造成的损失不负赔偿责任。对此，德国、日本、英国的产品责任立法以及1985年《欧共体产品责任指令》均有规定。我国在《产品质量法（草案）》中曾有类似规定，但后来删除。

(6) 为使产品符合国家法律法规的强制性要求而导致产品存在缺陷的。

即如果国家现行有效的法律对产品有强制性规定，要求产品必须达到强制性标准，但生产者这样做必然会使产品存在某种缺陷，由此造成的损害，生产者可以据此提出抗辩。一般而言，不遵守政府强制性规定是犯有过失的表面证据，但这并不等于说遵守政府强制性规定就必定可以作为抗辩理由。目前，1985年《欧共体产品责任指令》及其多数成员国的产品责任立法均承认该条具有免责抗辩效力。美国商务部1979年提出《统一产品责任法案》，虽然该法案尚未获得议会的通过。该法案规定：①遵守行业或非政府标准的证据在判定产品是否有缺陷时可予以考虑。②遵守政府规定则表示该产品不应认为是有缺陷产品，除非原告以优势证据证明一个合理谨慎的人必定会采取额外的预防措施。我国《产品质量法（草案修改稿)》原来曾有这一规定，但在审议时被删去。

二、责任减免事由

产品责任减免事由是指法律规定的减轻或者免除生产者损害赔偿责任的情形。与免责抗辩事由不同，减免事由则是在产品责任成立或者已经构成的前提下法律明文规定的减轻或者免除的事由。而免责抗辩事由则是指在法定情形下不构成产品责任而无须承担产品责任的事由。通观世界主要国家的立法，减免事由主要体现为受害人在损害形成时有过错，而这种过错又分为两种。

（一）故意

在缺陷产品造成的损害中，受害人的故意行为有：（1）使用者的非正常使用，又叫使用者的误用，具体是指受害人故意将产品用于该产品原有用途之外的目的，或者使用方法明显不当。遇此情形，生产者可被减轻或免除赔偿责任。欧共体成员国和美国对此均有规定，但在美国对这一抗辩事由有所限制，即如果原告对被告的产品非正常使用的情况是被告可以预见的，按比较责任分摊，原告仍然可以得到相应比例的赔偿。[1] 如在“莱鲍夫诉固特异轮胎和橡胶公司”[2] 案中，驾驶者酒后以每小时一百至一百零五公里的速度开车，结果一只轮胎脱离轮框导致死亡。法院认为，被告不得以酒后开车和超速开车作为抗辩事由，因为汽车本来就是作为高速运载工具进行设计并销售的，制造商应该对合理的可预见的产品使用方法提出警告，因此作出有利于原告的判决。（2）使用者自冒风险，是指受害人对产品的缺陷及其危害具有充分的知识和

---

[1] 房维廉：《产品质量法实用指南》，中国民主法制出版社1994年版，第473页。

[2] *LeBoeuf v. Goodyear Tire and Rubber Company*, 451 F. Supp. 253（W. D. La 1978）, affirmed, 623 F. 2d 985（5th Cir. 1980）.

识别能力，但其自愿地或不合理地继续使用产品，自愿承担风险，因而又叫自甘冒险。很多国家的法律规定在这种情形下可以免除生产者的责任。美国的《侵权行为法重述第二版》402 A 评注认为，如果使用者或消费者发现了缺陷并注意到危险，但仍然继续不合理地使用该产品而导致伤害，不得请求损害赔偿。美国《统一产品责任示范法》第 112 条规定在自甘冒险情形下法官可以根据相应情况和比较责任的分摊，考虑减少对原告的赔偿，或者判决由原告自行负责。有学者认为，生产者之所以能够利用自冒风险作为抗辩，是因为自冒风险者已经明示或默示地同意免除生产者本应负有的注意责任。(3) 使用者修改或更改产品。即受害者以与合理预期的使用者的行为不相一致的方式修改或更改产品，结果招致损害，据此生产者可以进行有效抗辩。修改或更改产品，根据美国《统一产品责任示范法》第 112 条 D 款的规定包括：变更产品设计、结构、配方，或者变更、毁弃附随或标示于产品的警告或指示，还包括没有对产品给予例行保管或维修，但不包括产品的正常磨损。如果修改或更改产品属于合理预期行为，或者符合生产者的指示或说明，或者征得了生产者的明示或默示同意时，那么生产者不得据此抗辩。

对以上以消费者行为为依据的抗辩理由生产者负有举证责任。一般说来，即使使用者的损失是由于使用人误用该产品所致，只要这种误用是生产者可以合理预见的，则生产商还是可被判负有责任。如果使用者的行为按常理是不可能预见的，那么就属于非正常使用的范畴了。《侵权法注释汇编》（第二版）402A 的评论中指出，“如果损害源自非正常的使用，如为了开瓶盖而将酒瓶往暖气片上敲撞，或出自非正常的设备，如在食品里添加了过多的食盐，或出自非正常的消费，如小孩进食过量的糖果而生病，那么销售者是不负责的”。用户未能发现产品缺陷或者谨防可能存在的缺陷或犯有共同过失，通常并不妨碍用户获得赔偿。《侵权法注释汇编》（第二版）402A 的评论 n 中指出，“原告的共同过失如果仅仅在于未发现产品缺陷或防止可能存在的缺陷，则不能作为抗辩理由。另一方面，共同过失行为如果表现为自愿地或不合理去遭遇已知风险，即通常所称的自甘冒险，则可作为抗辩理由。”美国许多州都已采纳上述原则，并由法院判例明确宣告，虽然自甘冒险是一项抗辩理由，但共同过失在制造商产品责任案中不能作为抗辩理由。有些州则认为《侵权法注释汇编》（第二版）中的所指含义是：仅“单纯的”或“消极的”共同过失不能作为抗辩理由，但在某些情况下，原告的过失程度比较大，即使尚不构成自冒风险行为，但只要不是可合理地预见的，就足以禁止或减少赔偿。由于对原告的共同过失不禁止赔偿这一规则不满意，不少法院现已采用某种形式的“比较过失”（comparative negligence）规则。按照此规则，对原告的赔偿责任应根据原告和其他当事方及非当事方（包括原告的雇主和被原告免于追究责任的人们）应负责任的程度予以减轻或共同分担。[1]

（二）过错

过错是指行为人对自己行为的结果应当预见或者能够预见但竟然没有预见，或虽然预见到了却轻信此种结果可以避免。在缺陷产品形成的损害中，受害人的过错行为表现为因受害人自己的疏忽未能发现产品中的明显缺陷或者虽已经发现产品缺陷但没有对缺陷可能引起的损害采取适当措施的行为。对于这种行为，生产者一般可以提出减轻或免除责任的抗辩。在英美等国的产品责任立法中，受害人的过失往往为共同过失或共同责任的概念所涵括，而共同过失分为三种类型：一是产品存在缺陷并且第三人在形成损害时有过错。在这种情形下，生产者不得以第三人有过错为理由进行抗辩，而应与第三人承担连带责任；二是受害者与第三人在形成损害时均有过错。如果此时产品带有缺陷，生产者只能提出减轻赔偿的抗辩，如果产品没有缺陷，则可以提出免除责任的抗辩；三是产品带有缺陷并且受害者在形成损害时有过失。在此情形，生产者一般可提出减轻责任的抗辩，但在美国部分州是根据责任比例分担处理的；如果受害者的责任大于或等于提供缺陷产品者的责任时，生产者可提出免除责任的抗辩；如果受害者的过失责任小于提供缺陷产品者的责任时，生产者只能提出减少赔偿额的抗辩。可见，无论何种情形，在缺陷产品造成损害时，受害人对此有过失，那么生产者的赔偿责任可能在范围上受到限制，甚至完全被免除。

上述减免责任的抗辩事由，在我国的《产品质量法（草案）》第50条中曾有规定，即“由于受害人的故意造成损害的，生产者、销售者不承担赔偿责任。由于受害人的过失造成损害的，可以减轻生产者、销售者的赔偿责任”。该规定在后来审议时被删去，原因是我国民法中已有类似的规定。即《民法通则》第113条规定：“受害人对于损害的发生也有过错的，可以减轻侵害人的民事责任。”另外，最高人民法院《关于贯彻执行民事政策法律若干问题的意见》第72条规定：“因致害人的过错，使受害人遭受损害的，致害人应承担赔偿责任。受害人也有过错的，可以相应地减轻致害人的赔偿责任。损害完全是因受害人自己的过错造成的，应由自己负责。双方都有过错、互有损害的，要分清双方过错和责任大小，应由双方各自承担相应的赔偿责任。”这两条规定均是针对一般侵权行为而言。但是缺陷产品致害是一种特殊侵权行为，因而如果受害者在形成损害时有过错，不能完全适用上述规定，而应有所区别。即如果受害人有轻微过错，生产者不能进行减轻责任的抗辩；如果损害

[1] 高芙蓉：“略论产品责任中的抗辩事由”，载《前沿》2001年第10期。

完全是由受害人自己的重大过失如自冒风险、擅自改动或更改产品等造成的，而产品本身没有缺陷，生产者完全可以提出免除责任的抗辩。

三、其他抗辩事由

（1）超过诉讼时效。产品责任的诉讼时效，世界各国的规定不一。美国《统一产品责任示范法》规定为两年，从原告发现产品的损害及其原因后开始计算。而欧共体成员国则规定为 3 年，一般从原告知道或者被合理地认为应当知道损害、缺陷及责任者的身份时起计算。我国《产品质量法》第 45 条第 1 款规定为两年，自当事人知道或者应当知道其权益受到损害时起计算。一旦超过诉讼时效，生产者即可作出有效的抗辩。

（2）请求权消失。这是指受害人的损害赔偿请求权因超过存续时间而归于消失，于此情形生产者的产品责任即被免除。关于请求权的存续时间，绝大多数国家均规定为 10 年，从造成损害的产品投入流通之日起计算。但 10 年也不是绝对的，如美国法律规定下列 3 种情况还可适当延长：①销售者明示保证其产品能够安全使用 10 年以上的；②销售者故意地虚假陈述了关于产品的事实或以欺骗手段隐瞒了有关的产品资料，并且因此造成受害人损害的；③如果损害是由于长期的、连续的受缺陷产品的影响而造成的，或者产品在交付时即存在缺陷，在产品交付 10 年内造成的损害 10 年后才显露出来的。

另外补充一点，在美国，旧产品索赔案索赔数额有越来越大之势，已引起人们极大的关注。作为解决此问题的部分答案，一些州通过立法规定了诉讼时效和产品责任时效。产品责任时效法规规定某个固定时限，超过了该时限制造商即不负责任。各州产品责任时效法规对责任截止期的规定不一，从初次出售或制造之日起 6 年至 12 年的都有。大多数州都有诉讼时效规定，从遭遇伤害或损害之日起 1 年至 4 年不等。提起产品责任诉讼，除了要符合产品责任时效法规规定外，还要符合诉讼时效法规规定，但是有些州只有一种单一的时限规定，既作为诉讼时效法规又作为产品责任时效法规。此外，有些州已颁布法规，承认制造商以产品使用寿命为依据的抗辩理由。制造商必须证明该产品的使用时间已超过产品原来设计的使用寿命。美国《统一产品责任法》也规定了谨慎出售者应负责任的期限。按照该法案，在产品“使用安全寿命”期经过后，产品出售者即不负责任。产品的“使用安全寿命”被定义为“可以指望该产品安全地发挥作用的时期”，法官或陪审团可以对五种因素予以考虑，包括产品的磨损程度，由于自然原因、气候和使用及存放产品的其他条件引起的质量退化，产品使用人和出售人的正常做法，关于产品的说明、指示和警示，以及使用者或第三者对产品修改或变更的程度。但是在 10 年之后，法院必须假设该产品已过了使用安全寿命期，而遭受损害的原告必须提出“明确的并且有说服力的证据”才能推翻此项假设，这是较之平常更为困难的举证责任。应该注意的是，即使按照产品责任时效此项可反驳假设不适用，制造商仍然可以提出证据证明产品的使用时间已超过了使用安全寿命。但是如果存在着明示担保或制造商有意作虚假陈述，则产品时效法规就不适用。

而我国《产品质量法》第45条第2款规定：“因产品存在缺陷造成损害要求赔偿的请求权，在造成损害的缺陷产品交付最初用户，消费者满10年丧失；但是，尚未超过明示的安全使用期的除外。”这一规定忽略了对于在身体中逐渐蓄积而损害人的健康的物质所致损害的情形和须经过一定的潜伏期后才出现症状的损害情形，该种情形的受害者可能因请求权的过早消失而得不到赔偿，这是不合理的，因此建议对该条作进一步的修改，容后详述。

四、美国法上的其他产品责任抗辩

在美国，由于潜伏性毒物致害所引发的侵权诉讼将产品责任法的范围大大延伸，已经突破了产品责任法的原本范围。因此，在涉及潜伏性毒物之害侵权诉讼中，法庭经常会被要求以新的方式适用一定的产品责任抗辩。这一点特别体现在那些产品出售时其危险尚不为人所知的毒物致害诉讼当中。有认为要用过错责任来归责的，也有声称要用严格责任来归责的，因此，人们对于法律制度中严格责任所反映出的重大政策问题产生了不同的观点。这种情形也反映在下面一些非常特别的产品责任抗辩当中。具体来说有：最高工艺抗辩（state-of-the-art defence）、不可避免的不安全产品抗辩（unavoidable unsafe product defence）、更懂行用户抗辩（sophisticated user defence）、精通中间人抗辩（learned intermediary）以及血液制品例外立法（blood shield statutes），由于笔者将在下节将具体探讨最高工艺抗辩之利弊，故在此暂且不提。

（一）不可避免的不安全产品

有些产品如果按照其原初设计的用途不可能保证安全，但是其有用之处胜过它可能存在的损害风险。这种不可避免的不安全产品是《侵权法重述第二版》§402A评注k所探讨的主题，该评注中指出：“这种产品，尽管经过适当处理，并且附有合理的使用说明及警示，但是，这种产品仍旧有缺陷，也就说这种危险不是不合理。”这种抗辩背后的政策就是鼓励发展那些有用的、人们又非常需要的产品，因此允许销售者因为这些产品所引发的风险而免责。但是，根据评注k的意思，销售者对于这种产品可能存在的风险有义务向消费者给予适当警示。因此，评注k直接适用于设计缺陷，而不适用于制造缺陷或者警示缺陷。

不可避免的不安全产品的典型例证就是那种实验药物，这种药物在某一方面的药效可能会很明显，但是它可能会存在一些副作用，会伴随有其他风险。对于是否适用评注 k 所发生的争议主要是在那些处方药领域展开的。有些法庭认为评注 k 只能基于每个个案基础之上来适用。例如，在希尔诉希尔里实验室案❶中，法庭认为，只有那种“社会极端需要的”（with exceptional social need）产品才属于评注 k 所保护的那种产品。这种以个案为基础的分析方式与评注 k 所使用的措辞比较一致，因为在评注 k 中列举各种不同类型的处方药，它们都属于评注 k 所保护的范围之内，但是，评注 k 并没有暗示所有处方药或者说所有其他类型的产品都应该被视为是不可避免的不安全产品。但是，也有法庭对评注 k 的解读不一样，认为可以广泛适用于其他类型的诉讼中。此处特举一例，布朗诉加利福尼亚州高等法院案❷也是一个涉及 DES 的案件，加利福尼亚州最高法院判决指出所有的处方药都被视为不可避免地存在不安全因素。法庭所关注的是处方药缺陷的责任会导致该药品制造商将该药退市，判处这种处方药严格责任会导致在新药推出之前出现断药空挡，并且这样做还会导致制造商的保险费率会急剧上升。而在格朗德伯格诉厄普约翰❸案中，犹他州最高法院支持初审法院的观点，即必须强调处方药所带来的社会效益。在该案中，审判法院提出美国食品药品管理局（FDA）经常授权新的药品上市，这些新药在带来有效作用的同时都包含一些已知的风险。所以法庭认为 FDA 对这种新药的管制过程是在平衡了风险与社会效益之后才会授权销售许可的，正基于此，法庭认为：“不可避免的危险产品制造者不应该对设计缺陷承担责任。”

（二）更懂行用户抗辩

在一些商业场合，产品的买方可能会比卖方更加熟悉产品的终极用途。根据一些美国案例，我们可以看出在一些适当的商业场合，当卖方已经就产品会存在的危险向购买者进行过充分警示后，法院允许卖方以“更懂行用户”作为其免责抗辩。这种抗辩通常适用于那种大宗化学品的供应商将其产品递交给更懂行的中间人之情形。比方说，在亚当斯诉联合碳化公司一案中（Adams v. Union Carbide Corp.，6th Cir. 1984），法庭确认了初审法院所作出的支持联合碳化公司简易裁决，联合碳化公司作为甲苯二异氰酸（toluene diisocyanate，TDI）的制造者/供应商，它将这种化学品卖给了原告的雇主——通用汽车公司。原告声称，联合碳化公司应该对通用汽车公司的雇员给予直接的危险警

❶ *Hill v. Searle Laboratories*, 884 F. 2d 1064, 1065 (8th Cir. 1989).

❷ *Brown v. Superior Court*, 44 Cal. 3d 1049 (1988).

❸ *Grundberg v. Upjohn Company*, 813 P. 2d 89, 95 (Utah 1991).

示，以明确告知风险所在。在该案中，法庭基于《侵权法重述第二版》§388 评注 n，指出联合碳化公司的安全使用指南，即 MSDS（由供应商专门提供的产品危险信息），以及与通用汽车公司官员就产品安全问题所进行的探讨足以证明联合碳化公司履行了其充分警示的义务。而且，联合碳化公司有理由相信通用公司已经将这些产品的危险信息传递给了其雇员。

在奥曼诉约翰斯-曼斯韦尔公司案[1]中，法庭采用衡平标准对生产含有石棉产品的制造商是否有义务警示其石棉产品购买者的雇员进行了权衡。在这些衡平标准中，法庭所考虑的参考因素包括：（1）该产品的危险状况；（2）该产品要用于何种目的；（3）所给予的警示形式；（4）第三人对产品必要信息掌握程度的可信性；（5）所涉风险的大小；（6）直接警示所有用户时供应商所承载的负担。在该案中，法庭没有允许适用更懂行用户抗辩，因为该产品具有极端危险性，并且制造商基本上没有承担什么警示负担。进一步说，记录显示，该雇主直到 1964 年才知道危险所在，并且，在他慢慢知道的时候，他没有能够向其雇员告之危险所在。在另一个案件中，法庭的判决相类似，这个案件是威利斯诉雷马克工业公司案，[2] 在该案中，法庭明确指出："雇主了解产品危险所在并不能使制造商推脱其责任，除非制造商还能够展示出他有理由相信雇主已经或者会采取行动保护其雇员。"

从另一方面讲，当供应商能够证明雇主所处的位置能够充分警示其雇员后，那么供应商的充分警示义务就与此不相干了。总而言之，在涉及供应商的警示缺陷诉讼案中，至少有一个法庭采用了更懂行用户抗辩，这个案件就是纽森诉孟山都公司案。[3] 孟山都公司销售 PVB 给福特汽车公司用作制造防碎挡风玻璃，因为长期接触经过加热的 PVB，导致工人呼吸道受损，这些工人因此对供应商提起诉讼，法庭判决免除了供应商的责任，因为福特公司在 PVB 方面是一个更懂行的用户。法庭还明确指出，尽管供应商没有就经过加热了的 PVB 所存在的危险提供充分警示，但是，法庭裁定福特公司作为一个大型企业，拥有专门的科研部门，应对经过加热的 PVB 所具有的危险进行过自己的研究，并在这方面应该拥有一些过去的经验。

（三）精通中间人抗辩

前面所讲述的更懂行用户抗辩通常出现在工业场合，在这些场合，原告通

---

[1] *Oman v. Johns-Manville Corp.*，764 F. 2d 224，1983 AMC 2317（4th Cir. 1985）.

[2] *Willis v. Raymark Industries*，Inc.，905 F. 2d 793（4th Cir. 1990）.

[3] *Newson v. Monsanto Co.*，869 F. Supp. 1255，1259（E. D. Mich. 1994），该案牵涉到将聚乙烯醇缩丁醛（Polyvinyl Butyral，PVB）。

常是那种所谓的“更懂行用户”的雇员，而对于精通中间人理论来说，这种理论通常适用于被告声称其他类型的当事人，比如说中间人，比他们拥有更高级的知识，因此这种类型的当事人有义务警告该产品所存在的危险。在斯威姿诉麦克内尔实验室公司案[1]中，法庭就适用了精通中间人抗辩，在该案中，药品制造商只提醒过处方医师该药可能会存在的风险，而作为处方医师在这方面有着比制造商更精深的知识。精通的，或者说知识渊博的中间人抗辩已经适用于医疗过失案件当中，但是这种抗辩也适用于其他一些专业情形。在一些涉及潜伏性毒物致害侵权诉讼当中采用这种抗辩，跟适用更懂行用户抗辩相似，因为其基本原理是相通的。

比如，在马祖合诉默克公司案[2]中，涉及一种叫麻疹—流行性腮腺炎—风疹三联疫苗（MMRII）的疫苗，由被告默克公司生产，默克公司将这种疫苗卖给疾病控制中心（Centers for Disease Control，CDC），用于大规模免疫项目。根据明示协议，疾病控制中心同意对参与该儿童接种疫苗项目的父母充分警示该种疫苗所存在的风险。最后，疾病控制中心根据默克公司以及该中心自己所展开的独立研究信息将该疫苗所存在的风险警示了参与该儿童接种疫苗项目的父母们。但是，原告声称他们的孩子因为接种了 MMRII 疫苗后罹患了一种致命的神经性疾病。在将这些产品定性为“不可避免的不安全产品”后，法庭判决指出默克公司完全履行了其对危险进行警示的义务，并且明确指出，跟默克公司与疾病控制中心达成的协议可知疾病控制中心就属于那种精通中间人。因此，基于这种抗辩从而使得默克公司的警示义务被免除。但是，在埃里森诉默克公司案[3]中，原告方是一名小孩，在接种了默克公司生产的疫苗后罹患脑炎，并且并发失明、耳聋以及智力障碍等症状，在该案中法院否决了被告提出适用《侵权法重述第二版》§402 评注 k 所提出的精通中间人抗辩，因为尽管疫苗制造商默克公司与疾病控制中心签订协议，许诺向病人提供产品信息，有鉴于此，法院判决指出：“尽管制造商已商定将其警示产品具有不安全性的责任指派给其他人（在本案中指疾病控制中心），但是制造商仍旧不能免除其确保不安全产品在分发时附有适当警示的最终责任。”

（四）血液制品例外立法

在美国，实际上每个州都颁布了有关免除血液及血液制品供应商对于其提

---

[1] *Swayze v. McNeil Laboratories, Inc.*, 807 F. 2d 464, 471 (5th Cir. 1987).

[2] *Mazur v. Merck & Co.*, 964 F. 2d 1348 (3rd Cir. 1992).

[3] *Allison v. Merck & Co.*, 878 P2d 948 (Nev 1994).

供的被污染血液而承担的严格责任。比方说，在罗约尔诉迈尔斯实验室公司案[1]中，原告系一位血友病人，因为使用了被告提供的血液制品后感染了肝炎及艾滋病，因此法庭对俄勒冈州的血液制品立法进行了解释，认定这种情形属于例外。上诉法院支持了初审法院的判决意见，认为根据成文法所使用的语言，可以知道血液制品是不适用严格责任的，其判词如下：

购买、加工、提供、分配、管理或使用人体的任何一部分做注射、输入或者移植到其他人体之用，这些都不是《统一商法典》及其他成文法，如新修订立法 §97.000 条中默示担保条款所覆盖的销售行为。

因为法庭认为侵权行为中的严格责任概念从根本上讲是美国《统一商法典》中违反担保的一个分支，故而推定该成文法对于这种血液制品的制造商是免除严格责任的。

从有关血液制品例外的立法中，我们可以看出其中所蕴含的政策是双重的。首先，各州立法机关担心如果给这些血液及血液制品的提供者科以严格责任，那么就会导致这些血液制品提供者退出该市场，从而给病人的利益造成极大伤害。其次，这种严格责任的成本会伴随市场萎缩，其结果会导致血液制品的成本急剧上涨到一个无法控制的价位。再次，血液制品行业的初衷是慈善性质的，那种把这些血液提供者与赢利性产品制造者相提并论的观念是非常令人讨厌的。最后一点，提供血液及血液制品在传统上被视为一种服务，而不是在销售产品。

很多州的血液制品例外立法都是在艾滋病爆发时代之前就制定的，那时血液和血液制品的销售都不被视为是大买卖。在某些方面，这些产品现在和其他产品好像没什么两样，那些非营利性的血液供应者同样可以从销售或者转售这些血制品中获得利润。其实，血制品的分销已经跟其他产品没什么两样，在每一个销售环节直至终端用户那里都会加上不同的价格成本。由于这种情形已经出现，所以从 20 世纪 90 年代直到如今，对这种血液制品例外立法是否合理引起了广泛争议。

血液制品是否适用严格责任，是否要对其进行立法限制存在一个难题，那就是将那些被污染了的血液及其他人类器官视为传统意义上的产品是否妥当。这个问题涉及道德和法律上的双重难题。因此，受污染的血液尚没有被视为是《侵权法重述第二版》 §402 中所列的缺陷产品。受污染血液更接近那种制造缺陷，而非设计缺陷，并且它对现存的产品严格责任理论形成了一种冲击。事实是，产品严格责任虽然不适用于因为销售血液及血液制品所引发的诉讼，但

---

[1] *Royer v. Miles Laboratory, Inc.*, 107 Or App 112, 811 P2d 644 (1991).

是可以基于过错责任来追究血液供应者的侵权责任。

我国2009年12月26日颁布的《侵权责任法》第59条规定："因药品、消毒药剂、医疗器械的缺陷，或者输入不合格的血液造成患者损害的，患者可以向生产者或者血液提供机构请求赔偿，也可以向医疗机构请求赔偿。患者向医疗机构请求赔偿的，医疗机构赔偿后，有权向负有责任的生产者或者血液提供机构追偿。"该条文规定了不合格血液提供者的严格责任，该条文的规定尚存在一些欠缺，因为现在提供给患者的血液很多都是经过加工处理的，这里面的血液应该包含血液制品在内，但是法律条文及司法解释没有明确规定，尚需要有权机关对此进行进一步的明确解释。

第六节 产品责任之发展风险抗辩

一、发展风险抗辩概述

发展风险抗辩（Development Risks Defense）这一表述是源自欧洲国家产品责任法领域常用的表述"development risk defense"，其中文对应语有"开发风险抗辩""发展缺陷抗辩"，等等；与之对应的英美普通表述是"state-of-the-art defence"，也即"最高工艺抗辩"，也有人译为"业内技术水平抗辩"，"技术状态抗辩"。[1] 一直以来，对"发展风险"这个表述的解释存在争议。简单说，发展风险可以界定为当新产品投入使用时其危险开始逐渐明显。学者们经常引用的发展风险案例是前文已有述及的、专用于抑止妊娠妇女晨吐的反应停（Thalidomide），这种药物后来发现在很多案例中会导致胎儿畸形。法国学者将发展风险定义为"vice dormant"，意即"潜在缺陷"。但是必须指明一点，发展风险所导致的损害将会在很多年以后才会出现，这是事实，而所有的潜在危险都依赖发展风险则不属实。[2] 在日本，其《制造物责任法》第4条列举的免责事由之一即为"依其制造业者交付该制造物时的科学或技术水平，不可能认识该制造物有那种缺陷"。虽然各国法律用语或表述略有不同，但对

---

[1] 但是根据英文解释本意可知这种译法欠妥。如，The state of the art is the highest level of development，as of a device，technique，or scientific field，achieved at a particular time。其意即"某一特定时期设计、技术或者科学领域中所达到的最高发展水准。"语出1910年一份 H. H. Suplee 命名的蒸汽涡轮的说明书，其中云"In the present state of the art this is all that can be done."，意即"此乃当世力所能及的技术水平"。

[2] See D. Cerini，Responsabilità del produttore e rischio di sviluppo：oltre la lettera della dir. 85/374/CEE，in *Diritto ed economia dell' assicurazione*，1996，p. 34.

发展风险这一概念的理解是大体一致的，均视之为制造者无法控制的产品致损风险。只是美国判例法中的“最高工艺”抗辩内涵略为丰富。一般认为，“最高工艺”抗辩除包括科学技术水平无法发现的发展缺陷外，还包括一些已知却无法以现有技术克服的缺陷，被称为“系统风险”（system risk）。[1] 对于系统风险，制造商有指示和警告的义务，否则构成产品的警示缺陷。发展风险一般而言是一种设计缺陷，极少被认定为警示缺陷。发展风险是产品责任领域一个非常有争议的问题，各国根据本国国情及社会政策对此问题采取了不同立场。日趋严格化的产品责任更进一步要求制造商对不能为当时科学技术水平发现的产品缺陷承担责任是否合理？可以说，发展风险抗辩的出现不仅对传统侵权法的矫正正义和威慑观念提出了挑战，更是将立法者置于安全与效率的两难选择境地。

因为此前爆发了好多起具有潜伏性的药物致害情形，从 20 世纪 80 年代初期开始，美国侵权法学者以此为契机对产品严格责任中的“最高工艺”抗辩进行了反思，可以说也同时掀起一场产品责任法的改革运动。改革者们运用实证的经济分析方法，创立了判断产品是否有缺陷的“风险—效用标准”（risk-utility test），以抗衡传统的“消费者预期标准”（consumer expectation test）。在他们看来，过分偏袒原告的产品责任制度既不公平，也不具有经济上的合理性。他们主张建立保持一定弹性的产品责任制度，采纳“最高工艺”抗辩、产品误用抗辩等法律制度来限制责任的不适当蔓延，以遏制严格责任向绝对责任发展的势头。这一运动的影响波及全球。在 20 世纪 80 年代中后期至 20 世纪 90 年代初，各国纷纷进行产品责任立法，发展风险已作为一个公认的抗辩理由出现在许多国家的产品责任法中。

二、我国《产品质量法》第 41 条中的发展风险抗辩

我国《产品质量法》第 41 条第 2 款第（3）项规定了将产品投入流通时的科学技术水平尚不能发现缺陷的存在的情形。立法机关的法律权威们对此条是这样解释的：“生产者能够证明将产品投入流通时的科学技术水平尚不能发现缺陷的存在的，不承担赔偿责任。由于科学技术的发展，根据新的科学技术，可能会发现过去生产并投入流通的产品会存在一些不合理的危险。对这种不合理的危险在产品投入流通时的科学技术水平是不能发现的，生产者也不承担责任。这是新产品开发过程产生中的风险，该风险是发展产生的，生产者是难以预见到的，对其免除责任是合理的。对此国外也均规定免除责任。这里需

[1] See *Year Book of the United Nations Commission on International Trade Law* 1977, Vol. viii, p. 245.

要指出的是，评断产品是否能为投入流通时的科技水平所发现，是以当时整个社会所具有的科学技术水平来认定的，而不是依据产品生产者自身所掌握的科学技术来认定的。”[1] 该条文解释非常有问题，因为并非“国外也均规定免除责任”，而是存在很大不同，有些完全不适用这种责任抗辩，有些则完全适用这种抗辩，而有些则部分适用这种抗辩，此其一。其二，对于该条文的正当性没有进行充分揭示，更没有考虑当这些产品，特别是药品存在这种潜在风险，对大批药品使用者造成伤害时所带来的社会后果，因为我们还不是一个福利社会，很多受害者因为这种药品伤害而无法得到任何救济，因为法律已经设置了这道几乎无法穿越的门槛，而相应的赔偿基金制度也未见出台，所以立法者在进行立法时一味地简单移植是一种不负责任的行为。对于发展风险抗辩的是与非，下文将继续深入探讨。

三、美国法上的“最高工艺”抗辩

一般认为，美国的产品责任制度是目前世界上最为精细、最为复杂的消费者保护体系，其产品责任诉讼可依违反担保、过失侵权或严格责任三种不同的诉因提起。而最高工艺抗辩通常适用于这种严格责任诉求之中，在这种情形中被告通常声称自己不知道，或者没有理由知道原告接触其产品时该产品所具有的危险性。这种抗辩被大量用于一些存在警示缺陷的案件中，例如，安德森诉欧文斯—科宁纤维玻璃公司案[2]即是一例。对于这种抗辩是否合理在美国各地法院持不同意见，例如，新泽西州最高法院在 1982 年审理的一个案件中就对此抗辩持反对意见，这个案件是毕沙达诉约翰斯-曼韦尔产品公司案[3]，新泽西州最高法院判决指出“最高工艺”抗辩不适用于那些因警示缺陷而承担严格责任的案件。法庭指出，石棉生产者无论如何都要对其产品所造成的伤害承担责任，尽管对于石棉的健康危险在石棉产品上市时不为人知及尚未被发现，因而拒绝适用“最高工艺”抗辩。法院认为“最高工艺”抗辩从根本上讲是一种过失抗辩，因为它集中于被告警示缺陷的可归责性。法院对产品严格责任规则之下的政策进行了细致研究，尤其对风险分散及威慑政策进行了考察，得出的结论是纯粹的严格责任最有利于侵权行为法的风险分散与威慑目标之实现。而且，法院认为花费大量司法资源去证实当时的科学知识是否先进将对司法资

[1] 刘左军：《中华人民共和国产品质量法释解与实用问答》，中国标准出版社 2000 年版，第 161 页。

[2] *Anderson v. Owens-Corning Fiberglas Corp.*，281 Cal. Rptr. 528，810 P. 2d 549（Cal. 1991）.

[3] *Beshada v. John-Mannville Product Corp.*，90 N. J. 191，447 A. 2d 539.（N. J. 1982）.

源是一种极大的浪费，并且会最终导致陪审团思维混乱。

审理毕沙达案件的法庭明确指出，对于是否允许“最高工艺”抗辩的政策性观点有两个方面需要关注：

其中一个最重要的观点是支持以严格责任论处意味着缺陷产品的制造商和分销商能够最佳地分配这些产品所造成的伤害成本。前提是产品的价格应该反映其所有成本，包括产品伤害所导致的成本支出。这种成本当然分摊在制造商与分销商身上才是上佳选择。他们还可以通过购买责任保险以及通过将保险成本并入产品价格的方式使其产品的消费者来承担……

被告辩称这种政策不应该强加到那些他们都不知道的危险上。因为这种危险从本质上不是能够被提前预知的，故而这种危险产品的价格不会反映出其所造成伤害的成本。而且，被告明确指出，这种成本“将由大众来承担，并且还会导致保险费的大幅上涨以补偿可能产生的无法预测风险”。

至于侵权法的威慑功能，法庭指出特定时期的“最高工艺”水准会受到当时该产业的研究及发展水平的影响。但是，法庭认为：“通过将那些没有发现危险的成本强加在制造商身上，我们可以借此刺激他们主动投入更多时间和财力来开发更安全的产品。”

但是在毕沙达案后不久，1984 年新泽西州最高法院在一起产品责任诉讼中接受了被告药品制造商提出的“最高工艺”抗辩。这个案件就是菲尔德曼诉乐得利实验室案，[1] 在该案中，法庭明确指出毕沙达案是个案，只适用于石棉诉讼这种非常独特的案情当中。对新泽西州最高法院的做法很多法院难以苟同，他们认为新泽西州最高法院进行这种区分很不合理。当那些石棉制造商提起这种差别对待是否合宪的诉讼时，他们都被法院回绝了。例如可参见关于石棉诉讼案，[2] 最后法庭裁定这种区别对待没有违反宪法。

但是，很多法院判决在一些存在警示缺陷的案中的确允许使用“最高工艺”作为抗辩，而不管所涉产品是否包含有石棉。例如前述的安德森诉欧文斯—科宁纤维玻璃公司案。尽管如此，毕沙达案中的法庭意见在反对适用“最高工艺”抗辩的案件中仍然颇具影响。

至于“最高工艺”抗辩对产业的影响，在美国来说应该是非常显著的，已经发生的石棉诉讼案已经使得很多涉及石棉诉讼的制造商破产。所以说，在美国，这种抗辩的适用与否已经严重影响到其国内相关产业的发展，但学者们一般认为这种影响不是因为对这种抗辩理论存在不同理解，而是因为美国的司

---

[1] *Fledman v. Lederle Laboratories.*, 479 A. 2d 374 (N. J. 1984).

[2] In re *Asbestos Litig*, 3d Cir. 1987.

法程序使然。❶ 不过，美国司法制度在责任领域对美国相关产业产生的负面影响倒不是因为这种责任负担本身，而是与这种制度所弥漫的不确定性存在很大关联。造成这种局面的原因，美国法律制度中的某些关键因素作用非常明显，具体来说有：(1) 没有经过训练的陪审团成员通常倾向于支持原告，并且通常置专家证人的意见于不顾。(2) 联邦法院及州法院在所涉产品责任案件问题上的看法存在巨大差异。(3) 与证据开示规则存在关系，这种规则会导致企业花费大量时间来整理内部资料，以免被对方获取并视为证据。❷ (4) 与美国法律诉讼费用支出的惯常做法也有关系，因为在美国，这种责任诉讼有时就像购买彩票一样，低成本进入，但是有可能获利颇丰。❸ (5) 对于受害者身体伤害及精神痛苦所付出的补偿金以及惩罚性赔偿金多寡无法预测，这种情形使得企业无法权衡开发安全产品的成本与收益到底如何。

四、欧洲法上的发展风险抗辩

欧洲各国的产品责任制度也是在判例的基础上发展起来的，故差异较大。欧共体为推进共同市场的建立，一直致力于统一各国的产品责任制度。在发展风险问题上，欧共体前后几个有关文件态度不一。1976 年《欧共体产品责任法草案》第 2 条第 2 款规定：“制造人使其商品流通之时，即使依当时科学技术发展，并不认为商品具有缺陷者，制造人仍应负责。”这一规定在欧共体内引起极大争议，其后的《产品责任斯特拉斯堡公约》就回避了发展风险问题。通过多年的艰苦谈判，欧共体理事会于 1985 年 7 月 25 日通过的《产品责任的

---

❶ See R. E. Litan, The Safety and Innovation Effects of US Liability Law: the Evidence, 81 *The American Economic Review*, 1991, p. 2; S. Garber, J. Adams, S. Peltzman, D. Rubinfeld, Products and Stock Market Responses to Automotive Product Liability Verdicts, *Brookings Papers on Economic Activity. Microeconomics*, 1998, pp. 1 ~ 53.

❷ 很多学者指出美国在对不安全产品的责任归责方式上存在一些矛盾的做法。例如，因为害怕公司内部关于缺陷产品的备忘录在将来被用作证据之用，于是倾向于采用非书面的交流方式，尽管这种方式效率非常低，并且通常会导致设计缺陷存在。更为甚者，在《侵权法重述第三版》推出后，公司对于新的更安全产品的推出表现得尤为谨慎。之所以会发生这种情形是因为陪审团会把这种改进产品的决策当成是在默认原先的产品不安全，从而采用“合理的替代设计”(reasonable alternative design) 来取代原来的产品。本来是对旧的设计进行改进，借此推进技术不断革新却遭遇如此重大误解，不免让人对此表示堪忧。

❸ 这一点与美国的律师收费制度有关，前文已有述及，请参见前文注释所引 Robert L. Rabin, *Tobacco Tort Litigation in USA*, Roma seminar article, 1995, also available in http://www.ssrn.com.

指令》(85/374/EEC)。❶ 根据指令第7条(e)款的规定，制造商对产品投入流通时的科学技术知识水平不能发现的缺陷不承担责任。但根据该指令第15条之规定，该条款不是一个强制性条款，未完全排除发展风险责任，它例外允许成员国对于第7条(e)款的规定作出保留。有学者认为该条款不是指产品的风险，而是指产品缺陷的可发现性。依此理解，第7条(e)款所涵括的意思就比其大众化的称呼——发展风险可能包含的意思要广泛一些。❷ 目前，欧洲国家中发展风险抗辩的适用情形可以通过下图一目了然。

	State of art defence			
Member State	Agricultural products	Human/blood derivatives	Pharmaceuticals	Chemicals
Austria	yes	yes	yes	yes
Belgium	yes	yes	yes	yes
Denmark	yes	yes	yes	yes
Finland		no	no	no
France	yes with exception(*)	no	yes with exception(*)	yes with exception(*)
Germany	yes	no		yes
Greece	yes	yes	yes	yes
Ireland	yes	yes	yes	yes
Italy	yes	yes	yes	yes
Luxembourg	no	no	no	no
Netherlands	yes	yes	yes	yes
Portugal	yes	yes	yes	yes
Spain	yes excluding food a and products for human consumption	no	no	yes
Sweden	yes	yes	yes	yes
UK	yes	yes	yes	yes
(*) The state of art defence does not apply if,within ten years after the product was put on the market,its defects were discovered and the producer did not adopt all the necessary measures to avoid the damage.				

(Cf. Analysis of the Economic Impact of the Development Risk Clause as provided by Directive 85/374/EEC on Liability for Defective Products by FONDAZIONE ROSSELLI, downable at EU official website.)

---

❶ 该指令旨在融合欧共体各成员国之间在缺陷产品立法、法规及行政规制方面的不同之处，同时也为制造者责任设定了管制新规，因为欧共体认为在欧共体市场内部各成员国之间的不同法律会扭曲竞争并且会影响货物的流动，此外还会导致缺陷产品致消费者健康或财产损害时各国在法律保护上可能会出现的不同力度差异。

❷ See J. Stapleton, *Product liability*, Butterworths, 1994, p. 236.

从上图可以看出，卢森堡和芬兰是完全拒绝适用发展风险抗辩的；德国在人体组织器官/血液衍生品及药品领域是禁止适用发展风险抗辩的；法国在人体组织器官/血液衍生品领域拒绝适用发展风险抗辩，并且在农产品、药品及化学品领域都设置了一定的例外，这个例外就是当产品上市10年内，其缺陷被发现并且生产者没有采取一切必要措施来避免损失，那么将不适用发展风险抗辩；西班牙的情形与德国大体一致，在人体组织器官及血液衍生品领域都不适用发展风险抗辩，并且在农产品领域排除供人类消费的产品可以发展风险作为抗辩的情形。从这一点说明，在法、德、西班牙这三个欧盟大国，对于人类消费的食品、药品领域基本上是严格适用或者拒绝适用发展风险抗辩的。

一直以来，学者们对于《欧盟产品责任指令》第7条（e）项所规定的发展风险是导入了一种过错责任形式还是一种对制造者的客观责任进行了限制争论不休。很多学者坚持第一种理论。[1] 他们认为，知识现状是一个非常广泛的概念，期望所有的制造商都了解当时的所有最高工艺是不现实的。因此，如果他们在有限范围内尽可能地多地获取知识和技术，那么就不应该认定那些制造商存在过失。但是，如果受害者能够成功举证当时的出版物或者工具书上已经指出该产品存在某种缺陷，则该制造商应当承担责任。[2]

为了廓清在此条款上所存在的争议，欧洲法院（European Communitiy's Court of Justice，ECJ）对该条款进行了解释。该问题在300/1995号案卷中有专门探讨。[3] 在分析了发展风险抗辩之后，欧洲法院就发展风险抗辩导入了一种客观的评价标准：

"……仅仅因为遵守了该相关产业风险预警标准尚不足以适用该抗辩。

26. 首先，首席法官（Advocate General）已经在第20段意见申明中公正地阐述了其看法，因为第7条（e）项指出"当产品投入流通时的科学及技术知识"（scientific and technical knowledge at the time when [the producer] put the product into circulation），它没有特指生产者生产该产品当时在该产业领域所使用的惯例及安全标准，而是非常直接地指出，是当时最高的科学技术知识，其中就包括该问题产品投入流通时最先进的知识水准。

27. 其次，该条款规定这种抗辩不考虑生产者实际上或者主观上是否知道或者已经知道的知识状况，而是指客观上科学及技术知识状态，并且假设制造

---

[1] Cf.，P. Trimarchi，La responsabilità del fabbricante nella direttiva comunitaria，in *Riv. Soc.*，1986，p. 598.

[2] Cf.，D. Cerini，Responsabilità del produttore e rischio di sviluppo：oltre la lettera della dir. 85/374/CEE，in *Diritto ed economia dell' assicurazione*. 1996，p. 35.

[3] Cf. http：//www. europa. eu. int.

者是知道这种客观状态的。

28. 尽管如此，第7条（e）项的措辞所暗示的是所涉产品投入流通时必须使用的相关科技知识。

29. 因此就有了，为了引用《指令》第7条（e）项中的抗辩，缺陷产品制造商必须证明产品投入流通当时科技知识的客观水平，包括当时最先进的科技知识都不能发现这种缺陷的存在。”

首席法官列举了影响产品流通信息的一些因素，比如一本以英文在美国出版的国际期刊上所开展的研究与在中国出版的科技期刊上所展开的同种研究是不同的，所以这种科技知识是不能超越地区界限的。在这种情况下，让欧洲的生产者对亚洲研究人员所发现的缺陷承担责任是不合理的，因为期待欧洲的生产者了解以中文出版的科研信息是不合理的。“知识水平”必须包含整个科学界信息流通中的所有资料，而且要基于研究人员所能够实际接触到相关信息的机会，根据合理性标准进行解读。原文如下：

23. “我适才所探讨的科技知识的获知问题，是指在即定时间内相关人士所能获知的总体知识。不可否认的是，信息的流通会受到一些客观因素的影响，比方说，信息的来源地，刊载该信息所使用的语言，以及该信息所发表的期刊。说得直接一些，在信息流通的速度上也存在非常重大的区别，比方说，把美国研究人员在一个国际英文期刊所发表的研究成果与一份在中国发表的中文科技期刊所展开的类似研究成果相比较，二者的传播速度以及相关资料的易得性是存在明显差异的。”

24. “在这种情况下，我要说的是要让欧洲的产品制造商了解用中文发表的研究资料非常不现实，而且也不合理。因此，对于由杰出的亚洲研究人员发现欧洲产品进入流通时所存在的缺陷情形，我认为欧洲制造商不应该承担责任。说得更一般一些，‘知识水准’必须解释成包括整个科学界信息流通中的所有资料，但必须牢记一点，要以合理标准为据，要考虑制造商实际上是否能有机会接触这些流通信息。”

在英格兰法庭上已经开始适用前述“中文信息例外”（Manchuria exception）原则，该原则是由欧洲法院首席法官所提出的。据英格兰法庭的解释这种抗辩只适用于下面特定场合，即大众无法获得的一些未出版的文件或者研究成果，或它们仅储藏在一些图书馆中或者属某个特定公司的研究机构里。下文就是对“最高工艺”的解释，它“必须解释成包括整个科学界信息流通中的所有资料，但必须牢记一点，要以合理标准为据，要考虑制造商实际上是否能够有机会接触这些流通信息。”❶ 尽管制造商的主观知识与此无关联，但是一般可得到的知识还是与此存在关联的。使用这种抗辩的可能性不依赖于制造商所拥有的主观知识，而是依赖于其必须掌握的客观知识，也就是那些一般可以获知的科技知识。尽管前述主观知识是根据其所在工业部门所采取的标准预警，其必须进行合理注意时所获知的。

五、发展风险抗辩的争论

关于发展风险最尖锐的争论，莫过于在严格责任下它应否成为责任抗辩的一种。虽然大多数国家的立法实践作出了肯定的选择，但人们的认识并未就此统一。在美国，许多法官仍然在严格责任之诉中排斥“最高工艺”抗辩。欧共体指令虽然明确规定了发展风险抗辩，但一方面允许成员国背离该规定，另一方面对该抗辩的长期有效未加以保证，如果专家委员会在指令颁行 10 年后向欧洲议会提出建议，就可能导致这种抗辩被取消，而目前的情况前已述及，欧盟各国可以根据本国国情就是否接纳发展风险抗辩作出自己的选择。在学术界，赞成或反对这一责任抗辩的学者们一直在进行激烈的辩论。

赞成发展风险抗辩的人主要有三点理由：（1）发展风险责任使严格责任几近于绝对责任，对消费者的过分倾斜将导致法律有失公正。发展缺陷是制造商根本无法合理预期的风险，要求他们承担因此产生的赔偿责任，将责任绝对化，与古代的加害责任模式并无二致，近代侵权法的道德判断功能及正义性将丧失殆尽。（2）发展风险责任会抑制研究和开发工作，阻碍科学进步、技术革新。科学技术的发展永无止境，而人类在特殊历史阶段的认识能力总是有限的。这决定了任何新产品都有可能隐藏不可知的缺陷，因而也就有了改进和完善的可能。社会的进步需要付出一定代价，新产品的出现带来了便利，也不可避免地伴随一定风险。如果要求制造商对因科学技术发展而发现的产品缺陷承担责任，将大大打击他们技术创新的积极性，导致严重的低效率。事实上，美国许多药品生产者就因惧怕可能的巨额产品责任追赔而被迫中止许多社会急需疫苗的生产。产品责任诉讼的威胁大大减少了制药公司对有潜在收益的新药的

---

❶ 例如在 *A. and others v. the National blood Authority and others*，case n. 1998 A458，（2001）Lloyds（Med）289 案中，在参考“中文信息例外”后，法官解释道，正确的路径应该是检查这种知识是否易得。中文信息例外标准引导人们思考如果相关特定产品的资料或者研究尚没有公开，并且这种缺陷只有中国某个小制造商在其企业范围内所知晓，并且这种知识他人无法得到的，这种情形就会导致制造商无法获得相关知识。

研究和开发进行投资的动力。❶（3）发展风险责任会引发责任保险危机、导致企业破产。对苛刻的发展风险责任首先发难的是保险公司。赔偿金额的迅猛增长使制造商和保险公司都不堪重负。保险公司在接受投保时更为小心谨慎，甚至采取极端措施：要么大幅度提高保险费，要么取消一些险种。这使得严格责任得以推行的保障—责任保险制度日渐萎缩。由此引发的连锁反应就是许多营利性公司的破产。曼维尔公司破产案就是一例。多年前，人们并不知道石棉剥落会致人损害甚至死亡。曼维尔公司是美国主要的石棉生产商，在石棉剥落危险被发现后，该公司由于著名的毕沙达案引发的 1 600起侵权索赔而申请破产法保护。这些破产事例在大多数评论家看来是“一个愚蠢的产品责任制度原本可以避免的社会成本。”❷

反对发展风险抗辩者针锋相对地提出自己的理由：（1）发展风险抗辩是过失责任的产物，将之运用于严格责任危及产品责任制度的发展。严格责任又称为无过失责任，指无过错的行为人对损害承担的责任。产品责任由过失责任演变为无过失责任，系各国（地区）法制之共同趋势。❸ 这一演变的实质，即是用实现损害合理分配的结果公平取代追究过错者责任的形式公平。而发展风险抗辩的适用就是为了免除无过错的生产者的责任，这样不是又回到产品侵权责任制度的起点—过失归责了吗？（2）发展风险责任有利于建立一个更安全的社会。产品缺陷致人损害在 21 世纪已逐渐演变成为严重的社会问题，消费者的生命健康受到极大威胁。建立一个更安全的社会成为 20 世纪 60 年代兴起的消费者保护运动的主要目标。受利益驱动的制造商在追求利润最大化的过程中会自觉地将消费者的安全作为首要考虑的问题。发展风险责任能够刺激产品制造者尽最大可能地改进产品设计，提高产品的安全性，将危险消灭于未然，消费者的安全可以得到最大的尊重。（3）发展风险责任有助于实现生产者与消费者之间的利益平衡。产品严格责任实际上是一种“衡平”责任，目的是使社会生活中发生的意外损害得到合理分担。在扩散产品损害造成的损失方面，制造者总是处于较消费者有利的地位。他们可以通过责任保险或改变价格将责任内化到商品成本中，由该产品的消费者分摊风险，这是对消费者一种盘剥。采纳发展风险抗辩理由就意味着不能合理发现的缺陷所致损害风险完全由

---

❶ 罗伯特·考特、托马斯·尤伦：《法和经济学》，张军，等译，上海三联书店 1994 年版，第 621 页。

❷ 罗伯特·考特、托马斯·尤伦：《法和经济学》，张军，等译，上海三联书店 1994 年版，第 617 页。

❸ 王泽鉴：“产品责任现状之检讨及其发展趋势”，载《民法学说与判例研究》（第三册），中国政法大学出版社 1997 年版，第 214 页。

受害者来承担，将缺陷产品投放市场并获取收益的生产者却借此逃避责任。生产者与消费者之间的利益这样的严重失衡同样是极不公正的。更何况生产者控制着产品设计、生产工序，由其控制和预防危险成本最低、效果最直接。

学者们的争论意见都各有道理。不过笔者认为严格责任实际目的是使社会生活中发生的不幸损害得到合理分担。在分担产品损害造成的损失方面，生产者作为行业专家和商业经营者，其拥有风险化解及产品信息等资源优势，相对于消费者而言，远远处于更有利的地位。比如说，他们可以通过责任保险或将风险成本分摊在商品的价格当中，从而由社会大众，确切说是其商品的消费者来分摊风险，这是普通消费者所无力做到的。[1] 法律采纳发展风险抗辩也就意味着不能合理发现的缺陷所致损害风险完全由受害者来承担，将缺陷产品投放市场并获取收益的危险制造者却可借此逃避责任。生产者与消费者之间的这种利益严重失衡是极不公正的。更何况生产者控制着产品设计、生产工序，由其控制和预防危险成本最低、效果最直接。并且受利益驱动的生产者在追求利润最大化的过程中会自觉地将消费者的安全作为首要考虑的问题。不可否认，发展风险抗辩能够刺激产品制造者尽最大可能地改进产品设计，提高产品的安全性，将危险消灭于未然，消费者的安全可以得到最大的尊重。制造商相信，若没有发展风险抗辩，许多有可能触及该风险的有用的新产品将不会被投放市场，最终消费者和企业都会受损失。[2] 更何况责任保险危机和企业破产事件会使经济运行的社会成本大大增加，从根本上讲不利于社会的每一成员。产品责任是现代经济社会中的一种抑制性机制，如果运用得当，它可以有力抑制由于过度追逐财富和利润出现的某些消极因素；如果运用不当，则可能伤害制造商的投资热情和开发新技术、新产品的创造性，而这些都是经济生活中极为宝贵的积极因素。因此，任何一个国家在制定和实施产品责任法的过程中，都不能不在重视保护消费者的同时，充分考虑到产品责任对企业生存、技术进步，乃至对一国的经济发展可能产生的影响。

六、发展风险抗辩的运用

在国外，尽管发展风险抗辩已被广泛接受，但制造商若想成功利用这一抗辩理由绝不是一件轻而易举的事。英国一个著名的保险代理人指出："开发风险抗辩的价值可能被生产者的代理人过高估价了。保险商的档案透露，迄今为

---

[1] 杰瑞·菲利普斯：《产品责任法》（影印本），法律出版社 1999 年版，第 32 页。

[2] 埃利斯代尔·克拉克：《产品责任》，黄列译，社会科学技术文献出版社 1992 年版，第 155 页。

止几乎没有成功地运用发展风险来进行抗辩的案例。”[1] 其中，发展风险抗辩的运用规则起到了关键性的限制作用。

（1）时间因素。发展风险是在特定时间，说具体点就是新产品上市或者开始流通那个时间到损害未暴露这段时间内不可知的危险。在特定时间之后，这一危险必然是已知的，否则受害人无从知道引起损害的原因，也就不可能产生诉讼。这一时间的确定对认定发展风险有着举足轻重的作用。各国产品责任法一般以产品投入流通的时间为考察的标准时间。如果产品投入流通时的科学技术水平无法发现缺陷的存在，即使其后研制出更安全的产品，制造者仍可以主张发展风险抗辩。对于“投入流通”的定义，《斯特拉斯堡公约》第 2 条第 4 项规定：“如果生产者已将产品交付给另一人，则该产品即为‘投入流通’。”如何对可得知科技知识的时间进行具体评估，是一个有些棘手的问题。按《指令》的规定，当然是指以产品投入流通的时间为准计算该科技知识是否是该领域最新的科技。不过在比利时，其法律对于这种“流通的时间”（mise en circulation）另有新解，即产品投入流通的时间就是指制造商明确表示向别人转让其产品或者为第三人之利益使用该产品。[2] 按照国外学者的解释，“不论是否采用出售、出租、出借、寄托的方式，也不论是无偿还是有偿，只要是基于营业而为，即可构成交付”。[3] 因此，在产品基于生产者的营业行为转移给他人并脱离其控制之前，生产者都负有不断改进产品、消除潜在危险的义务。如果此时危险为已知的，能为科学技术所发现，那么发展风险抗辩就不能成立。即使发展风险抗辩成立，在危险被发现后，对于已投入流通的缺陷产品制造者仍负有及时、充分警告和召回产品的义务，否则，对其怠于履行义务的行为应承担责任。产品流通通常是一个持续不断的过程，如果在这种连续的投入流通过程中科学技术发展到能够发现缺陷存在的水平，应如何确定制造者的责任？笔者认为，应以科学技术能够发现缺陷之前最后一次投入流通的时间为准，而不是以该产品首次投入流通的时间为准，对最后一次投入流通之前的产品，制造者免责，对此后投入的产品则不能免责。当然，这仅仅是就发展风险抗辩这种制度本身而言，这种限缩解释方才符合法理。

（2）科学技术水平因素。发展风险是依据一定时期的最高科学技术水平为衡量标准的，正确认定科学技术发展水平是防止发展风险滥用的安全阀。衡

---

[1] 斯蒂芬森·W. 海维特：《产品责任法概述》，陈丽洁译，中国标准出版社 1991 年版，第 88～89 页。

[2] Article 6，Law 25，February 1991.

[3] 王家福：《中国民法学·民法债权》，法律出版社 1991 年版，第 563 页。

量科学技术发展水平能否发现缺陷通常有两种做法：第一种方法是以知识为基础。它“多半根据这样的假定，即一个制造者在任何时候都要了解有关其产品所有能得到的信息和技术，因为他们在其生产领域里有义务跟上科学技术的最新发展。制造者仅表明他已做了所有确立了最低限度标准的政府条例所规定的那些测试工作，都是不够充分的。……只要在世界范围内，能够发现缺陷的科学技术知识已经公开，制造者就有将之运用于其生产的义务。”❶ 也就是说，一个制造者在任何时候都要了解有关其产品的、所有能得到的信息和技术，因为他们在其生产领域里有义务跟上科学技术的最新发展。制造者仅表明他已做了所有政府条例所规定的最低限度标准的测试工作，都是不够充分的。❷ 第二种方法以可行性为基础，允许生产者在能证明其产品投入流通时符合当时可达到的可行的安全设计时方免责。这种可行性不仅包括安全，还包括诸如成本、效益、消费者预期以及安全抉择的可能性等要素。❸ 这一做法不要求生产者为使产品更安全而处于该领域科学技术的前沿，或者采用成本大大超出其可获利益的预防措施。显然，第一种方法更为严格，也有利于消费者。后一标准极有可能使科学技术水平沦为工业实践水平的代名词，从而帮助制造商轻易逃脱责任。因此，法官们通常会排斥这一做法。例如，在维克威尔工程公司一案中，被告公司参照了四种现代书籍（包括化学药品工业风险的标准著作）这一事实并没有免除他们的责任。❹

尽管有关发展风险抗辩的诉讼非常之少，但是，提出发展风险抗辩的举证责任通常都是由制造商承担，即他必须证明根据产品投入流通时的科技知识，该产品不存在缺陷，这种缺陷是在以后才发现的。为了使用这条作为规避责任之用，制造商必须证明该产品投入流通时世界上不存在可以进行客观评价的科技信息，因此对于制造者来说尚不知道问题存在，或制造者能够充分证明：尽管该产品存在的缺陷已经为人所知或者应该已经为人所知，但是当时世界上尚没有可以客观得到的信息，因此，制造商对于特定产品的已知风险仍旧不能发现。不过也有学者指出：（1）这里的科技知识是指所有出现于相关领域的，为业界所接受的、能够得到的知识，并且要从国际视角来考量，要穷尽一切经

---

❶ 李蔚：“论产品责任的发展风险及其抗辩”，载《法学评论》1998 年第 6 期。

❷ 埃利斯代尔·克拉克：《产品责任》，黄列译，社会科学技术文献出版社 1992 年版，第 154 页。

❸ 玛格丽特·格里菲斯：“欧洲经济共同体产品责任中的瑕疵问题”，载张新宝译《法学译丛》，1990 年第 1 期。

❹ 斯蒂芬森·W. 海维特：《产品责任法概述》，陈丽洁译，中国标准出版社 1991 年版，第 89 页。

济上的努力收集那些已出版的或者能够得到的专业知识。❶（2）这里的科技知识是指用来检验该产品的标准。如果经过最高知识水准证明产品是不安全的，那么该产品的制造者得承担责任。❷（3）如果发现该缺陷的技术工具及程序存在，则该抗辩是不会得到允许的。❸ 这最后一点要受到批评，因为这样会使得这种责任制度太严格，并且会使得制造商面临的举证责任非常严厉。在此有必要再次参考前面我们援引的反应停案，对怀孕动物所进行的测试通常仅仅只在该药的负面作用出现后才开始的，并且只是在经过一定时间后，才在特定动物体身上显示出反应停的致畸作用。其时，该药已经上市，并且无人想到在特定动物身上试验该药。根据上述这种理论，要是知道这种药物试验方法存在，并且可能发现其不良后果，那么该药品的制造商应该承担责任。为了确定产品上市时的一般科技知识，欧盟国家法官通常会采取荷兰判例所设置的标准，即要求出具专家意见证明制造商根据当时所存在的专业文献或出版物都不能发现其缺陷。有一个荷兰案例，该案涉及对“最高工艺”的考量，在该案中，两名献血者已经进行了两次常规的并且是可靠的 HIV 检验，已经不可能让他们依当时技术尚不能提供的设备进行进一步的血检。法庭明确指出，通过输血方式传播 HIV 的几率非常小这一事实尚未构成常识。❹

《欧洲产品责任指令》中关于发展风险抗辩的措辞一直备受批评是因为它要求检查出根本不可能发现的缺陷。因此，这种发展风险条款只能用于一些例外情形。❺ 比利时学者则把《指令》中的发展风险解释成对产品“难以克服的缺陷不知情”（ignorance invincible du vice），并且认为这种解释比发展风险的外延要广泛一些。而“最高工艺”抗辩并不是要求勤勉的制造者将特定的知识纳入考量范围，而是要求他将所有的能够获得的客观知识纳入考量范围。如果依此理解，则适用发展风险抗辩非常困难。❻

---

❶ Cf. Fitz, Purtscheller, Reindl, Produkthaftung（1988） § 8 N° 14; Posch in Schwimann（ed.），*Praxiskommentar zum ABGB*, vol. 8, 2nd ed.（1997） § 8 PHG N° 10，转引自 Study for the European Commission Contract No. ETD/2002/B5.

❷ Cf. C. M. Verardi, La responsabilità per danno da prodotti difettosi, *Alpa - Carnevali-Di Giovanni*, Milano, 1990.

❸ Cf. H. C. Taschner, La future responsabilité du fait des produits défectueux dans la Communauté Européene, *Revue du marché Commun*, 1986. pp. 257, 261.

❹ District Court of Amsterdam, 3. 2. 1999, in *Nederlandse Jurisprudentie*, 1999, p. 621.

❺ Cf. H. Cousy, L' adaptation du droit belge la directive sur la responsabilité du fait des produits défectueux, in *Les assurances de l' enteprise*, Bruxelles, Bruylant, 1988, p. 118.

❻ Cf. M. Von Kuegelgen, La loi du 25 Fevrier 1991 sur la responsabilité du fait des produits dans ses rapports avec le droit commun de la vente, in *Vente et cession de créance*, Volume XV, March 1997, Edition Formation Permanente CUP, 1997, p. 79.

(3) 其他考量因素。最后一点必须强调的是，为了获得与产品安全有关的知识，对于制造者的经济和技术能力，其专业领域及其所在特定行业领域中相关科技发现是否易得均不予考虑。[1] 可以说这种标准已经非常客观化，从而使得制造者援引相关例外条款的可能性无法存在。

七、重构我国发展风险抗辩制度：对欧盟相关研究借鉴

在产品毒物致害侵权案件中，很多都涉及产品的发展风险抗辩问题。对于发展风险的抗辩事由，多数国家以产品投入流通时整个社会的科学技术的客观水平，即全球标准和客观标准来衡量，而不以制造商的主观知识为准。这就使得制造商要随时了解产品的所有技术信息，跟上科学技术的最新发展，以维护消费者的利益。发展风险抗辩是一把双刃剑，利弊均极为突出。过多过宽适用这一抗辩将使产品责任制度背离其根本的价值追求——保护消费者。消费者权益在我国曾被长期忽视，即使在现在也仍未得到充分保障。追求效率的发展风险抗辩以牺牲一定的安全为代价，如果被滥用，对经济生活的危害将是灾难性的。不仅个人权益无法保障，社会发展同样也会受阻。因此，只有严格限制发展风险适用的产品责任制度，才能较好地实现消费者权益与企业利益之间的动态平衡。我国《产品质量法》规定了发展风险抗辩，但仅有一条抽象的概括性条文，没有具体的运用规则，远不足以防止这一抗辩被滥用的危险。法律学者中鲜有人论及发展风险抗辩弊端，更不用说在司法实践中对这一抗辩的运用进行解释说明。这无疑是我国现行产品责任制度中被我们严重忽略了的重大缺陷。鉴于我国目前已加入世界贸易组织（WTO），印有“中国制造”标记的产品已经越来越多地在世界范围内流通。故在我国的立法中，对于发展风险涉及的能够发现缺陷的科学技术水平，不能局限于国内科学技术的客观水平，而要将这种科技水准放在世界范围内来考察，能够发现缺陷的科学技术一经公开，制造商就有将其运用于生产的义务。此外，还应规定，危险发生后，制造商对之前投入流通的产品，负有告知义务，包括告知该产品将会产生的危险、危险的程度和范围、避免危险的措施及安全使用的方法，且要使消费者便于看到和易于理解，从而保护消费者的人身和财产安全。因此，借鉴国外立法与司法实践中的成功经验，严格限制发展风险抗辩的运用是完善我国现行产品责任制度，加大保护消费者力度的当务之急。

不过，笔者认为对于是否采纳发展风险抗辩到底会对一国产业的发展产生

---

[1] See P. Kornilakis, The Liability of Producers of Detective Products, *Armenopoulos Journal*, 2000, p. 201.

何种影响需要有实证研究数据来证实，理论分析当然必要，但是事实胜于雄辩。由于我国没有在这方面进行过实证研究，所以笔者认为欧盟就此问题展开的一个实证研究报告资料可资我们借鉴。

该研究是专门针对《欧共体产品责任指令》（85/374/EEC）中的发展风险条款对经济产生的影响所展开的。尽管发展风险条款在欧洲的适用还非常有限（前文有专门表格就此进行描述，一目了然），但是这种证据尚不能表明该条款对经济未产生影响。不过，非常有说服力的是，研究人员就那些完全不采用此抗辩的国家当中，发展风险条款对该国产业、经济的发展的影响进行实证考察，发现：该条款其实对这些国家的技术创新能力和地位没有产生什么影响，并没有改变它们仍旧是欧洲最富有创新性的国家的现状，比方说芬兰和卢森堡就属这种情形。❶

发展风险条款的象征性价值当然与消费者以及制造商存在很大关联，但是，该报告还专门突出强调了发展风险条款是如何在保护消费者以及维持产品创新上找到适当平衡的。其实，发展风险条款的价值倾向非常明显，也就是在刺激产品创新及消费者对安全产品的合法期待之间所达成的一种令人满意的妥

---

❶

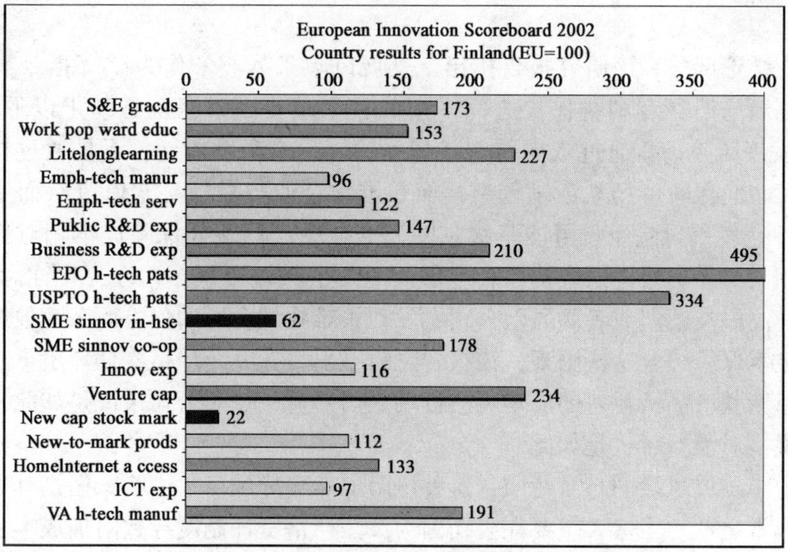

（Cf. *Analysis of the Economic Impact of the Development Risk Clause as provided by Directive* 85/374/*EEC on Liability for Defective Products* by FONDAZIONE ROSSELLI，downable at EU official website.）

从该图可以看出，在2002年欧洲的创新排名榜上，芬兰在很多指标上都高于欧洲平均水平。尽管不能肯定这种情形跟该国不采用发展风险有关联，但是还是能说明某些问题的，特别是芬兰在该年度的GDP中有接近29%是来自出口创汇，接近其他欧盟接受发展风险抗辩国家总和的1/3。

协。但是，对于这个条款一直都争议不断，有人认为去掉这个条款将会窒息科技创新。其实，要对这种观点进行驳斥的最好办法就是开展实证研究，通过实证研究发现发展风险条款到底对公司的创造性会产生何种影响。这份名为《欧共体产品责任指令中发展风险条款对经济的影响之分析》（Analysis of the Economic Impact of the Development Risk Clause as provided by Directive 85/374/EEC on Liability for Defective Products）的理论预设是直接去掉发展风险条款会激励更多的过程创新，并且新增创新比率会比以前要高，但是，这样做会导致产品种类、尖端技术以及基础研究的大量锐减。不过，该研究小组所展开的调查及其案例研究似乎最后都集中到一点，即在严格责任制度下，那些会增加不确定性以及风险所需要的可靠战略会使得一些公司降低其革新产能。

该研究的另一重要部分关涉去掉发展风险条款会对公司的保险成本支出产生影响。有证据显示在不同的成员国，尽管它们都通过不同的方式来实施《指令》，但是这种情形并没有导致不同的保险费率产生，不过，该研究报告只是发现去掉该条款会导致某些行业的保险成本支出会有大幅度增加。但是，在那些发展风险极高并且最为突出的行业，这些风险通常是无法得到保险的，原因很简单，因为没有针对特定风险的保险市场。去掉发展风险条款之后可能会导致保险成本支出激增，这种局面会对相关行业市场的结构以及竞争产生影响。

在结论部分，该研究报告指出，发展风险条款经常作为该《指令》实现维持创新与消费者利益保护之间平衡的一个重要因素完全是基于以下原因：(1) 发展风险条款通过减少与创新相关的风险来激励创新，不是通过将资源从研发转向保险市场来激励创新，而是推动企业与最新工艺俱进从而激励创新；(2) 发展风险条款可能是决定欧洲产业中产品责任保险成本相对稳定以及使相关产品责任诉讼维持在合理层面的一个关键要素；(3) 在严格责任制度下，高科技公司或者高风险公司会发现很难找到合适的保险商来为他们的发展风险承保。综合这些因素，该报告总结指出：在完全严格责任环境下，让制造商革新其产品所耗费的成本将会极端之高，这一点对公司来说是如此，从长远来说，对消费者也是如此。

由于发展风险的自身特质，这种风险虽然会导致巨大影响，但是其发生概率是非常之低。当然，想要在公司因为产品严格责任制度导致附加成本上升与消费者享受更多受保护的消费环境（如去掉发展风险条款）之间进行有效比较是几乎不可能的。但是，政策制定者应该牢记的是在适用发展风险抗辩时需要进行仔细权衡，特别是当一个社会极端重视技术革新并积极推动这种技术革新时更是要周密考虑采取该政策的得与失。不过该报告也指出，在某些特定的、至关重要的场合，发展风险可能不会为制造商研发使用最高工艺技术（尤其是关涉社会所期待的产品安全问题方面）提供适当的激励。有鉴于此，该报告建议要妥善协调好发展风险条款这把双刃剑所造成的两难境地，尽最大可能地限制重大事件的发生，并且还要使消费者对于高端新技术产品的安全问题放心。

鉴于发展风险条款可能会存在的制度缺陷，适当的补充制度解决方案可能是明智选择，比方说，向消费者担保即便没有发展风险条款，即便消除发展风险条款本身，消费者也会得到同类保护的。为此，该报告探讨了一些替代保护方案，有些方案已经付诸实施，有些则正在准备从整个欧盟层次来实施消费者保护。从原理上讲，这些方案都能够为消费者提供理想的保护。其中一个关键的信息就是欧盟委员会在这方面应该有所作为，比方说，引导各成员国努力制定出一致的消费者保护制度，并且在欧盟层次实施创新预防与保护政策，以引导企业进行合理创新。该研究报告提供的政策性解决方案就是尽可能根据特定行业建立集中的补偿基金，这种基金要兼具私人和公共属性。要是这种制度创新努力获得成功，可能会使欧洲委员会在发展风险问题上找到一个平衡点。另外一种可选政策就是对发展风险条款进行适当的限缩，比方说，将制造商的发展风险责任与其对风险进行评估时所存在的过失及其在减小风险方面所做的努力结合起来考量。这样会激励企业在推动高精技术方面付出更多努力，这种制度设计方才比较合理，因为它将发展风险责任的重点放在那些不负责任的企业行为身上了。

众所周知，绝大部分欧盟国家都是发达国家，社会福利制度相当健全，在发展风险问题上如此小题大做肯定有其内在动因，前文已有介绍、分析。反思中国国情，我们没有区分关键产业可能会对人类健康及生命产生的巨大影响，采用一刀切的方式一律适用发展风险抗辩，这对于企业来说当然是巨大激励，但是对于消费者来说却是一个极不安全的条款，在本书开篇已介绍了很多与发展风险有关的潜伏性毒物致害侵权案件，就是例证。对于这些由于潜伏性毒物致害侵权行为，我们的一贯处理方式是重行政处罚，而轻民事救济，并且在民事诉讼中会设置种种障碍偏颇地保护制造商的利益，例如，北京东城区人民法院对于龙胆泻肝丸事件的处理就明显欠妥。有鉴于我们目前在发展风险条款方面的立法及司法实践，笔者建议：（1）对发展风险的适用范围进行限缩，对于特别涉及人类健康或者生命安全的产品将不适用该条款，比如，在药品及血液衍生品等领域，这方面可参考德国、西班牙以及法国的具体立法及司法经验。（2）对于发展风险所适用的“最高工艺”进行界定，是在整个世界范围来考察，还是以本国为中心，抑或是以主流科技群体所公认的范围等来考察均值得权衡。(3) 由于我国是一个发展中国家，贫富悬殊问题已经非常突出，并且社会保障制度非常不健全，对于这些因为发展风险抗辩而免责的产品受害者要尽快制定相应的救济制度，以补全发展风险抗辩可能会造成的大规模群体利益损害。

任何法律制度都应是各种利益和价值平衡与折衷的产物。不仅产品责任制度如此，发展风险抗辩也应如此。追求效率的发展风险抗辩以牺牲一定的安全为代价，如果被滥用，对经济生活的危害将是灾难性的。不仅个人权益无法保障，社会发展同样也会受阻。因此，只有严格限制发展风险适用的产品责任制度，同时建立相应的损害救济措施，这样才能较好地实现消费者权益、企业利益以及社会和谐发展之间的动态平衡。

本章小结

自从三鹿奶粉事件爆发后，“食品安全大于天”的标题频繁见诸各大媒体头条，说到底，就是产品制造者，包括原料供应商利欲熏心，通过产品毒物提高产能，最终失去控制，危害消费者。到目前为止，虽然部分婴幼儿患者得到确诊并得到政府的免费医疗，但是更多受害者（比如说三鹿奶粉事件未爆发前的受害者），该产品毒物对成年人健康的影响以及这种产品毒物所产生的潜在影响，下一代的健康会受何种影响等问题都需要医学界进行跟踪研究。从前面的探讨来看，作为潜伏性毒物致害侵权的主要类型之产品毒物致害侵权涉及的问题远比我们已经制定的《产品质量法》及《民法通则》相关部分涉及的内容要复杂得多。鉴于当时立法者以及研究人员对相关域外制度的认识欠全面，现在看来，很多概念及具体制度都需要进行重构。比如说，产品的范围界定要进行扩张，将那些能被人吸食并接触到的有形无形物品都囊括其中，而不应该固守原来对产品的粗浅认识，虽然已有专家注意到此问题，但是，笔者认为还应该采取更加开放的态度，在借鉴欧美国家产品责任法的基础上客观对待产品的范畴。

鉴于我国产品责任免责抗辩条款所存在的诸多问题，笔者认为除了大胆借鉴产品责任法发达的美国、欧盟在这方面的经验外，还应该根据国情展开相应的实证研究，以确定相关制度在我国是否合理，比如说一概适用发展风险抗辩是否合理，从笔者的研究表明我们的立法者以及大多数学者在此问题上的理解都是偏颇的，因此需要进行更正。人的生命健康、价值大于一切，为了有效控制产品毒物对人类健康的侵害，有必要在食品、药品领域首先废除适用发展风险抗辩，因为这些产品是人类吸取能量的来源，要进行严格控制。至于这种发展风险政策会对相关产业产生何种影响，笔者认为有必要在相关行业进行实证研究。法律是公平的艺术，但是当产品制造者、销售者的利益与消费者的利益发生冲突时，消费者的健康当然是第一位的，因为每个人都是消费者，在危害其他同类的同时，自己的利益必定受损。前文引述的诸多域外判例大都反映了法官的这种人本理念，因此对于其中蕴藏的深刻法理我们要认真对待，在相关理念、制度上保持跟进对于我们这个诸多制度及实践都尚在不断摸索中的产品责任法来说太重要了。

第三章　潜伏性毒物致害侵权类型之环境毒物致害侵权

近百年以来，随着世界经济的迅猛发展以及工业化、城市化的大规模推进，人类在创造了巨大物质文明的同时，日益严重的环境污染与生态破坏业已成为不容争辩的事实摆在世人面前。环境问题越来越成为一个全球性的重大问题并严重地阻碍着经济的进一步发展以及人类生活水平的提高。有效地保护环境，维护人类仅有的“一个地球”，已成为当今世界各国共同面临的紧迫而艰巨的任务之一。作为发展中国家的中国，经济发展正处于从大量消耗资源的粗放型经济发展模式向集约型经济发展模式转变之中，在“人口基数大，人均资源少，经济和科技水平都比较落后的条件下实现经济的快速发展，再加上环境法制不健全，环境执法力度较薄弱，处于‘不良立法，低度立法’状态”[1]的情况下，我国环境污染和生态破坏等环境问题总体上日趋严重，因为环境导致公民健康、生命以及财产损害的负面报道频见报端，有些地方甚至引发大规模的群体性事件。环境污染问题已经成为中国社会中的重大问题，正由于已经意识到环境问题的重要性，中国将国家环境保护总局升级为国家环境保护部。

第一节　环境毒物、环境污染及特征概述

一、环境毒物

20世纪以来，因化学工业逐渐发达，许多物质被提炼或合成作为特殊用途，以改善人类生活；但因早期欠缺生态环境安全影响评估与管理之考虑，以致某些化合物虽达成其特殊功效，但也对人类生态环境造成重大影响，因其引起之弊害往往为人类所无法想象。如早期使用而现已被禁用之有机氯杀虫剂DDT、BHC、阿特灵与地特灵等，被用于提高农业生产及环境病虫跳蚤及疟蚊等之防治，功效卓著；但后来被发现其在环境中不易分解，具生物累积性，甚至部分药剂具致癌性，会经由食物链的生物浓缩而累积于生物体内，干扰内分泌，降低繁殖能力或引起病害，间接引起某些物种之灭绝。

---

[1] 王明远：《环境侵权救济法律制度》，中国法制出版社2001年版，第1页。

这些人造的环境毒物主要指环境荷尔蒙与持久性有机污染物、二噁英与多环芳香烃化合物等毒性物质及基因食品等。环境荷尔蒙或内分泌干扰物（endocrine disrupting chemicals）系指环境中一些类似生物体内雌激素（estrogenic）或抗雄激素（anti-androgenic）作用的化学物质，此类物质因类似生物体内荷尔蒙的功能，能抑制荷尔蒙的功能及正常作用，改变生物体内免疫、神经和内分泌系统的正常运作，影响生物之生殖与生长。其对人类之影响包括乳癌及子宫内膜异位、男性摄护腺癌及睪丸癌、不正常之性器官发育、生殖力下降、脑下垂体及甲状腺功能改变、免疫力抑制及行为异常等。环境荷尔蒙除了影响人体健康外，亦对其他生物产生不良影响，如影响鱼类和鸟类的甲状腺功能及发育异常、降低生物之生殖能力、降低卵生动物卵之孵化率、造成鱼、鸟、爬虫类及哺乳类之去雄性化（demasculinization）和雌性化（ferminization），腹足动物、鱼类和鸟类去雌性化（defeminization）和雄性化（masculinization）、降低后代存活率、改变鸟类及哺乳类之免疫力及行为等。❶ 目前已被列入环境荷尔蒙化学物质，美国环保署有 60 种，疾病管制暨预防中心有 48 种，世界野生动物基金会有 68 种，日本环境厅则有 70 种。国际化学会（International Union of Pure and Applied Chemistry）于 1998 年出版的报告中，收集、整理各领域专家学者有关环境荷尔蒙的研究，认为环境荷尔蒙是否会影响精虫数量，目前尚缺确实答案，且与乳癌之关联性仍缺乏证实，但仍提出以下三点结论：(1) 环境荷尔蒙可能是侵害人体健康、降低生殖能力之主要因素；(2) 内分泌失调与化学物质之关联性假设，需要更精密的检验；(3) 发展新方法以确认内分泌失调的现象及检测干扰内分泌的物质。❷ 因为持续性有机物造成的损害在本书第一部分已经有详细介绍，因为二噁英造成的损害事故

---

❶ 陈健民、刘铭龙："迈入 21 世纪人类新环境危机-环境荷尔蒙"，台湾地区第一届环境荷尔蒙与持久性有机物污染物研讨会（2000 年），pp. I ~ V。

❷ 林浩潭："国内外环境毒物研究成果新知"，参见 http：//public. tactri. gov. tw/pdf/着作品 1/残毒管制组/综合论述/国内外环境毒物研究成果新知 . pdf.

更是在全世界范围爆发过。[1] 基因转殖生物（GMO）虽有增加生物某些特性、生长速度与产量、增强抗病性、改变营养成分、增强对环境的抗性、提高食品的附加价值等许多优点；但由基因改造原理来看，作物以基因重组技术育种与传统交配育种一个很大差异在于传统交配育种之基因来源只限于同一物种间，但是利用基因重组技术导入作物基因则无物种界限，可以是微生物、植物或动物来源基因，此为造成大众对基因转殖作物之安全性多所疑虑之一个重要因素。有人怀疑取食基因转殖作物来源之食品，可能降低人体之免疫力，基因改造食物可能令食物产生新的人体过敏源及毒素，并可能制造超级病毒，传播对抗生素具抗药性之基因，造成其他细菌及病毒能抵抗抗生素，使杀草剂增加三倍以上用量，并使人类、动物及植物基因混乱，若干科学家甚至提出研究报告指出 GMO 技术可能引发物种灭绝之危机。虽然迄今并无直接证据显示 GMO 产品会对人类及环境有害，尚须在科学方面作更确实之验证，但为防患未然，许多国家纷纷采取下列措施：（1）对 GMO 产品进行管理与标示，并尽告知义务；（2）对 GMO 产品进行安全性评估；（3）进行其对生态安全及生物多样性之风险评估。[2]

最近，瑞典一项疾病研究报告指出，居住环境为人类致癌主因，其影响远高于遗传因子因素。该报告依据对 4.5 万丹麦、挪威、瑞典的双胞胎进行调查，并指出除了在摄护腺癌、乳癌与结肠癌中遗传因子占有重要角色外，在其他的癌症中，环境因子的影响比遗传因子高出一倍。环境因子包括烟、酒、辐射、污染、工作场所的毒物质暴露、饮食与毒品等。烟、酒、辐射、工作场所的毒物质暴露、饮食与毒品等主要靠个人之小心防范，即可降低风险；但污染之防范非个人所可掌控，且污染一旦发生，其影响层面往往是极长时间（可

---

[1] 二噁英或多氯联苯重大污染事例有：（1）越战期间，美国空军于湄公河三角洲附近喷洒大量除草剂-橙剂［Agent Orange，系 2，4，5-三氯酚与 2，4-二氯苯氧基乙酸（2，4-Dichlorophen-oxyacetic acid）的混合物］展开清剿藏身于密林的越军行动，除造成环境污染外，将近有 60 万居民因暴露其中而染上重病，如习惯性流产、生育缺陷等疾病。（2）1976 年意大利 Seveso 地区某农药工厂事故，因以 1，2，4，5-四氯苯（TCB）为原料，制造 2，4，5-三氯酚的反应槽爆炸，造成 15 平方公里及约 37 000 人的污染及影响，受污染民众的血清中 2，3，7，8-TCDD 平均达 126pg/g 至 450pg/g（以脂肪计），最高浓度曾测得 56 000pg/g（以脂肪计）。（3）20 世纪 70 年代美国爱渠事件（Love Canal）在纽约州尼加拉瀑布区的一处废弃化学品倾倒场所发现废弃的橙剂内含有二噁英物质，造成当地居民流产及产生畸形案例逐渐增加。（4）1999 年 5 月间比利时家禽、家畜及蛋类等乳制食品，因饲料受二噁英污染，造成相关畜产品的污染及全球的注目。（5）1968 年日本 Yusho 地区食用油（Kanemi rice oil）受污染，造成民众误食事件。（6）1979 年于台湾中部地区也曾发生多氯联苯污染米糠油食物中毒事件。

[2] 林浩潭：“国内外环境毒物研究成果新知”，参见 http：//public. tactri. gov. tw/pdf/着作品 1/残毒管制组/综合论述/国内外环境毒物研究成果新知 . pdf.

能持续影响几个时代）与极大空间（影响整个生态环境），是超乎人类所想象。[1]

鉴于大多数环境污染是通过环境毒物这个媒介所造成的，因此，尽管笔者后文所探讨的环境污染媒介物上不仅限于环境毒物，例如还存在所谓的光污染、噪音污染等情形，就很难归入环境毒物的范畴，但是，为了表述方便，笔者将环境污染致害侵权和环境毒物致害侵权进行交替使用。

二、环境污染及环境污染致害侵权

环境污染大多数情况其实是通过环境毒物这个媒介使人类赖以生存发展的空间和资源发生化学、物理、生物特征上的不良变化，以致影响人类健康、生产生活或生物生存的现象。污染环境致人损害的行为，是指污染环境造成他人财产或者人身损害而应承担民事责任的行为。但是，各国立法对环境污染和环境破坏造成侵害的概念至今尚未达成共识。在英美法上，一般利用传统的“不法妨害”“侵扰”“滋扰”抑或“妨害行为”（nuisance）这一法律术语和原理来概括环境污染和环境破坏致害。所谓“不法妨害”最早是体现在土地相邻关系或地役权上的，它是指：“对他人的土地或对与土地有关的权利行使和供给，有不法干扰行为，如排放或不防止排放各种有害物。”[2] 到了19世纪末期及20世纪初，在英美法在nuisance基础之上慢慢引申出了public nuisance和private nuisance，也即“公害”“公共不法妨害”与“私害”“私人不法妨害”两种，其中“公害”就是对公共财产权的一种不合理干涉，其中包括对公共健康、安全、安宁以及方便进行干涉的行为。这种不合理性可以通过制定法或者法案的实质得到体现，其中包括这种行为的持续时间以及影响恶劣程度。在英美环境法领域，它专指由于工业或其他人类活动对自然产生的损害和破坏。一般规定和限制的公害为大气污染、水质污染、土壤污染、噪声、振动、地面下沉、恶臭七大类。另外固体废物，危险废弃物，放射性、电磁波的污染及光照妨碍等也造成公害。这些有害物质在环境中积累起来，对公众安全、人体健康、生活环境、生命、生态环境及公众财产造成危害，并能在短期内引起大量人群发病甚至死亡。例如前文所引因为二噁英导致的诸多公害事件。而私害则与nuisance的原初含义比较接近，简而言之就是对个体或者特定

---

[1] 林浩潭：“国内外环境毒物研究成果新知”，参见 http：//public. tactri. gov. tw/pdf/着作品 1/残毒管制组/综合论述/国内外环境毒物研究成果新知 . pdf.

[2] 王曦：《美国环境法概述》，武汉大学出版社 1992 年版，第 29 页。

个人安宁享有其土地权利的一种侵犯，其中不包括非法侵入（*trespass*）。❶ 如果个体财产受到影响，其所有者可以提起私害之诉。但是，如果该私害行为不断扩大、恶化，足以对公共生活造成影响，那么英美国家通常会在法律上将此行为视为是一种公害。不过此时，受到影响的不动产的利害关系人（包括所有者、出租人、承租人以及其他利益相关者）只能依法提起私害诉讼。大陆法系的德国，其立法上则秉承传统的"干扰侵害"（immersion）的概念，其由拉丁语的"immersion"而来，意即"侵入之意"。❷ 该概念原是指烟雾、音响、振动以及声、光、电、热、辐射等不可称量的物质侵入邻地所造成的干扰性妨害或损害。《德国民法典》第906条规定："土地所有人对于瓦斯、蒸汽、臭气、煤烟、热气、音响、振动等的侵入，以及其他来自邻地的相类似干扰，如该干扰并不妨害其对土地的利用，或其妨害仅系不重大者，则不得予以禁止；如系重大干扰，且系他土地依当地通行的方法利用土地而引起的，而且该干扰是他土地的利用人依其经营上可期待的措施所能加以防止的，土地所有人应予以忍受；如果该干扰所造成的妨害超过预期程度，则土地所有人可请求他土地利用人以金钱做相当补偿。"德国1990年颁布的《环境责任法》中专门就环境责任及损害进行了定义，其第1条【环境影响设备的责任】规定："由于附录一列举之设备对环境造成影响而导致任何人身伤亡、健康受损或财产损失，设备所有人应对受害人因之而生的损害负赔偿责任。"第3条【定义】："（1）损害由于环境影响所造成，系指损害由已在地面、空气、水中蔓延的物质、振动、噪音、辐射、烟雾、热能和其他现象所造成……"日本立法则是采用"公害"这一概念，其《公害对策基本法》第2条就"公害"作如下规定："本法所称'公害'，是指由于工业或人类其他活动所造成的相当范围的大气污染、水质污染、土壤污染、噪声、振动、地面下沉和恶臭气味，以致危害人体健康和生活环境的状况。"这一定义将环境污染一词以外的侵害诸如噪声、振动、地面下沉、妨害日照等破坏安宁等物理性的环境侵权现象尽收其中。我国台湾地区在这方面的立法与日本极为相似，并多有借鉴。

我国法律上同时使用"污染""环境污染""公害""环境污染危害""环境污染造成他人损害"等多种形式不同、含义相近的表述方式。国内学者对环境侵权的界定也不相同，有学者主张用"环境侵害"，认为环境侵权行为直接的表现形式是对环境的侵害，而后由于环境的生态作用而导致人的权利侵

---

❶ *Restatement*（*Second*）*of Torts* § 821D.

❷ 陈泉生：《环境法原理》，法律出版社1997年版，第47页。

害，所以一般将环境侵权行为称为“环境侵害”。❶ 有学者也认为“环境侵害”简明扼要，既能说明污染和破坏的事实本身，又能包括对环境污染和破坏的预防、控制和救济。❷ 有学者认为：“学者将其讨论问题的着眼点置于环境受害人的保护时，一般都把环境污染或生态破坏侵害、损害他人权益乃至危害人类生存这一现象称之为‘环境侵权’。……环境侵权可同时包含环境侵害状态和环境损害后果两个方面，而且便于和传统的侵权行为制度衔接，因此采用‘环境侵权’的表述显然更具科学性。”就“环境侵权”的定义而言，我国学者的有关表述和界定也不尽相同。❸ 有学者将环境污染和环境破坏引起的损害定义为“环境侵害”，并表述为：环境侵害是“因人为的活动，导致生活环境和生态环境受到污染或破坏，从而侵害相当地区多数居民的生活圈、生态圈以及其他权益，或危及人类的生存和发展的事实”。有学者把环境侵权行为划分为广义和狭义两种——广义上的环境侵权包括了生态破坏和环境污染；狭义上的环境侵权仅包括环境污染并将其定义为：“因行为人污染环境造成他人财产权、人格权以及环境权受到损害，依法应承担民事责任的一种特殊侵权行为。”也有学者将环境侵权的概念界定为：“以产业活动或其他人为原因，致使自然环境的污染和破坏，并因而对他人人身权、财产权、环境权益或公共财产造成损害或造成损害的事实。”这些环境法学家们多是从追究环境污染者的民事责任的角度来描述环境侵权行为的，虽然其视角各不一样，其实内核基本上都差不多，都是因为污染环境导致人身、财产遭到损害的行为，而且是一种非常特殊的侵权行为。

环境污染致害侵权的特征如下：❹（1）环境污染致害侵权主体与受害人之间的不平等性；（2）环境污染致害过程的缓慢性、隐蔽性、长期性、潜伏性和损害后果的严重性；（3）环境污染致害侵权的原因行为在价值判断上存在合法性；（4）环境污染致害侵权的广泛性和复杂性；（5）环境污染致害侵权兼有私害和公害两种特征。其实，环境污染致害侵权其实就是通过环境毒物这个媒介对人身和财产造成损害。上述特征反映出环境污染致害侵权的特征其实对潜伏性毒物致害侵权问题进行充分探讨是非常有价值的，这个问题在急剧发展中的中国来说越发显得重要，但是，这些特征也反映出要解决此问题所面临

---

❶ 吕忠梅：《环境法新视野》，中国政法大学出版社 2000 年版，第 151 页。

❷ 陈泉生：《环境法原理》，法律出版社 1997 年版，第 86 页。

❸ 王明远：《环境侵权救济法律制度》，中国法制出版社 2001 年版，第 6 ~ 7 页。

❹ 相关具体特征描述，参见曹明德：《环境侵权法》，法律出版社 2000 年版，第 31 页；王明远：《环境侵权救济法律制度》，中国法制出版社 2001 年版，第 16 页；王明远：“环境侵权的概念与特征辨析”，载梁慧星主编：《民商法论丛》（第 13 卷），（香港）金桥文化出版公司 2002 年版，第 158 页。

的艰巨性、复杂性。笔者认为，对于那些具有长潜伏期的环境毒物致害侵权行为，其因果关系链极为复杂，如果完全按照科学的确定性来解决这些法律问题，那么这些受害者根本就无法得到救济，因此，解决此类潜伏性毒物致害侵权问题，必须要加入法律政策的考量。

第二节 环境污染致害侵权民事责任的构成

环境污染致害侵权民事责任的构成要件是指环境污染致害侵权民事责任行为人承担环境侵权民事责任的必要条件，是判断侵权行为人是否构成环境污染致害侵权行为从而应当承担相应民事责任的标准和依据所在。在各个国家立法与司法实践中，侵权行为的构成要件是不同的。主要有以法国法为代表的国家所主张的三要件说和以德国法为代表的国家所主张的四要件说。三要件说认为，侵权的构成要件主要是由损害事实、因果关系和过错构成。❶ 四要件说主张侵权行为的构成要件是损害事实、因果关系、过错和行为的违法性。❷ 四要件说也为我国目前理论界与实务界的通说。如《中国大百科全书·法学》就持此观点，该书指出，侵权行为的构成要件包括：损害事实的客观存在、致害行为的违法性、侵权行为与损害事实之间具有因果关系以及致害人的过错。❸ 我国《民法通则》第106条第2款规定："公民、法人由于过错侵害国家的、集体的财产，侵害他人财产、人身的，应当承担民事责任。"从这一规定中，我们可以推导得出普通侵权责任的构成要件通常由四个方面构成：主观过错；公民、法人实施侵权行为存在过错；行为具有违法性；损害结果，对财产或人身造成损害；违法行为（过错行为）与损害后果之间存在因果关系。但是，环境污染致害侵权作为侵权行为的一种特殊类型，其构成要件除了保持一般侵权行为构成要件的稳定性以外，也体现了其特殊性。由于环境侵权采用无过错责任原则，因此环境侵权行为的构成要件也就不包括过错要件，这样，以侵权行为的三要件说和四要件说为基础，法学界就有了环境侵权构成要件的两要件

❶ 在法国民法学界占据主导地位的学说也认为，《法国民法典》第1382条中的过错既包含主观上的可非难性，还包括行为人行为的违法性，将违法性要件包括在过错之中。

❷ 德国法则不仅注重对主观过错的考察，更注重对客观行为违法性的考察，认为行为人的过错是其主观上的意志，是主观、内在需要考察的因素，而行为则是客观、外在的作为或不作为，对主观过错的考察必须借助外在的行为加以考量和检验，才能更准确地判断侵权行为存在与否，因为只有行为才能是不法的，而只有人才会有过错，因此德国法将侵权行为的构成要件分为过错、行为的违法性、损害事实和因果关系四部分。

❸ 《中国大百科全书·法学》，中国大百科全书出版社1984年版，第43页。

和三要件之争。主张两要件的学者认为，环境侵权的构成要件是："须有污染环境造成损害的事实；须损害与污染环境行为之间有因果关系。"❶主张三要件者认为，环境侵权的构成要件是："须有违反环境保护法律的污染环境行为；须有客观的损害事实；须污染环境行为与污染损害事实之间有因果关系。"❷ 也有学者表述为：污染环境的行为；损害；污染环境的行为与损害之间的因果关系。❸ 可以看出，经过一番仔细比较，我们会发现这种两要件、三要件之说其实质一样，几无太大区别，仅为表述不同而已。

我国环境方面的立法也体现了行为违法性与污染环境行为的不同。例如，《民法通则》第124条规定："违反国家保护环境防止污染的规定，污染环境造成他人损害的，应当依法承担民事责任。"这一规定是以行为违法为前提的。而《环境保护法》第41条规定："造成环境污染危害的，有责任排除危害，并对直接受到损害的单位或者个人赔偿损失。"从本规范的字面逻辑可以推断出，承担排除危害、赔偿损失等民事责任的前提条件是造成污染危害，即，只要排污者造成了污染危害，就应该承担相应的民事法律责任。很显然，该规定则没有强调违法性。此外，《水污染防治法》《大气污染防治法》以及其他环境保护特别法也都没有规定行为的违法性。但是，《民法通则》是全国人大制定的法律，《环境保护法》是全国人大常委会制定的法律。根据《立法法》的规定，全国人大常委会在全国人民代表大会闭会期间，可以对全国人大制定的法律进行部分修改和补充，但是不得同该法律的基本原则相抵触。因此，《环境保护法》中环境污染致害责任的规定应当看作是对《民法通则》第124条的修改和补充，根据特别法优于一般法的原理，《环境保护法》在适用上有优先性，不能理解为二者的规定相矛盾。

不过，有学者认为《民法通则》第124条所解决的是法律适用问题，而非行为标准问题，即凡污染环境致人损害的案件，应适用环境保护等专门法律法规。❹ 这种解释也有一定道理。与此相反，学界中也有一种对立的观点认为，环境污染致害侵权行为的违法性就是指违反了法律规定的排污标准，故认为在排污行为中，在许多情况下，排污人并没有违反排污标准，即使给受害人造成了损害，其行为也不违法。但是，经过对创造违法性这一概念的德国传统侵权行为理论进行考查，发现其所指的违法性是指被告的行为侵害了《德国

❶ 王利明：《民法·侵权行为法》，中国人民大学出版社1993年版，第455页。
❷ 王利明、杨立新：《侵权行为法》，法律出版社1996年版，第284页。
❸ 张新宝：《中国侵权行为法》，中国社会科学出版社1998年版，第530页。
❹ 张新宝：《中国侵权行为法》，中国社会科学出版社1995年版，第347页。

民法典》第823条所列明的生命、身体、健康、自由、所有权及其他权利与法益。依据该法典第826条的规定，被告的行为违背了善良风俗也属造成他人损害，即造成了对上述权益的损害，行为违法性即成立，除非有违法阻却事由排除之。我国台湾法律学者郑玉波认为：违法性从狭义上讲，乃违反法律的强行规定；从广义上讲，违背善良风俗，亦属违法。[1] 通说认为违法性包括违反法定义务的行为、违反保护他人的法律的行为以及违背善良风俗的行为三种。可以看出，我国目前对违法性概念的界定依然继受了德国法的传统。因此，从侵权行为法的角度来看，行为人即使没有违反排污标准，但造成损害的，也是违法行为。作为环境侵权构成要件的违法性，应理解为行为人实施了侵害他人权益的行为。这里的违法应该是指违反了法律保护他人权益的有关规定，而非仅仅指法律规定的某项标准。在环境侵权案件中，只要行为人客观上造成了他人人身、财产损害，就构成违法性。考虑到环境污染致害侵权行为归责原则与行为社会价值的特殊性以及环境保护方面的法律规定的一致性，笔者同意将环境侵权构成要件表述为：损害事实；污染环境的侵害行为与损害事实之间的因果关系——这种二要件说简明扼要，更为贴近民法理论的本源。正在讨论中的《民法典（草案）》第八编第五章第31条也就此问题进行了规范："因污染环境侵害他人人身、财产的，有关单位或者个人应当承担侵权责任，但法律规定有免责情形的，依照其规定。"

一、损害事实

损害事实是侵权行为损害赔偿法律关系赖以发生的根据，是构成侵权行为的前提和必要条件。这是由侵权行为的本质和社会功能所决定的。侵权行为的功能是填补现实损害和预防可能损害的发生。其中，填补损害是其基本功能，"基于公平正义的理念，其主要目的在被害人的损害能获得实质、完整迅速的填补"，[2] 使其尽可能回复到受损害前的状态。"民事责任之目的，在乎填补被害人之损害，故非有损害之发生，虽有加害行为，亦不能成立侵权行为。"[3] 因此，无论是基于过错责任原则还是无过错责任原则，损害都是侵权行为的必备要件。环境侵权适用于无过失责任原则，不以过错为其构成要件，但也必须遵循"无损害，则无赔偿"的准则，必须以损害事实的存在为基础。污染环境的损害事实主要是指污染或危害环境的行为致使国家的、集体的财产或公民

[1] 郑玉波：《民法债编总论》（修订2版），中国政法大学出版社2004年版，第133页。
[2] 王泽鉴：《侵权行为法》（第Ⅰ册），中国政法大学出版社2001年版，第8页。
[3] 郑玉波：《民法债编总论》（修订2版），中国政法大学出版社2004年版，第133页。

的财产人身受到损害的客观事实。

不过，笔者认为将污染环境所造成的危险作为环境污染民事责任的要件之一可能更加符合污染环境行为的特征。这种表述既包括污染环境的损害事实，也包括污染行为发生但未造成严重后果之前潜伏的危险。如果仅以“损害事实”作为环境污染侵权行为的构成要件，则只能在损害事实发生后采取补救性的损害赔偿或恢复原状等救济措施，或对正在继续、反复发生的环境侵权行为采取除去侵害等防范性措施，而无法再有造成损害之虞、但尚未造成实际损害结果之前就采取防止侵害的预防性措施，不仅无法从根本上消除环境危害，而且往往会使危害后果严重化、扩大化，对公众生命、健康、财产、环境资源等造成严重损害—这已为发达国家公害泛滥的沉痛历史教训所证实。在大部分国家，正是基于对造成污染的化学物的危险性感到恐惧，都要求对化学物的风险根据它们对人类和环境可能造成的伤害来进行评估。药物（包括人类和动物用药）、食品添加剂和污染物、工业化学物、杀虫剂、家用化学品，化妆品以及 GMOs，全都必须风险评估。[1] 这些化学物的使用全都受到法律规定的限制，并要求公开所有相关信息。

正是鉴于以往“先发展/污染，后治理”传统模式所存在的巨大弊端，它给人类生命健康所造成的损害不仅于事无补，而且环境一旦受到污染，恢复原状的代价极其高昂，自从 20 世纪 80 年代末期以来，世界各国特别是发达国家吸取以前在环境政策上的陈弊，普遍由污染物的“末端处理”政策（或称事后反应性环境政策）向预警性环境政策转向，积极推行清洁生产，促进可持续发展。为此，在环境管理中强化“命令和控制”等行政措施并辅之以强有力的经济刺激、宣传教育，在刑事责任方面加重对环境危险犯、未遂犯的处罚，在民事责任方面强化预警手段的运用十分必要。

环境污染的损害事实具有复杂性、潜伏性、社会性等诸多特点，前文已有述及，因此有必要把损害事实分成潜在危害及已然的损害事实两类。潜在危害适用于民事责任中的停止侵害、排除妨碍、消除危险。排除潜在的危险应该成为环境污染防治法的研究方向。既定的损害事实可以分为财产损害、人身损害、精神损害（又称无形损害）和环境权益的损害。通过这种解释，可以很好地将原先一元化的损害事实所存在的缺陷进行弥补，从而使作为环境污染致

---

[1] 风险是一种数学概念，它的定义是：“暴露于某种化学物之后，会产生多少不良后果。”相反，安全性的定义则是：“当我们遵照正确用法及用量来使用某种化学物品时，将不会产生任何不良后果。”风险可以用下面数学公式表示：风险 = 毒性 × 暴露度，其中，毒性是指该物质造成不良后果的能力，例如二噁英，它是人们已知毒性很强的毒物；暴露度则是指这种物质在空气、水、食物或者药物中的含量。

害侵权构成要件之一的损害事实更加能反映出环境政策从“末端治理”到“预防为主”转变。

二、环境污染致害行为与损害事实之间的因果关系

因果关系是侵权行为的构成要件。由于因果关系的复杂性，许多情况下，对因果关系的证明就变成决定责任成立的关键。一般情况下，因果关系是否存在，由受害人承担证明责任。但是，在有些情况下，法律也会要求行为人来证明因果关系的存在，如果不能证明，则推定因果关系存在。2002 年最高法院颁布实施的《关于民事诉讼证据的若干规定》第 4 条第 1 款第（3）项规定，“因环境污染引起的损害赔偿诉讼，由加害人就其行为与损害结果之间不存在因果关系承担举证责任”，也就是说实行举证责任倒置。[1] 因果关系的判断在环境侵权损害赔偿中具有举足轻重的地位，同时也是一个在环境侵权中较具有争议性的要件，正如学者所言“决定公害诉讼的成立与否的最重要的争点是原因与损害之间的因果关系”。[2] 由于环境侵权具有原因的复杂性、间接性、复杂性、侵害过程累积性、损害后果潜伏性及不确定性等特征，污染物质在环境中的迁移、扩散、转化并造成损害需要相当的时间，在损害结果出现时，受到科技水平的限制，追究原因所在就有相当大的难度。如果坚持在环境侵权中适用严密的逻辑推论和判断去论证因果关系，很可能陷入科学争论和裁判难决的泥潭中，而无法使受害人的损害得到救济，无异于剥夺了受害人的请求权。因此，除了运用传统的证明方法和鉴定手段外，环境侵权的因果关系理论必须有所改进，以适应其自身特点。经过长期探索与实践，在环境侵权中因果关系推定原则已成为各国环境法上的通则，在对受害者的保护方面起到了积极作用。因果关系推定原则，就是说受害人在因果关系的要件上不必举证证明，而是由法官实行推定。受害人只要证明自己在加害人实施这种行为期间受到损害，就可以向法院起诉，不必证明行为与损害后果关系。法官在认定行为与损

---

[1] 2004 年 12 月 29 日，全国人大常委会修订了 1995 年颁布的《固体废弃物污染环境防治法》第 86 条首次以法律的形式确认了在环境污染损害赔偿诉讼中实行被告举证制度，加大了对环境纠纷受害人的保护力度。此外，个别环境保护单行法也确立了举证责任导致制度。如《防止船舶污染海域管理条例》第 41 条规定，受船舶污染损害的单位和个人，在提交污染损害索赔报告书时，只需附：（1）受船舶污染的时间、地点、范围、对象；（2）受污染损害的损失清单；（3）有关损害情况的签证；（4）有关照片，等等。从这一规定可以看出，受污染损害的受害者只需要提供船舶污染损害时的自然环境及一般概况以及有关索赔的鉴定和原始证明材料。有关污染行为及污染行为与损害结果之间的因果关系等关键性证据由被告举证。被告要免除责任，就必须证明他没有污染行为或污染行为与损害结果之间没有因果关系或法定免责条件，否则，就要承担赔偿责任。

[2] 原田尚彦：《环境法》，于敏译，法律出版社 1999 年版，第 26 页。

害后果两个基本事实的前提下，确定两者之间的时间顺序，原因在前，损害结果的事实在后，违背这一时间顺序特征的，不存在因果关系；法官要进一步判断某行为与损害的联系，采取“如没有该行为，就不会发生此结果”的标准，并且确定损害事实没有其他任何原因所致的可能，就可以断定该行为是损害事实的原因，推定因果关系成立。与因果关系推定相联系的是举证责任倒置原则，即不是由原告承担证明因果关系存在的举证责任，而是由被告承担证明因果关系不存在的举证责任。如美国密歇根州颁布的《环境保护法》第3条规定，原告要举出简单的证据，证明被告已经或可能污染水、空气等自然资源和公共委托在其中的财产，请求便可成立，而被告若要不承担责任，则要举出相反的证明。❶ 之所以采取这种举证制度，在于因果关系推定毕竟只是对某种可能性的推断，而不是对事实的认定，因此应当允许被告方举出充分证据证明推定不成立，以维护被告的权利。

在因果关系推定原则下，大陆法和英美法都对环境污染致害侵权提出了若干因果关系理论，主要有优势证据说、盖然性说、疫学因果说、间接反证说等，这些学说实际上都是一些证明规则。对于这些证明规则，笔者将在下一章“潜伏性毒物致害侵权的因果关系证明”当中进行深入探讨。

第三节 环境污染致害侵权的抗辩事由

在探讨环境污染致害侵权的抗辩事由时，避不开要涉及环境污染致害侵权的归责原则，但是，该主题同样是一个复杂的问题，为了问题探讨的集中性及体系性，笔者在下一章专门就潜伏性毒物致害侵权的归责原则进行探讨时述及。

环境环境污染致害侵权免责事由是指环境法律规范所规定的在因环境污染造成他人财产和人身损害时可以不承担民事责任的事由。我国有关法律规定的免除环境损害赔偿民事责任的事由是：

一、不可抗拒的自然灾害

《民法通则》第107条规定：“因不可抗力不能履行合同或者造成他人损害的，不承担民事责任，法律另有规定的除外。”那么，这个法条中的规定是否适合于污染环境致人损害的情形呢？一般说来，不可抗力是人力所无法抗拒的力量，它包括某些自然现象和社会现象，前者如地震、台风、洪水等，后者

---

❶ 曹明德：《环境侵权法》，法律出版社2000年版，第176页。

如战争、社会动乱等。不可抗力是指独立于人的行为之外，并且不以人的主观意志为转移的客观情况。各国对不可抗力的解释不尽相同，主要有三种观点：一是主观说。主张以被告的预见力和预防能力为标准，若被告已尽了最大注意仍不能防止损害的发生，则为不可抗力。二是客观说。主张应以事件的性质和外部特征为标准，凡属于一般人无法防御的重大力量为不可抗力。三是折衷说。这种观点兼采主观标准和客观标准，即若被告主观上已尽了最大注意仍无法预见事件的发生，并且客观上作了最大努力仍无法避免和克服损害后果的发生，则应认定为不可抗力。我国民法采折衷说。[1] 根据《民法通则》第 153 条的规定，不可抗力是指不能预见、不能避免并不能克服的客观情况。由于不可抗力不受人的意志支配，要人们承担与其行为无关并且无法控制的事件的后果，不仅对责任的承担者不公平，而且也无法体现法律责任的作用。但是，"不可抗力已被解释为受害人以外的任何事件，诸如一只在快车道上游荡的狗，或者路面有一层难以发现的薄冰"。[2] 由于对不可抗力被解释得过于宽泛，因而具有不确定性，所以我国《环境保护法》第 41 条第 3 款规定："完全由于不可抗拒的自然灾害，并经及时采取合理措施，仍然不能避免造成环境污染损害的，免于承担责任。"根据该条的规定，不可抗力仅指自然原因方面的不可抗力，社会现象方面的不可抗力没有规定。同样，在《水污染防治法》第 56 条、《大气污染防治法》第 63 条以及《海洋保护法》均未使用"不可抗力"这个表示，而是使用的"不可抗拒的自然灾害"之表述。也就是说，只有在地震、飓风、洪水、雷电等这些不可抗拒的自然灾害才能成为免责条件，而对于那些可以预见并且可以避免的自然灾害，则不能视为免责条件。

我国环境保护法律将不可抗拒的自然灾害作为免责条件，还有一条非常严格的要求，即加害人及时采取了合理措施。只有加害人及时采取了合理措施，仍然不能避免造成环境污染致人损害，不可抗拒的自然灾难才可能成为免责条件；否则，即使出现不可抗拒的自然灾害，也不能免除致害人的责任。致害人采取的措施是否"及时""合理"，应当以一个善良人士在当时当地等实景条件下所应采取的举动进行判断，同时还应当考虑当时的科学技术水平等因素。此外，还有一个重要的法律限定，即只有污染环境致人损害完全是由于不可抗拒的自然灾害引起的，才可能免除加害人的责任；如果不可抗拒的自然灾害不是引起损害的原因或者不是引起损害的全部原因，则不能免除加害人的责任。

---

[1] 曹明德：《环境侵权法》，法律出版社 2000 年版，第 193 页。

[2] 梁慧星：《民法学说判例与立法研究》，中国政法大学出版社 1993 年版，第 346 页。

二、战争行为

《海洋环境保护法》第92条规定："完全属于下列情形之一，经过及时采取合理措施，仍然不能避免对海洋环境造成污染损害的，造成污染损害的有关责任者免于承担责任：战争；不可抗拒的自然灾害；负责灯塔或者其他助航设备的主管部门，在执行职责时的疏忽，或者其他过失行为。"其中将战争行为作为海洋污染造成损害的免责事由。但是，适用该免责事由有两个适用条件：(1) 战争行为作为免责事由，仅适用于对海洋污染造成损害的情形，而不适用于大气、水污染等情形；(2) 只有当事人采取了合理措施仍不能避免对海洋环境造成损害的，战争行为方可作为免责条件。

三、受害人过错

正如前文所述，无过错责任指的是不考虑加害人的过错，但并不是不考虑受害人的过错，因为无过错责任旨在分担损失，受害人的过错可以减轻加害人的负担，体现法律的公平原则。这种过错是指受害人对损害的发生具有故意或过失的心理状态。受害人明知自己的行为会发生损害自身利益的后果，希望或放任这种后果的发生，或者预见到受损后果，疏忽大意或轻信可以避免，因而使损害后果发生，如果这些过错是损害发生的惟一原因，则被告可以免责。如《水污染防治法》第55条第4款规定："水污染损失由受害者自身的责任所引起的，排污单位不承担责任。"但是"自身责任"的表述并不明确，它是指故意和过失，还是只包括其中之一呢？笔者认为，对自身责任应当理解为仅是指受害人的故意或重大过失，如果自身责任也包括受害人的一般过失和轻微过失，那么考虑到环境侵权行为的特殊性，对受害人的要求未免过于苛刻。在受害人有过失的情形下，只能是减轻加害人的责任。在我国的各环境保护法律规范中，只有《水污染防治法》规定了受害人的过错，在《环境保护法》及其他环境单行法律法规中，均没有规定受害人的过错是免责事由，而《民法通则》第131条规定："受害人对于损害的发生也有过错的，可以减轻侵害人的民事责任。"这就使《民法通则》同《环境保护法》以及《环境保护法》与其他环境单行法之间关于环境侵权免责事由方面的规定不统一、不协调的状况，建议在修订环境法律法规时，把受害人过错统一作为免责事由加以规定，以增强法律的可操作性。

四、第三人过错

第三人过错是指除原告和被告以外的第三人，对于原告的损害发生具有过错，且这种过错对原告的损害来说是惟一的，被告应当免于承担民事责任。我国《海洋环境保护法》第43条规定："完全是由于第三者的故意或过失造成污染损害海洋环境的，由第三者承担赔偿责任。"此外，该法第92条第3款还专门规定了助航设备主管部门的过错，表明遇有这种情形，致害人可以就助航设备主管部门的过错提出免责申请。以第三者的过错作为免责条件的，有三个适用条件，即：(1) 只有当事人采取了合理措施仍不能避免污染损害的，第三者过错方可作为免责条件。《海洋环境保护法》第92条就此作出了明确规定。但是《水污染防治法》第55条第3款规定："水污染损失是由第三者故意或过失所引起的，第三者应当承担责任。"显然没有提及当事人仍采取了合理措施这一条件，视为缺憾，笔者认为在水污染致人损害案件中同样适用该条件。(2) 致害人应对第三者的故意或过失负举证责任，如其不能证明第三者的故意或过失，或不能指明造成损害的第三者，不能免除加害人的责任。(3) 第三者的过错作为免责条件仅适用于对环境污染损害造成的损害和对水污染造成的损害，而不适用于对大气污染造成的损害。❶

本章小结

环境污染已经成为当代社会发展的"毒瘤"，其中的媒介物质——环境毒物对生物机体产生的影响在科学上大多尚无确切的定论，但是，通过几十年前在世界上发生的环境污染悲剧来看，这些环境毒物对生物机体产生的影响是非常深远的，它们会累积、潜伏于机体，附着于机体接触的各种物质当中，对未来世代的生产都会产生强大的副作用。因此，为了应对环境毒物对人类健康的侵蚀，很多国家都采取了严厉的法律政策来应对。

对于环境污染致害侵权的构成要件，笔者虽然列出两点：损害事实及环境污染致害行为与损害事实之间的因果关系，但是对于损害事实，笔者认为其解释应该如前文所述，要将潜在危害纳入其中，这样才符合当代的环境政策导向，同时也能预防一些环境污染损害事故的发生。

就环境污染致害侵权的免责抗辩事由而言，笔者认为，法律应该对不可抗拒的自然灾害、受害人过错以及第三人过错这些免责事由进行新的限缩解释，必要时可以结合具体案情进行具体界定。

---

❶ 张新宝：《中国侵权行为法》，中国社会科学出版社1998年版，第538页。

第四章　潜伏性毒物致害侵权的归责原则

对于侵权行为的归责原则，英美侵权法学者主要探讨过错责任原则和严格责任原则，而大陆法侵权法学者则会集中在一元的过错责任原则、二元的过错责任与无过错责任原则以及三元的过错责任、故意责任和风险责任。在我国侵权法学者当中，对于侵权法的归责原则也有类似不同主张者，但是与其他国家学者探讨内容所不同的是，我国学者当中有一部分人主张存在过错推定原则以及公平原则。[1] 笔者比较赞同侵权责任法归责原则采取二元的过错责任原则和无过错责任原则或危险责任原则。在公平责任原则当中，公平只是在责任赔偿范围上的考量因素，并非承担责任的依据，更非归责原则。至于过错推定原则，从其本质上看只是过错责任的特殊形态，不应作为归责原则。

在此，有必要回顾一下民法意义上的归责原则，就会发现它经历了从结果责任原则、过错责任原则到过错推定原则再到无过错原则这样一个从严到宽、从不合理到合理、从单一化到多元化的过程[2]。结果责任原则是人类社会早期对侵犯自己行为给予惩罚的最原始的方式，由于当时人类智力和判断力的低下和同态复仇理念的支配，实行有加害就有责任的客观归责原则，即不论加害人是故意还是过失，只要造成了他人的侵害，就必须对侵害结果负责，此原则已很少为当今社会所使用。过错责任原则，是指一个人只有在有过错（包括故意和过失）的情况下才对他人的损害承担责任，若个人已尽注意义务，即使造成对他人侵害也可以免除责任。过错责任的基点在于“道德伦理观念（出于正义的要求）、社会价值（平衡个人与社会）、人的尊严（肯定个人意志）”，它们存在于一个相对封闭和静态的社会当中，虽然人们对于自己的行为创设和维系的一种状态有预见和回避的义务，但是在社会分工和利益的驱动下，由于人类生产、消费活动致害情形的复杂性和多样性，从而陷入了因果关系的认定和举证责任分配上的困境，当事人对责任的回避和行为本身合法化的可能性使这种归责原则有失公允。过错推定原则主要是指行为造成损害时行为人如不能证明自己无过失，则推定其有过失，在一些特殊类型的民事侵权行为中，诸如环境毒物致害侵权行为中，该原则却有着致命的缺陷，理由如下：由

[1] 王利明：《侵权行为归责原则研究》，中国政法大学出版社 2003 年版，第 24 ~ 28 页。

[2] 江平：《民法学》，中国政法大学出版社 2000 年版，第 744 页。

于环境毒物对人体的影响是一个长期的、渐进的过程，如果在人体内积累的有害物质尚未达到致人损害的程度就不会发生损害，于是对这种现实存在却未产生结果的危险是无法用法律手段加以排除的。[1] 笔者认为，过错推定原则之所以没有成为当今社会对环境损害民事责任的主要归责原则，并非是因为是对尚未造成损害的现实危险行为无法用法律手段排除，因为此缺陷在无过错责任原则中依然存在。而是由于无过错原则和过错推定原则相比所具有的优势：前者由法律直接规定，后者由加害人自己证明，而这种证明可能因为技术、专业的因素使得法院在认定过程中存在难度。因此在适用时，无过错原则更有利于保护受害人的利益，更适应对环境保护的要求。无过错原则是指行为人的行为给他人造成损害时，不考虑行为的主观故意状态，都应对造成的损失承担责任。

在潜伏性毒物致害侵权领域，笔者认为应该以严格责任为主，过错责任为辅，因具体侵权行为的类型和主体来划分，容后详述。

第一节 产品毒物致害侵权的归责原则

一、美国法上毒物致害侵权诉讼中的归责：违反担保

产品责任法是在20世纪随着现代化工业大生产及市场经济的完善发展而首先在英美法中发展起来的。对于因产品引起的责任，各国最初适用的是合同责任规定，没有合同即没有责任，因而产品缺陷受到损害的受害人与产品制造者、销售者间只要没有合同关系（privity of contract），就不能向生产者或销售者索赔。很明显，这一时期的产品责任立法更多的是倾向于产品的生产者和销售者。在现代化大生产中，由于使用产品的受害者与制造者、销售者之间往往并没有直接的合同关系，因此，为保护消费者的利益，各国于20世纪上半叶开始逐渐采用对产品责任由合同责任转向侵权责任的做法，以使产品生产者、销售者对受害人承担直接责任。从美国的毒物致害诉讼就可以看出这一历程。其实在美国，一直到最近让毒物致害者承担责任的诉讼也有很多是根据违法担保提出的，不过其中一般都会同时提起过错责任和严格责任诉求。很明显因为违反担保诉求是源出合同法，所以在涉及毒物致害侵权的诉讼中这种主张渐渐不太受重视，因为，这种源自《美国统一商法典》（Uniform Commercial Code, UCC）§2-314 的若干规定。该条文实际上已经为美国各个州所采纳，其中主

[1] 相应表述可参见翁里，等："环境法的民事侵权归责原则和举证责任——兼论环境民事责任的公平适用"，载《法学评论》2002年第4期，第28页。

要涉及默示担保的有关规则。例如§2-314（1）就对合同销售中的商销性（merchantability）之默示担保作出了规定。为了使商品达到商销目的，“商品必须最低限度地符合该商品一般用途”，❶“要根据合同要求进行适当的存放、包装以及标识”，❷并且“要遵照容器或者标识上的承诺或者确认事实去实施”。❸另外，对于商品的默示适用性担保，在UCC §2-315中也有体现：“当卖方订立合同时有理由相信买方对该商品的特定用途是依赖卖方的技术或判断去选择或提供适当的商品，那么……卖方就要对此商品承担默示担保义务，使得该商品适合于前述用途。”《美国统一商法典》不要求提出默示担保诉求者与产品的卖方之间存在合同关系（in privity of contract）。这些与买方相关或者不相关者并且可以依赖默示担保者的范围在该法典§2-318当中有列举，具体来说宽严不一，严格一些就指买方的家庭成员，以及客人，宽泛一些就指任何可以提起产品责任诉讼者。尽管违反默示担保在涉及毒物致害侵权诉讼中越来越被过失责任和严格产品责任取代，但是在美国有些涉及毒物致害的诉讼中仍旧将违反默示担保视为一个突出的诉讼理由。❹除此之外，《美国统一商法典》还有一些明示担保（express warranty）条款，该法典§2-313条规定“卖方通过确认事实或者已许诺的那样进行明示担保”，其明示担保的方式可以是通过“商品描述”，或者“根据样品或者模型”，不管怎样，这种明示担保必须是卖方和买方进行讨价还价的根据。违反明示担保将会产生严格责任，此时以违反担保提起诉讼不必展示该产品存在缺陷，并且，原告也无必要展示其信赖该担保，除非被告明确存在不可信赖事由。此外，对于商品的不当陈述根据《侵权法重述第二版》之规定也是要承担严格侵权责任的。在该重述402B当中就专门对此错误陈述（misrepresentation）之严格责任进行了规定：“动产卖方进行交易时，因为在广告或者标签等上面对其所出售的动产之属性或质量进行了错误陈述，由此得承担因合理信赖该错误陈述的动产消费者所遭受之损害进行赔偿，尽管（a）卖方该错误陈述不带有欺诈性或者故意，（b）消费者并没有购买该动产或这与该卖方之间存在合同关系。”在此条文中，很明显，卖方必须“是在销售动产过程中”所进行的错误陈述，该条还特别强调错误陈述的公共属性，例如，错误陈述不仅仅只限于广告或者其他一些形式推销行为中。

---

❶ UCC §2-314（c）.

❷ UCC §2-314（e）.

❸ UCC §2-314（f）.

❹ See Ciplione v. Liggett Group，Inc.（S. Ct. 1992）［在该判决中原告针对烟草制造商提起了违反默示担保因而导致其吸烟受伤害的诉讼，而被告的违规行为早就在美国《联邦烟草标识及广告法》（Federal Cigarette Labeling and Advertising Act）当中就有规定。］

二、美国法上对涉及被污染血液致害侵权案中的归责：是否应用过错责任之争

在美国，更多的毒物致害侵权诉讼是以过失责任和严格产品责任提出的。在前文已有述及的博若尔（Borel v. Fiberboard Products Corporation）案中，当时在大多数涉及潜伏性毒物致害的案件中，如果原告存在促成过失，那么就会得不到补偿，因此此时原告会基于过错责任理论来追究侵权者的责任。毫无疑问，大多数涉及产品毒物的原告都希望依照严格责任而不是过失责任来判明其责任。但是，是否就可以说过错责任在此种情况下就是一种不利的诉讼理由或者惟一的诉求呢，此时，原告需要证明一般过错的表面理由存在。这种传统的归责理论要求原告证明被告负有义务，并违反义务，存在近因关系以及损害。确定义务的注意标准，以及违反义务对于那种暴露于毒物以及出现疾病症状的潜伏期间是很难证明的。同时还要求原告能够证明被告在毒物暴露时就对危险已经有所了解并且能够预见到这种毒物会对原告造成伤害。

不过根据美国的判例，那些基于受污染了的血液制品有时就会涉及潜伏性疾病的过错责任诉讼。因为，在这些案件当中，提供血液以及其他身体部位通常被认为是一种服务，而不是产品，对血液制品的提供者提起过错责任诉求就与对一般产品提起过错责任诉求基本上没有差别了。有关血液制品过错责任的诉讼比较集中关注的是血液提供者已知晓该血液本身携带有 AIDS 病毒的时间以及采取步骤对含有 HIV 病毒的问题捐赠血液进行筛查的时间。对于可适用的注意标准，法庭在被告是否依照当时的产业习惯来确定其义务上存在不同意见。一般来说，血液制品提供者要对其提供的血液承担专业责任，因为他们就是经验丰富的同类服务提供者。在多依诉美国红十字血液服务中心[1]一案中，法庭将这一点解释成为“血液制品提供者必须按照当时该职业通常认可的以及所接受的惯例来操作”。但是，有些法庭却不这么认为，他们认为仅仅遵守行业惯例本身是不能确立被告尽了合理注意（due care）义务的。在联合血液服务中心诉昆塔纳[2]案中，法庭认为：“尽管作为被告的血液制品提供者遵守了 FDA 推荐的操作标准并且该操作指南得到国家血液存储委员会的推广，这应该被认为是被告尽到了合理注意的证据，但这并非其他预防措施不需要的结论性证据。”昆塔纳案在发回重审时，陪审团认为被告存在过错，尽管他遵守了行业标准。但是，在美国，并非所有的案件都得出同样的结果。例如，在多

[1] Doe v. American Red Cross Blood Services, (S. C. 1989).

[2] United Blood Services v. Quintana, (Colo. 1992).

依诉迈尔斯实验室以及麦基诉迈尔斯实验室[1]两件案中就没有依照过错责任判处被告败诉。

从以上的涉及污染血液制品的诉讼案件中我们可以看出，在采用过错责任标准问题上美国判例存在一些不一致的地方，没有统一的、一致的归责原则，不过法院在作这种判决的时候，更多是从法政策角度进行考量的，因为如果对血液制品提供者苛以严格责任，可能就会使这种行业萎缩，以致无人敢提供这种服务，自然而然会危及人类自身的健康。因此，就有了前面的“血液制品例外立法”。

三、美国产品责任法上严格责任之发展

在美国，就缺陷产品而言，产品责任领域包括针对产品制造商提起的诉讼请求，这些诉讼的提出通常是基于侵权行为法的过失侵权理论及严格责任理论。但是，实际上，这些诉讼中的原告通常还会基于一些其他理论，诸如违反默示担保以及严格侵权责任作为其提起侵权诉讼的根据。有时，尽管他们在引用其他理论时会遭遇失败，但是只要引用一种理论得当，他们就会赢得官司。[2]

其实，20 世纪的普通法主要是围绕过错责任体系运行的。总体来讲，法院一直在努力争取让有过错者更好地承担责任，并且只有存在过错者才承担责任，为达到此目的，法院废除了原先存在的各种豁免权；例如，在涉及土地所有者的案子中，通过采用合理的注意义务规则代替了先前的绝对不负责（non-liability）的规则。为什么法院在产品缺陷问题上会如此快速并很乐意地采纳了严格责任呢？

目前，有侵权法学者思想者倾向于强调用两、三个理论基础中的一个来支

---

[1] Doe v. Miles Laboratories，Inc.（4th Cir. 1991），在该案判决中，法庭指出被告作为凝血因子制造商依当时的情况来看遵照了行业惯例、政府管制规定以及医疗专业标准，有违反可适用的注意义务；McKee v. Miles Laboratories，Inc.（E. D. Ky. 1987），在该案中，原告的过错责任诉求被驳回，因为他不能证明被告违反了注意标准。

[2] 例如，Lee v. Crookston Coca-Cola Bottling Co.，290 Minn. 321，188 N. W. 2d 426（1971）（在该案中，尽管陪审团对原告所提出的过失侵权与违反担保请求进行了否定，但是审判该案的法官在没有正确指导适用严格侵权责任方面存在过失）；Denny v. Ford Motor Co.，87 N. Y. 2d 248，662 N. E. 2d 730，639 N. Y. S. 2d 250（1995）（在该案中，因引用严格侵权责任理论败诉的原告本可以通过引用违反担保理论来赢得官司的）当原告主张存在设计或者警示缺陷时，原告提出的过失侵权、违反担保以及严格责任主张在标准上存在相似之处，但是要是同时引用前述（违反担保和严格侵权责任）两种理论来说服陪审团时就会有些不当强调原告方的利益，不过，在指引陪审团进行裁判时，如果不只用严格责任来说服他们或许还是可以接受的；参见 Chestnut v. Ford Motor Co.，445 F. 2d 967（4th Cir. 1971）；Hyundai Motor Co. v. Rodriguez，995 S. W. 2d 661（Tex. 1999）.

撑他们的主张，他们主张制造商和分销商对有缺陷的产品承担严格责任。这些基本原理是：(1) 损害赔偿 (compensation)、损失分散 (loss spreading)，或者企业责任 (enterprise liability)。这种推理方法主张：从社会角度看，让制造商承担责任是人们所期望的一种损失扩散的方法，这一损失如果由个人来承担则非常困难，而对于企业，它可以通过保险和提高价格来将其损失分散出去。企业责任的另一个版本强调：严格责任正是对损害行为强加责任，其实，从统计学上讲，这些损害与企业是有关的。这个观点是指企业应该“对自己的行为负责”。当产品使用者不需要注意产品是否安全问题时，这一观点是完全正确的。(2) 威慑、更高的安全性。这种观点认为如果让制造商承担严格责任，那么他们就会尽量把产品制造得更加安全，这种基本理论是以经济分析为基础的。有时与这种看法有关，这一看法认为责任承担会要求产品的制造商要么将产品制造得更安全，要么提高产品价格，而且其中任何一种行为都可以提高产品的安全性。更高价格之所以能够提升安全性，一是因为更高价格会反映真实的成本（包括由于其导致伤害所引起的损失），二是因为购买者为了省钱经常会寻找代替品，他们会认为这些代替品更安全。有一个相关的主张认为，制造商就处在或者通常就处在衡量风险以及对用途进行评估的最佳位置，因此制造商也是“最廉价的成本回避者” (the cheapest cost avoider)。[1] 这也意味着，适当安全性的契约成本和管制成本会很高，以至于通常是在伤害发生之后，再去决定被告是否应该承担责任，因为这种做法应该是有效率的，[2] 当然，这也是普通法的惯常做法。(3) 代表。制造商至少要默示表明他们的产品是健康和安全的，同时消费者有权信赖于这种表象。[3] 许多其他观点都没有引起过多的注意，[4] 其中的主要观点——企业责任、威慑、经济效率和合理的消费者期待，这些观点都有其支持者，有时，法院也会运用其中一些观点，尽管他们在

---

[1] Guido Calabresi and Jon T. Hirschoff, Toward a Test for Strict Liability in Torts, 81 Yale. L. J. 1055 (1972).

[2] 参见 William M. Landes and Richard A. Posner, A Positive Economic Analysis of Product Liability, 14 J. Leg. Studies 535 (1985).

[3] Marshal S. Shapiro, The Law of Product Liability (3rd ed. 1994); William L. Prosser, The Assault upon the Citadel (Strict Liability to the Consumer), 69 Yale L. J. 1099, 1123 (1960).

[4] 这些观点包括以下主张：(4) 严格责任只会强加在那些给其他人没有相互造成风险或单向风险 (non-mutual or nonreciprocal risks) 的行为者身上，即便这些行为者行为时不是有心的；(5) 无论如何，缺陷产品的制造商存在过失的可能性非常大，因此，适用严格责任只会简化责任承担过程；(6) 因为零售商也会对默示担保承担责任，如果他所承担的责任可以从制造商那里得到补偿，那么法律完全可以正当地走捷径，即直接让制造商对此缺陷产品所造成的损害承担责任。

适用这些观点时会有一些让人怀疑的变化。❶ 绝大多数的评论者认为没有一种严格责任理论能够完全适用于范围广泛的整个侵权法领域，甚至有可能在那些名义上涉及严格责任的案件中也不能适用。❷ 绝大多数有关严格责任的基本理论都受到了质疑，并且它们在思想上已经遭遇到了各种挑战。❸

随着许多案例逐步展现出的严格责任细节，许多评论者开始认为针对设计缺陷采取严格责任从原则上讲是错误的。因为设计缺陷区别于偶然发生的产品瑕疵。的确，许多评论者开始认为法院过去经常在适用严格责任这样的表述，但是他们却通常是在过失侵权基础之上来确定侵权者所应承担的责任。反对使用严格责任这个措辞者和反对严格责任所产生的结果者，与源源不断出现的被告一起，逐渐演化成一个冲突不断的关键时刻（critical mass）。1973 年小詹姆斯·A. 亨德森（James A. Henderson, Jr.）向任何因为存在设计缺陷而强加法律责任的做法进行了强烈的抨击。❹其他人由于受到亨德森系列抨击产品责任文章的强力影响，也开始加入对该制度的抨击行列。❺ 到 1979 年，美国商务部颁布了一部《统一产品责任示范法典》（Model Uniform Product Liability Act）作为各州产品责任立法的潜在向导，其主要目的就是明晰和限制责任。❻ 从原则上讲，在 20 世纪 80 年代，许多州通过了产品责任立法，这些法规是从方方

---

❶ 例如，Doe v. Miles Laboratories, Inc., Cutter Labs. Div., 927 F. 2d 187, 191（4th Cir. 1991）（该案判决中指出；“严格责任理论的根本宗旨是将那些危险产品逐出市场”）；Sternhagen v. Dow Company, 282 Mont. 168, 953 P. 2d 1139（1997）（该案既采纳了企业责任理论，也采纳了威慑理论，另外还有一些不太常见的观点）。

❷ 参见 Gary T. Schwartz, The Beginning and the Possible End of the Rise of Modern American Tort Law 26 Ga. L. Rev. 601（1992）；参见：Robert L. Rabin, A Sociological History of the Tobacco Tort Litigation, 44 Stan. L Rev. 853（1992）（其中探讨了侵权行为法的有效界限问题）. George L. Priest, The Invention of Enterprise Liability: A Critical History of the Intellectual Foundations of Modern Tort Law, 14 J. Leg. Stud. 461（1985）该文指出企业责任已经产生广泛影响。

❸ 例如，可参见 Richard Ripstein, Products Liability: The Search for the Middle Ground, 56 N. C. L. REV. 643（1978）；David G. Owen, Rethinking the Policies of Strict Products Liability, 33 Vand. L. Rev. 681（1980）.

❹ James A. Henderson, Jr., Judicial Review of Manufacturers' Conscious Design Choices: The Limits of Adjudication, 73 Colum L. Rev. 1531.

❺ 例如：James A. Henderson & Aaron D. Twerski, Doctrinal Collapse in Products Liability: The Empty Shell of Failure to Warn, 65 N. Y. U. L. Rev. 265（1990）；Sheila L. Birnbaum, Unmasking the Test for Design Defect: From Negligence [to Warranty] to Strict Liability to Negligence, 33 Vand. L. Rev. 593（1980）；David A. Fischer, Products Liability—Functionally Imposed Strict Liability, 32 Okl. L. Rev. 93（1979）（该文呼吁加强司法控制）；Aaron D. Twerski, Seizing the Middle Ground Between Rules and Standards in Design Defect Litigation: Advancing Directed Verdict Practice in Law of Torts, 57 N. Y. U. Rev. 521（1982）（该文呼吁法官对判决进行更多控制）.

❻ 参见 44 Fed. Reg. 62714（1979）.

面面对产品责任进行了限制。

1998年美国法律学会（American Law Institute，ALI）出版了《侵权法第三次重述：产品责任》。其中抛弃了对所有严格产品责任理论的参考。其所持观点是：法院在决定设计缺陷和警告缺陷时，大多数情况下都是适用的过失侵权标准，即便他们当时采用的是严格责任表述。当涉及产品瑕疵时，尽管没有采用《产品责任重述》中的表述，但是其效果仍旧是：严格责任依旧得到适用，不过，在涉及设计缺陷和警示缺陷时，过失侵权或者类似表述就是判处侵权者承担责任的标准。《产品责任重述》对现存规则的影响以及新规则的发展在未来仍旧有很大发展空间。

四、产品毒物致害侵权的归责原则

一般认为，产品责任是一种与普通民事侵权责任有所不同的特殊民事侵权责任，其特殊性在于：（1）普通民事侵权责任实行过错（包括故意和过失）责任原则。而按照我国《产品质量法》的规定，只要因产品存在缺陷造成他人人身或者财产损害的，除了法定可免责事由外，不论缺陷产品的生产者主观上是否存在过错，都应当承担赔偿责任。我国《产品质量法》关于产品责任的规定，与国际上关于产品责任的立法趋势大致趋同，从责任分配上看，也是公平的。生产者因生产、出售商品而盈利，同时也应当承担因其产品可能存在的缺陷给他人造成损害的风险责任。这也有利于促使产品的生产者在产品的设计、生产过程中，更加小心谨慎，防止产品出现缺陷给使用者造成损害，有利于更好地保护消费者的利益。（2）根据普通民事侵权责任中的过错责任，受害人要求赔偿的，应当对责任人的过错承担举证责任，即民事诉讼法所规定的，“谁主张，谁举证”，也即当事人对自己提出的主张，有责任提供证据。但是，根据《民法通则》第122条“因产品质量不合格造成他人财产、人身损害的，产品制造者、销售者应当依法承担民事责任。”及《产品质量法》第41、42条的规定，我们可以总结得出，产品生产者和销售者对因产品缺陷造成他人人身或者财产损害的，实行无过错责任原则，因此，受害人要求生产者或者销售者赔偿时，无需证明生产者或者销售者是否有过错。销售者不能指明缺陷产品的生产者也不能指明缺陷产品的供货者时，销售者应当承担责任。对于生产者来说，依照《产品质量法》的有关规定，对其生产或销售的产品是否具有产品质量法规定的免责事由、自己是否具备法定的免责条件，承担举证责任，即实行“举证责任倒置”原则。因为随着科学技术的发展，产品的技术性能和制造工艺越来越复杂，要求处于产品生产过程之外、并不具备各种产品专业知识的消费者对生产者的过错承担举证责任，难以做到，也不公平，另外，根据前文提及的三项支持严格责任的理由也可以看出让制造商承担严格产品责任当属合理之举。

前文就产品致害侵权的归责原则，特别是美国法上在使用过错责任原则还是严格责任原则方面的历史脉络进行了一些简单梳理，其中也探讨了涉及毒物致害侵权诉讼中的归责原则问题，为了有效规制毒物致害，作为受害者，可以援用违反明示担保、默示担保、错误表述的严格责任以及过错责任来维护自己的权利，但是在一个涉及过错责任的毒物致害案件中，特别是涉及被污染血液制品的侵权诉讼中，因为该行业的特殊性，法官在裁判时会加入法政策的考量，而不适用过错责任。通过前面的考察，我们发现在美国产品诉讼中，只要受害者选择了一种适当的理论作支持，那么其诉求就有可能获得法院支持。因此，笔者认为，为了保护毒物致害侵权受害者的利益，以及结合我国国情，应建立以严格责任为主，其他责任诸如过错责任或者违反合同担保责任等为辅的规则体系，让受害者可以有多种途径选择保护自己的利益，不过，违反担保在涉及产品毒物致害的侵权诉讼中可能不利于获得更多的利益保护。因此，仍应当是以严格责任为主，过错责任为辅。但是，在构造产品毒物致害侵权的免责抗辩时，一定要对前文所涉及的几种免责抗辩进行研究借鉴，补充认识疏漏，更正我们对某些免责条款的错误认识。

第二节 环境毒物致害侵权的归责原则

环境毒物致人损害的侵权行为适用何种归责原则是一个复杂的问题。不同类型的环境污染是否应当适用不同的归责原则值得研究。例如，欧洲各国对环境污染造成损害适用无过错责任的范围差别就很大。[1] 就我国的情况来说，有学者认为，环境污染责任应当适用无过错责任原则。有学者认为，根据《民法通则》第 124 条的规定，环境污染者责任适用的是过错责任原则。违反国

[1] 克雷斯蒂安·冯·巴尔：《欧洲比较侵权行为法》（下），焦美华译，法律出版社 2001 年版，第 505～515 页。

家保护环境防止污染的规定，本身就存在过错。这种认定正是过失客观化的体现。[1]

在环境侵权民事责任认定过程中，之所以适用无过错责任原则，主要是基于以下原因：第一，随着企业持续不断地向环境排放污染物，即便是专门的安全措施和防治对策（这显然会排除过错的存在），也无法消除使他人遭受损害的危险。第二，由于现代企业管理的专门化技术工艺与生产过程的复杂化，受害人一旦遭受损害，要提供包括致害人实施损害行为的主观心理状态等证据是很难的。第三，在环境污染致害侵权案件中，污染者大都是生产经营性企业，它们既然由此而获得利益，就应当为获取利益过程中所造成的损害承担责任，这更符合社会的公平正义观念。第四，实行无过错责任原则有利于增强排污者的责任心，促使他们对他们所从事的经营活动给予特别的注意，积极进行保护工作，避免环境污染，防止侵害的发生。不过，对环境污染侵权责任的主体有必要进行一些细分，具体来说，这些主体应该包括环境毒物的生产者、所有者、经营者以及运输者。在我们传统民法的特殊侵权行为类型当中，通常会将其中有些主体归类为高危民事活动的参与者，同样得承担无过错责任。

无过错责任应用于环境侵权行为中，是工业进步和社会化大生产导致的必然趋势，它可以克服过错责任原则囿于过错追究的缺陷，有效地保护处于明显弱势地位的受害者的利益，反映了私法从自己责任到自己责任为主、兼顾社会责任的有益转变。当然，无过错责任的局限性也是显而易见的，即在行为人没有过错的情况下，使其承担民事责任的依据是否充分呢？它与传统侵权行为的归责依据有很大的不同，这也使无过错责任的责任基础受到质疑。但我们也应当看到，任何一个法律原则或制度都有其局限性，这是法律本身所无法克服的，过错责任和无过错责任都不例外。同过错责任相比，无过错责任更注重社

---

[1] 王成："各类侵权行为"，载魏振瀛主编：《民法学》（第二版），北京大学出版社、高等教育出版社2006年版，第720～721页。其实，"过失客观化"是指以"善良管理人"在社会生活中所应注意的义务作为过失判断根据的过失理论。根据这一理论，过失的判断即变为：凡行为人的损害行为违反了善良管理人所应注意的义务，除有法律规定的无责任能力情况外，即认为过失成立。也就是说，在同一外在情况下，对于一般人并不违反的注意义务，而行为人的行为却违反的，其过失即告成立，而不必再追究其主观个性或意思能力是否欠缺。这一理论虽仍强调行为人注意义务的违反，但已不强调行为主观的预见可能性或心理状态是否欠缺了。因此，学理上又将这一理论称为"过失客观说"。这一理论虽然在形式上仍维持过错责任原则，即仍强调行为人的注意义务，但实际上已经迈出了过错责任原则的门槛，使得过错责任原则向着逐渐扩大其权利保护的范围和功能的方向发展，从而对环境侵权行为发挥了一定的救济功能。这一理论开始日渐盛行，并被运用在各国的立法实践中。各国针对环境侵权的现象，均对传统过失理论作了相应的调整，由过去的强调主观过失转为今日的注重客观过失，迈出了向严格责任原则过渡的第一步。

会整体利益的维护，以达到社会的有序性，从这一点来说，无过错责任有其存在的必要性和合理性。

笔者在前文曾多次阐述过《民法通则》第 124 条的规定，仅仅是非常原则性的一般规定，环境污染者侵权责任的适用还必须结合国家保护环境防止污染的其他法律规定加以适用。在我国，与环境保护相关的法律包括《环境保护法》《海洋环境保护法》《水污染防治法》《大气污染防治法》《环境噪音污染防治法》及《放射性污染防治法》，等等。随着中国社会的发展，关于环境保护的规定，会日益严格。正是因为如此，为了维护公平和正义，更好地保护人类的合法权益，当今社会大多数国家都确立了环境侵权民事责任的无过错原则。但是，很多环境污染往往是与人类生存所必需的生产和生活活动相伴相随的，尤其是在经济发展的起步阶段。在配置环境污染无过错责任归责原则时，应当考虑到这个具体情况，对其范围进行一定程度的限定，这方面欧盟国家的经验值得借鉴。[1]

本章小结

潜伏性毒物致害侵权因为涉及产品毒物侵权两种类型：产品毒物致害侵权和环境毒物致害侵权，所以在探讨及归责原则时会存在一些复杂的问题。不过，在英美法以及大陆法系当中，基本上把产品责任以及环境污染责任都列为特殊类型的侵权行为，都适用严格责任或者说无过错责任，其理由无非就是前文述及的三点支持性理由，因为无论是产品的生产者也好，还是环境污染的制造者也好，他们相对于受害者来说都处于较为优越的经济优势地位和信息优势地位，能够通过其经营、定价行为或者商业保险将风险分散出去，从侵权行为法的矫正正义以及威慑功能来考察，让其承担严格责任当然非常合理。笔者还认为，在当下中国，对于产品毒物或者环境毒物的制造者来说，其严格责任意识越发要加强。不过，在涉及毒物致害的诉讼当中，可以允许受害者基于各种合理理论保护自己的利益，而不一定就是援引严格责任。因此，笔者认为在涉及潜伏性毒物致害侵权归责原则的架构时，应当以严格责任或者无过错责任为主，过错责任为辅。另外，在构造产品毒物致害侵权的免责事由时，一定要借鉴美国法以及欧盟法上的合理经验，只有这样才可以建立起一个相对合理的责任归责与抗辩体系。

---

[1] 克雷斯蒂安·冯·巴尔：《欧洲比较侵权行为法》（下），焦美华译，法律出版社 2001 年版，第 505 ~ 515 页。

第五章 潜伏性毒物致害侵权的时效再造

在前面章节我们已经探讨了直接与毒物受害者原告所提出的诉因有直接关系的一些实体法上的抗辩，诸如说发展风险抗辩等既是被告可以用来抗辩的理由。在本章所涉及的时效问题，其实也是一种抗辩，不过这种抗辩的目的旨在阻止某种诉求的实现。

诉讼时效法（statute of limitations），在英美法上的表述是“在指定期间经过后能够阻止某种诉因开始的法律，这种抗辩通常会被被告用来对抗在适当期间经过后对其提起的诉讼”。[1] 在我国，时效通常被简单表述为请求人民法院保护自己合法权益的法定的有效期限。在法定的有效期限内，人民法院对当事人的请求权予以保护；超过法定有效期限的，人民法院对当事人的请求权不予保护。

在涉及毒物致害侵权的诉讼中，我们传统的时效规则是否适用？从什么时候开始计算时效期间？特别是涉及那些具有潜伏性的疾病伤害时，这种伤害实际上什么时候发生？是以受害人开始接触毒物开始呢，还是从该疾病症状开始出现开始？这些问题都是我们在考察潜伏性毒物致害侵权诉讼时效应考虑的问题。

第一节 我国法上涉及毒物致害侵权的诉讼时效

一、有关产品毒物致害的诉讼时效

首先，就潜伏性毒物致害侵权有关的产品诉讼时效而言，《产品质量法》第45条规定：“当事人请求权受到保护的期限为两年。两年的起算日期为当事人知道或者应当知道其权益受到损害之时。这里所讲知道是指当事人已经了解到自己的权利受到侵害的事实，同时也了解到具体的侵权人。应当知道是指查不清受害人是否知道被侵权和侵权人的情况下，法律推定或者视为知道。”本条关于“因产品存在缺陷造成损害要求赔偿的诉讼时效期间为二年，自当事人知道或者应当知道其权益受到损害时起计算”的规定同《民法通则》的

[1] See http：//www. answers. com/statute% 20of% 20limitations.

规定有所不同。按照《民法通则》第136、137条的规定，“出售质量不合格的商品未声明的”诉讼时效期间为一年；“诉讼时效期间从知道或者应当知道权利被侵害时起计算”。由此可以看出，本条规定要比《民法通则》的规定长一年，但是起算日期同《民法通则》。这里需要说明的是，本条规定和《民法通则》规定的适用范围不完全一致。《民法通则》规定的“出售质量不合格的商品”引起纠纷的诉讼时效，即包括对销售者出售质量不合格商品提出的违约之诉，也包括因产品质量提起的侵权之诉，而本条规定仅适用产品责任的侵权之诉的诉讼时效这一种情况。也就是说，对于产品责任问题的侵权之诉，根据特别法优先适用的原则、《最高人民法院关于贯彻执行〈中华人民共和国民法通则〉若干问题的意见》第176条：“法律、法规对索赔时间和对产品质量等提出异议的时间有特殊规定的，按特殊规定办理。”以及《民法通则》第147条“法律对诉讼时效另有规定的，依照法律规定”，适用本条关于二年诉讼时效的规定，不适用《民法通则》的规定。但是，《民法通则》关于诉讼时效的中止、中断与延长的规定应予适用。该条在规定诉讼时效期间的同时，也规定了缺陷产品引起的请求权的最长保护期限。这一规定和《民法通则》规定的最长保护期限不同。按照《民法通则》第137条规定，诉讼时效期间从知道或者应当知道权利被侵害时起计算。但是，从权利被侵害之日起超过20年的，人民法院不予保护。有特殊情况的，人民法院可以延长诉讼时效期间。[1] 对此，按照特别法优先适用的原则和《民法通则》第141条“法律对诉讼时效另有规定的，依照法律规定”的规定，应适用本条规定的最长保护期限的规定，而不适用《民法通则》的规定。本条规定同《民法通则》规定的不一致主要有三点考虑：一是产品缺陷一般在投入流通、使用后10年内会表现出来，受害人应当及时行使权利；二是产品投入流通后，其物理、化学性能都会发生变化，生产者对产品安全使用期的担保一般不超过从产品出厂起10年，且在10年中生产工艺、技术水平等也都会有很大的发展变化，如果让生产者、销售者再承担超过10年产品责任不公平。本条规定与国际上通行的规定大体上是一致的，比如美国、德国等均规定为10年。[2]

---

[1] 《最高人民法院关于贯彻执行〈中华人民共和国民法通则〉若干问题的意见》第169条规定：“权利人由于客观的障碍在法定诉讼时效期间不能行使请求权的，属于《民法通则》第137条规定的‘特殊情况’。”第175条规定：“《民法通则》第135条、第136条规定的诉讼时效期间可以适用民法通则有关中止、中断和延长的规定。民法通则第137条规定的‘二十年’诉讼时效期间，可以适用民法通则有关延长的规定，不适用中止、中断的规定。”

[2] 刘左军：《中华人民共和国产品质量法释解与实用问答》，中国标准出版社2000年版，第169~171页。

这里需要说明的是，本条所讲“因产品存在缺陷造成损害要求赔偿的请求权，在造成损害的缺陷产品交付最初消费者满10年丧失”，是指自产品交给第一个消费者之日起算，在以后的10年内，如果产品存在缺陷并给消费者造成了人身或者财产上的损失，受害人有权力要求侵害人给予赔偿。10年以后，即使产品造成了受害人人身或者财产上的损失，受害人也无权要求赔偿，侵害人也无义务赔偿。但是，需要说明的是，如果生产者明示产品的安全使用期在10年以上的，则不适用本条关于“因产品存在缺陷造成损害要求赔偿的请求权，在造成损害的缺陷产品交付最初消费者满10年丧失”的规定，应适用明示的安全期的规定。在明示超过10年的安全期间内，因产品存在缺陷造成损害的，受害人有权要求生产者赔偿。根据《民法通则》第138条的规定，超过诉讼时效期间，侵害人自愿履行的，不受本条规定的时间限制。也就是说，过了诉讼时效期间，义务人履行义务后，又以超过诉讼时效为由反悔的，法律不予支持。[1]

对于因产品质量所引发的侵权，依我国《产品质量法》之规定，受害者的损害赔偿请求权消灭时效最长期限也就只有10年时间。但是，这种损害赔偿请求权消灭时效对于那些具有长潜伏性的毒物致害侵权来说可能会显得有些捉襟见肘，因为越来越多的现代病其潜伏期限已无法让人确知，比方说，美国公共卫生协会（American Public Health Association）2004年在其最新推出的《传染病控制手册》（Control of Communicable Disease Manual）中就明确指出，目前的研究已经知道有一种医源性的库贾氏病/克雅二氏病（CJD）[2] 的潜伏期最短为15个月，长者可达30年以上。而影响潜伏期长短的因素在于个体受到致病原朊病毒蛋白的暴露有关。如属中枢神经系统直接接触者，其潜伏期约为15个月至10年；如属周边神经系统接触者（如注射受朊蛋白污染了的人类脑下垂体激素），其潜伏期约为4年至30年以上。而一般散发型CJD及新变异

[1] 刘左军：《中华人民共和国产品质量法释解与实用问答》，中国标准出版社2000年版，第169～171页。

[2] CJD是一种以快速进行性痴呆、肌阵挛和特征性脑电图表现为特点的中枢神经系统疾病。它是一种罕见的并且病程非常缓慢的神经性疾病，其致病原为一种具有感染性的朊病毒蛋白（prion），因其不断累计于神经组织内，从而使脑部组织产生海绵样现象，造成患者出现多种神经症状。在流行病学上，本病致病性朊病毒蛋白根据结构不同分四种类型：散发型、医源型（获得型）、家族型（遗传型）和新变异型（new variant CJD，nv-CJD）。其中散发型病例约占总病例的85%～90%，其发病率约为百万分之一；医源型（获得型）病例约占5%以下，与部分病人进行脑部或角膜移植手术时因受到手术器械污染或抑止器官带有致病原而导致感染；家族型（遗传型）病例约占5%～10%，与基因突变及蛋白质变性有关，为家族遗传；而新变异类型则据学界推测可能与疯牛病（BSE）存在关联：食用受感染BSE致病原的食物，可能是造成人类发生nv-CJD的原因。

型 CJD的潜伏期，则仍属于未知或无定论。[1] 对于这些因为潜伏性毒物损害所造成的侵权行为，10 年的产品损害赔偿请求权长期时效是不能涵盖的，因此，必须对这种由产品导致的潜伏性毒物致害侵权的诉讼时效进行改革或者预留弹性空间。

二、有关环境毒物致害侵权的诉讼时效

就环境污染致害侵权诉讼时效而言，根据我国法律规定，根据其不同的性质，适用不同的诉讼时效制度。环境侵权行为按照其是否已造成实际损害结果，可分为两类：一类是尚未造成实际损害结果，但有极大可能造成损害结果，并应当承担排除危害等民事责任的环境危害行为；另一类则是已造成实际损害结果，并应承担赔偿损失民事责任的行为。按照我国现行法律规定，前者应适用 2 年普通诉讼时效，而后者则适用 3 年特别诉讼时效。两者也均适用 20 年最长诉讼时效。两者的普通诉讼时效期间亦均从当事人知道或者应当知道受到污染损害时起计算。

其实，诉讼时效制度设计的核心是确定诉讼时效期间，而诉讼时效期间主要由两个要素确定：诉讼时效期间的长度和诉讼时效期间的起算点。因此，立法者在规定诉讼时效期间时，需考虑两个基本问题：一要考虑到诉讼时效期间的规定要有利于权利人合法权益的保护。即诉讼时效期间长度不能规定得太短，诉讼时效期间的起算点也不能规定得太早，以避免出现权利人尚无可能向法院提起诉讼时诉讼时效期间已届满的情形。也应避免出现在该期间内虽有可能提起诉讼，但因权利人稍一疏忽诉讼时效期间已届满的情形。二要考虑到诉讼时效期间的确定应有利于诉讼时效制度目的的实现，即应有利于社会关系的稳定、有利于督促权利人及时行使自己的民事权利、有利于法院对案件的审理。所以，对诉讼时效期间长度也不能规定得太长，而且其起算点也不能规定得太晚。就环境污染致害侵权行为而言，由于环境侵权过程的复杂性，使得在一些复杂的环境污染损害赔偿案件中，受害人知道其权利受到了损害、也知道该损害是由环境污染而引起的，但此时仍有可能无法行使其请求权。因为，此时受害人可能还不知道谁是加害人，要认定谁是加害人并收集一定证据仍需相当时间，如果此时诉讼时效期间就已经开始计算，显然不利于保护受害人的合法权益。

我国现行环境污染致害侵权诉讼时效期间起算点的设计，并未能反映出环

---

[1] See David L. Heymann（ed），“Creutzfeldt-Jakob Disease” in the *Control of Communicable Diseases Manual*（18th edition），Washington DC：American Public Health Association，2004，pp. 191 ~ 194.

境污染致害过程的复杂性这一特点。《环境保护法》第42条规定，因环境污染损害赔偿提起诉讼的时效期间，从当事人知道或者应当知道受到污染损害时起计算。为了更好地保护受害人的合法权益，笔者认为，在今后再次修订《环境保护法》时，应将《环境保护法》第42条改为："因环境污染损害赔偿提起诉讼的时效期间为3年，自当事人知道或应当知道自己受到污染损害时起的3年内，当事人或其家人可以提出人身伤害或非自然死亡索赔。时效起始日通常是医生通知病人诊断结果的当天。"环境侵权长期诉讼时效规定的完善长期诉讼时效期间为20年，从权利被侵害时起计算。这对传统侵权行为来说，也许是合适的。但在环境侵权案件的适用中，却会出现明显不公正的结果。我们知道，环境污染损害结果，尤其是因环境污染而造成的人体疾病，具有隐蔽性和潜伏性。在一些环境侵权案件中，受害人开始遭受损害时往往无人知晓，等到疾病症状陆续出现、并在居民中开始大规模暴发时才可能知道是由环境污染所致。此时，从受害人权利被侵害到发现权利被侵害往往已超过20年。例如，在日本著名的四大公害案件之一的富山骨痛病案件中，从权利开始受到侵害到受害人能够向法院提起诉讼，期间已远远超过了20年。因此，针对环境侵权的特殊性，应对其适用的长期诉讼时效期间的起算点作一调整。

第二节 美国法上的毒物致害侵权诉讼时效

一、暴露规则

在美国法上，对于一些非故意的侵权行为提出的诉讼请求时间一般是从伤害发生时2~4年时间内提出。对于潜伏性毒物致害诉讼，传统的计算方法就是从最后一次暴露于该毒物开始起算，即所谓的暴露规则（Exposure Rule）。因此，如果某人的疾病在最后一次暴露于毒物开始经过很多年后还没有出现明显症状（很多涉及石棉有关的疾病即属于此种情形），那么该原告所提出的诉求就可能在诉讼时效上已经经过。[1] 很明显，这种结果对于受害人来说是非常不公平的，因为根据这种规则，受害人通常只会等到疾病症状出现时才知道自己受到了伤害，因此法院和立法机构对这种规则一直都在建议修改以满足涉及毒物致害侵权诉讼的诉讼要求。

---

[1] See Basham v. Owens-Corning Fiber Glass Corp. （D. N. M. 1971），尽管该案是根据其他理由作出判决的，但是其中在诉讼时效问题上使用的是暴露规则。

二、司法发现规则

鉴于上述暴露规则的内在缺陷，实际上在美国的司法实践中，美国一些州通过法定指令（statutory mandate）或者司法裁决（judicial ruling）的方式来专门应对那些由于暴露于毒品、化学品以及石棉而提起的潜伏性致病索赔。在美国联邦最高法院曾经审理的尤里诉汤普森[1]案中明确指出对于这种潜伏性疾病诉讼请求适用发现规则（Discovery Rule）。该案是一起根据《联邦雇主责任法》（Federal Employer's Liability Act）与尘肺病有关的损害索赔，在此案中，联邦最高法院强调指出在受害者知道其受害原因前就禁止其提出诉讼是非常不公平的做法。后来，美国联邦最高法院的这个裁决理由得到了很多州的支持，有法庭指出“原告只有在遭受具有可诉性的不当行为伤害时才可以提起诉讼”，“因此，以暴露于毒物的时间来计算诉因的开始时间是不合适的，而应该以原告知道或者应当知道伤害（knew or should have known）发生时计算。”[2]并且这种具有可诉性的不当行为通常是可以通过所遭受的损失或者损害所证明的。在这种司法发现规则中，一个至关重要的问题是如何解释“知道或者应当知道”。一般来说，诉讼时效应计日期应该是从原告知道伤害以及潜在原因时才起算。但是当原告罹患疾病的时候不知道确切的病因时该怎么办？原告为了确认其可能的病因时，询问医生或者其他专家的意见，但是达到何种程度时才可以将专家意见作为诉因呢？在伊文森诉美国奥斯木斯木材防腐公司[3]案中，原告因为在此公司工作了三年多时间，经一名医生诊断，其所患鼻息肉及过敏性鼻炎与其工作环境有关。于是他提起诉讼。在治疗早期，另外一些医生怀疑其疾病与工作环境有关，但是在临床试验之后，发现原告所在工作环境的化学物质并非致害原因。如果从发现症状或怀疑病因与工作环境有关开始计算可适用的两年诉讼时效，原告的诉求将会因时效经过而无法得到救济。审理伊文森案的法庭拒绝直接适用明显界限标准（bright line test），法庭判决指出按照时效法的规定，应该是从原告有合理可能（reasonable possibility）知晓暴露于特定毒物是导致其症状开始起算。从伊文森案的事实来看，法庭明确指出："原告作为一个普通人，既没有专业及医学方面的知识，其怀疑顶多只能算是合理可能（reasonable possibility），而不是一种极大可能（probability）”。因此，对于原告来说，只有在其得到最后一名医生表达其个人意见时才可能合理

---

[1] Urie v. Thompson（S. Ct. 1949）.

[2] Louis Trust Company v. Johns-Mansville Products Corp. （Ky. 1979）.

[3] Evenson v. Osmose Wood Preserving Company of America，Inc. （7th Cir. 1990）.

意识是由于其工作环境导致了其疾病。通常情况下，起算日期的确定是一个非常难以统一的问题，对于一些近似的情况，法庭会得出不同的结果。这一点，充分体现了英美法官在判决上的主观标准，更多时候是为了达到个案正义。

三、法定发现规则

有一些州的立法机构针对毒物致害侵权诉讼中出现的重大问题制定了法定发现规则（Statutory Discovery Rule）。但是，法定发现规则并不能消除对司法考量的需要。纽约州制定了一个重要而又宽泛的法定发现规则，1986 年生效，该规则专门就“由于暴露于有毒物质或者聚合毒物，该毒物的潜伏性影响以各种形式对身体或财产产生的身体伤害损害”进行了规定。[1] 该法规定，3 年的诉讼时效期间是从发现伤害开始或者通过“行使合理谨慎”应该发现的伤害时开始起算，从该措辞可以看出，当原告发现其所患疾病与早期暴露于毒物可能存在因果关系开始就要展开一定的调查行动。不过，该法所采用的术语对发现规则所涉及的物质规定比较模糊。该法仅用了“物质（substance）”一词，并且对“暴露”进行定义时用的是“通过吸收、接触、摄入、吸入或者注入等方式直接或者间接暴露”。[2] 不过，纽约州的发现规则对于原告了解病因有时间限制。该规则采取的是一种层级化模式来考虑发现病因的合理时间的，但是要求当一定时间经过后，原告必须拿出病因存在的科学知识支持。但是，最后一个层次就是，要是原告在发现该疾病后 5 年时间内仍旧不能发现病因所在，那么其诉求将会因时效经过而不给予救济。不过，在实行发现规则的同时，纽约州法院同时授权某类时效已经过的诉求重新提起。不过，这些诉求必须是暴露于其所列举的有毒物质之中才可以提起的，这些毒物中包括石棉以及 DES。[3]

在美国法上除了用发现规则来对涉及毒物致害侵权进行救济之外，尚有除

---

[1] N. Y. Civ. Practice L&R. §214-c（2），（McKinney，1990）.
[2] N. Y. Civ. Practice L&R. §214-c（1），（McKinney，1990）.
[3] 1986 N. Y. Laws 682 §§4-5.

斥期间法（statute of repose）[1] 来对涉及毒物致害侵权陈案进行处理。除斥期间法与诉讼时效法不一样，该法通常和诉讼时效法一起对那些陈案的被告给予最长时间的保护。这种法律制度在产品责任诉讼当中最为常见。在布拉兹维尔诉弗林特科特矿业公司案[2]中，法庭对《印第安纳州产品责任法》进行了考察，发现其中安排有2年的诉讼时效，外加上一个10年的除斥期间，也就是从产品移交时开始起算。[3] 依此规定，如果10年的除斥期间经过，尽管诉讼时效可能还没有经过，但是该诉求仍旧会得不到支持。说到底，这种制度对被告和法庭来说有可能是一种保护，因为它们可以使那些无法发现真相并且证据缺失的案件不会久拖不决。但是，也有法庭认为这种制度违宪，因为它使得某个诉讼开始之前遭到了就禁止。[4] 更有法庭对此制度视而不见，据宪法条文对此制度作出了相反的判决。[5]

---

[1] “除斥期间”又称“预定期间”，“不变期间”，指法律对某种权利（主要是形成权）所规定的存续期间，逾越除斥期间，该项权利即予除斥，归于消灭。该概念为德国民法所原创，在大陆法系国家研究较多，而在英美法系国家较为少见，所以有学者说 statute of repose 是一个“curious AmE legal usage”。但现在在美国，statute of repose 也变得日益普通起来，只是各州和各法院对其规定和看法不一，如有的州只有 statute of limitation 而无 statute of repose，如威斯康辛州，有的州二者都有且时间不一，如 Iowa. 在中国法律著作和文章中，诉讼时效与除斥期间的主要区别如下：（1）是否可变的不同。诉讼时效期间是可变期间，可中止、中断和延长；除斥期间为不变期间，不能中止、中断或延长。（2）法律后果的不同。诉讼时效并不使权利本身消灭，只是消灭权利人的胜诉权，除斥期间使权利消灭。（3）起算时间不同。诉讼时效自权利人能够行使请求权之日起算，除斥期间自权利成立之日起算。（4）是否具有法定性的不同。诉讼时效是法定期间，而除斥期间通常是法定期间，但也不排除约定期间。（5）适用对象不同。诉讼时效仅适用于请求权，除斥期间只适用于形成权。

在美国法律、教科书和法院判决中，statute of limitation 和 statute of repose 的区别主要包括以下几点：（1）前者自诉因产生（通常是伤害之日）起计算，而后者的产生与诉因的形成无关，是从某一特定事件的发生之日起计算的，而不管是否有伤害，所以可能在诉因产生之前原告的请求就被禁止。如 BLD 中，statute of repose 意为 A statute barring any suit that is brought after a specified time since the defendant acted，even if this period ends before the plaintiff has suffered a resulting injury。即该法意在阻止原告自被告实施某一特定行为之日起若干年后提起诉讼，即使原告的损害发生于该期限届满之后。（2）前者有例外情况，即 discovery rule，所以可以延长、中止，而后者一般情况下没有例外，所以不能延长、中止，但也有例外，如佛罗里达州1999年的《侵权改革法》（Florida Tort Reform Statute of 1999）规定，产品制造者隐瞒产品缺陷期间 statute of repose 中止计算。（3）一般所有的请求均有 statute of limitation，但只有特定种类的请求（多为侵权）才有 statute of repose，医疗或其他专业的疏忽侵权和严格产品责任是最常见的种类。引自刘素林：“《元照英美法词典》求正”，载《比较法研究》2006年01期。

[2] Braswell v. Flintkote Mines，Ltd.（7th Cir. 1983）.

[3] Ind. Code Ann. §33-1-1. 5-5（b）（Burns 1992）.

[4] See Jackson v. Mannesmann Demag Corp.（Ala. 1983）.

[5] See Sealey v. Hicks（Or. 1990）.

我国毒物致害侵权时效的重构：代本章小结

对于产品责任案件的时效期限，张新宝教授在《〈中国民法典·侵权行为法编草案建议稿〉理由概说》中“关于请求权的时效限制”中提出“产品责任案件的时效期限规定为2年，从受害人知道或者应当知道受到损害时开始计算，请求权的最长期限为10年，但是没有超过产品安全使用期限的除外。如果缺陷产品对人身造成的损害需要经过一定的潜伏期才能出现症状的，10年的除斥期从损害发生即受害症状出现时开始计算。”[1]，敝以为这种安排未尝不妥，因为这也是很多国家在产品诉讼时效上的规定，但是，似乎还有补充余地。对于短期诉讼时效，笔者认为其标准可以定位自受害者知道或应当知道自己患有产品负载毒物所致相关疾病时起的2年内，受害者本人或其家人可以提出人身伤害或非自然死亡索赔。时效起始日以确诊医生通知病人诊断结果的当天为准，如果有多次检查结果，当以最后的诊断结论作出当天为准。而对于长期诉讼时效，可以借鉴卢森堡《民法典》第2262条，规定“自损害发生之日起30年”；或荷兰《民法典》第3：310条第1款，规定“自导致损害事件发生之日起20年”，及该法典第3：310条第2款，规定“危险物质导致损害者为30年”，“自知道损害及加害人之日起5年”；德国《民法典》第852条，规定“自侵权行为发生之日起30年”，“自知道损害或加害人之日起3年”。另外，还有很多欧洲国家如奥地利、希腊、葡萄牙、比利时、丹麦均对损害赔偿请求权规定了统一的长期时效30年或者20年，有鉴于此我们正在制定的侵权责任法中应该考虑潜伏性毒物致害侵权行为的特殊类型，将其诉讼时效尽量延长至合理时限，比如说40年最长诉讼时效，自受害症状出现10年内（同样以确诊医生最后通知病人诊断结果的当天为准）不行使损害赔偿请求权者，其请求权消灭；如果受害者是因为某种潜伏性毒物致害死亡，其配偶和亲属可以提出非自然死亡索赔的时效是自其死亡之日起10年内。此外，当然不排除致害人自动履行救济。只有进行这种制度安排才会使我们这个正在发展中的、社会福利制度极不完善的国家的普通公民感受到法律的人文关怀。尽管《民法通则》第137条规定“……有特殊情况的，人民法院可以延长诉讼时效期间”。这一规定基本上都是处于沉睡状态，为了应对潜伏性毒物致害侵权，将来在进行司法解释时可以参照美国纽约州的法定发现规则之规定，考虑将一些具有潜伏性的毒物侵害列入所谓的“特殊情况”之中。

---

[1] 资料来源：http：//www.civillaw.com.cn/article/default.asp？id＝10839.

鉴于载有潜伏性毒物致害特征的产品毒物致害侵权诉讼和环境毒物致害侵权诉讼在损害形态上存在一定共性，因此在长期诉讼时效立法上可依上述建议考虑建立统一的长期诉讼时效，建议立法者也可以对相关单行法诉讼时效进行修改，作出类似的规定，以便从法律上为受害者寻求救济提供便利，同时也为被告和法庭解除了时间久远、真实难寻、证据缺失陈案纠缠之烦扰。当然，诉讼时效的再造只是为那些潜伏性毒物致害侵权的受害者提供的救济措施之一环，如何从诉讼环节以及其他法律途径给这些受害人提供救济同样至关重要。如果没有程序上的保障，实体法上的规定将如同空中楼阁，因此，程序法对本论题受害者之保障从某种角度来说更为重要，本书将在下文详细阐述之。

第六章　潜伏性毒物致害侵权中的因果关系及其判定

在法律上，不论民事责任，还是刑事责任，要追究责任都必须证明归责原因与损害之间存在因果关系。

因果关系是侵权行为法的核心问题，也是侵权责任成立的构成要件之一，在理论与实务上均非常重要。在传统侵权行为中，损害行为一经实施，其损害后果通常就会立即发生，因此要认定损害就比较容易。但是对于那些因科技高速发展而产生的新型特殊侵权行为，如那些物理性、化学性或者生物性的、危害具有潜伏性的特殊侵权行为，其损害往往会波及广大空间，持续时间长，一般不能在很短时间内暴露其危害，因此，这些特殊侵权行为的受害者不能明显觉察到损害的发生，以至于受害者常常不知何时遭受损害，受害者到底有多少，等到受害者发现损害发生时往往经历了很长时间。此时，相关的损害证据已经无法得到，损害不会因为侵权行为的停止而立即停止，而是不断地持续下去，损害事实与损害后果之间的因果关系因为无法确认而处于一种不确定状态，待一定的时间经过后，有时连加害人或/和被害人是谁都无法确认，此时，在法律上的长期诉讼时效已届消灭，[1] 要对受害者给予法律救济已经相当困难。

第一节　因果关系的历史轨迹与法律上的因果关系

说到因果关系，中文世界的普通人可能更熟悉的是“因果报因”，因为这是印度佛教教义传播过来的，在印度佛教中有专门的术语表示因果报应，即“Karma”，其意指芸芸众生的行为会在今世或/和来世产生一定的结果，即所谓：善因种善果，恶因种恶果。在英文世界里的“因果关系”的对应表述是 causation 或者 causality，其词根为 caus（作为原因的，导致……的），在使用频率上，causation 一词更为频繁多见，尤其是在法律领域。

西方哲学史上最早对因果关系进行定义者，有古希腊时期的 Lieukippus 和 Democrites 提出的原子论。Lieukippus 认为：“无一事物之发生没有其基础理

---

[1] 此问题本书前一章已经阐述，此处不再赘述。

由：每一事物之发生，有其基础原因，且是事必有因”。亚里士多德提出了四因之说（形式因、效力因、质力因、究竟因）。[1] 休谟、康德对因果关系都有独到论述。与科学方法相关者，英国哲学家密尔（Kohn Stuart Mill）提出了归纳四法则（Canonsofinduction）：契合法、差异法、契合差异联用法、共变法作为因果证明之法。[2] 而致力于科学与哲学之现代经验逻辑的哲学家勃兰特·罗素（Bertrand Russell）将因果关系定义为“因果关系是一种普遍原理，如果我们对于时空的某些区域拥有足够的资料或者信息，那么我们就可以根据这一原理推论得出在其他时空的事物。如果这种推论为真的话，也只是盖然为真。当我们称这一原则为‘因果律’的时候，那么这种推论的盖然性程度必须远远超过50%。”[3]

由此观之，哲学家们对于因果关系的定义和描述是精彩纷呈，各有真知。说到底，因果关系原本就是源自宗教以及哲学中的一种思想观念，但是，发展到如今，这个术语在科学、逻辑、历史以及法学等诸多领域都有了特殊的含义。在科学领域，因果关系在很大程度上是一种解释及预测原则，可以通过试验进行验证。在历史领域，因果关系只不过是对所考察人类行为的复杂性进行最低限度的假设，或者本质上来讲是一种可能性，而不是必然性。[4] 在法律上，因果关系观念已经非常理论化了，它是判明责任承担最通常的理由和根据，在个案中，因果关系非常实用，因为它是分配法定义务的一种方式。在法律中，因果关系既与自然秩序有关，也与正义的本质相关。首先，因果关系在判定法律事实方面扮演中心角色；其次，因果关系通常是以义务观念的最主要构成要素形式出现的。尽管因果关系在上述领域所扮演的角色非常复杂，但是它们结合起来能为我们搜寻到法律因果关系思想的发展轨迹。

一、宗教中的因果关系对法律的影响

因果关系是大多数宗教教义中最重要的主题，它关涉世界产生及持续存在的方式，以及人们可以履行其宗教义务的路径。宗教的宇宙观通常表现在原始的以及高级的教义当中，宗教信徒视宗教信仰给其安排的义务为第一圣律。宗教史上所有因果关系理念及其分支都具有双重特征，即这些因果关系要么是自

---

[1] 殷海光：“有关因果关系之哲学探讨”，载《思想与方法》，上海三联书店1992年版，第274页以下。

[2] 牟宗三：《理则学》，台北正中书局1971年版，第3页以下。

[3] See B. Russell, *Human Knowledge: Its Scope and Limits*, New York: Simon and Schuster, 1948, p. 308.

[4] 秦晖：“自己对自己负责的历史观”，载《经济观察报》2006年5月2日。

然的，要么是有目的的，因为它们的参照物是大自然或者人类行为。法律中的因果关系仍旧保留了这两条主线，尽管它更加关注人类行为胜于对自然秩序的关注。

在西方宗教史中，神是世界的缔造者，他通过律法（相当于现代所称的法律）来治理这个世界。在《圣经》中，对宇宙起源的描述是混沌的、非常原始的。但是，管理人们的律法却是那样详细而复杂，因为有专门的原始文件来记载这些天条，人们称之为《律法书》（the Book of the Law），在希伯来文里称之为“Torah”，即“律法”之意。宗教律法主要是对人们义务或责任进行限制，然而，在所有这些法律或者决定当中，本质上是一种因果关系理念在起作用。在宗教教义中，通常认为，一个人必须对他所造成的局面承担责任。至于那些不是由其导致的局面，让其承担多大责任则是一个极为深奥而又一直让人难以琢磨的困难问题。

法律中的因果关系理念有一部分主要源自宗教实践。具体来说就是，自从法律从宗教中脱离出来之后，特别是宗教走向成熟的后期，我们很容易看出宗教在因果关系问题上所持有的信念对于法律的发展来说是多么重要。简言之，宗教将其中蕴含的（主要是人们介入正常自然过程以及将其个人意志强加给自然和社会时所承担的）道德义务传承给了法律。

二、哲学中的因果关系对法律的影响

所有的哲学体系都会对因果关系这个中心问题表现出情有独钟。哲学上的因果关系观念跟宗教上的因果关系理念一样，要么是自然的，要么是有目的的，或者两者兼备。有时，人们会用那种机械的或者宿命的因果关系理论应用于自然现象，当然也包括应用于对人类自身事务的判断。而在有些时候，大自然则会被视为是一个完整的目的性构造。在西方文明的哲学开端，也就是说，在苏格拉底之前的教义当中，我们可以找到很多证据证明自然秩序通常被看成是一种法律义务体制。“阿那克西曼德（Anaximander）❶ 所提出的宇宙系统正义理论告诉我们，新哲学中的最重要思想就是因果关系理念［Cause (*aitía*)］，跟因果报应理念（the idea of Retribution）具有等同性，于是乎，这种因果关系理念就从一个法律术语转化成立了一个自然术语”。❷ 因此，正义

❶ 阿那克西曼德（Anaximander，611-547 B. C.），希腊哲学家和天文学家，他猜测宇宙由一个原生质的相反品种分裂产生。

❷ See W. Jaeger，*Paideia：The Ideals of Greek Culture*，trans. Gilbert Highet，3 vols.（New York，1939－44），Vol. I（2nd ed. 1945），p. 158.

将统治世界，善恶必有报，成为人们心中的主要正义观。

在古典时期，除了那些物质原子论者外，一般认为人类和自然界明显是两分的，并且都强调从自然哲学向人本哲学的转化。此时，各种因果关系理论风起云涌，得到充分孕育、发展，哲学也开始前所未有地、不遗余力地对这一因果关系发展过程进行竭尽全力地描述。亚里士多德学派及斯多葛学派对于道德义务的理念开始进入到罗马人的文化中，并且进而对罗马法的发展产生了潜移默化的重大影响。但是，非常明显的是，古希腊哲学中所孕育的因果关系思想却对古希腊的法律实践几乎没有产生什么影响，实际上也没有发展出一套对应的法哲学观念。因此，人们不免疑窦重重，“为什么古希腊哲学与古希腊法律之间的相互影响就那么微乎其微呢？”❶实际上，在古罗马，那里的法学家比哲学家拥有更高的声誉，这种势头一直发展到古典时期接近尾声，在晚期才出现了哲学对法学的所谓“教化”（indoctrination）。❷ 亚里士多德的因果关系理论后来发展进入到中世纪的宗教制度中，他的理论不仅为犹太教所采纳，而且也为基督教所采纳，也就很自然而然地部分通过教会法（the Canon Law）、部分通过中世纪的犹太教哲学和犹太法律实践进入宗教律法当中，僧侣与俗人都必须遵守。

现代哲学中的因果关系理论很大程度上对现代法哲学思想产生了间接影响，特别当法律从欧陆神学中分离出来的时候更是如此，这些都充分地体现在霍布斯、培根、斯宾诺莎以及休谟这些英伦思想家所提出的自然因果关系及心理因果关系理论当中。笛卡尔❸、斯宾诺莎及莱布尼茨等人提出的理性认识论开始出现两种倾向，一种是倾向于斯宾诺莎提出的道德决定论，一种则通过笛卡尔所运用的某种明显的手段将自由意志解放出来。而在莱布尼茨看来，应注重对律师和外交官进行训练，因此法律“素质”（conditions）就成为他最早关注的事项，而在其继承者伍尔夫（Christian von Wolff）看来，理性主义的整个演绎手段都应该付诸实践，应用到法律当中去。但令人感到非常惊异的是，道德决定论中的一些深奥理论却为理性主义者所发展，他们在法律责任（legal liability）的原始理论中对此进行了回应，那就是“个人得为其危险行为承担责任”，于是就有了在宗教上，对于那些无知的罪人所犯之罪过应该宽容对待，而在早期法律当中，对这种人是不会法外开恩的。当时的格言是：“不知

---

❶ See J. W. Jones, *The Law and Legal Theory of the Greeks: An Introduction*, Oxford University Press, 1956, p. 292.

❷ See F. Schulz, *History of Roman Legal Science*, Oxford University Press, 1953, pp. 69, 135, 295.

❸ 笛卡尔（1596～1650 年），法国数学家、哲学家，因将笛卡尔坐标体系公式化而被认为是解析几何之父。他的哲学思想基于唯理性的前提“我思故我在”（“I think, therefore I am”）。

其行为犯法者，必须有意地让其改正。”（*Qui inscienter peccat*，*scienter emendet*）

在英伦经验主义者看来，休谟的因果关系理论是基于习惯，这一点最为普通法学家所青睐。反观欧洲大陆，康德的因果关系理论却对法律上的因果关系理论没有产生多大影响。让我们再简单考察一下19世纪的哲学运动，从中我们可以发现一些因果关系理论，特别是科学哲学家们所提出的因果关系理论，比如边沁、孔德（Comte）、[1] 密尔（John Stuart Mill）[2] 及斯宾塞（Spencer）[3] 等人所提出的因果关系理论，不过，其因果关系理论仅从法哲学层面触及法律的日常实践。概言之，哲学能够使法哲学家或者法理学家将哲学因果关系理论进行引申、发挥从而将其适用于一般法理思维体系当中。这种情形，反过来对法律专家来说会形成一种刺激，从而驱动其对这些思想进行过滤，最终将其应用于法律实践。

与哲学因果关系存在着深刻渊源相比，法律界对因果关系理念及观点所持的看法则明显显得有些不以为然，很多法律人士已经直接将其视为一种普通的法律观念。但是，一直以来，法律界都在不停地忙于寻找、创设一种属于法律上的特定因果关系理论。直到19世纪，这种主体法律因果关系理论才开始显现，从此法律因果关系理念才直接进入到日常的法律生活当中。

三、原因在法律中的重要性

法律英文词汇“cause”（原因）与罗马法中的“causa”（也表示原因）一词都是古已有之的用法。[4] 这两个术语一直都表示以下含义：受害方所主张的权利，或者司法救济的形式，或者各方当事人为其行为所寻找的正当理由。其实原因一词所蕴含的根本思想，完全可以用一个非常普通的英文单词“because”（因为）来概括，这个词含有“cause”所应内涵的主要的以及普遍存在的含义。[5] 原告或者提起诉求者提起诉讼必须有“诉因”（cause of action），而被告要针锋相对地提出为自己辩护的“理由”，以对抗原告通过法律途径给他造成的不利。在市民法（Civil Law）以及部分残留的普通法中，原告

---

[1] 孔德（1798～1857年），法国哲学家，以实证主义创始人闻名于世。他还使社会学成为系统的科学。

[2] 密尔（1806～1873年），英国哲学家及经济学家，尤以其对经验主义和功利主义的阐释而闻名。其著作甚多，有《逻辑体系》（A System of Logic）（1843年）、《政治经济学原理》（Principles of Political Economy）（1848年）和《妇女的从属地位》（The Subjection of Women）（1869年）。

[3] 斯宾塞（1820～1903年），英国实证主义哲学家，他试图在其系列论著《综合哲学》（Synthetic Philosophy）（1855～1893年）中将进化论运用于哲学及伦理学。

[4] See T. F. T. Plucknett, *A Concise History of the Common Law*, Boston, 1956a, p. 17.

[5] See T. F. T. Plucknett, “Law,” *Encyclopedia Americana*, New York, 1956b, p. 89.

必须就为什么承诺必须得到实施提出正当的“原因”，比如临终前的赠与(*causa mortis*)。在传统上，“没有正当原因”一直都是各种司法程序形式中的常用语汇。因此，毋庸讳言，这些以往法律中的“cause”用法都是其最质朴含义的体现。等法律日趋走向成熟时，特别是到了现代普通法及市民法阶段，法律学者们就开始为构建法律上的因果关系理论进行了不懈的研究，概观之，他们所构建的因果关系理论是源自三个比较类似的因素考虑：自然因果关系(physical causation)；在达致某一目标时主体的主观心理状态；以及在作出法律裁定或者拒绝给予法律救济时所潜藏的法律政策。这三个因素可以作为对原告诉求进行表面审查时可资参考的部分考量因素。举例来说，原告声称遭到被告殴打，那么原告必须证明被告实质上对他进行了身体攻击（自然因果关系)。另外，他还必须证明被告的攻击行为是有意或者无意的，并造成他受伤害。最后，他还得证明对被告的加害行为法律给予救济是有其正当理由的。这种法律因果关系模式明显与哲学角度的因果关系存在不同。在法律上，如果致人伤害，则致害者必须承担责任。反过来说就是，如果你碰巧要承担法律责任，法律会倾向于指出是因为你造成了他人伤害。大多数就法律因果关系本质属性所在而引发的无穷争论就是缘于前述这个简单的思路。在法律学术界，对于法律因果关系的本质几乎没有一致意见。各方观点是五花八门，有声称因果关系存在于所有法律现象当中者，有否认因果关系是一个必要条件者，甚至有认为因果关系是法律责任领域中的一种辩解观念而已。在这些极端的观点之间，因果关系理论从来没有停止过发展，学者们一直都在不断对这个主题进行检讨、辩护，其观点精彩纷呈，所生产的著述当然也是蔚为大观。

四、历史视角中的法律因果关系

从前文的考察我们已经可以非常清楚地看到，在高度发达的希腊及罗马法律制度中，其因果关系理论都是最为朴素的那种。在此有必要特别作出解释的是，古希腊的法律实践很多时候都受到那些具有雄辩才华的法学家们在辩论时所提出的一些奇思妙想的影响。但是，他们没有把因果关系当成是法律责任的逻辑以及不可分割的部分给予太多关注。在这方面，罗马法与普通法就迥然不同，这两种法律制度的理论支撑主要是源于法律实践，并且很大程度上有赖于各种诉讼形式的不断创新。在当时的罗马法学中，需要的是一种一般的因果关系理念，这种理念在当时的《阿奎利亚法》(Lex Aquilia）规则中有充分体现，即：只有“直接”受到的伤害才可以得到补偿。还有一些体现在不同时期执政官所颁布的法令的非正式程序当中。

不过，在早期的普通法当中，通常认为那时采用的是一种严格责任制度，也就是说，被告实施加害行为时的心理状态是故意还是过失在所不问，一律要承担责任。于是，仅有自然因果关系是存在问题的。这种辩解是个例外。欠缺自然因果关系将直接意味着原告不知道发生了什么，或者不知道谁导致了他的伤害，或者说是什么导致了他的伤害。原初的法律制度倾向于对提起法律诉讼设立严格的条件，并且一般是难以达到的。因此，自然因果关系通常具有关联性，但是很大程度上都是被人们想当然的。

原初的法律制度对于目的性因果关系（purposive causation）也是描述不多，意即对于被告是故意通过其行为引发一系列结果，以及其实施行为是否存在可归咎的过失在所不问。实际上，在原初的法律制度当中，因果关系问题要么是被当时严格的诉讼程序掩盖，要么是因为那些久远而又完整的习惯对于义务之过度重视而被遮蔽。

后来，在西方世界成熟的法律制度当中，特别是在对侵权行为和犯罪行为进行规制时有了法律责任之规定，不过对于这两种类型的法律责任，这些法律尚没有进行区分。当时，法律能力和法律义务同存于一个整体范畴之中，被视为一个法律实体，对个体受到伤害之情形提供法律救济。因此，因果关系自然就成为这个整体范畴中的一部分。到后来，当成年男性公民及自由民被视为法律主体时，那种“整体”因果关系及责任理念一直都得到延续。对于一家之长来说，他们有义务为其家族成员，包括那些法律人格受到限制的家族成员的行为整体承担责任。这样，一个庞大的法律惩罚制度就这样发展成形了，那些对其伤害行为无法作出合理解释者将受到法律惩罚。

五、现代法中的因果关系

在现代法中，法律人格几乎赋予了几乎所有成年人，和原初法律中范围广泛的法律责任相比，现代法中的法律责任有所缩减。现在，我们一般都知道被告是不能随便因某一过错被强加责任的，除非其行为实质性地侵害了他人，或者法律认可他的这种过错行为形成了某种近因。这种所谓的近因观念会牵涉到某一事件发生之前所发生的行为，但是只有一个或者若干行为可以被甄别为最近原因，很明显，这种思想可以追溯到中世纪著名的大哲学家托马斯·阿奎那（Saint Thomas Aquinas）。但在英国法中，人们通常会认为是培根最先使用这种表述，因为他曾经讲过：“法律只关注近因，而不是远因。”❶

到了19世纪，英国及美国法中开始使用因果关系的观念，并且主要是用

---

❶ 该话语的英文表述为：The law looks to the proximate, and not to the remote cause，拉丁文表述为：In jure non remota causa, sed proxima spectator.

于侵权法领域，以其作为事故发生率不断增高后对责任进行限制以及伴随产业革命而发生的大量财产损害进行责任限制的一种手段。在早期的案件中，因果关系及其他手段，特别是介入原因（intervening cause）理论、促成过失理论（contributory negligence）以及自担风险理论（voluntary assumption of risk），这些理论的目的就是为了帮致害人减轻责任承担，因为那个时候，作为单一农业社会的成员，他们通常因其行为导致他人丧失生命或者造成他人财产损害，由此看来这些制度明显有利于他们减轻责任承担。如果用单纯的自然因果关系来进行责任归咎的话，那么当时不断发展的工业以及运输行业，可能会因其商业活动造成的他人伤害而责任沉重，不堪重负，进而无法发展。就在这种紧急关头，最近原因及介入原因的思想就开始出现，就这样，那些原来被视为是造成伤害的自然原因的损害行为不断被免责，取而代之的是最近原因损害行为，是造成伤害的实质性因素（substantial factor），或者是被告行为造成了“自然而然并且具有高度可能性的损害后果”。此后，自然因果关系与法律因果关系之间的重大区别就成为所有工业高度发达国家，特别是美国和英国司法判决中争论不休的主题。自然因果关系观念因为对原因本质的科学探讨不断得到丰富。18 世纪的法律中通常将自然原因与结果观念作为一种盖然现象对待。特别在证明问题上，法律开始接受这样的理念，即：法律不能明确地将那种假设的原因认定为对某一后果负责的关键因素，这种假设原因顶多只能使法院作出一个大概的裁定。不过，这种理念到了 20 世纪重新开始盛行起来，各种英美案例及评述开始借用概率理论来阐述自然因果关系。此时，自然因果关系顶多只被人们视为判明责任时的一个必要条件（conditio sine qua non）。如果原告不能证实自然因果关系存在，那么其所持观点就等于诉讼根据不存在。如果原告确实证明了自然因果关系的存在，那么他就必须进一步证明被告的损害行为是造成其受伤害“最近的”或者“法律”原因。于是乎，法律上的因果关系就成为一种法律政策问题，不过说得具体些，这种法律因果关系是从是否与责任承担有关的自然因果关系链条中经过筛选后总结出来的。质言之，法律因果关系应该被视为是一种法律政策，在判明责任时，起作用的不是因果关系而是司法政策的运用。

我们对各种案件进行仔细考察时就会发现，同样类型的行为，有时会承担责任，有时则不会承担责任，责任的判明关键是看被告的行为是否查明是故意而为之，还是存在过失等情形。这样看来，好像重点不是放在因果关系上，而是司法政策在评估责任承担上起主要作用，因为此时法官判明责任时是基于被告的主观心理状态，而不是基于被告行为所构成的因果关系链。基于一些其他的司法政策考量，诸如高度危险行为责任、缺陷产品责任等责任归咎都抛弃了因果关系。

当代就因果关系进行广泛深入探讨的当属H·L·A.哈特（H. L. A. Hart）及A·M.奥诺希（A. M. Honoré）合著之《法律中的因果关系》（Causation in the Law）❶一书。不过，两位作者所阐述的法律上的因果关系理论，从本质上看是非哲学性的、是一种以法律专业为导向的个别阐述，其中充满了人们对当下因果关系内涵的所具有的通常见解。有一点自相矛盾的是，该书阐述的观点却是通过哲学理论来架构的，不过其中的哲学理论是通过那种“平实的语言”来表述其哲学观的。这种观念本身其实已经非常久远，其不仅源于罗马法时期法学界存在的反哲学偏见，而且本质上还源于哲学观念与吸收了其观念的学科之间的同质化方式。对此，哲学家们可能对于专攻法律因果关系方面的学者主张可能表现出不以为然，因为在其看来，法律因果关系跟哲学其实已经不搭界了。弗里德里克·波洛克爵士（Sir Frederick Pollock）曾言，“法学界人士在逻辑以及纯粹哲学方面是不敢冒险跟哲学家们进行争辩的，这一点也突出表现在对原因思想的探讨上。”❷但是，我们必须记住一点，有科学之父美名的哲学不也是一直饱受批评吗？

不过，我们可以在莫里斯·科恩（Morris Cohen）以及菲利克斯·恩（Felix Cohen）的著作中找到声称对法律因果关系本质的深层次解读确实要求助于哲学知识的说法。❸而且，菲利克斯·科恩特别感兴趣的是将场理论（field theory）以及文化相对性理论应用于法律因果关系理论当中，显得非常独树一帜。❹

法律因果关系不仅涉及是谁或者是什么导致损害的问题，而且还涉及可归咎于被告行为的伤害程度问题。某人无心将一个尚未完全熄灭的火柴扔掉，结果导致大火，使得整个船舶及其上面的货物烧毁。在现代，几乎所有有关法律因果关系的理论都以过错侵权行为法为中心，那么问题就出现了，那就是被告是否应该能预测到其过失行为可能制造的所有不合理损害风险呢？于是乎，法律界就开始架构“理性人”（the reasonable man）理念，从而将一系列身体的、

---

❶ 该书中文版已出，参见H·L·A.哈特、A·M.奥诺希：《法律中的因果关系》，张绍谦、孙战国译，中国政法大学出版社2005年版。

❷ See Frederick Pollock, *Law of Torts*, London, England: Stevens and Sons, 1887, p. 3.

❸ See M. R. Cohen and F. S. Cohen, *Readings in Jurisprudence and Legal Philosophy*, New York, 1951, pp. 233 ~268.

❹ 场理论在物理学中，曲线积分和曲面积分有着广泛的应用。物理学家为了既能形象地表达有关的物理量，又能方便地使用数学工具进行逻辑表达和数据计算，使用了一些特殊的术语和记号，在此基础上产生了场论。See F. S. Cohen, “Field Theory and Judicial Logic,” *Yale Law Journal*, 59 (1950), pp. 251 ~259.

心理的以及道德意识和反应赋予了这种“理性人”，并且形成了比较一致的折中观念，那就是：一个具有通常能力并且具有合理谨慎的人应该知道如何处理其事务。有时，这种理性人会显得格外迟钝，有时则他会被赋予几乎近乎神才有的预知能力。法律因果关系研究者既想努力通过已有的、丰富的因果关系理论来描述法律决策过程，又想极力在剥离事实之后，对已有的案件裁决原则进行分析，以期为将来的案件裁决及法律发展提供指导。

在英美法中，过错侵权行为法可以说是孕育所有现代复杂因果关系理论的摇篮。以其为起点，在其他侵权行为法领域开始弥漫着各种因果关系理论，后来还发展到合同法领域，其中特别集中在被告违约造成损害该如何确定其损害范围问题上，后来，这些理论还辐射到刑事法领域，但在刑事法领域关键的问题不在于损害范围界定，而在于禁止性行为与犯罪行为之间的关系如何界定的问题。❶

六、余论

假设在古老的奥林匹克运动会上，一小孩不巧被一标枪运动员掷出的标枪意外刺死；在现代，我们也会碰到类似的意外事故，比如，某人在曲棍球赛场旁观比赛意外被一突如其来的冰球击中头部，虽然都是意外事故，相隔数千年，但是，要确定其中法律因果关系仍旧不是那么容易的事。今天，曲棍球比赛的旁观者可能会因为愿意“自冒风险”而从法律上裁定其自己承担损害。在古希腊，可能会说是那个小孩自己撞上了标枪致死，当然责任自负。不过，现代责任理论都倾向于通过直接或者间接转移损失的方式极力减轻个体责任，方式很多，比方说，要么让那些能力更强的人为此损失埋单，要不就是通过保险的方式将损失分散，最后通过更高价格形式让消费者来为此损失共同埋单。

因此，笔者认为自然因果关系仍旧该被视为是基础性的因果关系理念，它是一种目的性因果关系理念，而且，当现代法律人想到法律因果关系时，它还是一种法律政策（法律目的）考量。对于侵权行为因果关系的阐述，大陆法系国家主要有“等值说”“原因说”“义务射程说”“相当因果关系说”“法规目的说”以及“概然性说”等，作为大陆法系成员国之一，这些学说在我国民法界探讨比较多，其中得到较多支持的是“相当因果关系说”和“盖然性说”，民法学界以及司法实践中又倾向于此两种理论。笔者认为这些理论都有其合理性，但是前文已有述及，其实这理论都是基于一定法律政策考虑，为达到保护法益之目的而不断创造衍生出来的。对于大陆法系这些因果关系学说的

❶ Hall, *General Principles of Criminal Law*, Indianapolis, 1947, pp. 256 ~ 266.

介绍性文章已经汗牛充栋笔者在此不做介绍，此其一；其二，这些理论当中，与本研究主题相关的主要是“相当因果关系说”和“盖然性说”，而这两个学说都是基于一定的科学研究抽象出来的，对于科学研究乃至科学证据在潜伏性毒物致害侵权因果关系的证明所起的作用笔者在后文将有详细阐述。

第二节　英美法系侵权行为法上的因果关系理论

英美法在因果关系判断上贯彻了被称作“两分法”的基本方法，即事实上的因果关系与法律上的因果关系。直言之，这种方法通常要解决两个方面的问题：一是造成受害人损害的事实原因是什么？二是受害人所受损害在法律上的原因又是什么？[1]首先，确定行为人的行为或依法应由其负责的事件是否在事实上属于造成损害的原因，即是否存在事实上的原因（Cause-in-fact）。其次，再确定已构成事实上原因的行为或事件在法律上是否可认定为对损害负责的原因，即是否存在法律上的原因（legal cause），又称“近因”（proximate cause）。也就是说，确定侵权法的因果关系，先要考察是否存在事实因果关系，如果存在，进而考察是否存在法律因果关系，是一个递进的考察过程，事实因果关系不存在，就没有必要也无从考察法律因果关系，只有两个方面都成立，才能据此确定侵权责任。

一、事实因果关系与法律因果关系

（一）事实因果关系概述

具言之，事实上的因果关系是指导致损害发生的客观原因，是那种撇开法律规定的设计，不含有法律价值判断因素或者法律政策考量，根据人们的常识加以判断的纯粹事实判断。“这是一个事实上发生了什么的问题，原因是必要条件，在相当真正和实际的意义上，这一术语包括没有它们将不会导致结果发生的所有事项。它不仅包括确定的行为和积极的物质力量，而且包括在事件的发生中起了实质作用的、先前存在的被动静止状态，尤其是被告的行为和疏忽。”[2]

（二）法律因果关系概述

《布莱克法律词典》对“proximate cause”的解释是：“1. 那种在法律上足

---

[1] Raymond Youngs, *English*, *French* & *German Comparative Law*, Cavendish Publishing Limited, 1998, p. 299.

[2] See William L. Prosser, *Law of Torts*, 4th ed., West Publishing Co., 1971, p. 237.

够导致责任的原因；或者法律认为某作为或不作为导致了一定后果，因而让行为者承担其责任。2. 直接导致某事件发生的原因，并且若非由于该原因事件就不会发生。"[1] 如果被告的行为是原告所受损害的事实原因，法院就必须考察在法律上是否有充分的理由判定其对原告所遭受的损害承担责任。换句话说，法律因果关系的认定是指确定在事实上对损害结果具有因果关系的侵权人的加害行为是否应成为该侵权人承担侵权责任的依据。其主要目的在于对不当行为的责任承担进行合理的限制，避免责任的无限制扩大而导致不公平现象出现。[2] 法律因果关系问题一直以来都是困扰英美法学界的问题，虽然理论上屡有创新，但要想用一两个规则或模式就将这个问题一劳永逸地解决掉，现实已经证明是不可能的。它主要的判断方法有直接结果理论、可预见理论以及风险理论等，各种方法之间也互相渗透，而且由于因果关系的"法律性"，在实践中，不得不考虑公平正义等价值、社会政策[3]以及经济性等诸多原则的协调和相互影响，因此，对上述判断规则的修正随着司法实践的延伸不断处于发展状态。

二、事实因果关系与潜伏性毒物致害侵权

前已述及，从传统上来讲，法律上的因果关系包含两个部分，即事实因果关系（cause-in-fact）以及近因（proximate cause）。一般来说，在这两个构成部分中，事实因果关系要件相对比较容易判断些，因为它只要求在造成伤害的事实中剥离出主要事实。比较而言，近因却不一样，它更多的是基于政策考量，说得更具体些是基于司法政策的考量，而不是基于事实考量。这种基于政策考量的因果关系指引法院对那些被认定为是造成伤害的法律原因的事实进行确认。但是在潜伏性毒物致害侵权行为中，将传统因果关系理论用来分析所涉问题将面临巨大挑战。

在潜伏性毒物致害侵权诉讼中，最麻烦的现实问题是原告通常直接指出被告的行为或产品与其所受伤害之间存在事实上的联系。毒物造成伤害时通常会潜伏着病因，这种状况与传统侵权行为中的一般性创伤或者急性伤害（如被机动车撞伤）存在明显不同。在此，以艾伦诉美利坚（Allen v. United States）[4] 一案为例，在该案中，法庭就遭遇了原告所称其所罹患白血病与美

---

[1] See Bryan A. Gardner ed., *Black's Law Dictionary*, Thomson West, 2004, p. 234.

[2] *North v. Johnson*, 58 Minn. 242, 59 N. W. 1012 (1894).

[3] See W. Page Keeton et al., *Prosser and Keeton on the Law of Torts* §41, 5th ed., West Publishing Co., 1984, p. 264.

[4] *Allen v. United States* (816 F. 2d) 1417 10th Cir 1987.

国政府原子核试验项目所释放出的放射性物质有关。在该案中，法庭明确将所涉毒物致害侵权中的因果关系认定与传统侵权行为因果关系认定问题进行了区别：在大多数案件中，被告行为与原告所受伤害之间存在事实联系一般都不会成为有争议的问题。通常情况下，在这些一般侵权行为中，原因与效果之间的关系非常明显。A 的车撞上 B 的车，导致 B 受伤；A 生产的玻璃瓶爆炸致 B 受伤；A 所有稻田中的贮存的水溢出致 B 的土地被水渍，从而直接导致 B 出现损害。

在本案中，要想从被告行为中筛选出导致原告伤害及死亡的事实联系是非常有争议的。对事实因果关系，或者事实联系的确定，是一个非常复杂的问题，主要考虑以下因素：原告所受伤害的本质……因果关系机制的本质……特定的时间因素以及其他变量……❶

在艾伦案中最复杂的问题是：原告暴露于其所指称毒物与其所明显反映出来的疾病之间存在潜伏期。因为这种毒物暴露与其所罹患疾病之间没有直接显露出来，因此就出现一个问题：其间除了首次暴露于所声称的毒物外，是否会有其他介入因素，因为这些介入因素也可能会导致或者已经导致原告受到伤害。

在该案中还存在另一复杂问题，那就是原告所声称罹患的癌症不具有“非典型特征”，在实验期间，这种疾病不仅出现在暴露于该放射性物质的人群当中，而且在没有暴露于这种放射性物质的一般人群中也出现过。更为甚者，尽管暴露于放射性物质与原告所声称罹患的疾病存在联系，但暴露于其他物质及毒物源头也会导致这种疾病。因此，实际上暴露于放射性物质会导致原告伤害是不确定的。

此外，还存在一个相关问题，那就是科学界尚无法确定很多疾病的真正病因所在。科学研究还没有就有害人类的致癌物质、致突变物质以及致畸物质得出一个确定性的总体结果。此外，因为通常情况下缺乏原告治疗医生或者其他专业医疗人员那里获得临床证据，因此要想建立起那种事实联系就更加困难。对于原告的诉讼请求来说，事实联系如果都不能证明，那么这一必要条件的欠缺必然会导致诉讼难题出现。

尽管如此，科学界对疾病发病机理的研究以及因果关系的法律证明之间所存在的关系使我们有必要对科学证据的可接受标准进行严密分析。相关内容后文还将继续探讨。

---

❶ *Allen v. United States*（816 F. 2d）1417 10th Cir 1987.

三、一般因果关系、特定因果关系与潜伏性毒物致害侵权

每一种因果关系分析，如果不以明确的方式，就会以那种含蓄的方式对一般因果关系和特定因果关系作出决定。一般因果关系（gengeral causation），在英美判例法中通常被称为“普通/非特殊因果关系”（generic causation），在涉及潜伏性毒物致害侵权时通常指在原告所声称的特定环境中，由于暴露于特定毒物可能会导致原告受到伤害。一般因果关系只是断定损害存在的第一步，第二步就是对特定因果关系（specific causation）的确定，而特定因果关系则旨在证实暴露于毒物确实造成了原告的伤害。[1] 在一般侵权行为诉讼中，这种双重分析通常被糅合在一起。比方说，在机动车事故中因为撞到了挡风玻璃，原告头部受伤，可能会造成原告脑震荡，实际上此时因为该事故原告得了脑震荡。通过事件的逻辑发展以及相关支持性证据[2]证实该机动车事故导致了原告的脑震荡。

但是，在潜伏性毒物致害侵权诉讼中，这种分析方式被弱化。我们经常提到的石棉接触就是一例，这种潜伏性毒物致害侵权因果关系非常容易分析得出。因为科学研究已经显示暴露于石棉纤维会导致机体肺部功能衰竭，也即尘肺病。在经过一段潜伏期或者十几年后，这种疾病最终显现出客观的症状来。那么，受害者该如何证实其所罹患的疾病就是很多年前暴露于石棉环境而引发的呢？尘肺病被认为是长期暴露于石棉纤维环境会罹患的一种“标志性疾病”（signature disease），因为已经有临床试验能够确切地证明长期暴露于石棉就会诱发该疾病。因此，在原告当中准确地诊断出患有尘肺病的话，就证明了特定因果关系成立的必要证据。原告暴露于石棉环境罹患尘肺病比原告罹患其他类型的疾病更容易确定因果关系，原因何在，乃已有临床科学证据表明这种疾病是暴露于石棉环境的一种“标志性疾病”。

但是，声称曾接触某毒物并且致病者尚不能证明他所罹患的这种疾病与接触该特种物质存在密切关联，简言之，其所罹患的这种疾病尚不是接触该毒物所患的“标志性疾病”。再回到艾伦诉美利坚案，在该案中，原告所称罹患的

---

[1] See *Sterling v. Velsicol Chemical Corp.* 855. F. 2d 1188，1197（6th Cir. 1988），在该案中，原告声称受被告埋入地下的危险化学物污染，他们遭受了严重的人身和财产损害。该案的审理既涉及一般因果关系，也涉及特定因果关系，一般因果关系是针对原告团体来讲的，而特定因果关系是基于个体来讲的。在 Merrell Dow Pharmaceuticals v. Havner，953 S. W. 2d 706（Tex. 1997）案中，法官也持类似观点。

[2] 即那些明显可以得出因为该事故导致原告头部用力撞在挡风玻璃上并且片刻就显示出原告有脑震荡症状。

癌症与普通人群所罹患的癌症没有什么区别，也就是说，这种疾病尚不能证明其与暴露于该毒物存在特定因果关系。原告所能做的充其量只是能够证明暴露于这种物质可能会导致疾病，也就是说，这种暴露与所罹患疾病之间存在一般因果关系。

在英美民事诉讼中，在证明因果关系时所采用的标准是优势证据（preponderance of the evidence）原则，而我国最高人民法院所新颁布的规定《最高人民法院关于民事诉讼证据若干问题的规定》第73条所采纳的“高度盖然性标准”，[1] 也就是说如果潜伏性毒物诉讼中的原告不能证明其所罹患的疾病与其暴露于某特定物质存在特定因果关系，那么其诉求在法律上将会出现重大障碍。因为，原告的诉讼请求是否会被法庭采纳，关键看他提供的证据证明其所受伤害是由被告行为或者产品在证明力上是否大于被告所提供的对抗证据。

四、潜伏性毒物致害侵权诉讼中的盖然性证据

为了在潜伏性毒物致害侵权诉讼中胜诉，大多数潜伏性毒物受害者的目标就是要拿出具有可能性较高的证据证明因为暴露于毒物程度非常深并导致疾病，否则因为缺乏事实因果关系证据，这些受害者就会得不到补偿。在美国毒物致害侵权诉讼实践中，通常认为盖然性证据包括统计研究数据以及公开出版的医学数据，这些数据是潜伏性毒物致害侵权诉讼中原告证明其损害因果关系成立时最经常出示的证据形式。明显不同的是，在一般侵权诉讼中，比如，殴打致伤诉讼，原告的治疗医生或者医疗鉴定机构所开具的治疗证明就可以直接作为证据使用。在传统侵权诉讼中，尽管法庭会尊重各种各样的间接证据（circumstantial evidence），但是对那种盖然性证据通常会表示出冷淡甚至轻蔑。

特洛任·布勒南（Troyen Brennan）曾经考察得出一种观点，即科学从牛顿的宇宙定律发展到后来的量子物理学及相对论，很明显呈现出一种发展的态势，但是在毒物致害因果关系上却止步不前。他指出：[2]

在毒物及其对个体伤害的科学联系之间现在依赖的是那些盖然性证据：流行病学研究以及统计相联（statistical associations）。科学哲学家对于这种证据

---

[1] 该规定第73条指出：“双方当事人对同一事实分别举出相反的证据，但都没有足够的依据否定对方证据的，人民法院应当结合案件情况，判断一方提供证据的证明力是否明显大于另一方提供证据的证明力，并对证明力较大的证据予以确认。因证据的证明力无法判断导致争议事实难以认定的，人民法院应当依据举证责任分配的规则作出裁判。”对于优势证据与高度盖然性标准之间的区别与联系，后文将详细论述。

[2] Troyen Brennen, Causal Chains and Statistical Links: The Role of Scientific Uncertainty in Hazardous-Substance Litigation, 73 *Cornell Law Review*, 1988, p. 469.

很容接受，实际上接受这种概率性推理在物理学以及医学领域非常常见……［两相比较］，侵权行为法的矫正正义应该假设这种由于行为者致害所形成的可追溯的因果关系链的存在……

然而，时至今日，普通法法院……却一直在完全固守那种与 18 世纪科学因果关系理论相一致的个体责任理念。

在附录引例中所列举的“橙剂”案中，当时的法庭就要求原告提供那种“可追溯的因果关系链”。在该案中，因为原告方面所提供的盖然性证据存在缺陷，主审法官温斯廷就曾指出，“根据证据规则，原告方面提供的证据在特定因果关系的概率上低于 50%”。❶ 正因为认为原告证明因果关系在概率上不具有优势，法庭最后认为通过和解方式结案比较公正一些。

另一个对盖然性证据存在抵制情形的是 DES 案，这一点很明显反映在对采用市场份额责任原则的系列案件上。❷ 即便在 DES 这种非常特别的案件中，法院一般都会拒绝适用某种形式的集体责任，因为他们认为原告不能确认特定的被告，或者说，原告不能确定是哪个被告生产了导致原告损害的产品。市场份额责任是根据各 DES 的生产商在该药市场上所占的统计百分比来计算的，至少从理论上来看，这种份额安排其实反映了被告厂商生产的 DES 会被原告母亲吞服的概率。在海默维茨诉艾利·莉莉公司案中❸也采用了市场份额责任原则，但是该案判得更加极端，它以全国市场为基础，将那些实际上不应该承担责任的厂商也算了进去。因此，此举引起了很多批评人士对市场份额责任的不满，要是都采用这种盖然性证据，那么就有可能存在这样的情形，即：那些实际上没有造成原告伤害的被告也要对原告所受的伤害承担责任，这种做法未免过于偏激，因此，对于市场份额责任原则，在很多州法院被拒绝适用。

五、法律上的确定性与科学上的确定性

在潜伏性毒物致害侵权诉讼中，因为原告指称所遭受的损害与被告的侵权行为与产品之间通常存在不确定性，对于这种不确定性，该如何评价，其实通常会涉及科学上的确定性与法律上的确定性之争。这两种确定性之争其实区别非常远，完全不一样。科学家所要求的确定性通常要达到 95% 左右，也就是

---

❶ *Agent Orange Product Liability Litigation*, 597 F. Sup. 749 (E. D. N. Y. 1984).

❷ *Sindell v. Abbott Laboratories*, 26, Cal 3d. 588 597, 607, P2d. 924. 928, 163, Cal. Rptr, 132 136. cert. denied (101)，对于该案笔者将在后文进行详细探讨。

❸ *Hymowitz v. Eli Lilly & Co.*, Court of Appeals of New York, 73 N. Y. 2d 487, 539 N. E. 2d 1069, 541 N. Y. S. 2d 941. Cert, denied, 493 U. S. 944 (1989).

说在毒物暴露与相关病情之间的关联可能性要达到95%以上才算得上是确定性的。但是，在民事诉讼上的确定性要求就低得多，在英美民事诉讼中，采用优势证据原则，作为事实裁判者的法官与陪审员会对诉辩双方所提供的证据进行权衡，只要确信一方的证据力超过50%，那么该方就会赢得诉讼。因此，在英美法中所谓的法律上的确定性，实质上讲的是法定诉讼证据的标准要超过50%。包括我国在内的大陆法民事诉讼规则中，通常都采用的是“高度盖然性标准”，这种诉讼标准是否也要求达到诉讼证据力超过50%，尚未达成一致意见。[1] 其实，真正的问题不是95%与50%这两组数据之间差距，而是将科学上的确定性标准转化为法律上的确定性标准时所出现的问题。从本质上来讲，在这两种确定性之间并不存在直接的相关性。因此，仅有单项研究断定某化学品与某疾病之间存在联系可能并不能满足法律的确定性标准，尽管这一单项研究的结果可能很重要。但对于一个没有达成科学共识的因果关系证明，在法律上要获得认可可能也非常困难。一直以来，对于科学上的确定性与法律上的确定性之间的联系与区别从来都没有停止过争论，特别是什么样的科学证据才算是适当的证据标准问题。

对于科学证据的认定在美国法上的实践尤为值得关注，本书也将在后文重点探讨。

第三节 潜伏性毒物致害侵权中的因果关系判定：科学证据

前面我们已经探讨过潜伏性毒物致害侵权诉讼与一般侵权诉讼存在的诸多区别，其中最为重要的一点就是潜伏性毒物致害侵权中的因果关系确定问题是一个非常复杂的问题，它涉及不同于普通民事诉讼所出具的普通证据——科学证据，也就是说，在证明潜伏性毒物与受害者所声称的疾病之间存在高度盖然性联系时，需要科学、科学方法、科学知识以及专家的介入，以判定一般因果关系及特定因果关系的存在与否。

一、科学证据

（一）科学、科学方法与科学知识

尽管各种词典、辞书以及科学家对“科学”的定义各执一词。但是，当我们再去阅读科学哲学著作对科学本质的讨论时，同样会发现不同的流派也是谁也不服谁。对“科学”这种异常复杂的事物，是很难有一个一致公认的简

---

[1] 对于两大法系民事诉讼的证明标准，笔者将在后文详细探讨。

明定义，因此在科学哲学界有各种各样的有关科学本质的学说，“百家争鸣，百花齐放”，这种不同其实很正常。因此我们没有必要老是纠缠怎么给科学进行恰当的定义。我们应该更关心的是判断科学和非科学的标准。科学界对判断什么是科学，有公认的标准，它们被广大科学工作者自觉地或不自觉地应用着。这个标准主要有四套：逻辑标准、经验标准、社会学标准以及历史标准。其中最主要的是逻辑标准和经验标准。这里说的经验，不是生活经验、历史经验的经验，而是哲学上的经验，其实就是指观察、实验，故也可以简单地把科学说成是逻辑加实证。

从逻辑角度考察，第一，科学理论必须是自恰的，即本身能做到逻辑上的一致性，至少能自圆其说，不能前后自相矛盾。第二，科学理论必须是简明的，不能包含不必要的假设和条件，为以后的失败留下借口。第三，科学理论必须是能够被证伪的，不能在任何条件下都永远正确、不能有任何的修正。第四，科学理论必须是有明确界定的应用范畴的，只在一定的条件下、在一定范围里面才能够适用，而不是无所不能、无所不包。从经验上看，第一，科学理论必须是可以用实验或观察加以检验的预测，而不能只是空想。第二，在实际上已有了被证实的预测，也就是说，一个科学理论不能只被证伪，却从未被证实过，否则这样的理论是无效的。第三，检验的结果必须是可以被人反复复制才行，而不是别人无法复制。第四，对于辨别数据的真实与否要有一定的标准，什么是正常现象，什么是异常现象，什么是系统误差，什么是偶然误差，都要划分得清清楚楚，而不是根据自己的需要对结果随意解释。❶

科学是一种社会现象和历史现象，因此一个理论即使符合了逻辑和实证的标准，也未必会被科学界接受，还要从社会学和历史的角度看它是否有效、有用。“接近真理”是科学的本质所在，与其他相比，科学最强调怀疑和创新，因为科学是以不存在先知先觉为前提的。同时科学也非常强调继承和借鉴，认为所有知识都是人对客观世界的认识，虽然科学追求的是主客观世界的统一，但毕竟主观世界与客观存在并不是一回事，知识再正确，也只是逼近对真实世界的描述，而不是客观世界。科学家们懂得他们的理论一开始就是近似，所以他们从未指望从其理论导出的结论与真实世界无丝毫误差。所有的知识是人类构造的，是主观世界的产物，即使存在外星人，也只可能是比地球人更进化而已，他们也会有错。自然界的秘密存在于自然界本身，自然界以其自身的多样特点表现自己，但不会以文字形式借上帝之口明确地表达出来。可见用“接

❶ 资料来源：http：//baike. baidu. com/view/3805. htm.

近真理”这一表述既强调科学的严密性，又强调了科学对世界的认识意义。[1]

那么，到底什么样的理论能算得上是科学呢？对此，哲学家波普尔有过精彩论述。“要我确定接受某个体系是实证的或者是科学的，除非它能够为实践所验证……不是体系的可证实性而是其证伪性才可以作为划分二者界限的标准。换句话说，我不是要求某个科学体系在肯定意义上一次性地被甄别出来，但是我要求其逻辑形式在否定意义上通过实证检验进行甄别，也就是说：实证科学体系必须有可能通过实践进行辩驳。”[2]“每一种良好的科学理论都是一种禁律，它要禁止某些事情的发生，理论禁止越多，该理论就越好。理论不能被任何可以理解的事件辩驳就是非科学的……理论的科学地位评判标准就是其可证伪性、可辩驳性或者可验证性。”[3] 为了具体阐述这些标准，波普尔列出了一些具体的检验标准及理由，即：（1）对于任何理论来说，如果我们要寻找确证的话，我们都可以很容易为其找到确证或者证实。（2）只有当确证是风险性预言的结果时，确证才算得上是确证，也就是说，如果被存在疑问的理论蒙蔽，我们就应该期待与此理论不一致的事件出现——这个事件应当是那种可以反驳这个理论的事件。（3）任何“良好的”理论都是一种限制，它可以阻止一些事件的发生，其限制越多，就越好。（4）任何不能用可以想象到的事件进行反驳的理论都是不科学的。不可反驳不是一个理论的优点（虽然人们经常这样认为才是真正的理论），而是其缺点。（5）对某一理论的任何真正检验就是努力去否定它，或者驳倒它。可检验性就是可证伪性；但是可检验性有程度上的不同：有些理论比别的理论更容易得到检验，更容易驳倒；这样，它们好像承担着更大的风险。（6）确定性的证据要想具有相当价值，它必须是对该理论进行真实检验后的结果；而且，这意味着，它是在对一项严肃却又不成功的证伪理论进行尝试。（7）有些真正可检验的理论，当被发现是错误的时候，仍会被其追随者坚持，比方说，专为其引入一些辅助性的特别假设，或者为使其避免被驳倒而对该特定理论进行重新解释。通常情况下，这种程序很好找，但是要想拯救该理论不被驳倒则只有以牺牲它为代价，或者至少要降低其在科学中的地位才行……[4]

（二）科学方法概述

科学方法是对现象进行调查、获取新知、纠正并整合先前知识的技巧总

[1] 资料来源：http：//baike. baidu. com/view/3805. htm.

[2] See Karl Popper, *The Logic of scientific Discovery*, Basic Books, 1959, pp. 40 ~ 41.

[3] See Karl Popper, *Conjectures and Refutations*, Routledge, 1992, pp. 36 ~ 37.

[4] Cf. , Kenneth R. Foster & Peter Huber, *Judging Science and the Federal Courts*, The MIT Press, 1997, pp. 40 ~ 41.

和。它基于特定的推理原则来收集整理那些可感的、实证的以及可衡量的证据，通过观察和试验来收集数据，以及形成并检验假设。尽管各个探索领域的程序会存在不同，但是科学探索的明确特征与知识的其他方法论存在不同。科学研究人员会把假设当作对事物的解释，并且为了检验这些假设会去设计实验研究。这些步骤必须得反复进行以便预知可靠的未来结果。那些包含范围广泛的探索研究可能会将各种假设以一种一致的架构结合在一起。这样就可以帮助他们形成新的假设或者将不同的假设置于某一背景。其实，各种领域的探索研究都共有一个特征，那就是要确信这个过程必须客观，尽量减少对结果存在偏见的解释。另一个基本的期待就是建立、保存并分享各种数据以及所采用的方法论，以便其他科学家可以进行详细审查，只有这样做才可以使得其他研究人员有机会通过反复这种实验来证实结果是否为真。这种做法称为完全披露(full disclosure)，还允许通过统计方式建立可信的数据。

其实，我们今天所称科学的基本内涵一般限于实证研究，其中更会涉及科学方法的运用。科学方法要求以一种重复检验的方式对自然事件进行解释，并且能够通过重复检验的方式对事件进行有价值的预测。它是通过对自然现象进行观察或试验，尽力找寻将自然事件置于可控制状态之中的途径。它是为一系列科学及技术领域中存在的问题提供解决方式的客观过程。通常情况下，科学家们对于某一结果会有偏好，但是科学家们会非常细致认真，他们的这种偏好并不使他们对其他解释存在偏见。严格遵循科学方法会使科学家们对于某一试验结果所产生的偏见最小化。要达致这种科学效果，通过正确的试验设计，以及将实验结果及研究结论全部通过同行复审的方式进行严格把关。科学方法的基本元素❶包括反复、归纳、交叉以及下面顺序：(1) 描述（对调查主题进行观察、限定和测量)；(2) 假设（对调查主题进行观察和测量后所进行的理论和假设性解释)；(3) 预测（推理，其中包括从假设或理论中进行逻辑推论)；(4) 试验（对以上步骤进行检验)。

科学家通常采用模型来对事物进行描述，有些模型可以用来预测事件，并且可以通过试验或者观察来检验其正确与否。假说是一种既没有得到支持也没有被试验排除在外的主张。而科学语境中的理论则通常是一种逻辑上的自足模型或者框架，其宗旨就是对一定的自然现象活动细节进行描述。理论通常是对现象中范围广泛的行为进行描述，这一点明显与假设不同，一般来讲，单一理论通常就是把各种大量假设具有逻辑性地结合在一起。而自然法则（law of

❶ See the hypothethico-deductive method, Peter Godfrey-Smith, *Theory and Reality*: *An Introduction to the Philosophy of Science* (New Ed), University of Chicago Press, 2003, p. 236.

nature）通常是一种科学的概括，它是基于大量实证考察基础之上，并且得到了充分的证实。

科学家从来都会说自己对自然界或者其研究领域的行为已经完全了解。跟数学证明式不一样，科学理论是实证的，并且通常要等待新的证据来证伪，如果存在新证据的话。对于那些最基本的、基础性理论，如果新的观察结果与其存在不一致，那么这种理论也会被证明是不完善的。对这方面的相关研究过程进行全面公开，等待接受批评，特别是同行对于已公开结果的评论，当然也要靠其他独立展开研究的学者通过反复试验及观察对此研究结果进行不断审查。这种过程能使科学日臻完善，接近真理。

（三）科学的误差、可靠性及有效性

科学研究的基本过程是首先根据本人的观察（了解）或前人的观察（通过文献）对所研究的命题形成一种认识或假说；然后根据假说所涉及的内容安排相斥性的试验或抽样调查；接着是根据试验或调查所获的资料进行推理，肯定或否定或修改假说，从而形成结论，或开始新一轮的试验以验证修改完善后的假说，如此循环发展，使所获得的认识或理论逐步发展、深化。在这个过程中，由于各种原因，会出现资料描述的不精确和不完善的情形。任何科学研究的资料，都可能有误差。它可能产生于抽样程序不完善而导致资料无代表性，即抽样误差，也可能是别的原因而产生的非抽样误差。误差与故意篡改资料是不同的，它只是指诚实的错误，或由诚实且做得准确者的错误作法所导致的不准确。误差可以分为两类：（1）偶然性误差。在许多情况下，人们都乐于假定误差是偶然性的，没有任何特定形式。有些误差是将一个变量的值估计得比它实际的要高，而有些误差则是将同一变量的值估计得比它实际的低。只要样本数目足够大，偶然性误差往往能互相抵销掉。（2）系统性误差。它是有形态的，不能互相抵销，但这种误差较容易被发现、去除或在无法去除时加以纠正。一般来说，研究人员只要有可能，就必须以消除的方法来处理误差。如果它不能被消除，有时也能加以估计并得到纠正。在另一些情况下，误差可假定为偶然性的而且可以忽略不计，因为偶然性误差对整个结论没有或几乎没有影响。但是，通常来讲，误差会对某一测量或者技术的可靠性与有效性产生影响。

所谓可靠性是指实验数据的可重复性，一个可靠的实验结论可以在相同条件下反复进行并且产生同样的结论。已知或潜在的误差越小，可以重复得出同样结果的概率就越大，如此反反复复试验，其可靠性就越发精确。在进行试验的不同阶段，科学家们可能会对假定的概率多大各自存在不同的心理预期，但是，随着试验的反复进行以及前人经验的累计，大部分科学家在同一理论问题上会趋于达成相似的概率，此时形成的科学知识才可称为是可靠的。

关于科学的有效性，这一点在波普尔及大部分科学哲学家看来是纯粹不存在的，他们认为任何科学理论并不是普适的，波普尔认为科学理论只有相对合理性，其牢固的基础不是一个简单的、一步到位的过程，而是一个反复试验的过程。是一个反复寻求失败的过程，或者用波普尔的话说就是“反复证伪的过程”。科学的力量（或者说可靠性、有效性）体现在反复证伪失败的努力之中。[1] 为此，波普尔列出了几种可以肯定性地对理论进行评判的途径：(1) 通过比较能从理论自身推导出的结论，来判明他们是否内在一致。(2) 通过研究理论的逻辑形式，来判断“该理论是否具有实证或科学理论的特征，或者它是否具有同义反复的情形”。(3) 通过比较该理论与其他理论，“目的旨在断定将推动科技进步的理论能否经受得住我们的各种检验”。(4) 通过“实际应用从该理论中得出的结论，以验证该理论”。[2] 可以说，波普尔所列清单很好地归纳了科学家对其他同行科学家的理论进行检验的一个标尺，基于科学的累积性特征，通过无穷尽的检验才能使科学大致接近真理。

（四）同行复审

前已述及，真正的科学不仅是可以证伪的，也是可以进行反复重试不断完善的。其实，在普通人看来，一个理论或者技术是否系科学知识，关键是看其能否被检验或者已经历了检验。也就是说，提出某理论者并不拥有最终话语权，其理论是否具有可靠性或合理性，需要经过其他同行专家检验。诚如波普尔所言，可靠的知识是通过各种独立的检验和反驳等行动中得到发展，并且通常是要经历一个反反复复的过程。[3] “科学知识是通过科学方法的应用而发展形成的知识总和。该方法涉及对假设的实证检验……”“科学知识除了源于某个科学的框架，它的发展还要求进行实证检验，提出科学的证据，符合科学长期以来形成的技巧来提供可靠的、可复制的数据……任何科学理论的有效性完全依靠于可再审的实证基础。要是理论缺乏可资利用，通常是已发表的从实证证据中所做的推论，那么该理论不可能被认为是科学的……”“科学方法很大程度上依靠同行的再审过程，它要求科学家设计出可以重复的数据收集方法并且准确解释如何进行试验。然后再审同行对所采用的方法进行分析，并确定所

---

[1] See Kenneth R. Foster & Peter Huber, *Judging Science and the Federal Courts*, The MIT Press, 1997, pp. 138 ~ 139.

[2] See K. Popper, A Survey of Fundamental Problems, in *The Logic of Scientific Discovery*, Basic Books, 1992, pp. 32 ~ 33.

[3] See Kenneth R. Foster & Peter Huber, *Judging Science and the Federal Courts*, The MIT Press, 1997, p. 163.

使用的数据或统计方法中存在的潜在技术缺陷。符合同行再审严格要求的研究因此可以保证，源自该研究的知识是‘科学的’……”❶ 因此，有人将科学定义为合格研究人员之间达成的一致结论：科学，永远不是个人的……它是一个由个人组成的团体，分工负责、各尽其力，并且又不断地、悉心地检查彼此的结果。❷ 所以惠特莱总结得出一点：“科学共同体构成了科学”，只有它们产生并证实的东西才是科学知识。科学界是科学家的共同体，他们对彼此科学理论的评估起着非常重要的作用，是知识可靠性的必要保障。还有一点，同行再审过程也是一个竞争的过程，将那些虚假的、不成立的、急功近利的所谓“科学理论/技术”排除掉，同时也将那些提供这种伪科学或者半吊子科学者筛选掉，使那些不负责的所谓专家谨慎行事、小心求证。

二、纯粹科学意义上的科学证据

（一）概述

所谓纯粹科学（pure science），也称基础科学（basic science），它是所有发现的核心所在，其进步是通过得到缜密控制的试验取得的；它独立于对已论证事实的演绎，其研究通常不会考虑实际应用。从纯粹科学角度来讲，科学证据（Scientific evidence）是指那种被用来支持或者推翻某种特定理论或者假设的证据。这种证据一般都是经验性的，并且通常都是采用先前文献记载的、用于特定调查领域的科学方法。这种证据的标准非常不一样，因调查对象涉及自然科学及社会科学而异。

证据其实是一种信息，犹如事实，其中伴随着各种推理原则的运用，比如，信念与预设，这些推理原则的应用会帮助辨明为某假设提供的信息是否具有相关性，是否能够作为支持或者反对该假设的证据。科学证据就是那种依赖各种推理原则并且不会让步的证据，这种证据能够经受其他人通过各种与支持或推翻某假定的假设有关的事实，来验证其设置的信念或假设。❸ 一个人对于其所声称事实与某假设之间关系的预设或者所持信念将会确定该人是否会将所涉事实视为证据。比如，使用不同方法来考察日夜交替之间是否存在固定频率。当观察者在暴露于太阳与白天的出现之间建立起一种因果联系时，他可能

❶ See Kenneth R. Foster & Peter Huber, *Judging Science and the Federal Courts*, The MIT Press, 1997, p. 167.

❷ See Kenneth R. Foster & Peter Huber, *Judging Science and the Federal Courts*, The MIT Press, 1997, p. 166.

❸ See Helen Longino, “Evidence and Hypothesis”, *Philosophy of Science*, Vol. 46, 1979, pp. 37 ~ 42.

就会把这种对白天与黑夜的考察作为一种宇宙哲学的理论。要是无预设或者坚信暴露于太阳与白天的出现之间存在因果联系，那么白天的出现就不会被视为是支持宇宙哲学理论的证据。

某人对其所声称的事实与假设之间关系的预设或信念通常还会确定一个人该如何将这些事实当作证据使用。再以前述例子为例，当以地心说宇宙理论为考察背景时，那么对白天和黑夜的考察就会视为是太阳围绕地球转动的证据。换个背景，当以太阳中心宇宙论为考察背景时，同样的考察就可能把地球围绕太阳这个轴心转动视为证据。简言之，对因果关系的信念与预设通常会被用来确定某事实是否系相关假设的证据。

因为背景信念不同，因此，当考察者在不同范式下展开考察时，理性的观察者会从相同事件中寻找到它们在科学证据中的不同含义。比方说，在古代西方教士们中流行一种燃素理论（phlogiston theory）[1]，他们把其观察到的我们今天所说的氧化汞（mercuric oxide）的分解视为是燃素的证据。但是，后来法国科学家安托瓦恩·洛朗·拉瓦锡[2]发展了元素理论，从同样的事实中找到了氧气发挥作用的证据。由此可以看出，事实与假设之间的因果联系并不存在于已经被视为证据的某些事实当中[3]，这种因果联系的确立关键是看寻求将此事实视为证据的人，所以在寻求科学证据的过程中，关键是观察者所持的预设及其事实运用。

（二）科学证据的效用

哲学家们，诸如卡尔·R·波普尔（Karl R. Popper）等就曾提出一个一些有关科学方法的理论，在这些理论中，科学证据的作用极为重要。简言之，波普尔认为科学家们创造性地提出某种理论，但是有可能被证明是错误的，也有可能被证明是正确的，关键看相反证据或已知事实对此理论进行验证的结果如何。他的理论反映出一种不对称性，因为证据可以证明某理论为非，例如，通过采用与那些理论不相符的事实。与此相对应，证据却不能证明某理论正确，

---

[1] 燃素理论（phlogiston theory），是过去对燃烧反应的一种解释。一切与燃烧有关的化学变化都可归结为物质吸收或放出的“燃素”的过程。事实上，燃素并不存在，显然燃素说是错误的，但该学说却流行长达100年。

[2] 安托瓦恩·洛朗·拉瓦锡（Antoine Laurent Lavoisier，1743～1794年），法国化学家，被认为是现代化学的奠基人。他分离出空气中的主要成分，证明了氧气在燃烧中所起的作用从而否定了燃素理论，并把化合物进行了分类。拉瓦锡在恐怖统治时期被处死。

[3] See Helen Longino，“Evidence and Hypothesis”，*Philosophy of Science*，Vol. 46，1979，pp. 37～42.

因为尚存在其他有待发现的证据存在，这些证据可能与该理论不一致。❶

（三）对科学证据的哲学及科学态度

哲学界曾投入过大量精力，通过检验证据与假设之间的关系，来阐明科学证据的逻辑要件，与那些集中于备选事实及其背景的科学路径形成鲜明对比。以威廉·贝特尔（William Bechtel）为例，他提出的一种科学方法就为一些事实上升到科学证据的层次提供了有用的参考确定因子，这些因子包括数据清除、可以为他人复制、与通过替代方法得出的结果一致，并且与可信的理论能够保持一致，等等。❷ 还有多种哲学路径可以用于对于证据的评估，以确定该事实是否会上升到证据的层次，不过，其中很多哲学路径都是集中于证据与假设之间的关系展开的。鲁道夫·卡讷普（Rudolf Carnap）建议用三种概念区分证据理论，即：这种证据理论是否可以分类（主要看这种证据能够证实假设）；是否可以进行比较（主要看该证据对第一个假设支持多，还是对第二个证据支持多）以及是否可以进行量化（即该证据支持某假设的程度）。

三、法律意义上的科学证据

（一）基本概念

法律意义上的科学证据通常是指通过科学试验或者研究得出的、在法庭上出示的那种证据。很明显，这种科学证据是通过科学程序筛选出来的证据，它可以帮助事实裁判者❸对诉讼程序中所涉及的争议事实进行评判。

但是，在我国法律中尚不存在科学证据的概念，不过在我们的法律生活中与科学证据有关的表述倒是不少，比如鉴定意见，专家证言、证词。比如我国三大诉讼法中均有鉴定结论的表述，比如，在我国《民事诉讼法》第63条、《刑事诉讼法》第42条、《行政诉讼法》第31条均将鉴定意见列为七大证据

---

❶ See Reference Manual on Scientific Evidence, 2nd ed., 2000, p. 71. http://www.fjc.gov/public/pdf.nsf/lookup/sciman00.pdf/$file/sciman00.pdf.

❷ See William Bechtel, Scientific Evidence, Creating and Evaluating Experimental Instruments and Research Techniques, *Proceedings of the Biennial Meeting of the Philosophy of Science Association*, Vol. 1, 1990, p. 561.

❸ 在英美法上，所谓的事实裁判者（factfinder, trier of fact）通常指的是法官以及陪审团，而在大陆法系国家，由于采职权主义审判方式，所谓的事实裁判者通常是指法官。

种类之一。[1] 从这些法律法规中我们可以大概总结出鉴定意见的某些特征，如，这种证据方式的启动权是依据诉讼程序法的规定通常由司法机关行使；它是由鉴定人对有关专门性的问题进行鉴别、判断后所作出的论断；它是在专门性问题上由司法机关指派或者聘请鉴定人作出的专业性书面证据；鉴定人通常具备一定的专业知识、技巧、经验。

那么，鉴定结论与科学证据及专家证言是什么关系呢？对于科学证据，国内有学者简单将其定义为“指具有高科技含量的证据”。[2]“它不是一种新的证据形式，而是指一类证据，如某些物证，如音像证据；某些书证，如电子证据；鉴定结论。具有高科技含量的证据往往需要专家鉴定以确定特定证据的真实性及案件的相关程度。”[3] 从这个意义上来讲，科学证据术语，其外延比鉴定结论广泛得多，包含了鉴定结论的内容，鉴定结论只是其中的一个属概念。[4]

至于鉴定结论（expert conclusion）与专家证言、证词（expert opinion）[5]之间的区别与联系，从大陆法国家的表述来看，其实内涵差别都不大，只是在表述上可能略有差异。但是，在英美法国家，特别是美国法当中，专家证言通常是包含在证人证言（testimonial evidence）当中的，与美国证据法中的另外三种证据是并列的，这三种证据是实物证据（real evidence）、书面证据（documentary evidence）、司法认知（judicial notice）。而在我国法律条文中是不存

---

[1] 并且涉及鉴定结论的司法解释及法条非常之多，例如，《最高人民法院关于审理人身损害赔偿案件适用法律若干问题的解释》第19条、《人民检察院刑事诉讼规则（修正）》第202条、《工伤保险条例》第25条、《消费权益保护法》第31条第5款、《行政监察法》第72条、《律师办理刑事案件规范》（修订）第33条第5款。其中《最高人民法院关于民事诉讼证据的若干规定》就民事诉讼中鉴定的程序、要求及结论规定最为详细，对《民事诉讼法》第72条的进行了详细补充说明。如该规定第25、26、27、28、29条；此外，在《刑事诉讼法》第119条、第120条及第121条也对刑事诉讼中的鉴定问题进行了规定；《行政诉讼法》第35条等都对相关的鉴定结论进行了具体规定。

[2] 何家弘，等：“论科学证据的采纳与采信”，载《中国司法鉴定》2001年第1期，第14页。

[3] 黄维智：《鉴定证据制度研究》，中国检察出版社2006年版，第6页。

[4] 在此，有必要指出，在英美刑事司法领域，有两个专门的表述“forensic science”，即刑事司法科学；另一个是“criminalistics”，及犯罪侦察学。这两个刑事法律科学存在一些共通之处，均是通过自然科学技术从事物证认定、鉴别及评估工作。不过这些司法科学与纯粹的科学是不一样的（前文在论述纯粹科学意义上的科学证据时已有述及），它是包含了一种理解性的认知科学，其中的理解不仅包含有理性，还包含有情感。

[5] 在此有必要提及对与鉴定结论有关的其他国家的对应表述，在法国、德国、日本及我国台湾地区对鉴定结论的立法语言表述是“鉴定”，西班牙为“专家证言”，俄罗斯、蒙古为“鉴定人的意见”或“鉴定人的结论”，在我国澳门地区则规定为“鉴定证据”。郭华：《鉴定结论论》，中国人民公安大学出版社2007年版，第97~98页。

在专家证言、证词这样的表述，也不存在相关制度，[1] 所有有关的表述基本上都涵括在有关鉴定的程序性规定之中。将鉴定结论与专家证言、证词作为不同的证据种类进行区分没有太多必要。“其实，结论与意见难以区分，二者同属意见供述之范围，诚如韦格莫尔所言：‘结论有时常被适当地称为意见。’二者之区分，并无实益可言。”[2]

（二）美国法中的科学证据概说

在美国《联邦证据规则》规则 702 以及类似各种法庭证据规则中可能都会存在如此表述：“拥有相当知识、技能、经验、训练或教育的专家，如果在法庭上能够通过其所掌握的科学、技术或者其他专门知识来帮助事实裁判者解释证据或者确定某争议事实是否存在，以证实并提供意见者视为合格证人。”《联邦证据规则》第 VII 条中还包含了一些其专家证言及科学证据规则。所有州都根据该规则第 VII 条制定了类似的专家证言及科学证据规则。

专家在科学证据方面的证言与普通人的普通证词是不同的。普通人只会基于他们对于论证主题的感知来理性地推理并发表其意见。相比较而言，专家就不一样，他们可以发表其专业意见，以及从可获得的二手资料信息之上得出的可能推论进行证实。比方说，在某一伤害案中，普通人是不会允许出现在证人席上作证的，当然也不会让其对原告所受的伤害发表个人意见，除非目击了有关该伤害行为。但是，在特定伤害中，拥有专业技术的治疗医生就可以出现在证人席上，并且就原告所受伤害发表意见，其根据既可以是对原告的检查，也可以是基于一些二手信息，通常这些二手信息只有那些特定医学研究领域的专家才可以确认。

有一个很重要的问题与专家证言有牵连，那就是，法庭会接受什么样的科学程序为证据。对于有些科学程序的接纳基本上不存在重大争议，法庭一般不会质疑其有效性，比方说，对指纹鉴定、血型检验、酒精检验、弹道发射检验及其影响区域，等等。因为这些科学程序已经被广泛接受，因此其程序的有效性已经被法庭视为司法认知，直接作为证据使用。所谓的司法认知就是指诉讼当事人没必要向法庭出示证据证明科学证据的有效性。在某些情形当中，立法机关特别授权适用科学标准，比如，授权警察采用酒精测试仪检测醉酒驾驶员吸入的酒精度。

不管这些科学标准是得到司法机关认可还是得到立法机关授权，那些广泛

---

[1] 我国《民事诉讼法》第 79 条，规定了一种“有专门知识的人”出庭，与英美法系的专家证人有一定的相似性。

[2] 刁荣华：《比较刑事证据法各论》，台湾汉林出版社 1984 年版，第 260 页。

接受的科学检验标准通常必须由合格的专家来出示。在法庭上，被确认为是合格的专家者，必须通过将专家视为证人的律师的质询。律师通常会问很多问题，以确认该证人具有充分的教育及专业训练，能胜任专家证人，这个程序通常是专家作为证人的一个必经程序。一旦法庭确信该证人是相关程序或者专业问题上的专家后，那么该专家证人可以就所涉案件中采用的程序或实际背景情况发表专家意见。

有些科学标准及试验尽管没有得到普遍接受，但是通常也被认同是可信的。这些例子包括确认物品身份的中子活化分析（neutron activation analysis）、声纹确定对象身份、基因测定以及 DNA 分析，等等。在某些情形下，法庭不愿意接纳一定科学证据，因为该科学程序所产生的结果尚不能充分到足以当作证据使用。这种程序包括用于确认某人是否说谎的测谎仪（polygraph）以及化学试验。要是各方当事人均同意源自这种程序的证言，则这种证据就应该被采纳，但是法庭拥有是否采纳该证据的自由裁量权。在任何情况下，不管特定科学程序的接纳程度如何，所出示的科学证据必须与所验证的问题存在关联。而且科学证据的取得方式必须与一般证据的取得方式一样，都是通过通常方式取得。

专家证人在对科学证据发表证言时，通常会对与证据有关的问题发表意见。有时，专家证人还会就该案所涉终极问题发表意见。但是根据《联邦证据规则》规则 704 之规定，专家证人在对刑事被告的精神状态进行确认时，是不允许就被告的心理状态是否构成被告所受指控罪行或者抗辩的条件发表意见或者推论的，不过这个规定仅适用于刑事案件的规则。对于科学证据的权衡可能因产生证据的特定标准不同而异。一方当事人的专家证言可能非常有信服力，但是，它在该案中并不具有决定性作用，因为另一方当事人也可能请到同样领域、研究同样证据的专家来为其作证，并且有可能得出不同结论。对于大多数诉讼案件来说，专家是不可或缺的，很多案件，不管是民事的，还是刑事的，很多时候法庭都演变成专家之间的斗法场所。这方面有一个非常有名的例外，那就是涉及亲子关系鉴定，在这种案件中，通过血液检验或者 DNA 鉴定很容易确定最终结果。但是，这种情形只有涉及亲子关系争执的双方当事人都同意该鉴定是终局性的才会被认定为真，要不就是另一种结果，血液检验或 DNA 鉴定结论认定该声称为父亲者并非小孩生父。如果血液检验或 DNA 鉴定显示名为父亲的个体可能是孩子的亲人，那么这种检验报告就有可能不会被用作案件证据，在此情况下，双方当事人就得另外再寻找进一步的证据了。

美国法庭在指定专家证人就科学证据进行证明方面拥有自由裁量权。根据《联邦证据规则》规则 706 以及各州证据规则中的类似规定，法庭可以指定专家就某特定问题提供证据，并且对专家所付出的时间和精力要求给予补偿。一般来说，在民事诉讼案件中，争议双方当事人根据法庭的指导会就诉讼费用进行分摊。有涉及美国宪法第五修正案❶以及刑事案件方面的案件中，都会涉及如何给予专家证人补偿，通常都是法庭命令从政府资金中拨付专家劳务费用。

四、法律上的科学证据与法律诉讼

前文已就纯粹科学意义上的科学证据进行过探讨，从中我们可以一窥纯粹意义上的科学证据与法律上的科学证据之间的联系与分野。但是在诉讼中，法律上的科学证据所涉科学是无法与纯粹的科学相比较的。通常人们会想当然地认为科学家会公正地追求科学真理，但是这种情形通常都是在理想状态下才会出现的。实际上，已有社会学对科学家的行为方式进行过解释，结果表明实践中科学家很少注意到这种客观真理。有时甚至认为能够追寻到这种理想简直就是神话，原因很简单，因为这些科学家都是典型地偏私的、存在偏见的、秘密的并且是相互竞争的，其行为方式与产生无可争辩知识的纯科学调查的受欢迎形象完全相反。❷“实验者本身的因素也会对研究结果产生重大影响……研究人员也是人，他们会潜在地把自己带有个人偏见的期待和动机带到研究当中去……”❸ 尽管这些表述存在某些偏激之处，不过笔者认为这些表述自有其道理所在，原因很简单，因为进行科学探寻的是人，不是神，他们肯定会有自己的情感、感受、期待以及所有其他人都会存在的这种或者那种不足之处，不过，无论如何法庭科学证据中的科学是无法同纯科学或者说实验科学的理想模式进行比较的。主要原因有：

首先，法庭证据科学中所运用的科学受到检验对象的限制。现实生活五彩斑斓，具体争议事实发生在不同场合之中，因此背景情况极为复杂。而在法庭诉讼上不会重演争议事实，所以相关鉴定人员无法获得案件真实，而纯粹科学试验就不一样，所有试验都是根据预设目标在实验室里展开，各种原始材料、信息都有记录，其实验结论不管正确与否、误差多大，通常都具有有效性和可靠性，而法庭诉讼中涉及的证据材料通常都是些支离破碎的片段，原始证据材料不充分，从而导致可直接适用的信息极为有限，很多时候都是依靠科学方法来达到其目的。而在民事诉讼中，当事人通常只会出示对自己有利的证据材

---

❶ 即“不给予公平赔偿，私有财产不得充作公用”。

❷ 保罗·罗伯茨：“科学、专家与刑事司法”，载麦高伟等主编：《英国刑事司法程序》，姚永吉，等译，法律出版社2003年版，第243页。

❸ See Anthony M. Graziano & Michael L. Raulin, *Research Methods: A Process of Inquiry*, 2nd ed., Harper Collins, 1993, pp. 170 ~ 182.

料，故意隐瞒可能对自己不利的事实，在这种情况下，要对各种证据材料进行鉴定通常情况下都是只能极力而为之。

其次，诉讼是有时效限制的，并且一个诉讼案件也是有其审理期限的，也即，法庭证据的出示必须在有效时间内完成。但是，在科学上，最终能够对理论或者数据的“有效性”进行检验的是时间。其实一切现存的制度或事物的存在是否合理只有时间才能对其进行公平的检验。科学是累积性的，它永远只会接近真理，不断地经历否定、否定之否定的过程，不断收集新的证据，不断推出新的理论。有些能够经得住时间的检验，有些则会被淘汰。物理学家牛顿曾说过：“如果说我比别人看得更远些，那是因为我站在了巨人的肩上。”“对一个人，甚至对一个时代来说，要想把所有的自然现象解释清楚太难了。上乘之策应该是先得出一点确定性的东西，将其他不确定的东西留待后人，而不要企图能够解释清楚所有的东西。”❶ 所以说，在人类历史长河中，纯粹科学是一个可以无限开放的领域，永远没有止境。但是争端、诉讼却不能永无止境地等待某一证据获得科学界的一致认定。鉴于诉讼的时效特征，法官在对案件进行裁断时在具有不确定性的证据问题上不会像科学家那样去试验、等待，只能根据某个鉴定结论或者专家证言进行推定是否可靠，是否运用了科学方法，是否违背常理等进行裁断。故而在诉讼中遇到一些通过科学推测或者判断认定某争议事实需要经过一定时间证明为正确的，这种证据在法庭上通常会不予采信，因为其结论不确定，所以法律有时非常偏狭，即便某些看起来证据确凿的案件，疑犯也会被无罪释放，因为证据不足。但是，在民事诉讼中，对于这种具有不确定性的科学证据在英美法系国家和大陆法系国家，因为其诉讼模式存在差异，法官的具体态度是不一样的。在英美法系国家，对事实进行裁判是由陪审团及法官共同行使的，而在大陆法系国家，则由法官来行使。因此，在民事诉讼中，证据证明力大的一方通常会赢得诉讼，并且很多时候是由法官依据自由心证进行裁断，这一要求明显比刑事诉讼法中的“要排除所有合理怀疑”(beyond any reasonable doubts) 要求要低得多。其实，说到底，问题在于科学的目标与法律的目标完全不同，科学寻求的是一种综合性的理解，这种理解的发展是一个集体过程，会有很多科学家参与，但是，司法审判的程序和目标就迥异了。司法审判必须在有限时间内集中解决法律争端。❷

最后，前已述及，进行证据科学鉴定的是人，那么他们会受到各种因素影

---

❶ See G. F. Simmons, *Calculus Gems*, New York: McGraw Hill, Inc., 1992, p. 177.

❷ See Kenneth R. Foster & Peter Huber, *Judging Science and the Federal Courts*, The MIT Press, 1997, p. 17.

响，他们有可能把自己潜在的带偏见性的期望和动机带进研究中去，并且这些专家证人通常只就法院指定或者受一方的委托对送检材料进行鉴定，并且此时会不可避免地受到诉讼目的的影响，根据一方的陈述或者相关背景信息以帮助当事人找到充分的有利证据。在我国司法实践中，鉴定意见相冲突的现象时有出现，其中利益因素以及片面追求为一方说话的心理起到了很大作用。当然也存在一些谨慎的专家证人对法官、律师等等为了达到目的而急功近利地、非常简易地、并且平白地对科学进行解读感到不适，但是这种局面的出现完全可以归咎到两种职业训练不同之故，因为各方寻找的专家证人肯定是为了能够有力地、简洁地用科学证据支持己方观点。此外，在如何看待证据问题上，在专家看来，并没有是否区分可采信证据与不可采信证据的观念，然而，这一区分对于法官来说太重要了。司法审判必须在这二者之间作出一个两分的并且（为了诉讼当事人）是完全终局性的选择。但是在这些方面，科学界的要求则多得多。法官运用的证据规则必须是明确、简单而又优先适用的。相比较而言，科学家则可以更多依赖的是变化多样的、直觉的以及具有开放性的标准。❶

第四节 与潜伏性毒物致害侵权有关的科学证据研究

在潜伏性毒物致害侵权诉讼中，对于法院来说最复杂的问题就是那种盖然性证据，由于只是存在盖然性，所以法院一般都会存在抵触心态，造成这种状况完全是由于这种盖然性证据的非常态特征使然。在潜伏性毒物致害侵权诉讼中，为了证明自己遭受损害与毒物之间存在因果关系，原告方通常会提出一些科学证据及统计研究证据，这些科学证据及统计信息一般只有那些拥有专业知识和技能的人士才能理解、解释。在诉讼中涉及的科学问题通常会有很多种解释，并且在相关科学研究中经常出现一些矛盾的结论。由于这种问题经常出现，所以在法庭上科学研究的有效性问题为科学证据的可采性提出了重大挑战。

潜伏性毒物致害侵权诉讼中的原告通常提出的都是一些非常新的科学问题。并且，在这个方面的科学探索现在可能尚处于起步阶段，科学界对于暴露于毒物可能导致原告致病的概率上还没有达成比较一致意见。其实，从这种诉讼开始出现起，就会有相关研究就毒物暴露问题与特定致病可能性之间展开。但是，这种情形会随着研究的深入展开，暴露出一种对早先毒物致害侵权诉讼

❶ See Kenneth R. Foster & Peter Huber, *Judging Science and the Federal Courts*, The MIT Press, 1997, pp. 17 ~ 18.

原告的不公平，因为他们可能因为没有确凿的证据得不到补偿，或者补偿不足，特别是当那种更加直接的因果关系出现时，并且专家们之间后来也逐步达成一致时。相比之下，等研究结果更加倾向于存在高度盖然性的因果联系时，会对那些后来的原告比较有利一些，因为他们可能获得的补偿要高得多。当然，也会存在无法找到直接因果关系存在的情形。这种两难境地已经使得如何处理涉及毒物致害侵权诉讼中的新型科学理论问题成为法庭争论的热点。特别是这些理论都必须以盖然性证据来证明。

在毒物致害侵权诉讼中，最经常涉及的科学证据是涉及流行病学以及毒理学方面的研究结论。下文将详叙之。

一、流行病学研究

在潜伏性毒物致害侵权诉讼中，为了寻找毒物暴露与损害病情之间存在直接联系，尽管可能会在某些局部地区进行临床医药试验外，直接的人体试验非常少见，并且通常会有一些道德因素影响，因此原告不得不寻求其他途径找到因果关系存在的支持证据，其中，流行病学（epidemiology）研究是目前最广泛使用的科学证据方式。不过也是最有争议的证据方式。

一直以来，流行病学都是研究疾病流行的科学，即研究特定人群中发生某种疾病病例数上升的情况及其原因和如何控制的科学。由于传染病和非传染病都可以有大量发病，这些大量发生的疾病都是流行病学研究的对象。但是，传染病的流行（瘟疫）危害更严重，因此，早期的流行病学是以研究传染病的发生与流行规律为主，并且形成了比较系统的理论。随着多种传染病的流行逐渐被控制，人们生活水平的提高及寿命的延长，慢性病和非传染病对人们健康的危害相对渐趋严重，所以流行病学研究的病种自然会扩大到非传染病。近半个世纪以来，如何提高健康水平和延长寿命等问题也提到日程上来了。所以，现在几乎没有流行病学不研究的病种和医学问题。流行病学则主要研究疾病在特定人群中的发生、发展和疾病及健康有关状态与事件的分布规律（包括现象及原因），控制疾病以及促进健康等的对策。除了研究疾病问题以外，流行病学的原理与方法也被应用于卫生管理、健康教育及卫生服务的评价和某些生理、心理、病理和临床药理学的群体现象的研究上。所以，流行病学被有些学者看作是一门研究人类的生理、病理、心理的群体现象的方法学。一般来讲，流行病学是在与疾病的防治紧密结合中发展起来的，因此，流行病学不仅仅是一门方法学，它还是应用于防止疾病，促进健康的实践医学，有极强的应用性。

流行病学作为一种方法论，其中会涉及各种调查以及统计数据的运用，广泛用于确定特定有毒有害物质暴露与致病情形发生之间的概率。其具体宗旨是对疾病的发生频率和分布进行调查，以及对影响疾病发生的因素进行专门研究。但是，流行病学不会对某一特定个人的发病情况进行跟踪研究，其调查研究对象是一个群体，以及从每组人群的病因中得出一些推论。从其展开研究的方式来说，这种流行病学研究结论通常只被视为一种盖然性的证据，因为这些结论不能肯定地确认实际的致病因素是什么。但是，他们可以证实某一特定人群感染或者罹患某种疾病的风险高低。❶

流行病学研究方法很多，主要有❷：（1）观察法。由于流行病学的研究对象是特定人群，所以研究者实际上不能或不能全部掌握或控制所研究对象发生的条件，因此，观察法（observational method）就是很重要的方法。其中主要包括：①描述性研究（descriptive study），又叫描述流行病学（descriptive epidemiology），通过观察而正确、详细地记载疾病或健康状态按时间、地点、人群各种特征（如年龄、性别、职业、民族等）的分布特点，也可以包括可疑病因因子的分布特点。②分析性研究（analytical study），又叫分析流行病学（analytical epidemiology），对所假设的病因或流行因素进一步在选择的人群中探找疾病发生的条件和规律，验证所提出的假说。主要有两种：A. 从疾病（结果）开始去探找原因（病因）的方法叫病例-控制研究（case-control study），从时间上是回顾性的，所以又叫回顾性研究（retrospective study）。B. 从有无可疑原因（病因）开始去观察是否发生结果（疾病）的研究方法叫队列（群组/定群）研究（Cohort study）。从时间上是前瞻的，所以又叫前瞻性研究（prospective study）。（2）实验法。流行病学中所用的实验法（experimental method），也叫做实验流行病学（experimental epidemiology），它和一般医学基础学科的实验不同，主要在人群现场进行。人群现场是流行病学的主要的、最大的实验室。根据研究对象不同，又可分为：临床试验（clinical trial）和人群现场试验（community field trial）。后一类实验中对病因进行干预的研究又叫干预/防治实验研究（intervention study）。

简单来说，流行病学通常都是对特定区域人口展开的大规模调查，其目的是要摸清一定疾病在该人群中的发生率。这种基础研究最后会产生一个代表该特定人群中罹患此种疾病的“底线”数字，或者说那种具有最起码背景数字。有时，某种疾病会集中在某个特定人口区域频发，如居住在有毒垃圾场附近的

---

❶ See Bert Black & David E. Lifienfeld, Epidemiological Proof in Toxic Tort Litigation, 52 *Fordham Law Review*, 1984, p. 732

❷ 资料来源 http://www.medipp.com/medicine/200603/279.shtml.

人群；也可能出现在特定职业人群当中；如在金属矿区工作的工人可能会罹患尘肺病，也可能出现在其他活动中；如抽烟者的肺癌发病率就会比普通人高得多。这些基础的信息是展开进一步研究和统计学分析的基础。为了发现某种疾病与特定物质暴露之间是否存在联系，研究人员会展开多种途径的流行病学调查研究。在潜伏性毒物致害侵权诉讼中经常会涉及的流行病学研究方法是队列研究（Cohort study）、病例—控制研究（case-control study）以及现况调查（prevalence survey）。[1]

以上方法各有其优点与缺点，适用于不同情况，可以从以下几方面进行比较：

（1）观察人数与完成时间。病例—控制研究需要观察的人数较少，调查完成后现场工作也就完成了，不需随访。因此比队列研究经济得多。如拟用队列法研究罕见病，则主要力量几乎都花在对没有患病的人的随访上了。尽管队列研究有种种优点，但在癌症（属于罕见病，发病率一般在十万分之几至万分之几）流行病学的病因研究中迄今仍主要采用病例—控制法。

（2）研究因子的数目。病例—控制研究在一个研究中可同时调查多个因子与一种疾病的关系。当一种病的病因不明，需探索多种可能因子的作用时较合适，即既可用于验证某一特定假设，也可用于产生假设。队列研究则可同时调查一个因子与多种疾病的关系。对于一种危险作用广泛的因子，只有通过前瞻性队列研究才能全面揭露其效应，特别是长期健康效应。

（3）发生偏倚的可能性。①选择偏倚。病例对照研究发生选择偏倚的可能较大，以医院病人为对象时尤易发生。但队列研究也有可能发生选择偏倚，例如，志愿参加、已患但潜隐的疾病而在开始研究时未被察觉，回顾性队列研究的一些对象的记录缺失或不完整等，都是偏倚的来源。②信息偏倚。病例对照法需要被调查者回忆过去对若干因素的暴露史，出现回忆偏倚的可能较大；队列法关于暴露与结局的信息不依赖回忆，客观性较强。队列研究因随访时间较长，可能出现失访偏倚：暴露组与未暴露组的失访率可能不相同，失访者与未访者的结局发生率又可能不相同，都可能是偏倚来源。

（4）率与联系指标。病例—控制研究一般不知道总人口中的病例数和未病者人数，故不能计算发病率、死亡率、RR 和超额危险度。但可计算 OR，在可以用对照组的暴露率估计人群暴露率时，也可计算 PAR。病例—控制研究虽可判断暴露与疾病之间是否存在有统计学上的联系，但不易作出有因果联系的结论。从前瞻性队列研究结果较易作出是否有因果联系的结论，其说服力

[1] 有关这些流行病学研究方法的具体介绍，可以参见各大医学学术及流行病学方面的专业网站。

仅次于实验研究结果。

总之，根据三种方法的优缺点，一般把病例—控制研究用于筛选可疑病因，建立假设，作为病因研究的第一阶段，而把队列研究用于检验假设，作为第二阶段。这时已通过其他途径对病因和疾病的自然史有了足够的了解，否则很少有人会贸然进行队列研究，因为失败的代价过大。新近的趋势是主张在队列研究中嵌进一个病例—控制研究，以兼取两者之长。但实际上仍需很大规模，一般难以做到。

通过以上对流行病学及其研究方法的简短描述，我们可以知道，在这种与潜伏性毒物致害有关的流行病学研究的特征其实非常明显，也即：不可能证明罹患某种疾病的特定个体与特定的毒物或者消费特定药品或媒介物存在任意联系。❶ 在《科学证据参考手册》一书当中就指出：“与统计概率有关的这些数据，诸如根据队列研究得出的有害影响发生率是不能证明某个体罹患某种疾病是由特定原因或条件造成的。”❷这一观点其实也是绝大多数流行病学家的意见。❸

二、毒理学研究

毒理学是从医学角度研究化学物质对生物机体的损害作用及其作用机理的科学，通常在实验室里面展开。近些年来，其研究范围已扩大到各种有毒有害物质，如核素、微波等物质，不只限于化学物质；但经典的毒理学主要研究内容仍然是化学物质对机体的生物学作用及其机理。以人类健康为研究对象的卫生毒理学则是从预防医学的角度出发，研究人类在生产和生活过程中，可能接触的外来化合物对机体损害作用及其机理的学科。它是毒理学的一个重要分支，亦是预防医学的基础学科，为劳动卫生、环境卫生和食品卫生等学科提供毒理学理论和研究方法，是预防医学的重要组成部分。而其主要研究对象外来化合物通常是存在于人类生活和外界环境中，可能与机体接触并进入机体的一些化学物质。外来化合物并非人体的组成成分，也非人体所需的营养物质，而且也不是维持机体正常生理功能和生命所必需的物质，但其可由外界环境通过

---

❶ Federico Stella, Causation in Products Liability and Exposure to Toxic Substances Causation, in *Exploring Tort Law* edited by M. Stuart Madden, Cambridge University Press, 2005, p. 411.

❷ Michael D. Green, D. Mical Freedman & Leon Gordis, Reference Guide on Epidemiology, p. 333; Bernard D. Goldstein & Mary Sue Henifin, Reference Guide on Toxicology, p. 401, in *Reference Manual on Science Evidence*, by Federal Judicial Center 2000 downable at http://air. f jc. gov/public/f jcweb. nsf/pages/16.

❸ Federico Stella, Causation in Products Liability and Exposure to Toxic Substances Causation, in *Exploring Tort Law* edited by M. Stuart Madden, Cambridge University Press, 2005, pp. 411 ~412.

一定的环节和途径与机体接触并进入机体，在机体内呈现一定的生物学作用。常见的外来化合物有农用化学品、工业化学品、药物、食物添加剂、日用化学品、各种环境污染物及霉菌毒素等。

在进行毒理学试验的时候，研究人员通常会以严格控制的方式展开试验，以便获得各种非常准确的研究信息，其中就包括暴露（剂量）等数据。毒理学研究比流行病学研究所存在的问题更大，因为它的通常路径是将在动物身上得出的实验结果推论性地应用到人类身上。

（一）动物研究

动物研究也叫动物实验室研究，有两种方法：（1）体内实验法。通常在整体动物身上进行，使实验动物在一定时间内，按人体实际接触方式接触一定剂量的受试外来化合物，然后观察动物可能出现的形态或功能变化。实验多采用哺乳动物，例如，大鼠、小鼠、家兔、仓鼠、狗和猴等。通常检测外来化合物一般毒性，例如，急性毒性试验、亚急性毒性试验和慢性毒性试验等。（2）体外实验法。大多利用游离器官、原代培养细胞、细胞系和细胞器等进行。利用器官灌流技术可对肝脏、肾脏、肺和脑等进行灌流，借此可使离体脏器在一定时间内保持生活状态，与受试外来化合物接触，观察脏器出现的形态和功能变化，同时还可观察受试物在脏器中的代谢情况；游离细胞和细胞器多用于外来化合物对机体各种损害作用的初步筛检、作用机理和代谢转化过程的深入研究，优点明显。上述整体、器官、细胞和亚细胞水平的研究，各自都有一定的特点和局限性，在实际工作中，主要是根据实验研究目的和要求，采用最适当的方法，并且相互验证。

尽管普遍使用的动物实验室研究存在这样那样的优点，但是这种研究一直以来广受批评是因为研究人员通常会把从动物身上进行试验所得出的结论类推适用到人体身上，这项工作被称为种属间推导（species-to-species extrapolation）。[1] 人们对这种种属间推导的动物研究方式不满之处在于：人类的肌体系统与动物的机体系统非常不一样，无论是从新陈代谢还是从其他方面，都存在这样或者那样的问题，并且认为这种推导适用的数据会产生误导作用。另一个批评观点是，在剂量—反应数据（dose-response data）方面，动物机体对于剂

---

[1] 在药物试验领域，这种种属间推导被认为是最为有用的动物实验手段之一，因为所有哺乳动物都拥有相同的宏观循环解剖结构并且它们在生理特征上具有可比性，比方说器官容量、血液流动速率、净化容积，等等。其基本数“异速生长基准”（allometric scaling）。在这方面种属之间的情形相对直接对应一些。但是，在其他方面可能就比较复杂了，特别涉及新陈代谢问题。比方说，种属之间可能会存在质的不同，例如，特定生物酶的有无，这种差异可能会导致新陈代谢能力上的不同，并且有可能导致生物体的新陈代谢出现差异。

量的暴露方式与人类机体的反应方式准确地说不太一致。因此，批评人士认为假如试验小白鼠在接触一定量化学品后会反映出罹患肝肿瘤迹象，但是要是假设人类机体暴露于类似剂量的同种化学品也会罹患肝肿瘤或者任何其他肿瘤就不必然是确切的答案。

再进一步讲，研究人员通常用在动物身上使用的大剂量化学品都是在相对快速的时间内实现的，当将这种大剂量比例适用到人机体时可能难以把握，实际上这种剂量是无法预测的。研究人员一般都是从大剂量接触所产生的反应来预测在小剂量时会产生的反应。批评人士认为这种推导非常有问题，并且对于这种推导方法用于小剂量接触物质的致癌效果上存在不同意见。

尽管存在这些不同意见，动物实验研究在证明人体接触毒物及罹患疾病之间存在关系具有重要作用。对于这种动物实验研究所得结果，在美国法庭上有时是采取保留态度的，法官们通常更愿意接受的科学证据是在动物实验研究的同时，还有相关的流行病研究或者临床证据来证明这种因果关系存在。[1]

（二）短期试验研究

这种短期试验中存在的问题相当大，在美国所发生的潜伏性毒物致害侵权诉讼中这种证据经常会受到猛烈的质疑，因此在法庭上所产生的证据效果遭到贬低。尽管如此，这种研究通常都是伴随其他科学证据同时出现在法庭上的，在证明暴露于毒物及致病之间存在因果关系上发挥着一定的作用。最有名的试验是埃姆斯试验（Ames Test），这种实验通常是对可疑毒物的诱变效应（mutagenic effect）进行研究，该试验是通过在实验室器皿中培养细菌开始。因为细菌繁殖的速度非常之快，在研究过程中就可以非常清楚地对这一繁殖过程进行观察。尽管这种试验直接测试的是该毒物的致诱变性，但是通常试验中会发现致诱变性与致癌性之间会存在非常有意义的关联，因此这种试验就可以对可能存在的致癌作用进行研究。

短期试验跟动物实验一样遭到批评，而且批评人士对其批评程度还要大一些。埃姆斯试验的奠基人及其实验结果就因为从实验数据中推论得知化学物质与癌症存在关联而被其他研究人员尖锐地批评过。更为甚者，这种试验中据说包含了高比例的错误结论，可能是因为在结果上存在扭曲。由于存在这些问题，所以这种短期试验的价值在潜伏性毒物致害侵权诉讼中作用非常有限。

---

[1] See Jack L. Landau & w. Hugh O' Riordan, Of Mice and Men: The Admissibility of Animal Studies to Prove Causation in Toxic Tort Litigation, 25 *Idaho Law Review*, 1988 ~ 1989, p. 521.

第五节　潜伏性毒物致害侵权诉讼中科学证据的运用

在潜伏性毒物致害侵权诉讼中，原告要提供证据证明因果关系存在是一件非常棘手的问题。但是这种证明因果关系存在的证据又是这种诉讼中最为重要的一个环节，要是对原告所提供的一些专家证言进行排除，那么这种情形对于原告来说将是毁灭性的打击。因此，专家证言的可接受问题对于诉讼来说，具体讲对于原告与被告来说都是密切相关的。作为一个实际问题，因为原告要承担举证责任，所以在这种毒物致害侵权诉讼中，科学证据的可接受与否相对于原告来说是一个更为决定性的问题。

一、美国法庭诉讼中的科学证据运用

（一）传统的科学证据运用标准

在美国联邦最高法院就多伯特案（Daubert v. Merrell Dow Pharmaceuticals, Inc.）作出裁决之前，美国联邦法院的科学证据可接受标准是在弗莱伊案[1]上诉审中所确立的。此后，弗莱伊原则就成为美国大多数州在科学证据可接受与否上的标准。弗莱伊原则比美国《联邦证据规则》要早出现半个世纪，尽管后来颁布了《联邦证据规则》，但是弗莱伊原则仍旧继续在联邦案件中发挥影响。今天，很多州仍旧坚持弗莱伊原则并且没有改变其可接受性，尽管后来出现了多伯特原则。

1. 弗莱伊原则

弗莱伊案是个刑事案件，被告被指控谋杀了一位医生。他先是对罪行供认不讳，但是后来翻供。在审判时，他想方设法提出了一个证据，即：他通过了所谓的心脏收缩压欺骗测试，也就是测谎仪的前身，但是他自己不在作案现场的证明不够有力。初审法院驳回了这一证据。在确认并维持初审法院的裁决时，哥伦比亚地区巡回法院裁决否定了测谎器证据在谋杀案中的使用，因为该项技术还没有在相关的科学界得到接受。其后，大多数州法院就是否允许采纳新的科学证据方面都遵循了这一标准。所谓的弗莱伊听证会为控方和辩方提供了攻击对己不利的科学证据的机会，并试图将之控制在庭审之外。该判决的关键段落写道："正当一个科学原理或者发现跨越了试验和论证阶段之间的界限时，它就很难定义了。在边缘地区，这个原理的证据力必须得到验证。当法院认可由公认的科学原理或发现中推论出来的专家证据时，推论的来源必须是经

---

[1] *Frye v. United States*（App. D. C. Cir1923）.

充分确定、并在其所属专门领域获得广泛接受的。”[1]弗莱伊原则（the Frye Doctrine）判定“普遍接受”（general acceptance）分两个步骤：首先，确定科学原理或发现所属以及相关科学界的专门领域；其次，判定是否科学界已经接受该技术、原理或发现。基本的理论和用于产生结果的程序都必须得到相关领域科学家的普遍接受。如此看来，非常明显的是，该规则对于那些新的或者正在发展中的理论是持一种排斥态度的。

自1975年《联邦证据规则》颁布后，法院对于是否继续适用弗莱伊原则中所要求的“普遍接受”标准或者由相关联邦规则对其进行补充存在不同结论。因为美国《联邦证据规则》对于弗莱伊原则中所存在的问题保持沉默，所以法院对于该证据规则对弗莱伊原则所产生的影响都采取一种推测的态度。

2. 证据规则

在美国，目前生效的《联邦证据规则》在1975年由国会制定，美国联邦最高法院颁布。虽然它们仅直接适用于涉及联邦法院的诉讼，但是它们在32个州内都被当作是证据法的范本。尽管各州对联邦标准的认可存在不同意见，但是多数州都表示要遵循弗莱伊规则，这样就造成了证据采信上的不确定，除非上诉法院或者立法机关出面解决这个问题，否则这个问题无法得到解决。《联邦证据规则》虽然没有明确批判弗莱伊规则，但是它采纳了一种更加宽容的方法。它将科学证据标准与其他标准进行比较，如是否证据的可检验性、实质性和可靠性会在价值上超过它致使陪审团有被误导、产生偏见和混淆的倾向。根据《联邦证据规则》的规定，在专家证言问题上，法官有更大的自由裁量权。

美国《联邦证据规则》第402条规定：有关联证据一般可采纳，无关联证据一般不可采纳。但是该规则第403条规定又对其进行了限制，其中规定，即便具备关联性的证据，“如果不公正的偏见、混淆争议或误导陪审团的危险实质性超过该证据的证据价值时，或者考虑过分迟延、浪费时间或无需提交重复证据之情形的”，亦可排除。在以往的诉讼中，有很多被告认为这种类型的科学证据太过于不确定，并且可能会产生误导陪审团的效果，因此陪审团会要求给予这种证据以确定性证据的同等效力，其理由会很简单，因为他们相信专家是高度可信的，其出示的证据具有说服力，也可能是因为在各种证据之间，这种区分对于普通人来说太复杂、技术性太强，他们极难理解。

为此，《联邦证据规则》中还是对专家证言进行了直接规定，其中规则702规定：“如果科学、技术，或者其他专门知识能够帮助事实裁判者了解证

[1] *Frye v. United States*（App. D. C. Cir1923）.

据或者判定争议中的事实，那么满足作为专家要求的知识、技能、经验、训练或者教育的证人就可以专家意见或者其他形式作证。”规则703要求：“专家证人可以以其在听审程序中或者之前所认识到的，或者他人所告知的，与特定案件有关的事实或数据作为其意见或者推论的根据。如果这些事实或者资料属于某一特定领域的专家要合理依赖的那种，那么这些事实或资料毋需作为证据采信。”当然，当事人提出由专家证人为其作证者必须对该专家的资质负责，只有这样他的专家意见才有效力。在普通法院中，在要求专家发表意见时，必须是基于一手资料或者以假设性问题，并且只可以审判证据中的资料作为其专家意见或者推论的基础，但是从规则703条的规定中可以看出，其要求不一样，它允许专家可以在法庭外寻找资料，而不仅仅是基于审判中或者在听审中所获得的资料或者事实，更为甚者，作为依据的这些事实或资料，也不一定就要按照证据法的规定必须具有证据力，也即：专家证人所给出的意见或者推论的基础资料，不论有无证据能力，也不问其是在法庭内获得，还是在法庭外获得，只要其所依赖的资料是在该领域内的专家们通常所依据的，并在此基础上形成意见或者推论，即可以专家证人证言的形式向法庭出示。从该条文很明显可以看出，在潜伏性毒物致害侵权诉讼中，医学专家实际上无需对原告进行检查，他可以直接根据所掌握的相关信息，比如，临床实验结果以及检查报告等，发表意见供事实裁判者进行评判。❶

(二) 多伯特规则

1. 本涤汀诉讼

本涤汀（Bendectin）是一种为了减轻女性妊娠期间所出现的“晨吐”（morning sickness）现象而推出的一种药品，在当时属于新产品。该药品1957年由后来成为梅瑞尔·道药品公司（Merrell Dow Pharmaceuticals, Inc.）的机构引进美国。当时，原告对该药生产商梅瑞尔·道药品公司提起的损害赔偿诉讼多达1000余起，因为妊娠妇女在头三个月里服用该药后出生的新生儿出现了四肢萎缩现象。其实，已经有三十起流行病研究正在针对本涤汀的药效展开，但没有研究报告显示这种药物会导致人的机体发生畸形。在很多案件中，被告专家非常确信地表示妊娠妇女三个月里都在服用本涤汀没有出现会导致婴儿畸形的风险因素。据此，作为该药物服用者的原告采用了传统上不太常用的科学证据来为其主张作证。

本涤汀原告所提出的科学证据仰赖的是几种不同类型的研究。首先，他们

---

❶ 相关具体条文解析参见陈界融：《〈美国联邦证据规则（2004）〉译析》，中国人民大学出版社2005年版，第78～81页。

引用了前述体内（in vivo）及体外（in vitro）实验研究的结论证明本涤汀与某些畸形存在关联。他们还引用药理学研究对本涤汀的化学结构进行了分析并且认定了这种物质和其他已知能够导致生理缺陷的毒物之间存在相似性。原告所提交的最具争议的证据是对一份已公开出版的、针对本涤汀展开的流行病学研究的再分析。该再分析研究对先前发现本涤汀与婴儿缺陷之间没有关联的研究结果所得出的数据进行了重新计算。就在这份再分析意见研究基础之上，原告专家形成意见认为：本涤汀与婴儿缺陷之间的确存在实际联系。但是，这份再分析意见没有公开出版，并且没有经过同行再审。在那些涉及本涤汀的案件中，至少有两起诉讼原告是以这种再审结论为证据支持的，它们是布洛克诉梅瑞尔·道药品公司❶以及理查森诉理查森-梅瑞尔公司案❷。

从历史角度来讲，被告在本涤汀诉讼中基本上是大获全胜，并且通常是以简易裁决结案。但是，在一些实际上最终作出裁判的案件中，陪审团是支持原告的。❸ 这种局面使得被告认为让陪审团来对科学证据进行评判通常会得出错误的结论的观点成为争议热点。不管怎么样，本涤汀诉讼已经成为在法庭上科学证据可接受性的中心所在。

2. 多伯特诉讼案

多伯特诉讼案（Daubert v. Merrell Dow Pharmaceuticals，Inc.）是众多涉及本涤汀诉讼的案件之一，其基本案情如下：杰森·多伯特（Jason Daubert）出生时四肢出现萎缩，这种发育缺陷非常罕见，原告认为这种生理缺陷同其母亲怀孕期间服用本涤汀存在因果关系。1989 年 11 月，美国联邦地区法院法官厄尔·吉利安（Earl Gilliam）指出原告专家证人所提供的科学证据存在严重不足之后，用简易裁决的形式驳回了多伯特的诉讼请求。该裁决于 1991 年 12 月得到了联邦第九巡回法院的支持，阿历克斯·柯辛斯基（Alex Kozinski）法官以书面意见的形式维持了原判。❹ 原告继续上诉。不久，美国联邦最高法院同意对其进行复审。但是，联邦最高法院的裁决是发回第九巡回法院再审，第九巡回法院在审理过程中，对联邦最高法院提出的观点表示了质疑，他们认为法官是否能够妥善解决诉讼中许多科学家的不同意见是值得怀疑的，特别是这些

---

❶ *Brock v. Merrill Dow Pharmaceuticals，Inc.*，(5th Cir. 1989). 在该案中，法院认为这种证据作为一个法律问题是不充分的。

❷ *Richarson v. Richarson-Merrell，Inc.* (D. C. Cir. 1988).

❸ See Joseph Sanders，From Science to Evidence：The Testimony on Causation in the Bendectin Cases，46 *Stanford Law Review*，1993，p. 1.

❹ Kenneth R. Foster & Peter Huber，*Judging Science and the Federal Courts*，The MIT Press，1997，pp. 3 ~4.

专家都是该领域声誉卓著者时，故而第九巡回法院自拟了若干规则，与联邦最高法院提出的若干原则不尽相同，最后作出裁定被告胜诉。顺便说一句，由于诉讼费急剧上涨，梅瑞尔·道药品公司于1983年6月9日停止销售本涤汀。

美国联邦最高法院对多伯特案做出裁决，从某种意义上讲，在美国诉讼中对科学证据的认定方面具有划时代意义，它从此结束了联邦法院系统中到底是适用弗莱伊规则，还是适用《联邦证据规则》中的相关专家证言规定的争论。[1] 在这一问题上联邦法官达成一致意见，就此，布莱克蒙（Blackmun）法官写道，弗莱伊案中的普遍接受标准要为《联邦证据规则》所取代。联邦法官们认为，在多伯特案中应该基于《联邦证据规则》规则702判断所有“科学证据”的证据能力，并且在该规则基础上提出了一条新的标准。联邦最高法院明确指出：“根据《联邦证据规则》，审判法官必须确保任何得到采纳的科学证言或者科学证据不仅要与所争议案件存在相关性，而且还要具有可信性。”这种可信性分析源自《联邦证据规则》中的规则702，以及其他几个相关规则，诸如规则403、703及706。其中《联邦证据规则》规则702规定：“如果科学、技术，或者其他专门知识能够帮助事实裁判者了解证据或者判定争议中的事实，那么满足作为专家要求的知识、技能、经验、训练或者教育的证人就可以专家意见或者其他形式作证。”

在多伯特案中，法院方面认为《联邦证据规则》规则702中的“科学知识”（scientific knowledge）是指以科学方法产生的推论（inference）或者主张（assertion），其有效性必须获得适当证实，该专家证言应该能帮助事实裁判者确认该证言与该案之间存在重大关联性（relevance），或者与问题争点之间具有有效之科学关联性（valid scientific connection），以及法官更明白的排除技术或其他特别知识的适用。在阐述科学与法律之间的关系时，联邦最高法院特别指出：“‘科学’这个形容词指的是在方法以及程序上具有科学基础。与此相似，‘知识’一词内涵的意思远超主观信念或者无端的猜想……所提出的证言必须具有适度有效性……简言之，达到‘科学知识’要求的专家证言必须具有证据可信性标准。”[2] 联邦最高法院也承认：“毫无疑问，在科学上不存在确定的情形”，因为科学知识总是在不停进化的。但法律中不能缺少确定性，至少在特定诉讼作出裁决时，还是应该有一个确定性的衡量标准。因此，联邦最

[1] 尽管多伯特案后，美国联邦最高法院就科学证据进行了新的规定，有人称之为多伯特规则，但是这种规则不具有全国性效力，有部分州遵循了该原则，而有的州则依然按弗莱伊规则来处理有关刑事、民事案件中的专家证言之效力问题。

[2] *Daubert*, 509 U. S. 590. n. 8.

高法院也承认新科技证据所提出的问题难点所在：该科学知识尚处于初始或者发展阶段，但法律必须要作出裁决。

基于以上理由，联邦最高法院撤销了上诉法院的裁决，发回重审。同时，联邦最高法院也提出了一些“一般监察”标准，要求下级法院行使看门人的角色，对证据的可信性进行分析。从本质上讲，该监察标准是一个多因素的标准。首先，联邦最高法院明确指出，根据《联邦证据规则》规则104（a），初审法院要对证据可接受性问题进行预先审查，最常见的对策是及时动议确定所提出的专家证据是否系科学知识，以及该专家证言是否是那种能够帮助事实裁判者确定争议事实。因此，专家意见与案件中有待作出裁决的确切问题之间的“适当性”至关重要。

联邦最高法院明确列出了初审法院在对科学知识可信赖的问题或者说科学知识是否符合科学上的有效性原则时必须考虑的一些因素：（1）该科学技术或者理论应该能够接受实证检验，故应该审查其采用的方法或技术能否或者是否已接受过检验；（2）该理论或技术是否已公开出版过，或者已经经过某种形式的同行专家再审；（3）对于特别的科学技术，法院应该考虑已知的或者潜在的差错比率，以及有无建立客观的应用或技术操作标准；（4）在弗莱伊案中所阐述的标准——该科学理论在相关科学界是否得到普遍接受——也是法院考虑的重点。联邦最高法院还非常谨慎地提出，单一因素不必然是科学证据具有可接受性的决定因子。因此，假如该理论在相关科学界没有被普遍接受，基于该理论之上得出的证据仍旧是可以被接受的，只要能够提供具有可信性的其他标志。联邦最高法院还强调指出，初审法院的审理工作必须集中于科学证据的“原则和方法论”上，不必对专家得出的结论进行分析。在法院对普遍接受因素进行考量时，这最后一点特别重要。只要该研究的方法论是普遍接受的就可以了，至于专家基于此研究得出的结论是否被普遍接受与审判就没有关系了。

此外，从美国法律实践来看，要成为适格的专家证人也是有一定标准的。一般而言，专家证人是他们所属行业中的佼佼者，他们经常被认为是用来攻击对方证词的“职业枪手”，专家证人适用范围的迅速扩大是诉讼法律制度，特别是刑事司法制度的一个显著发展。几乎没有任何种类的案件不受这些专家的影响，但是心理学、医学和DNA证据看起来会给他们带来很多麻烦。很难下结论说一些人会乐于拓展或者忽略事实、歪曲科学以及成为“说谎者”。许多专家证人收入的很大一部分都来源于作证，在判定他们证词的可靠性和重要性时，这应当作为一个因素被考虑进去。一位加利福尼亚法官坦白宣称他们是“学术福利制度”的受益者，并对专家证人的使用发出哀叹。最近一篇有关于专家证人的道德和责任的文章中对专家证人提出如下资格标准：(1) 在相关专业领域具有本科和研究生学位；(2) 在与法医学相关的专题领域曾接受过专门训练；(3) 在辩论学方面经受过一些训练；(4) 在专业领域内拥有职业团体要求的职业执照或者证明；(5) 在专业领域拥有实验、教学和出版著述的证明；(6) 先前拥有与作证问题直接相关的学科证明。其他能够帮助判定专家资格的因素还包括：研究生教育经历，在专业学术期刊上发表过文章，对已有的试验和程序有所掌握并发展，具备某些科学协会的成员资格或领导人员身份，以及作为专家证人的经验。

10 年前在加利福尼亚州发生的布朗公诉案（People v. Brown）的判决中增加了一条事后证明很难适用的标准，即证人“还必须是公正无私的，也即，专家证人不能以个人态度接受一项技术，如果在相关的科学界这项技术尚存在争论，而他的态度可能不是客观的”。证人也不应该毁损一项技术，夸大它在科学界的争论。也许获得公正无私的证人的最好方法是由法庭任命或者法庭支付专家证人的薪酬，而不是由当事人。这也是其他许多国家的实践经验。这种程序在美国还不是很普遍，决定采用何种程序属于各州和联邦法院的权力范畴。涉及 DNA 证据的一个著名案例是美国诉易（United States v. Yee）案，在该案中，埃里克·兰德尔（Eric Lander）是该案的专家证人，其原为数学家，后成为一名遗传学家，负责补充其他由控方和辩方召集的 17 名专家证人的证言。据报道，在辛普森案件的凯利-弗莱伊（Kelly-Frye）听证会上，法官伊藤（Ito）也召集了自己的专家证人。

3. 多伯特案的影响

通过联邦最高法院就多伯特案所做的判词中可以看出，对于科学证据的可接受性标准较弗莱伊规则所确定的标准更加自由得多。但是，尽管在联邦法院的判词中可以反映出这种真实情形，但是多伯特案并非像我们所担心的那样意味着联邦法院会对科学证据敞开大门。可以肯定的是，在本涤汀系列诉讼中，尽管有多伯特案在先，但是情况没有任何变化，例如，在后来发生的德鲁卡诉梅瑞尔·道药品公司案❶中，联邦地区法院根据多伯特规则裁定，原告所提供的科学证据不能接受。所以从这一点来讲，其实所谓的“多伯特规则”基本上没有改变科学证据可接受性的现状。❷

---

❶ *DeLuca v. Merrell Dow Pharmaceuticals, Inc.* (3d Cir. 1993).

❷ See Jonathan M. Hoffman, A Briefcase and an Opinion: Post-“Daubert” Expert Testimony—A Major Shift, 22 *Product Safety and Liability Report* 379 (1994). 该文对多伯特案后出现的一些涉及科学证据的案件进行了考察。

尽管多伯特案已经过去十余年，但是有关弗莱伊规则、多伯特规则、科学知识以及科学证据等名词不仅成为美国法律界经久不息地讨论的议题，也成为其他国家或地区法律界讨论的热点，因为这些案件涉及的社会问题具有共性，在法律上也具有共通性，因此，美国法律界对于科学知识以及科学证据的探讨对于尚不存在相关制度的中国法律实践具有极大的参考价值，这一点毋庸置疑。

二、科学证据（专家鉴定）在法律诉讼中的运用

（一）他国经验以及我国科学证据（专家鉴定）制度上所存在的问题与出路

在诉讼活动中，随着诉讼证明方式的变化，鉴定结论起着越来越重要的作用。以刑事诉讼为例，证明方式经历了从“以神证为主”到“以人证为主”，以及从“以人证为主”到“以物证为主”的转变。在以“物证为主”的证明中，物证的证明价值往往需要通过科技手段予以揭示。此外，对人证真伪的判断有时也需要借助于心理科学、行为科学以及其他的科学方法。有学者称：“今日刑事审判不应再只重视自白，而应重视物证，尤其借法庭科学进行采证而取得之物证，亦即科学证据。从而所谓证据裁判主义，于今日法科学应用之时代，应改为科学证据裁判主义。”❶ 在民事和行政诉讼领域，涉及科学知识的内容也在明显增多，如环境污染、医疗纠纷、药品食品及产品质量、专利纠纷等案件的大量出现即为典型的例证。科技知识以及高端技术的应用，为法官审查、判断证据提出了新的挑战。当科学知识、科学方法、科学证据这些术语充斥于法庭审判时，司法证明已不再是简单的事实判断和单纯的法律适用问题。法官在对证据进行判断时经常要面临科学的不确定性、“半吊子科学”（junk science）这个术语通常出现在美国的政治与法律争辩当中，主要是指称主张者所提出的科学数据、科学研究以及科学分析是虚假的，是不真实的。这个术语一般包含着一种蔑视的语气在其中，意指某人的主张受到了政治、意识形态、金融以及其他非科学动机的影响。该术语最初用于民事诉讼中的专家证言。近来，这个词被广泛用于批评因公司活动给环境及公共卫生造成有害影响的研究上，偶尔也用于对这种批评进行回应上。“半吊子科学”通常与“可靠的科学”（sound science）相对应，而可靠的科学则通常指那些有利于指控者观点的科学研究。在同伪科学（pseudoscience）及有争议科学（controversial

---

❶ 彼得·G. 伦斯特洛姆：《美国法律辞典》，贺卫方，等译，中国政法大学出版社 1998 年版，第 249 页。

science）进行区分时，“半吊子科学”通常会带有某种政治利益的作用。对于“半吊子科学”与“可靠的科学”这两个术语，在科学界尚没有一致认可的定义或者通用的定义。因此，可以判断这个术语主要是用于政治争辩当中。在法学界，这个词的使用一般会追溯到彼得·W. 胡伯（Peter W. Huber），1991 年他在一本名为 *Galileo's Revenge*：*Junk Science in the Courtroom* 的书中对这个术语进行了专门的解释说明，后来这本书被 100 多种法律书籍及参考文献引用，所以在法学界一般会认为胡伯是这个词的最先杜撰者。1997 年，这个词经过美国联邦最高法院法官约翰·保罗·史蒂文斯（John Paul Stevens）在法官意见中的引用而成为一个法律术语，史蒂文斯法官当时指出：“根据多伯特规则，那些‘半吊子科学’因为太不可信而应该被排除，例如，颅相学者仅凭被告头盖骨的轮廓就证明被告未来会有危险，这种证言就是‘半吊子科学’的典型证据。”❶ 根据此案，下级法院于是就对“半吊子科学”制定了一些指导原则，比方说 2005 年联邦第七巡回法院法官伊斯特布鲁克（Easterbrook）就曾指出：“对磁化水处理的正面报道不要再重复了，再加上对其效果缺乏物理解释，这些都是半吊子科学的特点所在。”❷ 以及科学证据的效力认定等问题。对“科学证据”进行认定、对“半吊子科学”进行甄别，这些技术要求已经大大超越了传统法官职业技能的范围。❸ 因此，法官不得不借助于拥有专门知识和技术的专家来帮助其分析、判断相关诉讼证据的是与非。从这个意义上讲，专家被视为“科学的法官”，专家及其在专门性问题上所提供的鉴定结论在司法活动中的重要性也就不言而喻了。

在科学证据或者专家鉴定的运用上，英美法系国家与大陆法系国家在实践中有所差异。英美法系国家对专家鉴定人的选择，虽然立法上赋予法官以指定专家的职权，但在实践中，这种职权的行使十分罕见。由于英美法系的诉讼机制实行对抗制，鉴定人一般由当事人选定，被当作证人看待（不过其地位与普通证人不一样，有明显超过普通证人地位之势），由当事人带入法庭，像对待证人那样对其进行主询问和交叉询问，故其结论不被作为独立的证据方式。与普通证人不同的是，普通证人必须陈述事实，而专家证人可以给予其所掌握的专业知识以及与案件有关的材料发表专业意见。当事人选定的这些专家证人在许多情况下会加入当事人阵营与对方对抗，故在英美法国家法庭上经常会上

---

❶ *General Electric Company v. Robert K. Joiner*, No. 96 ~ 188, slip op. at 4（U. S. Dec. 15, 1997）.

❷ See Peter. W. Huber, *Galileo's revenge*：*Junk Science in the Courtroom*. New York：Basic Books, 2001, p. 191.

❸ 邹明理：“刑事鉴定若干问题比较研究”，载《侦查》1998 年第 4 期。

演所谓“鉴定大战”。而在大陆法系国家，鉴定人的结论被作为与书证、物证相对应的人证来看待，其在诉讼功能上侧重于将鉴定人看作法官的助手，即由专家代替法官对待证实的事实及专门性技术领域从事调查、了解，补充法官的认知能力，同时鉴定人兼具证据方法功能，故鉴定人主要由法庭从可作为鉴定人的登记名册中指派。如法国，在民事诉讼法中实行“书面证据优先”原则，而且存在预审制度，作出判决的法官并不直接进行证据调查。所以，法国诉讼传统上一般采用鉴定手段对涉及专门性问题的案件事实进行认定。其实际做法是：鉴定是由当事人选择或由法官依职权采取的。最高法院办公厅每年制作全国性的鉴定人名册，各上诉法院也可按不同专业制作鉴定人名单，公布所列的自然人和法人作为鉴定人，法院通常从中指定具体诉讼中的鉴定人。鉴定人列入名册或被删除的程序由行政规章予以规定。鉴定人在程序上通常是借助调查，形成书面意见呈交法院，该意见结论在诉讼上即可构成案件记录的内容之一，由双方当事人在庭审过程中进行质疑、辩论，然后交由法院根据情况作出判决。当法庭决定采用专家鉴定时，法庭用判决指定一位专家，规定专家的任务。专家研究遇到的问题，然后向法院提交书面鉴定报告。双方可以就该报告到法庭交换文书并进行辩论。在德国，根据法律规定，一旦决定采用鉴定结论，法院即要求当事人各自提出鉴定人名单，如果当事人都提出要求某位专家作为鉴定人，则法院必须受此要求的拘束。但在实践中当事人一般不得提供鉴定人，由法官指定鉴定人，以保持诉讼的公正，维护证据方式的真实性与可靠性。但是在事实认定上，法官依然坚持自由心证，不受鉴定人意见或结论的束缚，并从立法和司法上通过特定程序规则使鉴定人的意见接受双方当事人的质证。在英美法系鉴定人与证人相对统一的诉讼机制下，由当事人自己选定专家作证。由于专家由当事人选定，所做的鉴定结论具有倾向性，这种取得专家结论的方式导致无法将科学鉴定意见所形成的公正结果交给法院作为裁判的基础，大陆法系将对鉴定人的选任规定为法院所固有的权力，是基于民事诉讼职权主义进行，在立法精神上要求对鉴定人的选择应当超越当事人各自的诉讼利益，从而确保鉴定结论的客观真实，限制了当事人所拥有的诉讼权利。

根据我国三大诉讼程序法的规定：（1）司法鉴定的决定权和鉴定人的选任（委托）权赋予了公检法三大司法机关，如《刑事诉讼法》将鉴定纳入立案、侦查和提起公诉的第二编，实际上确定公安、检察机关对鉴定人的选任权。《刑事诉讼法》第159条规定了在法庭审理过程中，当事人及其代理人有权申请重新鉴定。我国《仲裁法》第44条规定：“仲裁庭对专门性问题认为需要鉴定的，可以交由当事人约定的鉴定部门鉴定，也可以由仲裁庭指定的鉴定部门鉴定。”《关于民事诉讼证据的若干规定》第26条对鉴定人的选任问题上作出了重大改革，其中规定："当事人申请鉴定经人民法院同意后，由双方当事人协商确定有鉴定资格的鉴定机构、鉴定人员，协商不成的，由人民法院指定。"该规定反映了对当事人意愿的尊重，也是对当事人诉讼权利的尊重，在观念上和制度上明显都是一种进步。(2) 鉴定的受理方既有鉴定机构又有鉴定人。如《民事诉讼法》和《行政诉讼法》均规定为"鉴定部门"，《刑事诉讼法》第119条规定的是"有专门知识的人"，但其第120条又规定了"省级人民政府指定的医院"。首先，将鉴定机构作为双方的委托对象是不妥的，因为鉴定是一种个人行为，而不是集体行为，委托鉴定机构进行鉴定的做法一方面无疑把鉴定人的选任权变相地交给了鉴定机构；另一方面当鉴定发生争议时，又会引来新的麻烦，即到底由谁来负责，如何追究等。其次，这些规定存在鉴定主体属性不明、资格模糊的问题，因为鉴定行为从本质上讲是鉴定人运用自己所掌握的专业知识对专门性问题进行检验、鉴别和科学判断的活动，是个人行为。(3) 现有的司法鉴定规则体现了鉴定部门的法定性，即以国家的鉴定机构（通常指派公检法自己所属的鉴定部门）为主，具有排他性。一般而言，法定鉴定部门在设施、技术水平和法律上都具有较大的可信性，法律作出这样的规定，是为了进一步保证鉴定的科学性和权威性。与国外的鉴定委托制度相比，我国鉴定人选任的最大特点在于，鉴定的委托权完全由司法机关所垄断。如果司法机关拒绝了当事人的有关申请，当事人就只能服从这一决定，而不能自行聘请鉴定人，或向有关机关提出异议或请求司法救济。由此，完全由法院聘请鉴定人给予了法官过大的自由裁量的权力，容易产生司法腐败。英国有一句古老的法律谚语："正义不仅应当得到实现，而且还应该以人们能够看得见的方式实现。"完全由法院方面独揽司法鉴定程序启动权可能会有失公正，为了形式公正的目标，建议赋予诉讼双方当事人聘请专家提供证据的权利，使得双方专家证人能够就案件所涉专业问题展开辩论，从而使真相越辩越明。

(二) 目前我国专家鉴定制度中与科学证据有关的主要问题及对策

对于科学证据（专家鉴定），从我国的现状来看，相关的证据制度研究是主流，而对这种证据制度中会涉及的科学、科学知识及其应然特征和本质属性方面的研究极为少见。科学的有效性和可靠性是这种特定证据类型的必要条件，没有科学、科学知识及科学方法的可靠性做保障，科学证据（专家鉴定）的客观性就会如无本之木，无法继续存在下去。

1. 没有界定鉴定证据可以运用的技术范围

我国是采取法定证据制度的国家，证据的类型由三大诉讼法事先规定，那些不符合其证据类型的证据形式不会得到认可。对于鉴定结论，三大诉讼法均规定为法定证据，但是对于鉴定证据中可以运用的科学技术没有进行法律界定。因为科技在不停发展，当前已经发展成熟的技术在可靠程度上明显比以前的技术有改进之处，但是当这些科学技术方法都在运用时，该作出何种选择，到底哪一种技术具有优先性，没有法律进行界定，此外，司法部、公安部及最高人民检察院都有自己的技术鉴定规则，标准当然不统一，对于这些不确定、不统一的情形，如果没有专门的法律进行界定，将会使法官在断案时无所适从，在此基础上，如果全凭法官的自由裁量，加之法官作为个体会存在个人能力及价值判断上的倾向性，极有可能会导致个案不公的情形出现。

鉴于以上情形，应该对那些在科学界已有定论，在鉴定中能够运用得到的最新科学技术通过制定专门法律的形式予以公布，或者由最高人民法院予以公告并及时更新，方便法官断案时做选择参考之用。不过，在确定这些科学技术标准和范围时，应该考虑以下因素：首先，这项技术是否有必要作为“补充法官认知不足”的手段；其次，要考虑该项科学技术在国际、国内的发展现状，特别是那些尚不具有确定性的技术谨慎适用，[1] 对于国内尚不能达到的科技水准，在适用国际标准时也应该采取谨慎态度。最后，最为稳妥的对策是在该项科学技术达到成熟水准时，方可纳入采用范围。

2. 没有规定过滤专家鉴定中的‘半吊子科学’的标准和程序

法官在对鉴定证据进行调查和评价时，通常会遇到在法律上如何评价专家鉴定的困难：（1）如何判断专家鉴定人主张的科学知识是可靠的科学。（2）法官自有的专业知识面。（3）鉴定结论的研究基础是否牢固。（4）法官审核专家鉴定人鉴定结论的范围和界限。（5）跨领域了解专业知识的困难。（6）“鉴定人法官”的出现对法庭审判可能产生的负面影响，等等。另外，在专家鉴定中，还有一点就是对于那些“半吊子科学”该如何甄别也是个非常困难的问题。针对这种情形，首先应该确定一个公认的、正确的科学技术边界，对这些能够应用于法庭的科学技术进行界定；其次，对于已经在法庭实践中被证明是伪科学、半吊子科学的证据形式进行逐一排除，以维护诉讼公正性。在这方面美国《联邦证据规则》及多伯特规则就科学证据的认定所制定的具体规则可资借鉴的地方很多，前已具体谈及，不再赘述。

3. 没有规定对专家鉴定所运用的科学的可靠性进行审核的程序

为了充分发挥专家鉴定在法庭上的作用，又能够将其可能产生的负面影响尽量限制在一定范围之内，以尽可能地降低裁判致错风险，那么要对这些可能会适用于法庭的科学技术进行管理和规制。目前，虽然最高人民法院及司法部

[1] 黄维智：《鉴定证据制度研究》，中国检察出版社 2006 年版，第 39 页。

也制定了一些针对司法鉴定机构的管理规范，但是，这些管理规定对鉴定机构的鉴定能力的评估及鉴定质量的控制并没有起到有效作用。美国在刑事犯罪实验室方面的管理经验很值得学习，在美国，为保证专家证言的客观性，对所有会涉及出示科学证据的实验室进行有规律的检查，要求其达到专业机构的水准，此外，科学家们还得正式对相关实验的操作标准达成一致意见。在纽约州成立了法医科学复审委员会之后，各州纷纷仿效这种范本，建立类似由科学家、律师、法官、检察官及试验人员所组成的独立的、综合性权威机构，通过这个团体为各级实验室提供具有可操作性的有效规则。所有刑事犯罪实验室必须经过审批，这种审批的通过通常是要经过严格的质量控制体系和质量信任度审查，定期检查，及时发现不足，并且还有一名独立的、具有律师身份的调查员来监督、调查这些实验室可能会发生的不轨行为。❶ 这种细致的监管模式，为科学证据的出示提供了非常有效的保障。因此，针对我们目前的司法鉴定管理模式，有必要成立高级别的鉴定复审委员会，可考虑建立国家级的鉴定复审委员会以及省级鉴定复审委员会，以便能够在涉及科学证据的情形，对所谓的科学、半吊子科学、伪科学等进行专业甄别，从而最大限度地保证科学证据的客观性，最终使正义得到伸张。

对美国科学证据规则的借鉴：代本章小结

因果关系问题是侵权法的核心所在，对于潜伏性毒物致害侵权来说，这其中涉及的因果关系问题不是可以通过传统民法中所提出的一些因果关系理论能够简单解决的。因为这种毒物致害侵权诉讼不仅需要证明一般因果关系存在，更重要的是证明特定因果关系存在。以前，在很多欧洲国家发生的毒物致害侵权诉讼中，由于无法证明特定因果关系的存在，很多受害者无法获得民法上的救济，于是就提起刑事诉讼，通过法庭认可的一般侵权因果关系存在最终获得救济，这种情形引发很多欧洲学者的思考，对于这种本该通过民事途径解决的案件却通过刑事途径解决，不得不让其反思各自的诉讼证明标准是否合理。❷ 这种欧洲侵权判例法上的思想危机引发欧洲学者们对美国《侵权行为法第三次重述》寄予重望，希望其中能够对一般因果关系和特定因果关系进行清楚的划分，也就是说，希望其中进一步明确那些因使用、摄取或者暴露于缺陷产

---

❶ 黄维智：《鉴定证据制度研究》，中国检察出版社2006年版，第38～39页。

❷ Federico Stella, Causation in Products Liability and Exposure to Toxic Substances Causation, in *Exploring Tort Law* edited by M. Stuart Madden, Cambridge University Press, 2005, pp. 406～408.

品或具有危险性的毒物、工序的人，对其所主张之身体损害或者财产损害必须拿出能够证明一般因果关系和特定因果关系存在的证据。[1] 但是，从美国法上实践已经证明在毒物致害侵权诉讼中要排除一切合理怀疑，证明特定因果关系的存在已经是不可能的。因此，一些欧洲法律实践者主张采用美国法上不太严格的相对证据优势标准，下一章将专门述及此主题。可以说，美国在潜伏性毒物致害侵权领域的法律实践已经对大陆法系国家相关案件的裁判产生重大影响，尤其是美国法庭基于风险加倍（the doubling of risk）理念得出判断的路径在将来的涉及毒物致害侵权诉讼将发挥更大影响。[2]

在潜伏性毒物致害侵权因果关系证明中，目前用得最多的方法是社会流行病学研究方法，这种方法对于评估一种物质是否会导致疾病或者致癌具有极大帮助，但从前面的细致考察我们发现这种流行病学统计数据对于特定因果关系存在的证明尚有些乏力。其实，流行病学作为一门科学，其中肯定会存在不确定性。但是，潜伏性毒物致害的案件不能因此而不进行裁决，因此，从法律角度对科学和技术进行解释（judicial construction）就显得尤为必要。[3] 通过前文探讨的弗莱伊规则、多伯特规则，我们可以得出这样的结论：法律上对科学的要求是具有最高程度的可信以及最低程度的致错（the highest degree of reliability and the lowest degree of fallaciousness）。为了达到最高程度的可信，科学假设必须通过不断观察和实验达到最高确信，也即卡尔·汉普尔（Carl Hempel）所说的实践确定性，或者克服各种证伪之后达致确信，也即卡尔·波普尔所主张的路径。但是，多伯特案给我们的启示是：在判断这些所谓的科学证据时该采取何种标准，也就是说法官得设置何种标准对这些科学证据进行评估。将科学专家出示的证据作为证据的一部分，并就其可信性制定科学的、切实可行的评估标准是我们在审理潜伏性毒物致害侵权诉讼时必须面对的难题，改造并完善我国原有的鉴定制度，大胆借鉴美国法在这方面的实践经验，是我们目前解决此种纠纷的最佳选择。[4]

---

[1] Federico Stella, Causation in Products Liability and Exposure to Toxic Substances Causation, in *Exploring Tort Law* edited by M. Stuart Madden, Cambridge University Press, 2005, p. 408.

[2] *Ibid*, p. 410, p. 417, p. 421.

[3] Sheila Jasanoff, Science at the Bar: Law, Science and Techology in America 19 et seq, (1995).

[4] 美国法在这方面实践已经在大陆法系国家产生重要影响，诸如德国、意大利、西班牙等国在涉及毒物致害侵权诉讼中，法官都有大胆借鉴美国法上的理念。详见：Federico Stella, Causation in Products Liability and Exposure to Toxic Substances Causation, in *Exploring Tort Law* edited by M. Stuart Madden, Cambridge University Press, 2005, pp. 421 ~ 424.

第七章　潜伏性毒物致害侵权的法律救济探索

第一节　社会发展所面临的侵权法难题

一、新型损害与传统侵权法的紧张关系

自19世纪以来，城市、技术以及工业快速发展，这些发展对于社会来说既带来了益处，同时也带来了灾难。这些发展通过提供良好的交通、更丰富的食物、更佳的医疗保障措施以及良好的教育等途径，极大地改善了人们的生活条件。但是，伴随着这些正面发展，人们的生存环境也因此恶化，大量剥削、贫穷现象出现，环境遭到极大的破坏，新型疾病不断涌现，以及大规模杀伤性武器扩散，等等。不断发展的工业生产机构制造了大量具有潜在危害的事故，使人们大量暴露于有毒物质、有害环境以及其他危险物中。这些新的风险在规模以及严重程度上前所未有地给人们的身体以及财产造成了巨大伤害。新的城市环境以及资本企业根据财富多寡将人群人为分隔开来，于是被分隔开来的住宅区被分成了富人区、中产阶层区以及贫民区。这种不均衡的财富分布导致一种直接的结果出现，即劳动者需要就近居住在他们所工作的工厂周围，那里有糟糕的周边环境以及工业区域。和其他穷人一样，劳动者阶层（工人、农民）经常会暴露于周边工厂排泄出来的各种有毒物质以及其他有害物质氛围中。人群中那些较为富有的部分，他们因为良好的经济条件，同那些穷人以及劳动者阶层比较起来能够得到较好的保护，回避这些有害物质的侵扰。这样一来，富人与穷人虽然都面临有害物质侵扰风险，但是他们在遭受伤害的严重程度以及概率方面所面临的风险不一样，也正因如此，富有阶层在将这种风险最小化的动机上缺乏实质性的动力。于是乎，工厂事故、铁路事故、环境污染、有害物质（产品）大量涌现，这些事故使得人群中不同群体面临受伤害的风险明显不公。

传统的侵权法理论无法为那些因为工业发展给受害者造成的损害提供适当救济。说得更具体些，根据普通侵权行为的归责原则，法律不可能为这些具有危险性的有害物质的受害者提供救济，特别在那些具有潜伏性损害特征的侵权案件中，要想给予那些受害者提供法律救济更不可能，因为该危险物质的致害

过程无法见到，并且缺乏致害人与其受害者之间的有形接触证据。在产业革命时代，一般来讲，将这种受害者暴露于毒物或者其他具有潜在危害物质与其所遭受的损害之间确立起因果关系来是不可能的。要让这种致害者承担责任，侵权法必须从认识论上为其正确性找到合理理由，比如，将其认定为类似于非法侵犯受害者的个人领域。但当缺乏这种认识论作保证的时候，侵权行为理论当然会拒绝裁定致害人承担责任，此时就会使得这些不当行为者所制造的危害以及所有损害外在化。产业革命的另一个产物是消费品的大规模生产，这些消费品中既有安全产品也有不安全产品。消费不安全产品就必然会导致人身伤害及其他损害。要是依照传统侵权责任的归责模式，这些不安全产品的受害者就会无法得到救济。这种传统侵权责任规则模式在不安全产品致害侵权方面不适用源于两个因素：传统理论要求直接致害人直接侵犯了受害人的权利，这是裁定承担侵权责任的前提条件。要是不存在这种直接侵犯行为，不安全产品的制造商与其产品受害者之间就缺乏“当事人关系”（privity）：依该传统理论就会认为受害人与致害人之间不存在法律关系。在此理论背景下，只能基于合同关系来追究不安全产品制造者的责任，也就是说，这种法律关系只能在产品的销售者与购买者之间直接形成。[1] 另外一个不能给消费者提供保护的因素是因果关系问题，因为缺乏制造商造成消费者损害实际作为的“最终接触证据”，而这种“最终接触证据”则是判处不当行为者承担侵权责任的基本要件。更为麻烦的是，在制造者与消费者之间存在诸多中间环节，诸如营销、储藏以及零售等行为，这其中会有不同的市场参与者，从而使得二者之间的关系不断被阻隔，因为这些产品通常不是从制造者手中直接到达终端消费者的。产品缺陷导致消费者损害可能与一系列不当行为有关。在某些案件中，可能会由于消费者使用不当而造成损害。这种最终因果关系的不确定性使得侵权责任归责变得更加复杂。这种情形同样出现在环境污染致害侵权领域，随着产业革命的推进，人类对环境的污染和损害与日俱增，一些与环境毒物有关的损害事件更是层出不穷，本书已在前文多有引述。

二、科技、保险业的发展与侵权责任范式的转变

诚如我们前面所述，产业革命也为人类社会贡献良多。其中一个益处就是在事故及损害风险的法律应对上不断得到改善，其中有很多因素左右了这种改善，最重要的应该归因于20世纪科技知识的高速发展。这种知识进步使得改

---

[1] See W. P. Keeton et al.，（eds.），*Prosser and Keeton on Torts*，5th ed.，St. Paul，Minn：West Publishing Co. 1984，pp. 681 ~685.

善产品安全、服务安全以及工作场所安全的技术手段不断提高。更为甚者，这些科技知识大大提高了人们对与损害有关的原因及效果的理解，也就是说人们可以通过提高预防水平来控制事故风险的发生。同时，人们通过运用概率微积分（probability calculus）来提高对风险的预测能力。人类对事物发生的概率（the taming of chance）❶ 的控制始于19世纪，在20世纪得到继续并且高速发展。这种发展过程本身可以通过人们对概率以及决策理论的众多研究体现出来。在这些研究当中，不乏在创新、广度、数学高度以及实际应用上有重大突破者。❷ 随着人类在科技知识方面的快速扩张，这些进步已经可以使人们能够比以前任何时候对风险的驾驭能力都要强得多。得益于这些科技进步的帮助，人类对风险的控制能力增强，也就得为一些可以控制的风险发生承担责任。

随着人类对损害风险的逐渐理解及其对风险的实际发生率的逐步掌握，保险行业也就应运而生。尽管保险行业是个古老的行当，但是其作为一种在投保者人群中分散损害的功能，相对来说是比较新的。❸ 在整个20世纪，在大多数发达国家，损害事故的潜在受害人以及未来的不当行为人大多购买了保险来对未来可能发生的损害及补偿义务进行担保，这种投保比率与日俱增。这种保险合同的广泛运用无非利用了两个基本现象，这两种基本现象从目前看来已经得到概率和决策理论的支持。现象之一是“大数法则”（the law of large numbers），❹ 另一个则是“风险厌恶”（risk-aversion）。❺ 保险公司根据大数规则就

---

❶ See I. Hacking, *The Taming of Chance* (1st ed.), Cambridge University Press, 1990.

❷ See J. Von Plato, *Creating Modern Probability: Its Mathematics, Physics and Philosophy in Historical Perspective*, Cambridge University Press, 1994, pp. 1 ~ 9.

❸ See G. T. Schwartz, The Ethics and the Economics of Tort Liability Insurance, 75 *Cornell Law Review*, 1990. p. 313；以及 J. Stapleton, Tort, Insurance and Ideology, 58 *Modern Law Review*, 1995, p. 820.

❹ 又称“大数定律”或“平均法则”。人们在长期的实践中发现，在随机现象的大量重复中往往出现几乎必然的规律，即大数法则。此法则的意义是：风险单位数量越多，实际损失的结果会越接近从无限单位数量得出的预期损失可能的结果。

❺ See G. T. Schwartz, Insurance, Deterrence and Liability, in P. Newman (ed.), *The New Palgrave Dictionary of Economics and the Law*, Vol. II, 1998, pp. 335 ~ 336. 风险厌恶（risk averse），或称风险趋避，是一个经济学、金融学及心理学上的一个概念，用来解释在不确定状况下消费者和投资者的行为。风险厌恶是一个人接受一个有不确定的收益的交易时相对于接受另外一个更保险但是也可能具有更低期望收益的交易的不情愿程度。与一个人的风险厌恶程度相对，称之为风险容忍（risk taker）。一个人可以选择在100元和一无所获之间下注，两种情况各有50%的概率，或者代之以选择得到确定的收入。如果他选择为了得到一个100%确定的但低于50元的收益，而放弃下注，那么他是风险厌恶的，如果对他来说，下注或者得到一个确定的50元收益没有差别，那么他是风险中性（或风险中立，risk-neutral）的，如果他要求高于50元以上的收益才肯放弃下注，那么他是风险偏爱（或风险爱好，risk-seeking或risk-preference）的。下注的平均收益，也就是期望值应该是50元，为放弃下注而肯接受的确定收益被称之为无风险对等值，这个值和期望值的差被称作“风险差额”。

可以比较精确地预测危险，合理地厘定保险费率，使在保险期限内收取的保险费和损失赔偿及其他费用开支相平衡。大数法则是近代保险业赖以建立的数理基础。保险公司正是利用在个别情形下存在的不确定性将在大数中消失的这种规则性，来分析承保标的发生损失的相对稳定性。按照大数法则，保险公司承保的每类标的数目必须足够大，否则，缺少一定的数量基础，就不能产生所需要的数量规律。但是，任何一家保险公司都有其局限性，即承保的具有同一风险性质的单位是有限的，这就需要通过再保险来扩大风险单位及风险分散面。再者，保险公司利用客户的风险厌恶倾向征收保险费，从而支付公司的开支以及产生利润。通过这种途径，保险机制就将损害的成本在投保者之间进行分散。这种成本分散机制，我们一般称之为“我为人人，人人为我”，该表述其实还可以进一步具体表述为“事先我为人人，事后人人为我”（one for all ex-ante，and all for one ex post），这里面的事先、事后可以表述为损害发生之前与之后两种情形。这种机制已经广泛用于范围广泛的各种强制性保险当中，诸如社会保险、社会养老金、健康保险、工伤损害赔偿基金、人身伤害保险等领域。从目前的保险业发展程度来看，人类对风险的管理已经达到应用层次。正如一些决策理论者所认为的那样，损害风险现在已经可以通过精确的金钱来评估。这种风险等于填补损害的成本乘以损害发生的概率。❶ 这个非常重要的规则我们称之为“预期损害”（expected damage），它不是一个简单的抽象概念。通过应用“大数法则”，当人们知道相关损害的成本以及该损害发生的概率时，人们可以计算出从长远角度来看未来将会发生的损失。从目前的总体发展态势来看，规模大、经营历史悠久的保险公司在风险管理、预测以及不同损害类型的承保经验方面一般都拥有丰富的数据，只有这样才能在竞争强大的保险市场处于优势地位。

科技以及保险业的发展对于20世纪发生的侵权责任范式影响巨大，甚至可以说这些发展可以用来解释侵权责任范式的渐进式转变。这种转变导致原先基于风险外在化的损害责任承担范式，即必须是直接相对人之间才可以追究损害责任的范式被取代。在新的侵权责任范式下，当事人因其不当行为致使他人处于危险境地以及由于该风险变成现实造成损害，此时，当事人要承担损害赔偿责任。这种新的侵权责任归责范式完全抛弃了旧的直接相对人侵权诉求模式，它不再是判处承担侵权责任的认知担保范围。它随着人类在各种损害风险知识以及人类在风险驾驭方面的经验越来越发达从而找到了其认识论上的根据。

可以说，将那种传统的直接相对关系要件替换掉极大地拓展了侵权责任的

---

❶ See R. A. Posner，*Economics Analysis of Law*（5th ed.），Aspen Law & Business，1998，pp. 12 ~ 17.

范围。要是对侵权责任的拓展不进行限制，那么法庭将会面临大量的诉讼，并且在分配损害责任时会面临诸多严重的不确定情形。但要是任何致使他人处于损害风险状态的情形都成为个体承担侵权责任的理由，那么无疑就有些过度威慑了，这样会对很多有益于社会的活动产生阻碍作用。产品制造、运输以及医疗服务等只是诸多社会活动中的一部分而已。由于这些原因，新的侵权责任理论将不当行为列为不当行为者承担侵权责任的前提条件。要使被告承担侵权责任，必须证明该被告是因不当行为导致原告受到损害。而原告方必须证明其所遭遇的损害是由于被告的不当行为所致。

因不当行为致使他人处于损害风险之中完全是个规范性的理念。这种理念在实证现实中没有发现参照对象。因此法院开始应用并发展了所谓的“过错”概念，这个概念是基于“注意义务”的存在以及被告对该义务的违反而产生的。当然这种“注意义务”同样也是规范性的。不过，这个概念现在已经开始延伸到另一个规范性概念——损害的可预见性上面了，所谓损害的可预见性是指理性人（reasonable man）可以预见到的相关风险以及因此可能发生的损害。所有这些概念很明显都需要在外部规范领域中得到来源支持。实际上，有关侵权责任的理论已经为“过错侵权”（以及严格责任）提供了充分的支持。这其中最有影响的理论当属威慑和矫正正义理论。在下面的分析当中我们很多时候会重复运用这些理论及其基本原则。

在英国，英国上议院对多诺修诉斯蒂文森案（Donoghue v. Steveson）[1] 的裁决是有划时代意义的，它标志着侵权责任从“直接接触关系”（direct contact）向“外部化风险”（externalized risk）的转变。该判决对英美法制度产生了显著影响。其中对“注意义务”概念的重新解释是一个重大的理论进步。在该案之后，“当事人相互关系”的概念不断扩张，已经远远超出了原来的直接接触关系范围。随着侵权责任框架的不断扩张，如果不当行为者将外部化风险转变成受害者的损失，那么该不当行为者，尽管其已经与该受害者不存在直接接触关系，但是其仍将对该受害者所遭受的损失得承担责任。至于侵权责任的这种扩张笔者前面已经解释过，其扩张的原因部分是道德因素，部分是认识论上的因素。从认识论角度来讲，这种扩张是基于法庭有能力确定风险实际上可以转化成潜在的风险。

在本书中，笔者所探讨的侵权法理论应该是属于第三个阶段，并且是当前正在经历的阶段。这个阶段的突出特征同样将道德和认识论问题融合在一起。因为笔者所探讨的这种侵权损害类型非常特别，即这种侵权损害因时间经历久

---

[1] *Donoghue v. Stevenson* [1932] AC 562 (HL).

远而难以追查到具体的致害人，并且这种损害是无形的。这种难以追查的损害是指即便事实裁判者能够确认将风险外部化并有可能造成实质损害的致害者时，事实裁判者很难将这种损害归因于特定致害人的情形。风险是否已经变成现实与风险可能变成现实之间的差别实质上非常明显。如果事实裁判者拥有充分的证据，则其可以确定损害的渊源；但是，能够帮助确认该事实的证据却无法得到。所谓无形损害是指事实裁判者无法在相关致害当事人之间根据其各自的参与度来分配其责任，因为无法找到其各自致害的证据。因此，这种无形损害问题就成了无法追查损害中较为常见的难题。

其实，产生前述难题大概可以归结为三个原因：一者人们每天都处于各种风险之中，并且这些风险之间是相互交错在一起的；二者是因为确认相关风险，其渊源以及能够将风险转化成损害的发展过程方面的信息非常缺乏；三者是体现在致害人与受害人之间的明显不平等上。公司及专业人士，诸如汽车制造商，药品及食品制造商，医生以及其他专业人士，他们拥有将风险外部化的权力，并且使得其造成的损害后果难以追查出来。而作为普通人的消费者通常对前述专业团体及人士所拥有的这种权力是明显无法抗衡的，因此必然产生不平等。

三、潜伏性毒物致害侵权中的难题与侵权法目标的互动

依据传统侵权法理论，原告所遭受的损害若无法找到其致害渊源则法律不会提供救济。因为此时，要是原告无法基于盖然性占优势或权衡（a balance of probabilities）针对特定的被告提起诉讼，则其诉求将无法成立。因为原告的损害难以查证，其声称损害是由特定被告造成的可信度不高，则其诉讼将最终败诉。本书所探讨的案例与普通侵权案例非常不同，笔者在前文已经进行过比较，因为我们所探讨的案件中，通常涉及被告将风险外部化，并经常将其转化成那种极为少见的难以查证的损害。这种案件需要法律的特别关注，因为通常会导致公、私利益遭受大规模的、周期性的损失，这种实例举不胜举。要是法律对制造者所造成的这种损失不进行惩罚，则会导致法律效率的公然缺失。其结果将会导致侵权行为的受害者自己承担损失，无法得到赔偿，如此就会造成一种明显的非正义。橙剂案[1]以及 DES 案就是这种疑难案件的典型代表。在这些典型的潜伏性毒物致害侵权案件中，具有诸多不确定性，如果按照英美法常用的民事诉讼证明标准——优势证据标准进行诉讼，则原告肯定败诉，若按大

---

[1] 从目前的诉讼结果来看，美国国内的橙剂案则是以全球和解的方式结案。See *In re 'Agent Orange' Product Liability Litigation* 597F Supp 740（EDNY 1984），aff' d 818 F 2d 145（2d Cir 1987）.

陆法系的民事诉讼证明标准——高度盖然性标准（后文将详细述及这两种民事诉讼证明标准）进行诉讼，原告也肯定将会败诉，因为证据存在严重缺失，因果关系不确定，作为被告的对象也不确定，等等，这些因素都将使得原告方因证据不充分而败诉。如果按照个案进行，则每一个原告都无法确切证明其所受损害是由被告所生产的药品或者化学品所伤害。此时，如果按照严格责任标准来对待被告方的产品，采用举证责任倒置，原告要证明自己属于被告侵权行为伤害的范围也绝非易事，因为证据缺乏，退一步说，若按照民事诉讼的高度盖然性标准来进行，则原告的胜诉希望亦是渺茫，何者？因为被告有很多理由来驳斥原告的诉求，诸如，诉讼时效经过，以及被告作为产品生产者及环境污染致害的侵权者，其还拥有法律规定的免责，诸如就产品生产者而言，有所谓发展风险抗辩；就环境污染者而言，有所谓不可避免的自然灾害，第三人过失以及受害人的过失，等等。这每一个免责条款在潜伏性毒物致害侵权语境中都是非常致命的免责抗辩。加之，科学技术的有限性和不确定性，专家证人在这方面所提供的意见可能很难达成一致，此时，事实裁判者要作出裁断更加艰难。但是，在潜伏性毒物致害侵权诉讼中，如果对于那些生产毒物者不进行惩罚、威慑，则受害者将无法得到救济。这种情形将导致侵权行为法的宗旨——威慑功能及矫正正义功能无法实现。由此，在 DES 案（如 Sindell v. Abbott Laboratories）中，美国法院创造性地判决 DES 制造商之间按比例承担责任。在这些判决中，每一位被告根据其生产的 DES 在该药品市场上所占的份额向每一位原告承担补偿责任。

在美国，在过去的 20 年当中，大规模的损害诉讼，已经有了专门的名词“mass tort”，一般译为“大规模民事侵权”，依美国词源网站上的解释，“大规模民事侵权”是指“众多原告针对少数被告公司提起的民事诉讼。该词还包含另外一层含义，即众多原告及律师事务所会通过各种媒体（mass media）知会那些可能的原告。大规模民事侵权包括三种情形：（1）大规模灾难致害侵权；（2）大规模毒物致害侵权；（3）产品责任侵权。”❶ 这种类型的民事侵权诉讼在美国诉讼市场异常火爆，很多律师事务所网站都主动挂出相关主体的诉

---

❶ 相关著述非常之多，例如 *Mass Torts in a World of Settlement* by Richard A. Nagareda；*Estimating Future Claims*：*Case Studies from Mass Tort and Product Liability* by Frederick D. Dunbar，Denise Martin，and Phoebus J. Dhrymes；*Individual Justice in Mass Tort Litigation* by Jack B. Weinstein；*Mass Tort Litigation*：*Cases and Materials*（American Casebooks）by Linda S. Mullenix；*Bendectin on Trial*：*A Study of Mass Tort Litigation* by Joseph Sanders；*Report on Mass Tort Litigation* by Paul V. Niemeyer（Editor），Anthony J. Scirica（Editor）；对大规模民事侵权所涉法律问题的虚构处理还可参见 *The King of Torts* by John Grisham，see http：//www. answers. com/mass + tort？cat = biz-fin.

讼，征集受害者参与他们所组织的团体诉讼，前文已有述及。目前已有愈演愈烈之势，比方说吸烟者因为罹患诸多与烟草有关疾病而将烟草公司告上法庭，武器受害者已经将武器制造商告上法庭，诉由是他们鼓励了武器的非法交易以及非法持有武器，从而使受害者面临的伤害风险激增。一些很早就开始使用移动电话并声称致使其罹患癌症者也已经将移动电话生产商告上法庭。在所有这些类型的诉讼当中，要是适用常规的举证责任制度，则这些被告都将会逃避侵权法律责任。而且侵权法的传统功能——矫正正义与威慑将会因此而受到系统打击。为了促进这些传统功能的实现，因此有必要对以前的举证责任要求及标准进行调整才能使侵权行为法的传统功能得到恢复。

在潜伏性毒物造成的大范围伤害侵权诉讼案件中不确定性相当普遍。针对这些不确定性问题，我们需要一个一般的解决方案，这是笔者选择这个课题进行研究的初衷之一。其实，反观侵权行为法的历史，已经有很多种特定类型的侵权行为纳入法律的特别处理范围之中。要给予这些处于不确定性案情之中的受害者以法律救济，必须得从侵权行为法的功能目标，抑或主要理论，即威慑和矫正正义着手，才能达到本书所要达到的目的。当然，其中也不排除对分配正义问题的探讨。总之，侵权责任所涉及的三大理论将是本书接下来部分的探讨主题。

人们对侵权法的威慑功能进行评价时通常是从经济效率视角来考察的。这种威慑功能其宗旨很明确，就是要迫使潜在的不当行为者以及潜在的受害者（有时甚至包括第三人）尽力最小化事故及其预防的总体成本。很明显，这些最小化事故及其预防的行为对社会是有价值的，它们会增进社会福利。如果一个法律规则能够降低事故及其预防成本，从经济角度来讲这种规则就是一种非常具有经济效率的规则。侵权行为法的威慑目的则正体现这种价值的规则。[1]而正义是一个不能简化的、复杂的概念，其中蕴含着很多不同的内涵。而侵权

---

[1] See G. Calabresi, *The Cost of Accidents: A Legal and Economic Analysis*, Yale University Press, 1970; R. A. Posner, A Theory of Negligence, 1 *Journal of Legal Studies*, 1972, p. 29。当然，也有对侵权行为法的威慑功能提出怀疑的，例如可参见 S. Sugarman, Doing Away with Personal Injury Law, 73 *California LawReview*, 1985, p. 558.

行为法中经常援引的正义类型是矫正正义（corrective justice）[1]，根据矫正正义原则，任何由于不当行为者造成的损害都应当得到矫正，也就是说让受害者恢复到先前的状态。但是，对于哪些不当伤害行为属于需要给予矫正的不当伤害行为，学者之间达成一致意见尚有距离。但侵权法学者在这个问题上有着一致的意见，即：根据不同的损害事故特征，考察其中的损害行为是否是因为不当行为引起，对那些损害特征进行甄别。根据矫正正义原理，只有侵权行为与受害者所受伤害之间存在关联。那些位于不当行为者与受害者之外的因素，诸如增进社会整体福利以及公正分配社会财富等，都不应该纳入考虑范围。就矫正正义而言，该理论的主体已经被标明是适用于“侵权行为”，则其唯一目标就是“为侵权行为法服务”。[2] 在侵权行为法中，另一种正义类型是分配正义。这种类型的正义与“应受的惩罚”（just deserts）的道德性有关。矫正正义的

[1] 在亚里士多德看来，正义分为两种，一者为分配正义，二者为矫正正义。如果这两种正义应用到法律领域，那么分配正义因为是基于不平等上的正义，所以适用于犯罪和刑罚，而矫正正义因为是基于平等的正义，所以适用于当事人地位的平等，适用于违约与损害赔偿。以犯罪与刑罚为例，抢夺侵犯的是财产，抢劫侵犯的是生命安全和财产，抢夺的社会危害性因此小于抢劫的社会危害性。因为社会危害性程度不同，两种犯罪所遭受的刑罚也就不同。刑与罪相适应，体现的就是分配正义。以侵权与赔偿为例，被告船主在暴风雨天气里将船固定在原告的码头上，被告牺牲了码头小的损失挽回了船的大损失。被告虽然是一种紧急避险的行为，但是他仍然要赔偿码头主的损失。其中的法律理由就在于矫正正义。船冲撞了码头，而不是码头冲撞了船，船是码头受损害的原因，这就足以让船主承担损害赔偿的责任。此时，应当用法律来矫正这种侵权行为所导致的不平等，这就是一种正义，是一种矫正正义。按照亚里士多德的理解，分配的正义强调各取其值，按照各自的价值进行分配，正义就是一种比例。衡量是否正义的参数至少有四项，其中第三项与第四项之比等于第一项与第二项之比，再交替搭配，第二项与第四项之比等于第一项与第三项之比，如若各项成这样的结合，其结果就是公正的，亚里士多德称为“几何比例”。后世的学者描述为：$A:B=C:D$，那么 $A:C=B:D$，因而 $A+C:B+D=A:B$。就是说，如果把C给A，把D给B，双方的相对地位就与分配前相同，这样做就是正义的。矫正正义强调的是均等，遵循的是一视同仁，在这里好人与坏人没有性质上的差别，比如，一个人打人，一个人被打，一个人杀人，一个人被杀，这样在承受与行为之间形成了不均等，这就需要正义来矫正，通过惩罚使其均等，或者剥夺其所得，也就是剥夺行为人所得来补偿承受人的所失。矫正正义就是所得与所失的中间，正如对一条分割不均的线段，它从较长的线段取出超过一半的那部分，增加到较短的线段上去，于是整条线就分割均匀了，矫正正义遵循“算数比例”。后世学者的描述是，在财产和人身损害发生前，$A=B$，损害发生后，损害变成 $A+C$ 和 $B-C$，裁判者（法官）就要从A取C给B，这样使双方处于得失之间算术适中的位置，这就是 $A+C-C=B-C+C$。亚里士多德发表此理论已经是两千多年前的事了，后世学者就其提出的正义理论发表诸多不同见解，但遗憾的是，这两百多种正义的观念都没有超出亚里士多德分配正义与矫正正义的理论框架。即使是活着的站在世界法学最前沿的学者们，也还拿着亚里士多德的两种正义论分析着当下法律。See Aristotle，*Nichomachean Ethics*，translated by W. D. Ross. eBooks@ Adelaide 2006；Ernest Weinrib，Corrective Justice，77 *Iowa Law Review*，1992，pp. 403 ~415.

[2] See E. J. Weinrib，Understanding Tort Law，23 *Valparaiso University Law Review*，1989，pp. 485 ~526.

重心在于给予受害者以正义，而分配正义的重心在于给予致害人以正义。正义地对待致害人当中就包含着根据致害人行为的道德特征来让其承担法律责任。但矫正正义者主张，该原则不仅对受害人来说是正义的，而且同时对致害人来说也是正义的。根据矫正正义，要实现公平结果就是要通过法律手段去除致害人不当行为所造成的损害影响，强迫致害人对受害人已损失的利益进行填补。但在决定对不当行为人进行制裁，以实现正义时，道德因素通常会自发产生，因为人们通常认为致害者的过错行为通常与受害者所遭受的损害不成比例。强迫致害人对受害人所遭受的全部损失进行补偿，从这个角度来看就会有问题。实际上，对于这个问题不同的学者正在尽力探寻合理的解决之道。[1]据此，有些学者对于这种理论进行批评，认为法律应该作出适当的变革才具有合理性。[2]

但是，在那些已经发生潜伏性毒物致害侵权案件中，特别在当下中国，我们无法对这些潜伏性毒物致害者提供有力的法律救济，不仅相关法律存在缺位，无法得到法律救济时，就连社会救助体系都没有，很多受害者只能自认倒霉，致害人通常是被行政措施制裁以后依旧我行我素，从这点来看，侵权法的威慑力基本上被这些致害人忽略不计，因此，不安全食品、药品事故层出不穷，环境污染愈加严重。在已发生的众多案例中，受害者得到的救济严重不足，与其所遭受的人身伤害及其他损失严重不成比例。虽然在侵权法发达的英美法系国家已经在探讨对致害人因运气等不好造成损害，使其经济上承担巨大压力等表现出同情，但是，在中国，我们更多看到的是受害人无法得到救济，或者得到的救济微不足道。因此，本书的目的就是要为那些被潜伏性毒物毒害的无辜受害者提供法律救济提供思路。为了给予这些人以救济，法律改革是必要的，其中部分制度变革，本书前面部分已经阐述，在此不再赘述。对于存在诸多不确定性的潜伏性毒害侵权问题，笔者认为应该更多地注意从侵权行为法的威慑和矫正正义功能来进行研究，至于分配正义问题则不是本书所探讨的重点。

本书接下来将从实在法角度，就侵权法理论中在不确定问题上所提供的已有解决方案着手，对该主题进行广泛地深入探讨。因为我国尚没有太多这方面

---

[1] See T. Honoré, Responsibility and Luck The Moral Basis of Strict Liability, in *Responsibility and Fault*, Oxford: Hart 1999, pp. 14 ~ 40; J. Waldron, Moments of Careless and Massive Loss, in D. G. Owen (ed.), *Philosophical Foundations of Tort Law*, 1995, p. 387.

[2] See C. H. Schroeder, Corrective Justice and Liability for Increasing Risks, 37 *University of California Los Angeles Law Review.*, 1990, p. 439; ibidem, Corrective Justice, Liability for Risks, and Tort Law, ibidem, p. 143.

的典型案例，有些案例只在特定领域中适用，比方说一些涉及职业病的侵权诉讼中，已有现存的解决方案，但是从这些案例来看，相关法律制度的运行缺陷非常明显，存在诸多非正义的现象。因此，下文将重点评述一些英美国家的成案，当然这些案件都是经过笔者的筛选、剪辑的，并非所有案件的全貌。另外，本书的初衷是从规范角度来阐述，而非从解释角度来阐述主题。由于在涉及具有不确定性的侵权案中，目前尚没有出现非常一致化的、占主流的解决方案，所以本书接下来的阐述也只是一种探索。

第二节 潜伏性毒物致害侵权的诉讼法律救济

一、潜伏性毒物致害侵权中存在的不确定性

在前面的章节我们已经集中探讨过，潜伏性毒物致害侵权行为的过程会持续不断，隐蔽性地延续很长时间，其致害后果会因个体暴露、接触毒物的时间长短、剂量以及个体的身体机能、遗传因素等不同而或快或慢地显示出疾病症状。不管如何，由于时间经历久远，其他因素可能会导致该疾病，从而使得因果关系的证明越发显得困难，很多证据由于这样或者那样的原因无法得到或者缺失，会存在保险商历经变化，致害人不确定或者已经不存在，受害人不确定或者死亡，以及致害客体的不确定性等诸多疑难问题，以至于无法确定谁该负责，以及由谁来赔款。[1] 以下就常见的潜伏性毒物致害侵权案例中所呈现出的不确定情形进行简要描述及特征总结。

（一）致害人无法确定的不法损害

无论是在产品（主要指食品和药品）负载毒物致害事件中，还是在污染环境所产生的毒物致害案件中，很多时候对于一般的受害者来说通常是无法确知造成损害的致害人是谁。在前文我们已经列举过很多这种案例，其中以DES案最为出名，在此有必要再述及此案，以便下文分析。DES，化学名二乙基固醇，它是一种人造非类固醇物质，其组成为 $Cl_{18}H_2OO_2$，具有雌性激素的特性，主要是用来阻止妇女流产之用，在当时有数百家公司生产此药，后来被证明对女性胎儿会产生潜伏性致癌作用。25年后，很多曾经服用过此种药物的母亲所生女孩被诊断出患有子宫癌。非常不幸的是，没有一个原告能够明确将其母亲服用的DES与某一个具体的DES生产联系起来。但是，法庭根据优势

[1] See Jack B. Weinstein, *Individual Justice in Mass Tort Litigation: The Effect of Class Action, Consolidations, and Other Multiparty Devices*, Northwestern University Press, 1995, p. 19.

证据查明该药在上市时没有经过适当试验检验，并且制造商都忽视了该药存在致癌风险的研究发现。更为甚者，原告的母亲从来都没有被警示这种药物会存在潜在风险。最后一点，这种药都是以未注明商标的药品形式出售，没有标明制造商的商标，这种情形使得作为受害者的原告无法查明哪个制造商才是实际的 DES 生产者。

在该案中，我们可以总结出这种致害人无法确定的特征：（1）被告的不法行为导致原告遭到损害；（2）经证实被告属于实际上实施了该不法行为者中的一员，但无法确认其是否属于具体实施了该不法行为者；（3）但是根据统计概率，被告属于实施不当行为导致原告受到损害中的不法行为者之一员。

（二）受害人无法确定的不法损害

在有些潜伏性毒物致害侵权案件中，受害人无法确定，比方说在典型的橙剂案[1]中广泛存在这种情形。此处我们再列举一个比较多见的受害人无法确定的案例。比方说，被告工厂释放出一种致癌辐射物。从而使得该地区都受到该辐射物的影响，并且使得该地区的癌症患病率上升了 25%：在被告工厂开始创办运行之前，该地区每年只有 80 人罹患癌症，但是现在每年罹患癌症的人数激增至 100 人（为了简便起见，我们得假设接触这种有害辐射物长达一年而没有得病者以后也不会得病的情形）。但是，没有证据压倒性地显示这些人所罹患的疾病明显是由于接触了该有害射线造成的，简单说，他们所诉称的情形跟那些一般的不幸受害者相似。但是，这 100 名患者还是将该工厂告上了法庭。

在这些案情中，我们可以总结出这种受害人无法确定的特征：（1）根据统计概率，证明是被告的不法行为导致损害，但是其损害对象不确定，因为其概率存在缺陷。更为复杂的是，这些所谓的受害对象与那些非因不法行为造成的受害者可能会混杂在一起，形成一个团体，从而使得真正的受害者不明。（2）由于原因不明，没有证据证明被告因不当行为伤害了该团体中的任何一个特定成员，因为他们所遭受的伤害也有可能是由于其他侵权事件造成的，也

---

[1] *In re "Agent Orange" Product Liability Litigation*, 597 F. Supp. 740, 775 ~ 99, 819 ~ 50 (E. D. N. Y. 1984), aff' d, 818 F 2d 145 (2d Cir 1987). 在该案中，温斯廷法官明确指出："但是，即便原告作为一个团体能够证明他们所遭受的伤害是由橙剂造成的，但是，没有一个个体能够证明其所遭受的伤害是由橙剂造成。比方说，原告团体能够证明从统计上来看，X% 没有接触橙剂的人口可能会罹患软组织恶性毒瘤，但是在接触橙剂的老兵中，罹患软组织恶性毒瘤者的统计数字是 (X + Y)% 才行。并且如果 Y 等于或者小于 X，则这种证据对于大多数原告来说会变得没有意义，而且实际的情况是没有原告能够根据优势证据证明其所罹患的癌症就是橙剂造成的，因为这种癌症在平常人群中也是经常可见到的，由此看来，这种特定因果关系的概率根据原告方提交的证据显示必然会小于 50%。"

就是说特殊因果关系不确定。(3) 作为该受害团体的成员之一以原告身份起诉被告。

这种类型的案件与前面致害人无法确定的不法损害存在一些共通之处，即：二者都是特定的不法行为人导致了原告的损害，但是根据盖然性占优势无法确认到底是谁制造了损害事故。但是，这种类型的案件彼此又有不同之处：在前面那种案件中，原告毫无疑问是遭到了不法行为的伤害，但是在本类型中，原告可能不是因为不法行为而遭受伤害。这种差别会导致不同的矫正正义原则的适用，后文将详细探讨。

（三）不当行为是否致害无法确定

在有些潜伏性毒物致害侵权诉讼中，存在这种情形，比方说，被告生产的某种药物治愈率已经达到相当高度的90%，但是，由于其在原来的研究过程中忽视了一项数据，导致制造缺陷存在（不过这种缺陷并没有影响该药正常上市），结果致使一名机体已有轻度伤害的个体的机体永久性地失去功能，本来如果服用其他同种药品，原告尚有30%的机体恢复正常的几率，但是，由于服用这种缺陷药品，其丧失了这种机体恢复正常的30%几率。在这种案情中，已经充分证明由于被告的不法行为致原告处于风险之中，并且这种风险有可能变成一种可诉的利益损害。但是，同时，却无法确证被告的行为是否实际上造成了该伤害，包括对原告或者任何其他人造成伤害。那么此时，这种可诉的利益损害就有可能成为一种非不当行为致害因素（比方说自然力量作用）造成的结果。

从表面上看，这种类型的案件和前述受害人无法确定的案件存在类似之处，即：在两种类型的案件中，被告的不当行为置原告于风险之中，但是仅仅是一种风险而已，可能已经导致损害，也可能没有导致损害。但是，这两种类型的案件有一个重大不同，即，在受害人无法确定的案件中，被告的行为毫无疑问造成损害（但受害者的身份无法确定），但是在本类型的案件中，被告的行为是否实质上导致损害是无法确证的。这种不同区分，从侵权法的主要功能之一——矫正正义视角来讲，意义非常重大。后文还将详细阐述。

以上三种不确定情形有时会集中出现在环境毒物致害情形之中，由于环境毒物的形态多样，导致在某一环境事故发生后，找不到确定的致害人，通常只能由果溯因到一定范围内可能实施过污染行为的数个“嫌疑致害人”。例如，污染事故发生地的上游河段有若干生产加工型工厂及矿山，究竟是哪家工厂或矿山实施的污染行为以及各自污染行为的程度如何，很难准确判定[1]。其次，是受害人不确定。由于环境污染或破坏具有社会公害性，其危害范围广泛，受害者甚众。再加上因环境破坏在特定受害人身上或者财产上的表现并不完全一样，或者说由于多种原因导致损害表征复杂化，受害人的范围就更加难以确定。[2] 再者，单一企业的排污行为不仅合法，而且可能对于他人人身或者财产造成的危害极小，可以忽略不计，只是与其他企业排出的污染物混合后发生物理化学反应产生致人损害的毒物，在这种情形下，即便是最尖端的科技也难对其责任进行区分，诸如此类的问题在环境污染致害侵权纠纷中层出不穷。

二、民事诉讼的证明标准与侵权法

（一）民事诉讼证明标准与潜伏性毒物致害侵权诉讼中的难题

众所周知，民事诉讼以公正为其首要价值，这种公正不仅是指实体公正，也指程序公正，程序公正是实体公正的保障，没有程序公正，实体公正就很难保障。不管是何种公正，查清案件事实对其实现来说意义重大。那么，在民事诉讼中能否查清事实？怎么才算是查清了事实？如果案件事实不能查清，是否可以依据法律推理进行推定，或者依盖然性对案件事实进行认定？如果可以，对盖然性的要求如何？等等这些内容，均构成民事诉讼的证明标准问题。从本质上讲，在大陆法系国家，民事诉讼是双方当事人对自己的事实主张提出证据，向法官加以证明，以说服其支持自己的主张和否定对方的主张的过程。如果说证据是民事诉讼的核心，那么证据是否能够说服法官，即证明程度是否达到证明标准，或者说其提供的证据证明力如何，则是重中之重，可谓证据的灵魂。由此可见证明标准重要性之一斑。

对于何为证明标准，国内学者之间的定义有些不同。具体来说有："证明标准即法律关于负有证明责任的诉讼主体运用证据证明争议事实、论证诉讼主张所须达到的程度方面的要求。"[3] "证明标准又称证明要求，是指法官在诉讼

---

[1] 尽管有学者提出按其排污量来计算其应该承担责任份额，但是这种排污量的计算通常只能根据推算，实施污染企业的真实排污数据通常会由于各种原因无法确切得到。

[2] 此外，说得更远一些，如果某次环境污染并未造成任何私人人身或者财产损害，而仅仅是造成公共环境破坏，这种情况下，环境纠纷的受害人则更加不确定，是全体公民还是那些热心环保事业的人们，是生活在当代的民众还是其子孙后代？对于正在理论探讨中的环境权是否应该给予救济？等等这些问题无疑都使环境污染致害侵权诉讼在理论上或实践上需要进行不断深入研究才行。

[3] 卞建林、郭志媛："论诉讼证明的相对性"，载陈卫东编：《司法公正与司法改革》，中国检察出版社 2002 年版，第 41 页。

中认定案件事实所要达到的证明程度。”[1]“证明标准一词具有主观性和客观性双重含义，所谓证明标准是指法官认定事实的心证度，也是事实认定的必要的心证最低限度。该心证既是审理具体案件的法官的心证，也是对于各个具体的要证事实的心证，因此其是主观的；同时，该心证是进行事实认定所必要的心证最低限度，从这一意义上来讲其又具有客观性的一面。”[2] 外国学者对此也有众多不同定义。比方说，在日本语中，证明标准在日语中的相应汉字表述为“证明度”。故有日本学者认为所谓证明度是指诉讼上的证明是以事实认定、心证形成为目的，法官基于当事人提出的所要求的证明判断确定争议事实的存在与否，该事实认定、心证形成所要求证明程度和心证程度就是证明度。[3] 英国证据学家墨菲（Murphy）认为：“证明标准是指证明责任必须达到的范围和程度，……是证据必须在事实裁判者脑中所产生的确定性或盖然性的程度，是负有举证责任的当事人最终获得胜诉之前使事实裁判者形成确信的标准。从证明责任的履行来看，证明标准是证据质量和证明力的测试仪。”[4] 布莱克（Black）认为，证明标准是指“特定类型案件所要求的证明负担（burden of proof）。”也有美国学者将其精炼地表述为：必要的说服程度（the degree of necessary persuasion）。[5]

从上述不同角度对证明标准的不同定义，可以总结得出以下几点结论：(1) 从当事人的角度而言，证明标准是负有证明责任的当事人在诉讼证明过程中所必须达到的要求，其中涉及证据的可信性及其应达到的水平或程度。如果不能证明达到证明标准将面临于己不利的法律后果。(2) 从法官的角度而言，对案件事实的证明是否已达到证明标准是由法官通过自由心证进行判断的，或者说证明标准是法官自由心证的界限；也就是说，证明标准是法官对当事人的证明活动进行评价的依据，如当事人履行证明责任达到了法定的证明标准，法官则应该认定该当事人的诉讼请求成立。反之，则否。(3) 从证明标准本身的性质来讲，证明标准是对案件事实进行证明的一种尺度。因此，证明责任、自由心证与证明标准有着密不可分的联系。从司法过程来考察，法官断

---

[1] 李浩：“民事证据的若干问题——兼评最高人民法院《关于民事诉讼证据的司法解释》”，载《法学研究》2002 年第 3 期。

[2] 田平安：《民事诉讼法 · 诉讼证据篇》，厦门大学出版社 2006 年版，第 107 页。

[3] 春日伟知郎：“自由心证主义的现代意义”，载春日伟知郎：《民事证据法论集——情报开示、证据收集与事案的解明》，转引自张卫平：《外国民事证据制度研究》，清华大学出版社 2003 年版，第 428 页。

[4] See Peter Murphy, *A Practical Approach to Evidence*, Blackstone Press Limited, 1992, p. 104.

[5] See Kevin M. Clemont & Emily Sherwin, A Comparative View of Standards of Proof, *The American Journal of Comparative Law*, 2002, p. 245.

案必须首先查明事实，而事实是否查明必须要有一个评判标准和界限问题。由此可见，无论我们关注与否以及关注程度如何，证明标准作为一种证明尺度，如何解决这种尺度的量化问题也是理解证明标准必须加以探讨的问题，它不以人的意志转移而客观存在于一切司法活动当中。

毫无疑问，证明标准是民事诉讼证据制度中的一个重要问题，一定的证明标准，对法官认定案件事实具有重要的指导和约束作用。然而证明标准问题又是证据法中的一个难点，关于民事诉讼中应采用什么样的证明标准，在当今世界各国的诉讼法、证据法理论中存在不同的观点，可谓“仁者见仁，智者见智”，在各国中亦有不同的司法实践。法官在认定案件事实的过程中如何形成心证，当事人怎样才算完成自己的证明责任，为什么对有疑点的案件进行这样或那样的判决，其根据如何，时至今日，这些问题在法学界和实务界仍未得到很好的解决。正是由于证明标准的不清晰，审判实践中时有法官滥用自由裁量权的现象发生，这无疑严重影响了我国司法公正的实现。因此，有必要对证明标准问题进行深入探讨。此外，在潜伏性毒物致害侵权民事诉讼中，由于这种侵权行为的特殊性，从而使得在诉讼中，诉辩双方都承担着不轻的举证责任。尽管在涉及产品毒物致害以及环境毒物致害案件中，一般都采取严格责任或者无过错责任，在诉讼上或采纳举证责任倒置，很明显被告所负举证责任较重，不过原告要证明其所遭受损害与被告的侵权行为之间存在因果关系的那些事实也绝非易事，并且，对于被告，法律还规定了诸多尚且合理规范的免责事由，故而，在潜伏性毒物致害侵权诉讼中，对证明标准进行深入探讨实在重要。

（二）我国民事诉讼中的“高度盖然性”证明标准

我国1991年制定的《民事诉讼法》中的很多规定都体现了民事诉讼的证明标准是客观真实，即“案件事实清楚，证据确实、充分”。例如《民事诉讼法》第7条规定：“人民法院审理民事案件必须以事实为根据，以法律为准绳。”第64条第2款规定：“当事人及其诉讼代理人因客观原因不能自行收集的证据，或者人民法院认为审理案件需要的证据，人民法院应当调查、收集。”第153条规定：“原判决认定事实错误，或者原判决认定事实不清，证据不足，裁定撤销原判决，发回原审人民法院重审，或者查清事实后改判。”这些都表明了我国民事诉讼证明标准是客观真实。但在实践中证明某一事实的证据常常无法达到确凿的程度。因此在证据相互矛盾的情况下如何作出判断，经常使审判人员感到困惑，甚至出现回避裁判、拒绝裁判的情况。为了解决这一问题，2002年4月1日起施行的最高人民法院《关于民事诉讼证据的若干规定》第73条规定：“双方当事人对同一事实分别举出相反的证据，但都没有足够的证据否定对方证据的，人民法院应当结合案件情况，判断一方提供证据的证明力是否明显大于另一方提供证据的证明力，并对证明力较大的证据予以确认。因证据的证明力无法判断导致争议事实难以认定的，人民法院应当依据举证责任分配规则作出裁判。”此外，该《规定》第63条规定：“人民法院应当以证据能够证明的案件事实为根据依法作出裁判。”该《规定》还较为系统地规定了法院应当调查、收集的证据的范围，当事人的证明时限等。这些无疑都是以法律真实为标准的。对于这一规定，到底是采用了大陆法上的高度盖然性证明标准，还是较高程度的盖然性证明标准，在学界和司法实务界是众说纷纭。比方说，来自司法实务界有这样的观点：“大陆法国家由于在诉讼结构上不以当事人激烈的对抗为前提，法官有较大的干预，不完全依赖于双方当事人的攻击和防御，更强调实体公正，故采用高度盖然性标准。但对于不同证明对象，而有不同标准，主要分为证明和释明。对于某些与实体权利义务有关的程序上急需解决的事实，适用释明标准。根据最高人民法院《关于民事诉讼证据的若干规定》第73条第2款的规定，我们采用了高度盖然性标准。但是没有像大陆法国家那样区别不同事项，采取证明和释明两个标准，不够灵活，我们认为，应参照大陆法国家的通说，作相同解释。[1] 这种观点很明显在法院系统中达成一致，因为最高人民法院民一庭负责人曾明确对此观点进行过公开阐明。[2] 在法律理论界有赞成该《规定》系采高度盖然性标准者，也有不赞同者。例如，在我国刑事诉讼中采用的是高度盖然性证明标准，而民事诉讼是私权纠纷，区别于刑事诉讼，没有必要适用非常严格的高度盖然性证明标准。认为民事诉讼的证明标准应低于刑事诉讼中的证明标准但又区别于优势证据标准，认为微弱的优势不能作为裁判的依据，只有达到较大程度的优势，对案件事实的证明形成较高的盖然性，才能是更为合理的。因此应当采用折衷的办法，即采用较高盖然性（substantially more probable than not）的证明标准。有认为这是一种优势证据标准，持该观点者认为从民事诉讼的性质和当事人诉讼权利义务平等这些方面考虑，我国民事诉讼证明标准应采用优势证据标准。优势证据中的所谓优势应当是在双方当事人所举证据证明力的比较中得出的，它是一种对比，一种评价和权衡。只要一方证据证明力的对比关系超过与另一方相等的程度，在法官心目中打破平衡形成盖然性的优势，促使法官能够理性地认识到一种事实主张比另一种事实主张更可能是真实的，对这种事实主张的证

[1] 浙江省高级人民法院民一庭：“正确适用举证责任分配规则 合理分配诉讼风险”，载《证据法小全书》，法律出版社2007年版，第184页。

[2] “最高人民法院民一庭负责人就民事诉讼证据的司法解释答本报记者问”，载《人民法院报》2002年1月4日。

明即达到证明标准。

其实，我们将两大法系的民事诉讼证明标准进行比较可知，无论是在英美法系国家还是大陆法系国家，除了对少数民事案件适用清晰且有说服力的证明标准外，大都是以盖然性认识为基础，认为司法人员对发生在过去的案件事实的认识不可能达到100%的准确，而只能在一定程度上接近客观事实。两大法系国家在诉讼实践中都是以“优势证据”“盖然性占优势”“盖然性权衡”“高度盖然性”“较高程度的盖然性”等作为民事诉讼的证明标准的，实际上都是一种基于法律真实的标准。但是，从逻辑上讲，优势证据的证明标准包含了高度盖然性的证明标准。优势证据证明标准在程度上有绝对优势的成分，也有相对优势的成分。那么大陆法系的高度盖然性标准应该仅指具有绝对优势的盖然，即高度盖然性标准在优势证据标准之内涵量化的中等水准以上。❶ 两大法系关于证明标准的制度和理论反映了不同的法律思维方式和法律文化背景。就英美法系的优势证据证明标准，台湾学者李学灯先生认为：“在民事案件，通常所用证据之优势一语，系指证据力量，较为强大，更为可信者而言，足以使审理事实之人对于争执之事实认定其存在更胜于其不存在，因此，所谓证据之优势，亦即为盖然性之优势。”❷ 可见，英美法系的优势证据标准更注重从证据认定的角度来进行判断。而大陆法系的高度盖然性标准，则主要着眼于从事实认定的角度来进行判断。它们在本质上是一样的，是一个事物的两个方面。优势证据所证明的事实具有更大的盖然性，而具有高度盖然性的事实必须要有优势的证据来支持。❸

故此，笔者认为，尽管我国民事诉讼证明标准跟随大陆法系国家采用了“高度盖然性”证明标准之表述，其实其思想内核与英美法上的优势证据原则

---

❶ 毕玉谦：“试论民事诉讼证明上的盖然性规则”，载《法学评论》2000年第4期。

❷ 李学灯：《证据法比较研究》，台湾五南图书出版公司1992年版，第393页。

❸ 从诉讼模式上讲，大陆法系国家采取职权主义模式，英美法系国家则采取当事人主义模式，其实，两种不同的诉讼模式对其证明标准的选择不无影响。在职权主义模式中，法官享有根据案情发展调整证明对象的权力以及就特定事项主动收集证据的权利；而且，即使对于当事人间无争议的事实，仍可就此自行调查证据。因此，在事实认定方面，奉行职权探知主义的职权主义模式在制度上有条件达到高度的盖然性。与此相比，在奉行辩论主义的当事人主义模式中，法院处于消极中立的地位，当事人成为事实证明的主角。法院的裁判活动受到来自当事人主张范围、所提证据等多方面的限制，而且，对当事人双方都没有争议的事实，法院必须照此予以认定。因此，在当事人主义模式下，诉讼当事人之间的对抗结果成为事实认定的唯一基础，这种情形下，采用优势证据标准显得更为合理。

具有一致性，只是表述上存在差异而已，并没有实质性不同。❶

（三）“高度盖然性”证明标准与侵权法

法律、经验以及归纳理论告诉我们，法庭裁判中的事实发现是一个盖然性问题，而不是确定性问题。❷ 在本书中所探讨的潜伏性毒物致害侵权诉讼中，由于这种潜伏性毒物损害具有隐蔽性、持续性、社会性、复杂性等特征，待一定时间经过以后，很多损害行为与损害结果之间的因果关系问题，或者事实因果关系问题已经无法确认，证据存在严重缺失，但的确又存在诸多相关民众的人身利益遭受损害。在这种类型的民事诉讼中，通常会涉及产品致害侵权责任以及环境污染致害侵权责任，根据前文的论述，鉴于致害人与受害人在社会地位、财政实力、信息资源的掌握等各方面实力悬殊，受害者由于相对于致害者来说处于社会弱势地位，收集涉及致害者（一般是被告）方面的商业秘密或者高度专业化技术等方面的证据十分困难，而认定损害事实所需具备的复杂的科技知识更非受害者所能拥有，在这种情形下，如果仍旧适用传统的证据规则，要求受害者提供充分证据来证明和支持其诉讼主张，否则就要承担败诉风险，毫无疑问将会使受害者处于极其不利的地位，因此，鉴于这种特殊的侵权行为，世界上大多数国家对这种致害行为人科以严格责任或者无过错责任，在诉讼中采举证责任倒置制度。但是，尽管有举证责任倒置制度来保护受害人的利益，其并不意味着受害人不负有任何举证责任或者其举证责任免除，只能说他们所承担的举证责任相比较致害人而言要轻一些，但是也对自己所遭受的损害事实是否属于潜伏性毒物致害的范围提出证明。另外，还因为这种潜伏性毒物损害的举证涉及专家证据，以及法律为保护致害人利益而设置的一些免责条款，等等，这些问题都将使这种侵权诉讼证明变得异常复杂、异常不确定。在民事诉讼证明标准中，我们已经探讨过我国最高人民法院颁布实施的《关于

---

❶ 当然，大陆法系国家秉承法典化传统，在应对司法实践变化适应性较差的诉讼法典中，明确规定疏而不漏的证据规则着实比较困难。并且在历史上这些国家基本都实行过形式法定证据制度，在革命之后，用严格的证据规则来约束法官成为一种“恶”。自由心证主义的确立，就将证据判断权力更多的委诸法官。同时，在民事诉讼中，法官的职权较大，更有可能接近真实，所以采用高度盖然性作为证明标准。而英美法系判例法传统，通过并不完善的证据立法以及大量的判例确立细密、严谨、易于操作的证据规则成为可能。作为英美法渊源的英国法，在欧洲大陆大多实行法定证据制度时却独辟蹊径，对法定证据规则更容易采取接纳的态度。此外，陪审制（jury system）在英美法系的民事诉讼中仍占重要的地位，证据规则更多的是针对这种制度设立的，以免没有受过法律职业训练的陪审员受到非法证据的不当影响。证据材料经过严密的证据规则筛选之后，已经具有较高程度的“真”，所以采用盖然性占优的证明标准就可能达到大陆法系国家采用的“高度盖然性”证明标准的效果。

❷ See A. Stein，The Refoundation of Evidence Law，9 *Canadian Journal of Law & Jurisprudence*，1996，p. 279.

民事诉讼证据的若干规定》采高度盖然性标准，这种标准告诉我们一个事实，法律不是以绝对确定性为其所追寻的目标。也就是说，根据这种标准，法官是根据相对而言更强有力的证据来判定胜负属于谁，而不要求一方拿出具有确定性的证据。

在本书前面章节，笔者除了谈及潜伏性毒物致害情形当中存在的诸多不确定性之外，还对科学的不确定性以及各种科学方法测定的不确定性等都有探讨。其实，客观地说，在我们的现实日常生活中，所谓的那些“事实”通常都是充满疑问的，司法裁判中的事实亦概莫能外。其实，司法裁判中的事实发现就是一种实践推理，其中对所涉事实进行确定通常是通过多种途径来满足相关诉讼目的而展开的。如果按照哲学（或者科学）的怀疑论，每一个不确定的事实就是一种“不真实”（non-truth），那么这种实践推理实际上完全是无法穷尽的，如循此理，则司法裁判将在犹疑之中受到阻碍。因此，在实践中，必须就这些不完备的事实设置一个明确的社会条件。当然，这个条件最终还得通过语言来表现。在此，笔者对于我们所要探讨的“事实”，为了论题的需要，做如下通俗界定，“事实”是一种观念，其中包含不同程度的确定性，因此，“事实”中也就包含着一定的致错风险。从理论上讲，这种“事实”观念也包含着不变性，但从平常角度来讲，特别是跟科技或者哲学语境中的事实相比，我们在法律语境中所探讨的“事实”明显是与其存在差异的，因为法律中的事实认定标准是一种高度盖然性推理，并且这种盖然性推理通常是根据反应相关事实存在的证据来展开的。这其中，有些事实最后会认定为具有较强证明力，而另外一些则会证明力较弱。因此，法律中的事实通常是设定在其证据基础之上的，即便我们知道这个基础存在缺陷。当然，还有一点不能排除的是，在各种事实中还存在着各种偶然性以及相应的致错风险。由于各种“事实”中存在着诸多不确定性，所以在民事诉讼中，法律设计了高度盖然性标准来看待争议事实。尽管如此，目前尚没有更好的理论来替代这种高度盖然性标准。从理论上讲，在民事诉讼中对致错风险进行分配，无法提供确定的事实证据不是其合理理由。由于致错风险无处不在，在诉讼中亦概莫能外，而且在诉讼中决定人们权利的致错风险分配通常就会变成一个道德以及政治上的决策考量。具体来说，这种风险要是变成现实，就有可能会导致对潜在实体权利的损害，那么其中就会包含拒绝对本该给予救济原告以法律救济，或者也意味着让本该不负责任的被告承担法律责任。所以，从这种角度来看，我们对司法裁判中的致错风险分配，其理由只能在道德和政治领域中寻找。也就是说，我们只能基于道德和政治立场来对这种致错风险的分配进行解释。由于视角的不同，这种道德以及政治立场会在诸多方面存在不同，比方说对那些不变事实的存在与否，致错风险的普遍存在，以及事实裁判者最终判断的易错性，等等。

由于“事实”存在不确定性，法律就对诉讼中的争议事实采取了一种盖然性标准，当我们对这种盖然性标准的功能进行深度考察时，发现在法律上目前尚找不到合适的工具对致错风险分配进行解释，因此，对民事诉讼中的高度盖然性标准进行功能分析时，有必要对该原理中所蕴含的政治道德进行解释。为此，笔者准备在两个特征突出的框架中对民事诉讼中的高度盖然性标准进行剖析：一者为该标准的公正性（fairness），一者为该标准的效用（utility）[1]。这两个框架都是本部分所将采用的解释和辩解工具。其中，公正性框架，将着重从侵权法的矫正正义功能角度对高度盖然性标准在民事诉讼中的运作进行解释和论证。而效用框架则主要是从侵权法的威慑功能角度来对上述内容展开分析。很明显，由于这两种框架所探讨的对象不同，为避免二者会出现冲突，故分开探讨。为此，笔者将首先从效用框架中对民事诉讼举证责任中的高度盖然性标准进行探讨，尔后则根据公正性原理对该主题进行探讨。

1.“高度盖然性”证明标准与效用

是否可以把高度盖然性标准类似优势证据标准那样进行数字化，比如，在事实证明程度上超过50%（即 $P>0.5$），笔者认为可以做如此理解，并且对于这个 $P>0.5$ 问题不能机械地理解。如前所述，社会科学上的问题不大可能用自然科学上的数学方法予以严谨地表达，只能对其进行抽象的描述。法官对证据和案件事实的认识是主观判断的问题，简单地用数字来表示并不能准确地表达出精确的含义。数字只是帮助理解的方法，如果用 $P>0.5$ 来表述的话，它代表的含义就是，一种可能大于另外一种可能，使法官相信事实更可能是这样的。此外，笔者认为，用简单的数字难以界定主观认识上的盖然性程度。那么对高度盖然性标准的量化，只能是用一种对比关系来表示，一方超出另一方，打破平衡，使法官在内心形成倾向性即可。但是为了下文的分析方便，笔者还是以这个表达式 $P>0.5$ 来表述这种高度盖然性标准。通过前文对一些国

---

[1] 在经济学中，效用是用来衡量消费者从一组商品和服务之中获得的幸福或者满足的尺度。有了这种衡量尺度，我们就可以在谈论效用的增加或者降低的时候有所参考，因此，我们也可以在解释一种经济行为是否带来好处时有了衡量标准。功利主义的学说把效用最大化看作衡量一种社会组织的道德标准。按照这种学说，功利主义的代表人物边沁和密尔主张社会应该以总效用最大化为目标，也就是以大多数人的幸福最大化为目标。在新古典经济学中，理性人的假设是基于在经济约束中寻求效用最大化的人来定义的。按照这种假设的行为衡量标准，效用不是由于像幸福、满足这种心理状态来决定的。效用被经济学家们用于构造无差异曲线，无差异曲线反映了个体或者社会在维持一种水平的满足状态时需要的商品的数量。个体效用和社会效用是一个效用方程的因变量。当把效用曲线同生产约束曲线或消费约束曲线联合起来分析时，可以得到帕累托效率曲线。帕累托效率是福利经济学的核心概念。资料来源：百度百科。

家诉讼法律学者的证明标准理论进行阐述，我们发现这种 $P>0.5$ 的规则通常被认为是最小化裁判致错数量的一个共同标准。虽然也存在其他的规则，但是这些规则与 $P>0.5$ 标准相比会产生更多差错以及更少正确决策。因此，从这个角度讲，$P>0.5$ 的可信度简单明了得多。在下面的分析中，笔者将以司法裁判中的致错总数为中心，而不是以个案结果为中心，以致错最小化为目标，将司法裁判中的每一个差错视为一个固定的负效用单位（u）。这样，在致使被告损害的差错（即一种错误的肯定，false positive）与致使原告损害的差错（即一种错误的否定，false negative）之间呈现出无差别。那么这种效用规则就会规定，当 $Pu>(1-P)u$ 时，一方当事人只要达到概率 P 时，则其会胜诉，也就是说无论何时，只要 $P>0.5$ 时，该当事人就会胜诉。简言之，在这种情况下，法官将最大限度地作出实际上正确的判决，从而最大化其作出正确裁定的总数。

这种正确裁定的最大化实际上可以视为是一个重要的效用目标，也就是边沁所规定的：事实发现中的更高精确度将会给予控制性实体法更多空间。❶ 根据这种表述，我们可以推定对责任其实可以得到更加准确的分配，如此，威慑不足（underdterrence，指本该受法律制裁者逃脱法律责任）及威慑过度（overdeterrence，指被冤枉而承担法律责任）现象就会较少发生。❷

我们还可以从经济视角找到支持 $P>0.5$ 规则的理由。这种规则不仅可以最大化正确裁定的数量，而且还可以通过最小化错误传递（wrongful transfer）的数量从而推进额外效用目标的实现。❸ 该规则的合理性可以假设为实体法可以通过利用效率标准来分配权利。根据这种假设，任何对控制实体法的背离都将违反效率标准，并且最后会导致错误传递。下面，笔者用 D 来表示争讼利益所体现的价值，用 p_1 和 p_2 来分别表示原告和被告之间冲突主张的概率。用

---

❶ 事实发现的更高精确度，用边沁的话说就是“裁定公正”（rectitude of decision），See Anthony J. Draper，‘*Corruptions In the Administration of Justice*’：*Bentham's Critique of Civil Procedure*，1806 ~ 1811，First published in Spanish translation as ‘Jeremy Bentham，Legal Procedure and Utility’ in *Anales de la Catedra Francisco Suarez*，vol. 37（University of Granada：2003），pp. 287 ~ 307. 边沁认为法律授予司法程序中的权力所起的作用应该注重证据与正确裁定之间的联系。由于司法裁判是以利益为基础，在错误裁定背景下，证据中的真实是不可能发现的。诉讼程序应该被视为是没有利益关联的裁判者与最大可能提供具有关联性及可信性证据之间必要的和关键的联系环节。而所谓控制性实体法，主要指与案件相关的，涉及诉辩双方权利义务的实体法律规范。

❷ See J. Kaplan，Decision Theory and the Factfinding Process，20 *Standard Law Review*，1968，pp. 1065，1071 ~ 1072.

❸ See D. Kaye，The Limits of the Preponderance of the Evidence Standard：Justifiably Naked Statistical Evidence and Multiple Causation，*American Bar Foundation Research Journal*，1982，p. 487.

0 和 1 分别代表从不确定或者不可能与确定，❶ 那么原被告之间胜败的概率可以表达为：$0 < p_1 < 1$；$0 < p_2 < 1$。但是，在诉讼中，至少有一方当事人要承担致错风险，也就是说，承担损害的风险等于 D（为了简便起见，各方当事人的诉讼支出在此忽略不计），在此情况下，法官作出的裁定大概分为以下三种情形：

d_1 = 原告败诉（致错风险由原告承担）

d_2 = 被告败诉（致错风险由被告承担）

d_3 = 各方诉求期待价值的妥协、折中，即：原告承担被告在 p_1D 时所遭受的损害，而 p_2D 则由被告承担（此时，不允许原告来承担该损害）。

下面用 S_1 或 S_2 来分别表述实际的情形，即判决结果要么有利于原告（S_1），要么有利于被告（S_2），通过下表我们将上述三种裁定所产生的平均损害进行评估。

裁定	在 S_1 情形中损害	在 S_2 情形中损害	总损害
d_1	p_1D	0	p_1D
d_2	0	p_2D	p_2D
d_3	p_1p_2D	p_2p_1D	$2\ p_1p_2D$

有鉴于此，为了最小化所有损害，当诉讼当事人一方诉求胜诉率超过 0.5，也即超过对方当事人的胜诉概率时，应该允许胜诉一方当事人的诉求得到全部满足。这个基本标准我们在前面已经探讨过，这是民事诉讼证明标准所要达到的一般要求。但是这种诉讼证明标准要件所产生的规则不会是确定不疑的，因为这种要件不会将那种诉辩双方诉求胜败与否、概率相等的情形计算在内。在这种情况下，法律应该提供其他裁定规则来安排举证责任的承担，以及不举证所应承担的不利结果风险。按照前面的解释，这种举证责任以及由此产生的对应差错风险通常要由原告来承担。❷

在那些 $p_1 = p_2 = 0.5$ 的案件中，每个可作出的裁定所产生的整体损害都将是一样的。但是在这种情况下，从经济角度来讲，一般是被告获胜。如果裁定原告胜诉，那么这种裁定规则会导致可能会产生的执行成本免除。此外，当 $p = 0.5$ 时，允许原告得到恢复原状的判决将会引发许多无价值的诉讼请求，

❶ 此时 p 是指一个介于 0 与 1 之间的数字，它代表某一事件发生的可能性。所有可能发生事件的概率加起来，总和为 1。概率为 0 代表此一事件不会发生；概率为 1 代表此一事件一定会发生。

❷ 这种规则符合笔者在后文所探讨的“积极抗辩理论”（affirmative defence doctrine）。

并且会因此导致诉讼成本陡增。❶ 当 $p_1 = p_2 = 0.5$ 时，裁定 d_1 将会是最优选择，因为通常认为取得比不给予更加有害。这种理念可以通过财富边际效用递减得到合理解释。❷

但是，上面所做的效用分析仍旧是不完整的。我们通过假设财富边际效用不断递减，此时我们就会得出一个完全不同的结论，这个结论支持的是裁定3，即 d_3。如果利用财富边际效用递减假设，我们决定要最小化重大差错的数量，我们就会得出这个结论。❸ 通过对一般重大差错的传统评估，其中仍旧会存在不精确之处，假定其损害已经达到 D^2，那么我们将会得到如下结论：

裁定	在 S_1 情形中损害	在 S_2 情形中损害	总损害
d_1	p_1D^2	0	p_1D^2
d_2	0	p_2D^2	p_2D^2
d_3	$p_1\ (p_2D)^2$	$p_2\ (p_1D)^2$	$p_1p_2D^2$

在这种情况下，裁定3（d_3）允许各方当事人恢复其对诉求的期待价值，从而使得该裁定最优化，因为 $p_1p_2D^2$ 比 p_1D^2 及 p_2D^2 都要小。但是，这种结论只会在我们上述3种可得到的裁定规则之间的比较限于其对应的直接损失时才会为真。因为明显的原因，这种限制会有些不合理，所以我们的分析需要继续将那些可能会产生的损失，如间接损失等纳入考察范围。我们在前面已经提到过，$P>0.5$ 规则除了可以最小化错误传递的整个数量外，还可以最大化争取裁定的绝对数量。如此，该规则还可以最小化错误肯定（false positive）与错误否定（false negative）的发生率。根据 d_3 时所体现的期待价值规则，正确裁定的数量通常是0。因此，在这种情况下，期待价值通常会因为既定的实体法而弱化行为激励，也就是说，遵守相关的法律规范与不遵守相关的法律规范

---

❶ See Ralph K. Winter, Jr., The Jury and the Risk of Nonpersuasion, 5 *Law & SocietyReview*, 1971, pp. 335, 337.

❷ See Richard A. Posner, *Economic Analysis of Law*, 5th ed., Aspen Law & Business, 1998, p. 604. 所谓财富的效用（utility of wealth）就是一个人对于财富的满足程度。财富效用线是指一个人面临不同水准的财富所得到的效用，当其他情况不变时，财富越多，效用也就越高。也就是说，财富的边际效用是正的。财富的边际效用随着财富增加而减少，这就是“财富边际效用递减法则”（law of diminishing of marginal utility of wealth）。财富的预期效用有风险存在时，可以用财富的预期效用（expected utility of wealth）来作为决策的依据。风险趋避者的特性就是他（她）的财富效用线是向上凸的形状，也就是说，财富的边际效用为递减。绝大部分的人们都是风险趋避者。See A. Tversky and D. Kahneman, Rational Choice and the Framing of Decisions, 59 *Journal of Business*, 1986, S251, S260.

❸ See N. Orloff and J. Stedinger, A Framework for Evaluation the Preponderance-of-the-Evidence Standard, 131 *University of Pennsylvania Law Review*, 1983, p. 1159.

其实差别不大。此时，这种损失可视为是社会损失。[1]

我们通过下面这个正式模型从更广阔的范围来考察此问题，假设：

g = 某当事人预想从潜在损害诉讼中获得的期待收益；

p = 该当事人可能触犯相关法律规范的概率；

f = 如果该当事人被法庭发现应该承担责任，则会被法庭进行惩罚性制裁（比方说，与该当事人图谋行动产生损害相关的罚金）；

$\sum_1$ = 产生错误肯定裁定的概率，也就是不应该承担责任的被告被错误地判处承担责任的概率；

$\sum_2$ = 产生错误否定裁定的概率，也就是应该承担责任的被告因为误判逃脱责任的概率。

为了简便起见，该模型假设该当事人对待风险的态度是采取中间态度。[2]该模型进一步假设该当事人被发现是可能的犯法者的概率不变。笔者做这种假设也是出于简便起见，即发现违法者违法时存在差错的情形肯定会发生，并且其实际的概率对于我们从这个模型中所吸取的教训没有影响。如果发现差错得到缩小，裁判致错率就会明显下降。基于以上假设，在如下条件中：

$$g - p\ (1 - \sum_2)\ f > -p\sum_1 f$$

该当事人会采取预想的行动。上述不等式左边代表该当事人的收益与其有害行为所产生的期待损失之差。该当事人的期待损失等于罚金乘以该当事人被发现违法及随后被判处承担责任的概率。不等式右边则是一个负值，表示该当事人的初始位置，即：即便该当事人没有采取其预想的行为，他也有可能被误判为违法者，并因此误判而承担责任。这种初始损失是以法律制度运行中存在差错为基础的，并且其数量有赖于罚金的多寡以及违法行为被发现与错误司法肯定行为的发生率。因此，当结果能够改善该当事人原初的位置或者状态，则该当事人会理性地选择采取该预想的行动。这时，即便不等式左边为负值时，并且只要该值小于 $p\sum_1 f$，则该当事人也会采取预先计划好的行动。这就意味着不仅错误否定，而且错误肯定（尽管这种情形不太常见）都会使威慑效应降低。

---

[1] See A. Stein, The Refoundation of Evidence Law, 9 *Canadian Jour. of Law & Jurisprudence*, 1996, pp. 335 ~336.

[2] risk-neutral，也称风险中性。风险中性偏好是相对于风险偏好和风险厌恶的概念。经济学将市场参加者的风险偏好分为三类：风险厌恶（risk-aversion）、风险偏好（risk-preference）和风险中性。一般认为，冯-诺依曼-摩根斯坦效用函数（Von-Neuman-Morgenstern utility function）首先向人们提供了有关分配过程中个人偏好的基本表达形式。关于这几个术语的详细解释，请参见 http://www.answers.com/risk-aversion 等专业网站。

从形式上来看，潜在的损害行为只会在以下条件实施：

$$g > p(1 - \Sigma_2) f - p\Sigma_1 f$$

也即：$g > pf(1 - \Sigma_2 - \Sigma_1)$

该不等式表明：为了最优化威慑功能并增进社会福利，上述两种类型的差错都应该减少。错误否定会降低威慑效应并且通过降低潜在违法者的期待罚金从而降低社会福利。错误肯定对威慑效应的负面作用就不太明显：它是通过消减违法时所预期的罚金及不违法时所预期的罚金之差来实现其淡化威慑效应的。基于明显原因，错误肯定还会让人们对一些其期待的社会行为得不到实现而感到心灰意冷。比方说，法庭经常不能对疏忽大意的司机与细心谨慎的司机进行区别对待，有一些理性而又细心的司机会被法庭判处禁驾。❶ 从我们上面的分析之中得出的结论非常直接明了：最优的证明要件就是最大化正确裁定的总数，这就是 P >0.5 规则所要达到的结果所在。

通过以上分析，尽管 P >0.5 能够最大化正确裁定的数量，不过，这种 P >0.5 规则从另外的理论来考察则可能是存在问题的。在案件裁判中，与争讼事件有关的事实通常会被法官根据其在法庭上得到的证据进行重新推理，而审判时所提供的证据一般都是在争讼事件发生后收集到的。就是基于这个事实，法官来对原告声称被告侵犯其合法权利的概率进行确定。但是这种证据跟被告在该争讼事件发生前所可能提供的证据是不一样的。与此相关的两种信息，而不是一种信息，同时都会发生作用，但是它们也彼此不同，也即法官所得到的事后信息与预期违法者所事先得到的信息是不一样的。当然，如果个体有动力通过获取更多信息（诸如向专家咨询或者寻求专业法律人士的法律意见）从而改善其先期的决策，则这两种信息在某种程度上也能彼此契合。在这种情况下，如果个体在行为之前尽可能多地收集相关专业信息，他/她就会更好地了解其行为的后果与责任。事后得到确切信息也可以促进此目标的实现，其途径就是引导个体事前尽力获得更多信息，要是不这么做，就会增加其承担责任的风险。但是，正如路易斯·卡普罗（Louis Kaplow）所指出的："个体只会在调整其行为所获得利益超过获取信息所需花费的成本时，个体才会尽力去掌握各种信息。"❷ 但是当这种信息严重不契合时，这种情形就不大可能得到满足。在大多数案件中，要想使这两种信息能够契合，其代价将会极

❶ L. Kaplow and S. Shavell, Accuracy in the Determination of Liability, 34 *Journal of Law & Economics*, 1994, p. 1.

❷ L. Kaplow The Value of Accuracy in Adjudication: An Economic Analysis, 23 *Journal of Legal Studies*, 1994, pp. 307, 317.

度昂贵，并且还有可能达不到目标。而且，规范假设个体应该事先获取更多信息并不能表明事后的准确性就是其行为的最佳诱因。有一个直接的要件，即个体在实施潜在有害行为之前能够实际获得的最佳信息，这个要件可能才是其行为的更佳诱因。这个直接诱因已经存在于侵权行为法的过错侵权理论以及其他一些责任规则当中，这些责任规则都是基于客观的而不是主观的行为标准之上的。[1] 正如前面提到的，要在事后尽力获得准确的证据事实，其代价会极其昂贵，对社会资源来说将是极大的浪费，特别在潜伏性毒物致害侵权诉讼中，由于受害者众多，除了原被告双方之外，法官、科技专家、相关当事人、律师等将花费大量时间和金钱参与到案件的审理。只有实现事后获取的确切信息代价相对不高的时候，这种事后获取确切信息的方式对社会才有意义；但是当实现事后获取确切信息的代价不高的时候，那么这种情形就和事先获取确切信息基本上没有什么差别。鉴于这种简单的道理，法律应该将中心放在事先获取确切信息上，而不是放在事后获取确切信息上。

另外，根据传统的举证理论以及"谁主张，谁举证"原则，各方当事人都应该就其主张提出证据。因此，在诉讼过程中，就会出现举证责任分配在双方当事人之间转换的情形。尽管在产品责任诉讼以及环境污染致害诉讼方面，法律规定采用举证责任倒置原则，使得这些致害人的举证责任明显大于受害者，但是法律也对这些特殊类型的侵权行为规定了一些积极抗辩条款，即免责条款，就像前文探讨的，在产品责任领域，根据我国《产品质量法》第41条第2款的规定："生产者能够证明有下列情形之一的，不承担赔偿责任：(一）未将产品投入流通的；(二）产品投入流通时，引起损害的缺陷尚不存在的；(三）将产品投入流通时的科学技术水平尚不能发现缺陷的存在的。"这些免责条款中，其中的第（二）(三）项免责抗辩，对于制造商来说，由于各种理由，比如说保护商业秘密等，受害方很难取得制造商利用这些免责抗辩的实在证据。再比如，在环境污染领域，污染制造者可以利用的免责事由有：不可抗拒的自然灾害，特殊情形中的战争行为，受害人过错，第三人过错等，这些免责事由当中，原告在根本无法掌握污染制造者实际排污证据的情况下是很难胜诉的，这也是为什么我国虽然因为环境污染诉讼中受害者最后通常只得到一些安慰性的损害补偿的原因所在，因为法院通常认为原告所遭受的损害与被告污染者的行为之间因果关系不充分，等等。退一步讲，要是适用高度盖然性标准来断案，原告得证明被告没有履行相关的法定标准，而被告则同样享有

[1] See W. P. Keeton, *Prosser and Keeton On Torts* (5th ed.), West Publishing Co., 1984, p. 185. 其中指出过错标准要求个体在实施存在潜在危险的行为之前尽力多了解信息。

相同的对抗性权利，如指称原告没有遵守法律规定从而导致损害发生，等等，在这种情形下，特别在潜伏性毒物致害侵权诉讼中，这些问题对于原告方来说，如果没有事先充分准备，是难以向法庭出示有证明力的证据的。

其实，诉因与抗辩之间理论差别源自实体法。有时，这种区别好像仅仅是语义上的。比如在侵权诉讼中，主张共同过失在功效上就相当于被告对其过错行为与原告所受损害之间不存在因果关系的抗辩。但是主张原告有共同过失行为的被告应该充分证明原告存在过错，而因果关系问题则由原告来举证，因为它属于诉因所在。经过此论证，可以看出诉因与抗辩之间差别问题会削弱 P > 0.5 规则中所蕴含经济原理的解释性价值。根据该原理，原告若不能使其所受损害与被告的不当行为存在因果关系的概率超过 0.5，则其所遭受的损害将无法得到补偿。然而，这个障碍并非不能超越。既然 P > 0.5 规则可以指引法官接受一方对事件的描述可信概率超过 0.5，那么这个常见的规则也可以沿用到对诉因及任何抗辩问题的确定上。如前所述，其实这种规则的本质是一种证明标准问题。如果原告就其诉因所做的事实描述其可信度在法官来说，正好等于 0.5，则此时法官可能会判处被告责任免除，因为 P = 0.5，明显原告的证据证明力没有达到 P > 0.5 标准。但是，当原告的诉因具有盖然性优势时，并且其对所涉案件事实与被告所提出的抗辩问题达成均衡时，此时，法官就会判定被告承担责任。在美国证据法中，有所谓的积极抗辩（affirmative defense）[1] 理论，其实这种理论在大陆法系中通常被理解成免责抗辩或者减责抗辩。在侵权法中，这种所谓的积极抗辩理论的经济逻辑非常容易理解。比如，在一些涉及共同过错行为的侵权诉讼中，如果被告能够成功运用积极抗辩，则原告所提出的损害或者部分损害将由原告自己承担，也即被告可借此法律工具免除或者减除其应该承担的部分责任。因为法律基于某种考虑在特定情形设定了非常特殊的规则，比方说在前面所述的一些产品责任免责及环境污染免责事由中，这些可资利用的积极抗辩将会使被告就成为那种最廉价的成本规避者（the cheapest cost-avoider），此时被告将因此法定情节规避责任。如果这些特殊法定积极抗辩情节不可能存在，并且事实证明被告极有可能就是那个以最低代价规避法律责任者，在此情形下，法庭就不会作出有利于被告的判决。

---

[1] See John. William. Strong et al. , *McCormick on Evidence* (5th ed.), West Group, 1999, pp. 509 ~ 511, 530 ~ 532. 该文献对“affirmative defense”进行过专门阐述，其实简单来说，积极抗辩只是诸多抗辩中的一种而已，在普通法涉及私的当事人裁判中经常适用，不过更多时候，这种抗辩是由刑事诉讼中的被告提出。积极抗辩可以使被告的刑事责任或者民事责任得到限制或者被免除，即便原告所称诉因是事实。

2. 举证责任与公平

如前所述，在与潜伏性毒物致害侵权有关的产品毒物及环境毒物致害责任中采用严格责任原则或者无过错责任原则，并且最高人民法院在《关于民事诉讼证据的若干规定》中明确特定情形中的举证责任规定，如该规定第4条规定："……（三）因环境污染引起的损害赔偿诉讼，由加害人就法律规定的免责事由及其行为与损害结果之间不存在因果关系承担举证责任；……（六）因缺陷产品致人损害的侵权诉讼，由产品的生产者就法律规定的免责事由承担举证责任；（七）因共同危险行为致人损害的侵权诉讼，由实施危险行为的人就其行为与损害结果之间不存在因果关系承担举证责任。"尽管该规定对特种类型侵权诉讼中的举证责任分配作出了特殊规定，实行举证倒置，明显加重了致害人的举证责任。但是笔者认为仍有必要从公平角度来考察举证责任问题。公平视角包括两个侧面，一者为平等，一者为矫正正义。它们均是公平理念的核心内容。而且它们结合在一起会产生一种非常有影响的非效用侵权责任理论。最为重要的是，公平的这两个侧面能够为举证责任提供最为一致的非效用理由。在我们所探讨的话题语境中，平等原则要求致错风险的分配在原告与被告之间进行平等分配。这种特定的要求一般来说，来自一个更为基础性的平等规则，即制定法要求法庭在对待民事诉讼争端时采取中立的仲裁者立场，要求平等对待原告与被告的利益。❶ 不管是原告还是被告，其不应该遭受的损失应该一样被视为是令人遗憾的。因此，在民事诉讼中，致错风险也应该在原、被告之间进行分配，并且不应该偏袒任何一方。❷

矫正正义原则所支持的规则就是让遭受不当损失者恢复其本来的状态。根据该规则，强行介入个体事务的正义制度必须通过强化恢复原状的方式来促进、推动；而要做到这一点，必须有充分的证据证明原来的状态已经被他人的不当行为给破坏了。该规则之下所隐藏的是一种自我解释规则，也即推动这种正义机制的理由必须比使其处于静止状态的理由更加充分。当相关理由可作为证据的时候，推动这种正义机制的理由就必须比不推动这种机制的理由明显更加充分。❸ 原告必须通过优势证据证明其诉求（否则就不能取得胜诉），这个理论要件就是通过这种规则来进行解释的。在民事诉讼中，对平等原则的理想实施要求每一方当事人都各得其所，也就是说从案件中得到其所主张的相关价

---

❶ See R. Dworking, *Law's Empire*, Harvard University Press, 1986, chaps. 6 & 7.

❷ See R. J. Allen, Burdens of Proof, Uncertainty and Ambiguity in Modern Legal Discourse, 17 *Harvard Journal of Law & Public Policy*, 1994, pp. 627, 634.

❸ See A. Porat and A. Stein, Liability for Uncertainty: Making Evidential Damage Actionable, 18 *Cardozo Law Review*, 1997, pp. 1891, 1918 ~ 1925.

值。因此，如果原告从被告那里得到一笔总价等于 PD 的补偿金，其中 P 代表原告主张的概率，而 D 代表其争讼标的的价值。因此，总计（1 - P）D 的金钱将由被告来承担。循此路径，在分配致错风险时，平等原则就显示了其独立的价值。尽管实体法对平等有要求，但是，为了其自身的利益，平等是可以追求得到的。但是，这种路径与存在于举证责任理论中心的程序性理念相去甚远，并且和其他程序性的、证据性的安排一起，使其理论从属于实体法及其潜在目标。但是，这种路径会因此导致证据法、程序法的主要目标受挫，因为该路径是要实施实体法。[1] 实际上，在每一种法律制度中，是实体法构造了司法判决，因为实体法对于不同的法律行为类型进行了严格的区分，比方说合同与非合同，侵权行为与非侵权行为，自由意志与非自由意志，等等，这些都是由实体法来规定的。所有这些法律规则要求法官进行案件裁判时，要么全盘否定，要么全盘肯定该案。比如，在应用比较过失原理的时候，法官得在原告是否存在过错问题上作出决断，例如，该原告在所讼损害事故发生时是否存在过失行为，或者因为其过失使得有关损失不合理地扩大。尽管这种情形与相关理论允许对损害的责任进行分配，但是刺激这些理论的过错还是得以那种要么全部肯定，要么全部否定的方式进行确定。比如，法官不能基于损害有 0.4 的概率是由原告自己造成的，而允许原告对所诉损害承担 40% 的责任。但是，如果损害有 0.6 的概率是由被告造成的，则被告应该对所有损害承担责任。

实际上，从原则上讲，矫正正义是不可分割的。该教条式的原则不会仅仅因为事实发现中存在一些不确定性而被推翻。如果有优势证据表明现状由于被告的不当行为所破坏，则必须强迫被告对此已破坏的现状进行恢复。如果被告对原告造成损害，其必须对原告所遭受的损害而不是基于相应的概率进行全额赔偿。如果现况遭到被告不当行为破坏的证据不具有优势，此时，法律机制则会保持不动。当然不应该强制被告对讼争的损害承担部分责任，特别是当被告与原告所提供的证据证明力一样的时候。因为此时原告诉求的概率没有超过支持被告的概率，故法院判决被告胜诉。这种一般的路径可以通过从必须维持法定权利的稳定性中找到合理理由。要是没有这种稳定性，矫正正义就不可能得到维持。如果法定权利变成可以细分，则每一种权利都可能对应潜在事实的概率发生，此时，矫正正义机制的主要组成部分：维持现状以及区分正确与错误，都将被破坏至无以复加。如此，现况的底线作为适用矫正正义机制的一种必须，也将会丧失其稳定性。从此，错误的概念以及每一种正确的概念，都将

---

[1] 这种观点当然与边沁的工具主义者理念存在密切关系。See G. Postema, The Principle of Utility and the Law of Procedure: Bentham's Theory of Adjudication, 11 *Georgia Law Review*, 1977, p. 1393.

一起烟消云散。[1] 结果的不确定将会导致法律世界一片混乱，并且从此对于正确的判决来说，也就不存在无争论余地的正确目标了。在那个世界里，矫正正义已经变得没有任何意义。

在平等以及矫正正义框架下，致错风险会伴随属于单一法律类型的事实问题的确定一起产生，因此，这种致错风险是无法在双方当事人之间进行平等划分的。如果平等原则与实体法没有关系，那就可以通过允许原告根据概率从被告那里获得相应补偿来描述风险的平等分配。但是，平等原则作为证据法及程序法的一部分，本身就是一个从属机制，其目标是使实体法得到实施，因此，平等原则是无法获得自治地位的。因此，在适用平等原则时，必须有区别地应用。应该不允许基于不可分割的法律类型来分配致错风险，这样就会把整个风险都分配给一方当事人。只有这样进行限制，原告及被告才会真正根据事实情况，从不偏袒某一方的意义上来平等对待各方当事人。在此情形下，当一方当事人所主张的事实由于原因力较弱，其必将承担致错风险。由此，在整个诉讼中只有那种具有高度盖然性的主张才可以获得胜诉。

致错风险的分配在一些证据证明力均势的案件中是无法提供一条可供类似加时赛之类的规则，以便双方决出最终胜负。对于这种证明力均势的案件，有一个可能的规则，那就是严格按照 $P>0.5$ 规则要求原告以优势证据证明整个案件的事实。如果，原告无法履行其举证责任，则将承担无法从被告那里得到补偿的不利后果。正如笔者在前面提到的，这种规则从效用/功利视角来讲，肯定是其所期待的。因此，这种规则会使没有价值的诉讼受挫，从而可以节省诉讼成本。也就当然会减少裁定书的数量，从而也就会节约执行成本。可以理解的是，对于普通人来说，“拿走”（taking）比“不予”（not giving）更有害，何者？因为对于普通人来说，手中的小钱比身外的大钱对其意义重大得多。当胜负概率相同的时候，节约附加成本当然会成为普通人的选择。在那些 $P=0.5$ 的案件中，在差错的主要成本方面，不管该成本是由原告承担还是由被告承担，在平等原则看来都没什么不同。正因为这种无差别，所以那种能够节约诉讼附加成本的判决规则应该得到鼓励。

在前面的探讨中，我们已就举证责任理论的特点进行过探讨。很明显，这种举证责任理论所存在的缺陷非常明显，在一些特定类型的案件中，如果适用这种规则就会导致侵权法的威慑和矫正正义目标无法得到实现。比方说，在一些典型的医疗过失纠纷案中，患者A需要紧急治疗，但是医生告知他只有60%的恢复健康机会。后来由于医生的过失导致手术拖延。虽然这个拖延并没

[1] See G. P. Fletcher, The Right and the Reasonable, 98 *Harvard Law Review*, 1985, p. 949.

有影响手术的成功实施，但是院方只承诺A有40%的康复机会。但是，最后A没有康复，于是A将其最终的不治归咎于院方的医疗过失。在这种很普通的医疗过失纠纷案件中，很明显A要证明医生的过失与其所遭受的损害之间存在因果关系是非常困难的。一个能够支持A进行诉讼的强有力的材料——简单的统计分析揭示出必需的因果关系概率是0.33。[1] 根据民事诉讼的证明标准，A的诉讼请求必定会被法院拒绝。

如果法院对此类诉讼基于以上标准驳回受害者的请求，从威慑及矫正正义角度来讲无疑是存在极大问题的。诚如前文所述，该证明标准，或者说决策战略是为了最小化错误裁定的总数。但同时，这种证明标准就会使被告完全规避其法律责任，并且在类似情境中鼓励其不采取预防措施。就这样，这些行为者就可能借此将其行为的风险外部化。特别需要指出的是，当原告A没有康复的因果关系不确定时，这些行为人可能会因此而获得利益。当他们意识到问题的时候，由于有不确定性作为其规避责任的理由，则这些行为者将会很随意地将一些过失理由列举为潜在损害因素，从而增加病人受到伤害的风险。上文探讨的病人A所遭遇的情形就属于此类。对于处于上述情形中的被告——A的治疗医生他不仅应该就其过失行为将风险外部化造成对A的损害承担责任，而且还应该对因其过失给A造成的证据损害承担责任。因为这些被告的过错行为，原告无法将其所遭受的损害与真实的原因联系起来。换句话说，这些被告在证据上无法使原告举出有力的证据，对于这种特殊的侵权致害行为类型，侵权法是不支持、不鼓励的。在此种案情中，如果适用 $P>0.5$ 规则，将因此会导致个人及社会遭受损失，并且使侵权行为法的威慑及矫正正义功能无法实现。

3. 对“高度盖然性”证明标准的解释

笔者在前文已经探讨过，民事诉讼证明标准是哪一方所讲述的事实相对更为可信。也就是说，完全有赖于权利主张者所列举事实的证据力。但是，证据力内在地讲是一个非常模糊的概念。其内涵有赖于评价证据力的一般标准。[2]

---

[1] 根据这种意见，此时医生的过错通常会由A来举证。假设此时存在两个病人组B和C。在病人组B中，有类似病情的100名病人中，有60人成功手术并康复；在病人组C中，只有40名病人康复，剩下60名病人没有康复。因为A没有康复，他就属于C组中那60名未康复者。在这60名未康复者中，有40名病人从一开始就是无法获得康复的，剩下的20名病人无法康复则是由于医生的过失造成。由此计算，A成为这60名未康复病人中由于医生过失导致未康复者（20名）之一员的概率是20/60，即0.33。

[2] See A. Stein, An Essay on Uncertainty and Fact-finding in Civil Litigation, with Special Reference to Contract Cases, 48 *University of Toronto Law Journal*, 1998, pp. 299, 304~315.

但是，这些标准非常不清楚，因为对于民事诉讼证明标准的要件存在两种冲突的解释，而且这两种解释都同样看似有理而又吸引人。其中一种解释指出，这种标准指的是频率论者所谈及的概率。这种概率是基于对调查对象所涉有利的与不利的事件的列举进行计算的，然后加在一起就形成一个最终的概率评估。后一解释认为这种概率是通过对必须进行裁定的诉讼请求的概率进行数学运算得出的。[1] 这种必须的概率可能是事实裁判者根据经验评估得出的，其中会反映出一些事件的发生频率，但是没有经过完全列举。对于这些经验性的主观概率原则上都应该在基于概率积分的规则基础上简化为数学数据。偏离这些条件就意味着事实裁判者所做的推理带有那种不合逻辑的色彩了。[2] 根据这种对民事诉讼证明标准的解释，“高度盖然性”就意味着实际发生的事件的概率要高于裁判过程中所使用的概率，也就是说，事实发现过程中所使用的概率往往较实际发生的概率要低，因此，出错的概率也就相对较高了。

有鉴于此，在潜伏性毒物致害侵权诉讼过程中，对于那些经历时间久远的案件事实，对于原被告双方来说，通常都很难收集到充分的证据。但是根据平等原则，原告要获得对其造成损害的相关证据的程度明显比被告要难得多。当然，从我国民事诉讼证据制度来讲，尽管有举证责任倒置制度来保障部分特殊侵权案件的受害者，但是，对于被告所享有的那些免责条件以及原告所遭受的损害之证据证明，要想取得 $P>0.5$ 的证据力，对于证据严重缺乏的原告来说，是很难实现其诉讼目的的。对于那些已经缺失的重要证据，没有理由让原告承担更多的举证责任。因此，在特殊侵权诉讼中，对于那些发生概率很低的诉讼事件，尽管存在各种各样的风险分配原则，法律仍应该给予注意，因为其中存在太多的偶然性以及不确定性，那些受害者如果因为属于例外而无法得到救济将会使侵权法的威慑矫正正义目标无法实现，因为对于被告来讲其有太多的理由来为其行为免责，从而逃避法律责任，这样就会使侵权法的威慑效力受到影响。从这个角度来讲，仅仅依靠一般的统计数字来表示该证据的证明力是不够的，在某些特定情形也有可能适用，但较合理的做法是，在适用统计数字时应该多加上一些其他的权重，这些权重应当是以相关案件信息资源的规模来考量，也即现存证据所包含的、判决作出所必需的事实，在多大程度上具有可信性。

因此，从原则上讲，将 $P>0.5$ 规则作为民事诉讼裁决作出的基础未尝不

---

[1] See B. Robertson and G. A. Vignaux, Probability—The Logic of the Law, 13 *Oxford Journal of Legal Studies*, 1993, p. 457.

[2] *Ibid.*

可，但是在一些特定的侵权案情中，只要不违背更重要的法律目标——威慑和矫正正义，偏离这一原则应该被认为是合法的。

三、“高度盖然性”证明标准与侵权行为法功能之间的紧张关系

在前文，笔者分析了 $P > 0.5$ 规则作为民事诉讼证明标准的基本要件，并指出该规则在通常情况下，如果从平等和矫正正义角度来考察具有效率和合理性。但是，在一些非常特殊的案件中简单适用这种证明标准就会导致不正义以及无效率。因为，在这些特定案件中，该要件会因为原告无法满足一定要求，从而会被拒绝判处给予其恢复原状的救济，尽管侵权法的实体目标，诸如威慑和矫正正义要求给予这类原告以法律救济。因此，如果将这种基本的民事诉讼证明要件适用于笔者所列的那些特定侵权诉讼中，则侵权法的上述实体目标将会系统受挫。

在这些特定的案件中，尽管侵权法一直试图提供非常复杂的解决方案，想要既满足正义和效率，又将这些解决方案以一致的方式整合进实体法中，但是，如果仅仅依靠传统侵权法的工具是无法实现这种目标的。在现实生活中，利用普通民事诉讼证明标准以及侵权法的补充原理都无法达到实现效率和正义的目的。因此，笔者认为有必要发展出新的解决方案。在下文，笔者将集中就潜伏性毒物致害诉讼中所出现的一些事实不确定以及不确定性反复出现的案件进行探讨。

(一) 致害人无法确定的不当损害及其理论解决

在这种类型的案件中，通常无法根据优势证据证明被告的不当行为导致了原告的损害，但是可以确知的是被告属于实际上导致原告损害但又无法确认其属于致害人中的一员。不过，被告属于致害人中一员的统计概率还是可以确知的。最典型的案件就是 DES 案，在探讨 DES 案时，有必要将英美法案例中其他与这种典型的潜伏性毒物致害侵权案例中所适用的责任承担规则进行逐一论述。

1. 择一责任（Alternative Liability）

根据这种责任原则，当两个或者更多被告对原告实施了侵权行为，但是其中只有一位被告实际上造成了伤害，但是原告无法确认到底是哪位被告造成其损害，此时，所有的被告都要承担连带责任（jointly and severally liable）。[1] 从表面上看，该理论有助于解决潜伏性毒物致害侵权诉讼的解决，因为这种理论

---

[1] See *Smith v. Cutter Biological, Inc., a Div. of Miles Inc.*, 72 Haw. 416, 429 ~ 30, 823 P. 2d 717, 725 (1991).

跟下文将要探讨的一致行为（concert of action）不同，这些被告之间没有协议。尽管如此，有些法庭还是不愿意将该理论适用于有毒物致害侵权的产品责任当中，因为原告必须将所有这些可能的侵权行为人带到法庭，并且原告要证明他们结合在一起就是所有可能的侵权行为人。[1] 其实，择一责任原则是在萨默斯诉泰斯 [2]这个经典的案件中确立的。在该案中，两名被告猎人同时向原告方向射击，但是原告只被其中一颗子弹击中。[3] 法庭认定两位猎人都存在过错行为。因此，法庭将举证责任转移给被告，让其为自己的免责举证。此时，毕竟被告所处的位置能够较好地确定实际上是谁造成了伤害。而且，法庭提到，要是因为原告不能确切地指认被告而不给予其救济，则明显会导致不公平。基于以上理由，法庭判决被告承担连带责任。[4] 很多涉及潜伏性毒物致害侵权诉讼的司法判决没有采纳该原则。[5] 而且大多数案件没有接受该原则是基于并非所有可能的被告都参与了侵权行为当中。美国夏威夷最高法院在史密斯案[6]中就拒绝适用该原则，法庭给出了三个理由：第一，法庭认为该理论指的是被告必须是同时实施一定行为，但是该案不是如此；第二，原告不能穷尽列举所有可能的被告；第三，法庭不希望对该理论进行修改，因为市场份额责任理论比其更好用。与此形成对比的是，在普尔诉阿尔法医疗公司案中[7]，审理该案的伊利诺伊州法庭在涉及第八因子相关抗原（Factor VIII case）案中适用了择一原则。史密斯案与普尔案的不同之处在于，在普尔案中原告将所有被告列举出来了，而伊利诺伊州法院认定在此案中不需要被告的同时行为。地区法院还用到一致行为理论，因为伊利诺伊州最高法院不接受市场份额责任原则。因此，要是没有一致行为，原告将无法得到救济。[8]

其实，要求同时行为是没有意义的，即便该原理要求所有被告承担责任。连带责任将举证责任转移给了被告，让其为自己的责任开脱，因为法庭不愿意

---

[1] See id. at 430 ~ 31, 823 P. 2d at 725.

[2] Summers v. Tice, 199 P. 2d 1 (Cal. 1948).

[3] Id. at 2.

[4] Id. at 5.

[5] See, e. g., *Marshall v. Celotex*, 652 F. Supp. 1581 (E. D. Mich. 1987) （涉及石棉）; *Sheffield v. Eli Lilly & Co.*, 192 Cal. Rptr. 870 (Cal. App. Ct. 1983) （涉及沙克疫苗）; *Sindell v. Abbott Laboratories*, 607 P. 2d 924 (Cal. 1980) (DES).

[6] *Smith v. Cutter Biological, Inc., a Div. of Miles Inc.*, 72 Haw. 416, 823 P. 2d 717 (1991).

[7] Poole v. Alpha Therapeutic Corp, 696 F. Supp. 351 (N. D. Ill. 1988) （该案适用的是伊利诺伊州的法律）。

[8] 实际上，伊利诺伊州最高法院两年后明确表示拒绝适用所有形式的市场份额责任。See *Smith v. Eli Lilly & Co.*, 560 N. E. 2d 324 (Ill. 1990).

让一个无辜的被告在其无法确认实际上的致害原因时而无法得到救济。至于同时行为，当涉及同时行为侵权案件中的因果关系难以证明的时候，法庭应该通过连带责任转移举证责任。当然，此时的条件是，所有被告必须一起并且所有的人都针对原告实施了侵权行为。

2. 一致行为（Concert of Action）

为了避免从一群被告中确定一名实际的侵权行为人，原告可资利用的另一个责任理论就是一致行为。一致行为理论是源自刑法上的帮助和教唆概念（aiding and abetting）。根据美国《侵权行为法第二次重述》第 876 条的解释可知：共同行为之人就他人之侵权行为致第三人伤害，如符合下列规定情形之一者，行为人亦应负责任：

（a）行为人于该他人共同行使侵权行为或与该他人为达成共同计划而行使侵权行为；或

（b）行为人知悉他人之行为构成责任之违反，而给予重大协助或者鼓励该他人之作如此行为；或

（c）行为人于该他人之达成侵权行为结果，给予重大协助，且行为人之行为单独考虑时，构成对第三人责任之违反。

在各当事人之间不需要明示协议；该协议可以从行为者的行为中进行推定。[1] 在潜伏性毒物致害侵权诉讼中，原告鲜有以被告之间存在一致行为诉因而胜诉者，但是学界主张一致行为理论者不少。[2] 短程拖车赛（drag racing）就是反映一致行为的例证。如果三名驾驶选手参加该赛，并且其中只有一位对无辜的旁观者造成伤害，那么所有三名驾驶选手都对该受伤的旁观者承担连带责任。连带责任使得一致行为理论者对那些为潜在疾病所困扰的受害者来说非常具有吸引力，为何？因为即便侵权行为人中有一人破产，或者所有的侵权行为人都无法确认，那些受害者都能够同样得到百分之百的恢复原状。在系列 DES 案中，大多数判决都拒绝适用一致行为理论。[3] 但是，有法庭在两起案件中适用了该理论。一者为比齐勒诉艾利·莉莉公司案，[4] 在该案中，尽管原告

---

[1] See Michael Dore, *Law of Toxic Torts*: *Litigation*, *Defense*, *Insurance*, Thomson/West, 1992, at 6-6. 1.

[2] See Richard H. Krochock & Stephen O. Plunkett, Getting Nasty with Manufacturers: Civil Conspiracy Claims, 57 *Defense Counsel Journal*, 1990, p. 188.

[3] See *Morton v. Abbott Laboratories*, 538 F. Supp. 593 (M. D. Fla. 1982) （适用了佛罗里达州的法律）; *Hymowitz v. Eli Lilly and Co.*, 539 N. E. 2d 1069 (N. Y. 1989); *Martin v. Abbott Laboratories*, 689 P. 2d 368 (Wash. 1984); *Collins v. Eli Lilly Co*, 342 N. W. 2d 37 (Wis. 1984); *Sindell v. Abbott Laboratories*, 607 P. 2d 924 (Cal. 1980); *Lyons v. Premo Pharmaceutical Labs*, *Inc.*, 406 A. 2d 185 (N. J. 1979).

[4] In Bichler v. Eli Lilly and Co., 436 N. E. 2d 182 (N. Y. 1982).

的母亲当时还服用过另外三家公司生产的DES，原告只对艾利·莉莉公司提起了诉讼，该公司系DES的主要生产商。纽约州上诉法院就被告在销售DES前没有对该药进行检验，于是就基于一致行为理论判处被告支付原告500 000美元的损害赔偿金。❶ 但是，该上诉法院只就陪审团对一致行为相关证据充分性的界定进行了审查，却没有对该界定的合法性进行裁定，而是直接认定该证据充分。❷ 最终，密歇根州最高法院允许原告以一致行为诉求获得简易判决(summary judgement)，并胜诉。在阿贝尔案中，原告以存在过错为名将16家DES制造商告上法庭，诉称其制造并推销无效的、危险药品，并且存在检验不足，警示不充分，等等。为了绕开逐一确认被告之麻烦，他们声称被告因为其存在一致行为，故应该承担连带责任。法庭认为，即便原告不能确定特定的制造商，对其主张作出简易判决也是理由非常充分的。非常有趣的是，法庭明确表示有倾向市场份额责任之意，但是却拒绝这样做，因为原告没有主张适用市场份额责任。在未来，该法庭可能不会受阿贝尔案的影响，而直接认同适用市场份额责任。随着纽约州上诉法院对市场份额责任的接受，比齐勒案可能已经显得过时了。❸

在DES系列案件中，所有那些采纳某种形式市场份额责任的法院都对一致行为表示明确反对。❹ 在史密斯案❺中，夏威夷最高法院拒绝适用一致行为理论，因为该法院认为由被告之间承担连带责任是一种非常繁重的负担。即便一致行为理论在其他一些毒物致害侵权案件中取得了些微胜利，❻ 但是这些案

❶ Id. at 188～89. 但是，这个结果可能是由于辩护律师没有坚持反对上诉从而导致法院在该DES案中同意使用一致行为理论。See id. at 187.

❷ 在该案审判过程中，辩方没有坚持反对向陪审团就一致行为的界定进行指导，于是将该问题带到了上诉法庭。法庭允许陪审团基于两个理由没有对DES进行检测中发现其存在一致行为。(1) 陪审团推论莉莉公司与其他生产DES的公司在没有进行检验前就向市场上销售该药品，其行为构成默示一致；(2) 莉莉公司没有检验该药，其行为极大程度上鼓励了其他DES制造商仿效其行为。在阿贝尔诉艾利·莉莉公司案（Abel v. Eli Lilly and Company）（343 N. W. 2d 164，cert. denied 469 U. S. 833 (1984).

❸ See *Hymowitz v. Eli Lilly and Co.*，539 N. E. 2d 1069（N. Y. 1989）. 尽管纽约州上诉法院没有驳回比齐勒案，但是该法院的确对以一致行为为责任基础表示反对。

❹ *McCormack v. Abbot Laboratories*，617 F. Supp 1521（D. Mass. 1985）（适用了马萨诸塞州的法律）；*Conley v. Boyle Drug Co.*，570 So. 2d 275（Fla. 1990）；*Hymowitz v. Eli Lilly & Co.*，539 N. E. 2d 1069（N. Y. 1989）；*Martin v. Abbott Laboratories*，689 P. 2d 368（Wash. 1984）；*Collins v. Eli Lilly Co.*，342 N. W. 2d 37（Wis. 1984）；*Sindell v. Abbott Laboratories*，607 P. 2d 924（Cal. 1980）.

❺ *Smith v. Cutter Biological*，*Inc.*，*a Div. of Miles Inc.*，72 Haw. 416，431-32，823 P. 2d. 717，726 (1991).

❻ See，e. g.，*Gaulding v. Celotex Corp.*，748 S. W. 2d 627（Tex. 1988）（涉及石棉）；*Sheffield v. Eli Lilly and Co.*，192 Cal. Rptr. 870（Cal. App. Ct. 1983）（涉及天花疫苗）。

件也只是偶尔在建议判决阶段结案。

在尼科拉公司诉纳特案❶中，特拉华州最高法院在这起石棉案中以简易判决方式判决原告胜诉结案。原告声称尼科拉与被告同其他一些生产商密谋对石棉的危险性进行虚假陈述并且禁止信息外泄。❷ 即便原告不能证明尼科拉提供了该具有特定致害作用的石棉，法庭判决认为要是尼科拉公司没有参与部分密谋，那么该公司也得承担连带赔偿责任。法庭判决指出为了让尼科拉公司承担责任，有必要证明尼科拉公司明确参与了该密谋行动。原告可以证明明知参与行为就足以证明"明知一致行为是经过预谋或者对方邀请的，并且被告主动追随了该计划并主动参与"。法庭以简易判决方式判决原告胜诉是基于法庭发现已经有足够的证据证明两个行业协会，有意控制相关产品的有害信息，而尼科拉公司是该协会的成员，它明知此事并积极参与了该封锁信息的举动。

德克萨斯州上诉法院基于在罗杰斯诉 R·J·雷诺烟草公司案❸中的尼科拉裁定，同意在该案中以一致行为结案。但是，在罗杰斯案中，德克萨斯州上诉法院发现有足够证据证明被告烟草公司，被誉为最大的六家烟草巨头，❹ 通过其行业协会密谋控制与吸烟有害健康的有关科学和医疗信息。❺ 在该案中，原告的妻子一直都只抽美国烟草公司（The American Tobacco Company）生产的香烟，但是初审法庭将该公司从当事人中剔除，而把六家公司中剩下的五家列

---

❶ Nicolet, Inc. v. Nutt, 525 A. 2d 146 (Del. 1987).

❷ 其诉状的确切措辞是尼科拉与其他几位被告"明知故意"的密谋并同意：8（b）致使其对原告所积极声称的那一套没有得到前述被告所拥有的信息的担保，也就是说这些原告多获得的信息过去或现在所拥有的都是不真实的，也即表明，原告近距离接触这些（石棉）物质是安全的；（c）禁止有关的医疗及科学资料以及其他知识，从而使原告对石棉物质的危害性无法知晓。

❸ Rogers v. R. J. Reynolds Tobacco Co., 761 S. W. 2d 788 (Tex. 1988).

❹ 这六家烟草巨头分别是：R. J. Reynolds Tobacco Co., Philip Morris, Inc., Grown & Williamson Tobacco Corp., Lorillard, Inc., Liggett & Myers Tobacco, Inc., Liggett Group, Inc., and The American Tobacco Co. Id.

❺ 761 S. W. 2d at 798. 1954～1955 年，烟草六巨头中有五家一起组成了烟草行业研究委员会（The Tobacco Industry Research Committee），现在的名字为烟草研究理事会（The Council for Tobacco Research-U. S. A., Inc., CTR），该机构成立的目的就是支持烟草对人体健康影响方面的研究以及发布相关信息。1958 年，该烟草六巨头组成了烟草研究院（The Tobacco Institute, Inc., TI），其目的就是收集并传播科学与医疗方面的资料，以及其他与烟草使用与人体健康有关的信息。第六家制造商，利基特与迈尔斯公司（Liggett & Myers）1964 年加入该集团，最终形成了完整烟草六巨头。

为上诉审的当事人。[1] 法院首先认定过错就足够证明其行为存在共谋。[2] 该法庭援引尼科拉案作为支持该主张的理由，因为民事共谋会涉及共同责任，被告的行为不需要导致实际伤害，法庭就可以判令其应该承担责任。法庭继续指出吸烟与肺癌之间的因果关系，这一点在诉讼时就已经确信不疑，已是普遍接受的科学研究及医学观点。被告是否知道或应该知道这些危险是一个可以用很多事实来进行裁判的问题，这其中也涉及被告的过错诉求，不过原告有很多证据支持其诉求。[3] 此外，压制研究项目以及无偿捐助的证据也引发了对这些公司之间的一致行为，或者民事合谋问题进行裁判。[4] 罗杰斯案和尼科拉案反映出：假定适当的事实存在，原告可以利用一致行为来规避具体确认被告。而夏威夷最高法院在史密斯案中，不太愿意适用连带责任，可能是因为制造商在对血液进行检验方面没有不同意。如果夏威夷最高法院面临一个类似罗杰斯及尼科拉案中实际案情，法院应该根据过错诉由让被告对其合谋行为承担连带责任。如果侵权行为法要求一方当事人对其过错行为承担责任，那么法律就应该让那些明知实情者并一同参与行动的人承担同等责任。这些共同参与者因为彼此相互鼓励，应该让其承担等量的责任，而不应该对其所应负的责任找理由进行区分。

3. 企业责任（Enterprise Liability）

企业责任的前提是当某一企业或其行为导致社会损失，那么整个企业都应该承担责任。[5] 当某个产业的所有成员对该产业给社会造成风险进行联合控制时，那么所有成员就会面临该风险所造成的不当伤害承担共同责任。[6] 但是，原告以企业责任胜诉的机会还是非常小的，因为极少有产业能够控制对公众的风险。

在霍尔诉E·I·杜邦·德纳姆赫斯公司案[7]中，纽约州一个地区法院适用

---

[1] 上诉法庭没有解释为什么初审法院会驳回将美国烟草公司列为一方当事人。

[2] 被告烟草公司主张其一致同意的行为必须上升到故意侵权的层次方可，但是其目前行为尚没达到该层次。但是，法院明确指出，被告以及其他同谋正在以侵权的方式勾结行动。换句话说，被告有实施侵权行为的故意，或者以疏忽大意的方式在行动。因此，为了让其承担连带责任，“密谋者必须参与了行动过程，并且导致伤害，而且其行动过程为其所知。”

[3] 这些证据包括1954年及1958年的两份秘密报告，其中一名医生明确指出他已经知道反对使用香烟的攻击性报道已有几十年，并且他想通过做一些研究来驳斥该攻击。

[4] 不过，法庭没有解释这个证据是什么。

[5] *Martin v. Abbott Laboratories*，689 P. 2d 368，379（Wash. 1984）（citing Howard C. Klemme，The Enterprise Liability Theory of Torts，47 *University of Colorado Law Review*，1976，pp. 153，158.

[6] *Smith v. Cutter Biological Inc，a Div. of Miles Inc.*，72 Haw. 416，432，823 P. 2d 717，726（1991）.

[7] *Hall v. E. I. Du Pont De Nemours & Co.，Inc.*，345 F. Supp. 353（E. D. N. Y. 1972）.

了企业责任。在该案中，牵涉到爆炸物雷管在一起不相关的事件中导致12名儿童受伤。在美国，该6个有名的被告实际上就形成了整个产业。某些加拿大公司也生产这种雷管，但是他们未被列入。诉状声称由于没有在雷管上贴危险警示标签，并且没有采取其他安全措施。但是没有一个有名的被告被确认造成了该特定伤害。于是法庭判决已有充分的证据表明该产业的所有成员共同控制了该风险，因此，法庭拒绝被告动议以简易判决方式结案。原告则声称被告虽然是单独行为，但他们都坚持一个行业标准，其所形成的行业协会有义务进行产品安全检查及安全设计，并且他们通常一起合作生产这种雷管。法庭判决，如果原告能够证明被告对风险能够进行联合控制，并且其中一个被告要对伤害承担责任，那么损害因果关系的举证责任就应该转而由被告承担。如果被告不能满足这种举证责任，他们就应该共同承担责任。在史密斯案中，夏威夷最高法院判决被告承担共同责任，而没有适用企业责任理论，这是主要原因。因为夏威夷已经采用了市场份额责任，企业责任理论尚不是很吸引人。当企业责任允许原告得到100%赔偿时，那么这种共同责任就会不当地强加在被告身上。而且原告很难证明被告当中是哪一个造成了实际伤害。一致行为可能是一个更为简单一些的理论，因为其所有条件就是要求各行为人之间达成明确的共识，而不需要证明伤害与特定被告之间存在联系。

4. 市场份额责任（Market Share Liability）

1980年，加利福尼亚州最高法院在辛德尔诉艾伯特实验室[1]案中首创了市场份额责任以减轻原告在确认生产DES并造成其伤害的DES制造商方面的举证责任。[2] 根据这种方法，一旦原告确定诉因，并收集到了一定比例的销售DES的制造商的证据，此时，举证责任就转向被告制造商，由其来证明他没有向原告提供这种药品。如果他们没有成功举证自己与该原告服用的药物无关，则这些制造商将按照当时其各自在DES市场上的药品购买率（the percentage of the market they controlled at the time the drug was bought）来对原告承担责任。[3] 辛德尔案在潜伏性毒物致害侵权领域是一件非常有意义的案件，原因有二，一者法庭通过此案为确定特定被告难的问题找到了一条实际的救济路径，二者表明法庭已经意识到必须针对现代科技社会中出现的新难题提供新的

---

[1] *Sindell v. Abbott Laboratories*, 607 P. 2d 924 (Cal. 1980).

[2] 尽管加利福尼亚州法庭是第一个采用这种新的责任理论的法庭，其实该法庭所采用的思想是源自Naomi Sheiner, DES and a Proposed Theory of Enterprise Liability, 46 *Fordham Law Review*, 1978, p. 963.

[3] Sindell, 607 P. 2d at 937.

救济。❶

后来，在美国除了加利福尼亚州之外，另有5个州也采纳了某种形式的市场份额责任原则，❷ 有三个州明确表示反对适用该原则于DES案。❸ 但是，基本上没有一个州将这种市场份额责任应用于其他潜伏性有毒物致害案中。❹ 但是，最近夏威夷最高法院承认市场份额方式作为一种可行的理论还可以适用于一些非DES案中。❺ 要理解夏威夷最高法院裁定的内涵，我们需要对辛德尔案及其后续案件进行一番充分的探讨。

在辛德尔案中，原告诉称若干DES的生产商生产的防流产药物DES，在其母亲服用后导致其40年后罹患膀胱肿瘤。❻ 当肿瘤去除后，她一直都在接受医学查看以防将来再次发生病变。初审法院驳回了原告的诉讼，因其不能指认生产该药并造成其损害的特定被告。实际上原告甚至不能证明生产该药并造成其损害的任何一家DES被告制造商。与初审法院做法相反的是，加利福尼亚州最高法院采纳了市场份额责任方式。因为传统的侵权责任理论无法为该原告提供救济。❼ 依照传统的普通法责任理论，像这种情况下的原告是得不到任

❶ Id. at 936.

❷ See Andrew B. Nace, Market Share Liability: A Current Assessment of a Decade-Old Doctrine, 44 *Vanderbilt. Law Review.* 395, 396 (1991). See also, William J. Warfel, Adoption of the Market Share Approach in Long-Tail Product Liability Litigation-The Transformation of the Tort System into a Compensation System, 17 Ohio *N. U. Law Review* 1991, pp. 785, 787～800. 这5个州是华盛顿州、佛罗里达州、威斯康星州、纽约州以及马萨诸塞州。See *Martin v. Abbott Laboratories*, 689 P. 2d 368 (Wash. 1984); *Conley v. Boyle Drug Co.*, 570 So. 2d 275 (Fla. 1990); *Collins v. Eli Lilly and Co.*, 342 N. W. 2d 37 (Wis. 1984) cert. denied, 469 U. S. 826 (1984); *Hymowitz v. Eli Lilly and Co.*, 539 N. E. 2d 1069 (N. Y. 1989); *McCormack v. Abbott Laboratories*, 617 F. Supp. 1521 (D. Mass. 1985).

❸ See *Smith v. Eli Lilly & Co.*, 560 N. E. 2d (Ill. 1990); *Mulcahy v. Eli Lilly & Co.*, 386 N. W. 2d 67 (Iowa 1986); *Zafft v. Eli Lilly & Co.*, 676 S. W. 2d 241 (Mo. 1984).

❹ Nace, supra note 113, p. 396; Warfel, supra note 122, pp. 801～803 (其中反对在石棉案以及DPT案中适用市场份额原则).

❺ See *Smith v. Cutter Biological, Inc.*, *a Div. of Miles Inc.*, 911 F. 2d 374 (9th Cir. 1991). 夏威夷最高法院在审查了所有的选择之后，拒绝适用其中任何一种，但市场份额责任是个例外。Also see *Smith v. Cutter Biological, Inc.*, *a Div. of Miles Inc.*, 72 Haw. 416, 823 P. 2d 717 (1991).

❻ Sindell, 607 P. 2d at 926.

❼ 当时有200多家公司生产该药，有可能是其中之一生产的DES导致原告遭受损害。Id. 该诉讼针对的是11家有名的医药公司。Id. at 925. 原告声称Eli Lilly and Company及其他5～6家公司生产的DES占据该市场的90%。

何救济的。[1] 这样，法庭就面临要么创造一种新的救济模式，要么就拒绝给原告救济，结果法庭选择按市场份额责任来解决原告的救济问题。[2] 但是，该法庭对其判决理由进行了限制，其中特别提到该案涉及的被告是以同一种程式来生产该药的，并且原告不能确认具体的制造商不是由其自身的过错造成的。法庭基于两个政策理由，没有要求原告确认该药的具体制造商。这两个理由是：第一点，也是最让人信服的一点，就是“在无辜的原告与无辜的被告之间，后者应该承担伤害的成本”。[3] 法庭承认被告不是直接对原告无法确认该药的实际制造商承担责任。尽管如此，法庭将不能提供证据的责任强加在被告身上，因为他们所生产销售的药品具有延迟效应（delayed effects），并且该迟延是阻碍原告能够确认实际制造商的主要因素。第二点，政策上的理由是“被告因其身份特殊，对于因其制造的缺陷产品所导致的损害能够更好地承担责任”。法庭还特别提到，当成本对于受害方来说被证明是无法承受时，但是制造商却可以通过保险为自己承保，并且将其成本转由消费者承担。而且，法庭感觉制造商所处的位置使其能够更好地找到并且防止缺陷的出现。因此，让其对产品中的缺陷或者没有警示产品缺陷承担责任可以促进提高产品安全。采用市场份额方式的基本原理是“每一个制造商的能力是能够对其自身生产的产品所造成的伤害承担起责任来的”。法庭还通过例证对该理论进行了解释。[4] 如果每一个原告能够确认其各自母亲服用的那个具体的 DES 制造商，而制造商 X 所销售的 DES 占到整个市场的 1/5，那么制造商 X 就可能成为 1/5 案件中的唯一被告，并且对这 1/5 案件中的所有损害承担责任。根据市场份额责任方式，制造商 X 就会成为所有 DES 案件中的被告，但是其只需承担 1/5 的损

---

[1] See id. at 930 ~ 35. 审理辛德尔案的法庭指出，普通法理论中的择一责任（alternative liability）、一致行动理论（concert of action）以及企业责任（enterprise liability）理论，在没有确定特定侵权行为人的情况下是不可能给予原告救济的，所以它们均不适用于本案。择一责任不能适用是因为它要求原告具体列明所有可能的侵权行为人，但是，本案并非如此。法庭也拒绝适用一致行为理论，因为没有发现“被告之间达成行动默契或者共同的行动计划，不进行充分的实验或者进行充分的警示，并且也没有发现被告在这些不作为行动中有互相帮助以及互相鼓励。”法庭也拒绝使用企业责任，因为该案牵涉到大量制造商，在产品安全方面缺乏具有履行代表功能的核心协会，当特定被告可能没有供给该药品时，让其承担连带责任则很可能会造成不公平。法庭认为不应该让不是实际侵权行为者的制造商承担责任，因为该产业的标准是由政府制定的。

[2] Sindell，607 P. 2d at 936.

[3] 在传统侵权政策中，有过错的被告要承担伤害成本而不是由无辜的原告来承担。See *Summers v. Tice*，199 P. 2d 1（Cal. 1948）. 实际上审理辛德尔案的法庭采用萨默斯案中的政策。See Sindell，607 P. 2d at 936.

[4] 其中引用了 Naomi Sheiner，DES and a Proposed Theory of Enterprise Liability，46 *Fordham Law Review*，1978，p. 965.

害赔偿责任。在任一特定情形中，制造商 X 都要承担等量的责任。有评论人士认为，这种责任承担方式是法庭对“当被告问题无法确定时，将责任与归责联系起来”所作出的回应。法庭认为实际的侵权行为人会逃避责任，但是感觉要是被告对该市场有重大参与，则这种可能性会降低。❶ 尽管在其他 DES 案件中，当实际制造商无法确定时，法庭也接受了该诉因，但是没有一个法庭原版不动地适用辛德尔案中的裁判理由，而是对该判决理由进行了一些修订或者说明。❷ 辛德尔案所遗留下来的问题包括：（1）怎样才构成市场的相当份额；❸（2）该如何对这个相关市场进行界定；❹（3）最为重要的是，法庭能够让被告承担连带责任吗？8 年后，加利福尼亚州最高法院在布朗诉高等法院案❺中对第三个问题给予了回答。至于前两个问题，在其他类似案件裁判过程中通过对市场份额方式进行调整也已经得到解决。❻

审判布朗案的法庭指出根据市场份额方式，被告只能负单独责任，而不是连带责任。❼ 法庭的推理是市场份额责任的宗旨是让被告依其所占有的市场份额来对该产品所造成的伤害承担责任。❽ 连带责任会使该宗旨受挫，因为任何

---

❶ Sindell，607 P. 2d at 937.

❷ See *McCormack v. Abbott Laboratories*，617 F. Supp. 1521（D. Mass. 1985）［判决指出马丁案中的方式与马萨诸塞州最高法院在 *Payton v. Abbott Labs*，437 N. E. 2d 171（Mass. 1982）案中所关注的方式相一致］；*Conley v. Boyle Drug Co.*，570 So. 2d 275（Fla. 1990）（采用了市场份额替代责任）；*Hymowitz v. Eli Lilly & Co.*，539 N. E. 2d 1069（N. Y. 1989）（市场份额以全国市场为准）；*Martin v. Abbott Laboratories*，689 P. 2d 368（Wash. 1984）（采用了市场份额替代责任）；*Collins v. Eli Lilly Co.*，342 N. W. 2d 37（Wis. 1984），cert. denied，469 U. S. 826（风险分配）. 有争议的是，南达柯他地区法院在 *McElhaney v. Eli Lilly & Co.*，564 F. Supp. 265（D. S. D. 1983）案中的确适用了辛德尔案中的方式。See Nace，supra note 113，at 407 n. 89（citing Sharon Novak，Comment，into the Quagmire：Washington Adopts Market Share Liability in DES Cases，21 *Gonzaka Law Review*，1985，pp. 199，226.

❸ Nace，supra note 113，at 403. 在辛德尔案中，法庭明确指出所谓相当份额并非指要占到整个市场的 75% ~80%。Sindell，607 P. 2d at 937.

❹ Nace，supra note 113，at 403.

❺ *Brown v. Superior Court*，751 P. 2d 470（Cal. 1988）.

❻ See *Martin v. Abbott Laboratories*，689 P. 2d 368（Wash. 1984）（该案判决指出相当市场份额不必要）；*Conley v. Boyle Drug Co.*，570 So. 2d 275（Fla. 1990）（该案判决指出相当市场份额没必要；市场应该根据证据尽量严格限定）；*Collins v. Eli Lilly Co.*，342 N. W. 2d 37（Wis. 1984），cert. denied，469 U. S. 826（该案认为相当市场份额没有必要）；*Hymowitz v. Eli Lilly & Co.*，539 N. E. 2d 1069（N. Y. 1989）（提到整个国内市场）。

❼ 751 P. 2d at 486. 责任的不同在于：如果被告承担连带责任，那么原告就会从被告那里得到 100% 的完全损害赔偿。根据单独责任原则，则原告只能根据被告所占有的市场份额得到一定比例的赔偿。在判决意见的其他部分，法庭指出，DES 案中的被告根据辛德尔基于严格责任所提出的诉求是不会承担责任的，警示缺陷，其中涉及的是违反明示或者会默示担保，或者欺诈。

❽ Id. at 486.

制造商都要对原告所遭受的伤害承担全部责任，哪怕被告所占的市场份额微不足道。法庭认为这意味着如果某位制造商破产，或者连一个制造商都没有明确列举出来，以及当原告不可能完全列举所有被告的时候，则该原告要自己承担诉讼成本。但是，法庭认为在适用连带责任时，最好要平衡一番原告与制造商的利益。

在辛德尔案判决之后4年，美国华盛顿州最高法院在马丁诉艾伯特实验室案中，遵循了加利福尼亚州的先例。❶ 该法院所主张的“市场份额替代责任”(market-share alternate liability)❷ 对辛德尔案中所提出的方式进行了调整，从而克服了加利福尼亚州方式所存在的缺陷，使得该方式成为最为推崇的市场份额责任方式。❸ 法庭认为适用市场份额责任方式在两个方面能够找到合理性：(1) 通过指称被告商品存在生产缺陷或者营销缺陷，每一个被告都对原告所遭受的损害风险负责，因此，他们都应该承担一定程度的责任；(2) 正如在辛德尔案中一样，制造商所处的位置更容易吸收消化伤害成本。

法庭对辛德尔案中所创造的方式进行调整，允许原告对任何被告提起诉讼，其中包括单一被告，从而改变了辛德尔案中的相当市场份额要件。根据马丁案的判决意见，为了列明被告，原告只需要指称每一个生产该种类型 DES 的被告所生产的 DES 就是其母亲所服用并造成伤害的那种 DES。由此，每一个被告侵犯了其应该对原告所负的法定义务。如果在审判中原告通过优势证据证明这些要素，则举证责任转向被告，也就是说每一个被告要逃脱责任就必须进行免责举证。每一个被告可通过优势证据证明其不应该承担责任，即其能证明实际造成伤害的药品不是他所提供的药品。❹ 那些不能证明其所占有的市场份额者将被推测以等同份额占有该市场的余下份额。❺ 为了减少假设的份额，每一个被告可以指控第三方被告。如果所有被告对实际的市场份额都进行了举证，而原告没有列明所有被告，则原告将不可能得到百分之百的损害补偿。该裁定肃清了辛德尔案所遗留下来的问题。根据马丁案的判决理由，原告没有必要清楚列明相当市场份额，因为原告只是针对一名被告提起了民事诉讼。而且，法庭不再需要对该市场进行界定，因为，根据推测，被告通过证明他们不

❶ *Martin v. Abbott Laboratories*, 689 P. 2d 368 (Wash. 1984).

❷ Id. at 381.

❸ 后来，有一个马萨诸塞州地区法庭及福罗里达州最高法院采纳了马丁案中的解决方式。

❹ Id. at 382. 制造商要证明此点有一种方式，即证明他没有在该地区或者原告服用该药品时他没有销售该药品。

❺ 这意味着如果制造商 X，Y 及 Z 都是有名有姓的被告，而 X 能够证明其只占有该市场的 20%，而 Y 和 Z 不能证明他们所实际占有的市场份额，则 Y 和 Z 会被判决在余下的市场份额中各占 40%。

可能供给该药品或者限制其市场份额而将其所占有的市场份额进行了限制。最后，因为法庭反对连带责任，制造商只需对他们所占有的市场份额承担责任，如果他们满足了举证责任的话。

但非常不巧的是，该判决又提出了另外一个问题，因为被告不能举证证明其所实际占有的市场份额，那么他将可能承担比其实际控制的市场份额要多得多的责任。在另一起涉及 DES 的案件中，威斯康星州最高法院在证明实际市场份额方面察觉到了一些问题。因为考虑这些问题，威斯康星州最高法院在柯林斯诉艾利·莉莉案[1]中阐述了另一个解决方式，尽管该法庭采用了与马丁案中相同的政策判断，但是该方式的确有点不同。在柯林斯案中，所采用的方式是原告要么根据严格责任[2]，要么根据过错责任提起诉讼。正如在马丁案那样，原告可以对任何一名被告提起诉讼。在过错之诉中，原告需要指称并证明同样因素存在于马丁案中[3]。如马丁案那样，对于任何一种诉求，原告只需证明每一个被告所销售的那种 DES 就是其母亲所服用的类型。一旦该诉因被证明，举证责任就转移至每一个被告，由被告来证明他们没有向原告的母亲销售 DES[4]。柯林斯案所采用的方式与马丁案的不同之处在于：法庭在如何判定责任百分比上存在不同。

法庭将威斯康星州的比较过失法则看成是那种非常具有灵活性的法律，认为依据该法就可以在各被告之间平等地分配损害赔偿金。[5] 根据该州的比较过

[1] *Collins v. Eli Lilly*, 342 N. W. 2d 37 (Wis. 1984).

[2] 若要法庭令被告承担严格责任，则原告必须证明：(1) 当 DES 不为该药品公司所控制时，该药存在缺陷；(2) 该药对消费者存在不合理的危险；(3) 该缺陷导致了原告的伤害；(4) 该药品公司参与了该药的制造或营销活动，或者，反证这不是一起与该药品公司的主营业务无关的、孤立的或者不常发生的交易；(5) 该产品是其生产或者销售公司期待在出售时不实质变动该产品现状达到用户或者消费者的那种产品。加州最高法院反对针对药品制造商提起严格责任之诉。Cf. Brown, 751 P. 2d at 477. 当华盛顿最高法院没有明确排除严格责任之诉时，原告必须证明在主张市场份额替代责任之前存在一些过错因素。See Martin, 689 P. 2d at 382.

[3] 342 N. W. 2d, at 50-51，主张其违反注意义务。

[4] 如在马丁案中那样，被告可以证明当该药被服用的时候，他还没有生产或者没有销售该药品，或者当被告母亲购买该药品的时候，他还没有在该地区销售该药品。

[5] 威斯康星州比较过失法第 895.045 节规定：促成过失 (Contributory negligence)：当某人或者其法定代表人为了补偿因其过失导致个体死亡或者其财产损失，促成过失 不应该阻止其进行补偿，如果前者过失没有寻求补偿者的过失严重，则在对后者进行补偿时，对于造成的损害应该依后者的过失程度按比例进行减少。

失法，由陪审团来决定如何分配损害赔偿金。❶ 法庭拒绝适用市场份额方式的理由是它认为，对市场份额进行限定并进行证明，在概念上非常诱人，但在实际中要适用它限制颇多。❷ 而且法庭认为要超越其能力所限去做一份几乎不可能的事情对于司法资源来说是一种极大的浪费。正是基于这两种考虑使得在伊利诺伊州的 DES 诉讼案中，该州法院完全没有适用任何形式的市场份额责任方式。❸ 在史密斯诉艾利·莉莉公司案❹中伊利诺伊州最高法院援引了旧金山一初审法院法官所提及的困难，即在全国范围内对该市场进行界定存在困难，因为即使在狭小的范围内，这种数据都无法得到。再者，在准备尝试适用市场份额方式之后四周，洛杉矶一初审法院法官即宣布该数据其实根本就不存在。法庭明确指出没有确切的路径可资对市场份额进行评估，并且如果激励这样做"一不小心就会陷入徒劳无功的司法境地"。与前案形成鲜明对比的是，在史密斯案判决之前，在海默维茨诉艾利·莉莉案❺中，纽约州最高法院（the Court of Appeals of New York）❻ 通过全国市场来证明市场份额的存在，从而解决了该问题。纽约州最高法院采取了一种极端的方式，该方式认为"在被告给特定原告所造成的责任和风险之间存在合理的联系"是没有必要的。❼ 为此，该法院根据"各被告的总体责任，以及每一被告对社会整体所造成的伤害风险"来分配责任承担。海默维茨案与马丁案形成鲜明比较。在马丁案中，如果被告能证明当时或者该地区其尚没有销售该药，则其可免责。❽ 但是，海默维茨拒绝被告的这种开脱罪责标准，并且主张即便被告能够证明在那些情况

---

❶ 法庭提供了一些因素供陪审团考虑。这些因素是：是否该药品公司对 DES 的安全性及在怀孕过程中的使用效率进行过检验；当 DES 获得 FDA 批准用于妇女妊娠期间时，该公司所扮演的角色如何；该公司在相关地区的市场份额是小还是大；该公司是否在生产或销售 DES 中起领头作用，还是仅仅随大流；该公司对于 DES 的危险性是否发出过警告；在该公司知道或者应该知道 DES 给消费大众造成可能的危险之后，该公司是否还在生产或者销售 DES；该公司是否采取了积极行动来减少对公众造成的风险或者伤害。

❷ 法庭提到很多药品公司在生产或者销售该药品时没有留下任何记录。即便留有记录，事实裁判者在对其市场份额进行评估时仍旧存在很多问题，因为很多公司进入该市场后又离开该市场，有些甚至早就不存在了。

❸ *Smith v. Eli Lilly & Co.*, 560 N. E. 2d 324（Ill. 1990）. 爱荷华州及密苏里州都拒绝了任何形式的市场份额责任 . See *Mulcahy v. Eli Lilly & Co.*, 386 N. W. 2d 67（Iowa 1986）（拒绝对传统的因果关系要件进行变更）; *Zafft v. Eli Lilly & Co.*, 676 S. W. 2d 241（Mo. 1984）（拒绝对传统的因果关系要件进行变更）。

❹ *Smith v. Eli Lilly & Co.*, 560 N. E. 2d 324（Ill. 1990）.

❺ *Hymowitz v. Eli Lilly*, 539 N. E. 2d 1069（N. Y. 1989）.

❻ 该法院虽名为纽约州上诉法院，实为该州最高法院。

❼ 539 N. E. 2d at 1078.

❽ Martin, 689 P. 2d at 382.

下其没有销售该药品，但是原告仍然可以将其列为诉讼中的被告。[1] 审判海默维茨案的法庭认为每一个被告都要按其产品在全国市场中所占的份额承担损害赔偿责任。法庭还解释了加利福尼亚州的经验，认为狭小的市场是不实际的，也是不公平的，因为每个案件都涉及单独的市场份额模式，让原告对其进行查明、举证是不可行的。夏威夷最高法院紧随这些判决之后，在史密斯诉卡特尔生物公司案[2]中，最终认同了一个混合的市场份额责任方式，将马丁案及海默维茨案中的方式糅合进了第八因子相关抗原（Factor VIII）血液制品案。[3] 在史密斯案中，原告在 AIDS 病毒检查中被检测出呈 HIV 阳性，他还是一名血友病患者，因而主张感染该病毒是因为此前他注射了止血剂，即第八因子相关抗原（Factor VIII）[4]。但是，他无法指认提供该被污染了的血液制品的制造商，于是他就将为其注射该止血剂的医院的四家止血剂制造商列为被告。[5] 后来，该诉讼在联邦地区法院进行了审理，并且上诉至美国第九巡回上诉法院。美国第九巡回区上诉法院认可了夏威夷最高法院证实的一些问题，并要求夏威夷最高法院确定要是原告无法确认实际的侵权行为人，是否可以对原告的损害给予补偿，如果可以，是基于什么理论。夏威夷最高法院在接受市场份额方式时，采纳了辛德尔案中的政策考量。法庭还进一步解释指出，在涉及潜在伤害的毒物接触案件中，该案就是其中一例，当原告自身没有过错，无法认定负责人的当事人时，法庭“不再……适用传统的过错责任规则”[6]。如果不这样，法庭认为，“无辜的原告将无法得到任何救济”。夏威夷最高法院明确指出，被告的观点“第八因子相关抗原（Factor VIII）不是跟 DES 一样是可以替代的产品”是难以信服的，因为其违反了对捐献者要事先进行筛选的规定，另外在销售该制品时还存在警示缺陷。尽管夏威夷最高法院没有解释为什么这些违规行为使得被告的论点不可信，但从该法庭对如何界定市场的探讨中我们可以得出一个推论。在界定市场时，夏威夷最高法院采纳了全国市场的方式，对于海默维茨案中从理论上提出的方式表示赞同，并认可以其作为责任归咎的衡量，

---

[1] See Hymowitz，539 N. E. 2d at 1078. 不管被告该药的制造商实际上在哪销售其产品，原告均可将其视为全国市场中的一员而列为被告。但是，被告只有在证明其销售的 DES 只用于非妊娠妇女时才可开脱罪责。

[2] *Smith v. Cutter Biological，Inc.，a Division of Miles Inc.*，72 Haw. 416，823 P. 2d 717（1991）.

[3] 佛罗里达州地区法院根据该州法律，也允许了原告基于类似 *Smith. Ray v. Cutter Laboratories，Div. of Miles，Inc.*，754 F. Supp. 193（M. D. Fla. 1991）案中的事实，以替代市场份额责任方式来提起诉求。

[4] Smith，72 Haw. at 421，823 P. 2d at 721.

[5] Id. at 421-22，823 P. 2d at 721-722.

[6] Id. at 428，823 P. 2d at 724.

因此，就按被告对公众所造成的损害风险的总量来分配责任承担。[1] 通过法律推导，夏威夷最高法院作出决定：要是被告没有对捐血者进行筛选或者对原告进行警示，则被告可能就置原告于风险之中，因此，法庭就该判处被告承担责任。

在 DES 案中，该产品本身就置原告于风险之中，然而在本案中，被告分销第八因子相关抗原（Factor VIII）的方法同样已经使原告处于风险之中。因此存在这种可能，即被告在其管理产品的方式上是要承担责任的，而不是如 DES 案中那样，要对产品本身的分销承担责任。根据这种观点，产品的可替代性跟责任承担关系不大，[2] 但是，普遍没有对捐血者进行筛选以及不对接受捐血者进行警告，这些都是非常重要的事实。夏威夷最高法院在借鉴了海默维茨案中的理论合理性之外，还借鉴了该法庭的实际考虑，在此基础上采纳了全国市场方式。在分配损害赔偿的时候，夏威夷最高法院明确指出原告“应该采用合理谨慎（due diligence）标准将所有制造商列为被告，但是如果做不到这样，也不能成为一种抗辩”。在被告之间分配损害赔偿金时，夏威夷最高法院采用了马丁案中的路径，之所以这样，是因为夏威夷最高法院认为只有这样做才可以足够鼓励原告尽力列明所有被告。

对夏威夷最高法院判决的哲学或者实践内涵进行一番思考，我们会发现，该法院所采用的市场份额责任选择的是一种最佳路径。从哲学角度来讲，让被告对其给大众所带来的风险承担责任是最接近可归责性原则。在传统侵权法语境中，如果某人制造了危害他人的危险，但是没有人因此而实际受到伤害，那么法庭会因为不存在向任何人赔偿，而不允许该诉因。但是，法庭不允许该诉因这个事实没有反映出风险制造者的可归责性，只是反映了它的运气好而已。如果甲和乙都制造了同样的以及同等程度的风险，只有甲所制造的风险伤害了其他人，但是这并不必然使乙少担责，即便乙会逃避责任。在一些原告无法确认特定侵权行为人的案件中，让被告对其所制造的一定风险承担责任并非不合理，因为这些由其制造的风险能够与他们所要承担的责任最接近。需要承认的是，根据这种原理，柯林斯案中所选择的责任分配路径对被告所制造的风险中的部分相关因素进行了考量，尽管不是全部。但是实际上，柯林斯案中所选择

---

[1] Id. at 436-37, 823 P. 2d at 728.

[2] 产品的可替代性仍然是相关的，因为它会影响到被告的责任归咎。比方说，假设第八因子相关抗原（Factor VIII）的一个分销商当时发现某种疫苗能够杀死 90% 的 HIV 病毒的话；再假设该分销商将该疫苗注入其血液制品中；再进一步假设这些捐血者没有经过筛选，也没有给那些接受捐血者以警告。在此情形下，可以想见法庭在确定责任时会有所考虑，因为分销商在致使原告感染 AIDS 病毒的风险中所承担的责任要比其他被告所承担的责任轻一些。

的路径可能不是最准确的路径，因为所有的考量都是模糊的，其结果会导致出现一个非常武断的分配模式。在 DES 案中，当可替代产品的制造商通过分销商品导致社会公众中的一部分人处于风险之中，那么每一个制造商所占有的市场份额就与其置公众于风险之中的程度正好接近。同样，在第八因子相关抗原（Factor VIII）案中，如果被告以管理血浆的方式而使得公众处于一定风险之中，并且每一个被告所采用的方法都是在制造风险，那么每一个被告所占的市场份额则正好反映了被告所制造的风险的量。

更进一步讲，根据风险分担原理，被告让公众所面临的风险最好以地方市场为准，而不应该以全国市场为准。但是加利福尼亚州的经验表明比全国市场要小的那种市场基本上不可能确定。因此，接下来的选择就是整体上拒绝适用市场份额方式，跟伊利诺伊州法庭所做的那样，拒绝给予原告任何救济，要么就采用那种被告创造的、在某程度上能够扭曲实际风险的有效市场作为标准。后一选择可能更有吸引力，因为被告制造商对于原告所遭受的伤害能够更有力地承担这种伤害成本。

而夏威夷法庭在史密斯案判决中唯一的一个问题是：法庭接受了按马丁案的方式对损害赔偿金进行分配。当被告不能证明其所占有的市场份额，从而不正当地扭曲了其所负担的风险，因此应该判处其承担相同份额的责任。然而，这种方法会非常容易使原告得到百分之百的损害赔偿金，但是，对于被告来说，他可能要承担比其制造的风险程度比例要高得多的责任。对于事实裁判者来说，更好的办法是尽可能地作出最佳的概算，如果被告诚实地尽其努力仍不能确定其产品所占的市场份额，则应该让原告来承担责任。史密斯判决不仅对市场份额责任产生了影响，而且也对其他形式的责任形式产生了影响。对于夏威夷最高法院来讲，通过史密斯案的裁决，明确地表示出该法院愿意改革传统的侵权责任模式，方便其他责任类型的适用，特别是在一些涉及潜伏性毒物致害侵权的诉讼案件中。

通过对以上四种致害人无法确定的侵权行为归责理论进行详细探讨得知，没有哪一种理论在美国的潜伏性有毒物质致害侵权诉讼中一直得到沿用。都是在不停创新理论，就连最为受推崇的市场份额责任理论，也是在不断的变革完善之中，各法院一般都会根据具体案情进行有甄别的适用。但是从这些涉及潜伏性毒物致害侵权的诉讼中，法庭大多数时候都是倾向于保护受害者的利益，理由很简单，这些致害人，因为其经济优势、信息优势，等等，能够更好地承担原告因遭伤害以及诉讼所付出的成本。这些创新的责任承担方式，特别是市场份额责任及其变种，对于潜伏性毒物致害侵权中的受害者来说，无疑起到了很好的保护作用，显示了侵权行为法的威慑及矫正正义功能。

（二）受害人无法确定的不当损害及其理论解决

至于受害人无法确定的案例，前文已经列举了很多，在诸多环境毒物致害事故中，其受害者通常是无法确定的，主要一点是，因为有些有环境毒物诱发的疾病在普通人群中已经很常见，也就是说，在特定因果关系的查明上存在巨大困难。最典型的案例就是前文提及的辐射物致害案。这种类型的案件与前面致害人无法确定的不法损害存在一些共通之处，即：二者都是特定的不法行为者导致了原告的损害，但是根据盖然性优势无法确认到底是谁制造了损害事故。但是，这种类型的案件彼此又有不同之处：在前面那种案件中，原告毫无疑问是遭到了不法行为的伤害，但是在本类型中，原告可能不是因为不法行为而遭受伤害。这种差别会导致不同矫正正义原则的适用。❶

在这类案件中，有一种可能的问题解决方案就是，简单地作出对原告不利的判决。不过，要是允许原告根据未证实的统计数字来作为诉讼证据，那么当统计概率超过0.5时，则原告就可以胜诉。但是如果概率低于0.5，则该诉讼就应该被驳回，如果按我们前面所描述的举证责任原理来讲的话。这两种路径中的任意一种，如果都像前述辐射物侵权案那样，那么其诉讼结果都将注定要失败。结果就是，原告将得不到任何救济，而被告也不会得到任何威慑。

另一个可能的问题解决方案是对每一个受到相关伤害的原告因其暴露于风险或者面临的损失几率而得到赔偿。❷ 根据这种解决路径，辐射物案中的每个原告都会因为20%的损害概率得到赔偿（因为只有20%的人可以将他们的损害归因为辐射物的影响）。接触辐射物会不断增加原告罹患癌症的几率（用损失几率理论表述，就是其降低了每个原告不会感染该种疾病的几率）。也就是说，被告所造成的损失规模只相当于整体损失的20%。但是这种路径可能非常有争议。根据传统的侵权责任归咎机制，纯粹的风险是不会当作是一种损害的。如果某人被不当地暴露于风险之中，而风险没有变成损害事实，那么人们通常没有起诉风险制造者的理由或者诉由。如果该面临风险者幸运的话，同样表述也适用于风险制造者。对于前者来说，其运气会影响后者的运气，也就是说，当某人暴露于风险之中，但是没有遭遇到有形的伤害，那么风险制造者就不会承担侵权法上的责任。由于这些原因，在辐射物案中，基于风险暴露理论

---

❶ 偶尔，上述两种类型的案件合意合并成一种类型，比如，将这种损害归结为是由非不当行为因素或者若干可以确认的不当行为因素之一造成的。在辐射物侵权案中，这种损害属实，因为在该地区还有若干其他释放辐射物的工厂，这些工厂也有可能对原告的损害造成威胁。因此，辐射物案有可能因为损害源自若干累积性的因素而使该案变得越来越复杂。

❷ 对于这种诉讼，在美国有学者主张用团体诉讼来解决，see R. Delgado, Beyond Sindell: Relaxation of Cause-In-Fact Rules for Interminate Plaitiffs, 70 *California Law Review*, 1982, pp. 881, 899～902.

来谈侵权责任是存在很大问题的。

即便某人暴露于一定风险，可以用损失风险并造成损害进行解释，但是我们同样也会面临一个障碍：能否主张辐射物增加了所有原告罹患癌症的几率，以及只增加部分原告罹患癌症的几率？如果这种问题被认为是事后的，也即在事故发生后，明显会出现这种结果，即有80%的原告在这次事件中会罹患癌症，那么他们得不得癌症的概率其实不受暴露于辐射物之影响。但是，如果把这个问题从事前角度进行考察，就会出现一个不可避免的结论，即所有原告都暴露于罹患该种疾病的风险之中。但是，当原告所面临的风险远远低于20%时，从事前角度来看，原告团体没有代表所有实际上罹患此种疾病者，因为很多人虽同样接触了该辐射物，但是根本就没有罹患癌症。在辐射物致害案中，比方说，假设有一万人暴露于该有毒辐射物，那么要求的结论将会是：对于每个个体来说，没有罹患癌症的概率只需降低0.02%，那么对每个原告的补偿只会等于其所遭受损害的0.02%。而且，如果制度设计能够将可能致害情形列为可诉之情形，那么这种制度就会允许那些没有遭受有形损害的原告得到补偿。也即，这种原告将会与那些遭受伤害的原告一起得到补偿，很明显这种情形又会造成对被告的不公平。[1] 其实，这种困境源自风险与损害之间的根本性差别。风险纯粹是一个认知上的概念，它决定了事实裁判者的知识视野与其无知之间的一种平衡。与此相比，损害则是一个会影响原告福利的实际因素。因此，当原告被迫生活于风险阴影之中，也即，当其生活于一定风险可能会，也有可能不会变成现实损害氛围之中的时候，依传统侵权法理论，只要没有造成实际损害，在这种情况下，原告就应该承受这种尚没有获得侵权法认可的潜在损害。在一些具有前瞻性的案件中，法院应该对这些损失几率判决给予损害赔偿，目前，在英美判例法中的确有过这样的判决。[2]

---

[1] See D. Rosenberg, The Causal Connection in Mass Exposure Cases: A 'Public Law' Vision of the Tort System, 97 *Harvard Law Review*, 1984, p. 849.

[2] 比如，有这样一个案例，原告约翰居住在一个因不当原因，极有可能爆发洪水的区域。这种风险不当地降低了约翰房产的价值。因此，如果约翰在这种洪水威胁不存在之前出租盖房的租金为X美元，而现在他能够收到的租金只有（X－Y）美元。如果他以前能够以X美元的价格将该住房出售，而现在只能以（X－Y）美元出售。这种损害即使在洪水威胁风险淡去之后仍旧会存在。因此，如果约翰实际以（X－Y）美元的价格出售该房产，那么约翰的损失Y美元就是其所遭受的损害。如果不给予约翰赔偿，其损害就不会消失。而且，约翰可能会因为存在洪水这种不当风险而为其房产购买保险。并且，他还有可能会为防止或者减轻风险真正出现造成损害要支出一些其他费用。如果加上约翰在保险费上的开支，这些费用支出就会形成约翰的损害，并且这些损害是真实的并且是可以得到补偿的。对于暴露于可能造成潜在损害之风险而导致财产价值缩水的案件，已有判决先例，see C. E. Miller, Law and Uncertainty—Risk and Legal Process, in R. Baldwin (ed.), *Radiological Risk and Civil Liability: A Review of Recent Development in the United Kingdom*, London, 1997, pp. 273, 277～289.

在一个新近的美国判例中，理查德·波斯纳法官从系列 DES 案中推导出了另一种解决此类问题的出路。根据波斯纳法官所言，所有那些有成为不当行为潜在受害者，以及对其所遭受的整体损害有权获得损害赔偿者，他们可以成为一个团体。尔后，该补偿金可以根据每个个案可能发生的概率在各成员之间进行分配。[1] 这个意见后来在一个雇员针对雇主提起的诉讼请求中被引用。雇员坚称他们以前经常超时工作，因此对法定工作量之外的部分有权要求超额补偿。法庭发现，在大多数情形，原告所从事的工作不在法律规定范围之内。原告所得到的补偿只能是源自那种从事了那种法律保护的工作，然而，原告只是偶尔才从事这种受法律保护的工作。但在该案中，没有一个原告能够根据高度盖然性举证其个人权利，因为这些工人所从事的工作既有受法律保护的，也有不受法律保护的超时工作，但是没有证据证明他们到底干了些什么。

波斯纳法官在联邦上诉法院第七巡回法庭发表了其观点，将该案发回地区法院重审，并给予了审判指导。波斯纳法官指出，“原告能够证明，对于既定的工作模式及工作任务，有 10% 的工人在其超时工作周里都是在从事有权获得加班费的、非豁免工作（nonexempt work），这已经足够了，即便不可能证明他们具体是哪种工人；而且，很有可能这个团体中的所有工人都可能参与过此类工作……如果按照他们从事非豁免工作的工作总量进行按份分摊的话，则他们每一个都有可能遭受过损害。”此外，波斯纳法官还提到，如果可行的话，最好的办法是雇主对那些从事非豁免工作的工人进行记录，以方便确认，如果雇主没有进行记录，则在确认谁为雇主超时工作而遭受损害时，就会存在诸多疑问，因此，对于这种超时工作者进行记录就会合理解决所有疑问。[2] 通过波斯纳法官的此番言论，我们可以知道，雇主应该对这种事前的证据保留负有更多的责任，如果其不能对此进行举证，可视为一种证据损害（evidential damage），当然由其来承担不利后果。

从目前的资料来看，对于受害人不确定的案件，除了波斯纳法官所提出的革命性裁定外，尚没有其他判例来为此种问题提供解决思路。如果法庭拒绝采用波斯纳法官的路径，那么对于此类案件就有可能只有依照无责任原理来进行裁判了，也就是说，原告无法因其实际遭受的损害得到救济。这样一来，就会出现不当行为者在已知其行为会造成损害的时候仍可以逃避法律的制裁，这种情形从侵权法的威慑及矫正正义功能来看，如此判决对此二宗旨将是一种极大地损害。

---

[1] *Adkins v. Mid-American Growers, Inc.*, 167 F 3d 355 (7th Cir 1999).

[2] *Ibid.*

（三）不当行为是否导致损害及其理论解决

如本书前面所探讨的，像这种行为不当是否导致损害的情形非常多见，一些由环境污染造成损害的情形就属此类。对于这种案情法院通常会作出不利于原告的判决。换个角度说，就是当支持这种原告所述案情的概率没有超过0.5这个门槛时，原告就会败诉。如果该概率高于0.5时，原告就可以获得补偿。对于此类问题通常有赖于一般的证明标准是否达到，只有在原告的证据证明力达到高度盖然性标准时，原告才可胜诉。

在这类诉讼中，举证责任的重新分配是问题的解决之道。要是基于正义角度考虑，对无辜的原告给予支持，对有过错的被告给予惩罚，这种路径在英美法庭中经常得到采纳。在那些因工作环境中存在有毒物质，致使工人遭受伤害的诉讼中，这种偏向工人的判决尤其多见。英国上议院曾有这样一个判决，在该判决中指出，如果雇主不当置雇员于风险之中，并且如果雇员所受的伤害是源自暴露于该风险，则雇主要对雇员所遭受的所有损失承担责任。只有在雇主有优势证据证明雇员所受伤害是由于其他原因导致的，雇主才不承担责任。[1]在美国，也有判例支持在潜伏性毒物致害案件中，减轻原告举证责任的安排，但是这种情形只是偶尔才有适用。[2]在一个美国案例中，当不知道原告所受的实际伤害是否系由于被告的不当不作为造成时，法庭判决由被告来承担全部责任，因为他不能积极举证自己不当不作为与原告所遭受的伤害没有关系。此案作出如此判决的原因之一是由于这样一个事实：被告的不当不作为使得因果关系问题变得尤其复杂。[3]

对这种问题还有更进一步的解决思路，就是将原告所面临的、尚没有造成损害的机会损失作为一种具有可诉性的损失。在美国，这种解决方案已经适用于医疗过失致害侵权案件中，并且在这些案件中，原告都得到了损害赔偿。[4]

---

[1] See *McGhee v. National Coal Bd.* [1972] 3 All ER1008 (HL). Also see *Bryce v. Swan Hunter Group* [1988] 1All ER 659（该案就是基于以上推理）。

[2] See, for example, *Allen v. U. S.*, 588 F Supp 247 (D Utah 1984).

[3] *Haft v. Lone Palm Hotel*, 478 P 2d 465 (Cal 1970). 该案是一起父子同时溺毙饭店游泳池的惨剧。在该案中，要是饭店当时履行其法定义务，安排好保安，该惨剧就不会发生。但是，尽管该惨剧发生时的具体情况无法确定，但是，也不能确定即使有保安在场该惨剧就不会发生。尽管如此，法庭判决饭店承担全部责任，其推理是在游泳池安排保安不仅是为了防止有人溺水，而且也是为损害事故发生原因的确定提供解决方法。原告在该案中举证困难系被告饭店违反其义务，因此，让饭店对该损害承担完全责任非常合理。对此案也有不同看法，see S. Levmore, Probabilistic Recoveries, Restitution and Recurring Wrongs, 19 *Journal of Legal Studies*, 1990, pp. 691, 705 ~ 710.

[4] See *Herskovits v. Group Health Cooperative of Puget Sound*, 664 P 2d 474 (Wash 1983); *Perez v, Las Vegas Medical Center*, 805 P. 2d 589, 592 (Nev. 1991); *Delaney v. Cade*, 873 P2d 175 (Kan 1994), etc.

通过这些案例，我们可以发现一个非常明显的倾向，那就是，法院通常根据优势证据标准来对案件进行裁判，其判决结果通常是“要么全赢，要么全输”，也就是说，原告对在这种案情中所发生的损害要么获得全赔，要么全输。[1]

在潜伏性毒物致害侵权诉讼中，如依照高度盖然性标准，也即 $P>0.5$ 为标准，应用“要么全赢，要么全输”的恢复原状原则，就有可能对不当行为者造成威慑不够以及对受害者补偿不够的困难境地。因此，为了调和侵权法的威慑与矫正正义目标，必须寻找一种新的理论解决路径，实现在潜伏性毒物致害侵权诉讼，既要对不法行为者产生威慑作用，又要对受害者给予妥当的救济，从而实现矫正正义。

四、潜伏性毒物致害侵权的诉讼解决探索

（一）证据损害理论：潜伏性毒物致害侵权诉讼中的可选择理论

在潜伏性毒物致害侵权诉讼中，由于长时间经过（多半也会涉及诉讼时效的经过），证据缺失以及造成损害结果的事实不确定，这些因素对于诉讼裁判的准确性来说将会造成极大困难。由于信息严重缺乏，在涉及潜伏性毒物致害侵权的诉讼中，对于法庭的判决来说就会存在极大的致错风险：因为作出判决的事实不确定，导致判决结果出现错误是不可避免的。如果在事实发现上得到更多精确的信息，将会为实质正义的实现创造极大空间，也就是说，如果能够做到尽力得到更多精确信息，就会让更多实际致害人对其不当行为承担其法律责任，同时也就会使一些无过错的被告避免承担法律责任，当然，这也意味着在更多案件中当事人的利益得到了保护。因此，事实发现中的精确性对于侵权行为法的威慑功能及矫正正义功能来说，是极有帮助的；此外，这种精确性对于侵权法的其他目标，诸如分配正义或者惩罚来说也是非常有益的。如果这种实际意义上的精确性被淡化，那么法律的实体目标就会极大受挫。

在某些案件中，事实发现中存在不精确情形，是因为当时的环境之故，不可归咎于任何人。在这种情形中，不确定性的存在只是一种特定情形。但是在其他情形，不确定性的存在以及后来法庭无法对事实进行裁定，确切地讲主要是由于当事人的不当行为所致。这些不当行为人，他们才应该对案件事实的不确定性以及相应的致错风险承担责任。因此我们是否应该让这些当事人承担这

---

[1] See *Hotson v. East Berkshire Area Health Authority* [1987] 2 All ER 909 (HL). 在英国的侵权诉讼中，对尚未发生的未来的（或潜在的）损失进行评估时，以概率为基础的赔偿方案已经获得法庭认可。Harvey McGregor, *McGregor on Damages* (16th ed.), Sweet & Maxwell, 1997, pp. 246 ~ 259. 并且，对于过去发生的事件，英国法庭已经多次拒绝采用没有得到证实的统计数字。关于这一特征，see *Hotson v. East Berkshire Area Health Authority* [1987] 2 All ER 909 (HL).

种证据损害的责任呢？那么对于这种证据损害责任，法律应该设置什么样的标准？对于那些遭受证据损害者法律应该给予他们何种救济呢？在本节，笔者将就此种证据损害的责任承担及其可行性进行探讨，为了简单起见，笔者称此种理论为"证据损害理论"，该议题将主要涉及以下内容：这种理论的构成要件应该包括哪些内容？该如何对其进行功能定位？这种理论在社会政策上是否能够找到合理性？没有这种理论法律会如何？❶

1. 证据损害的特征

根据证据损害原理，在潜伏性毒物致害侵权诉讼中，如果被告因其不当行为损害了原告在这种诉讼中对必要事实进行确定的能力，或者降低了原告确认这种事实的几率，则要由被告来承担证据损害的责任。需要进一步进行限定的是，这些诉讼中所涉及的损害是直接损害，也即具有可诉性的损害，通常情况下表现为有形损害（physical damage），与纯粹经济损失（purely economic loss）形成鲜明对比。但是，相对于侵权行为造成的有形损害相比，证据损害应当视为一种间接损害，或者从属性的损害。其存在通常依附于直接具有可诉性的损害的实际（或极有可能）发生。这种证据损害可以用于很多事实不确定的案件中。这种情形可以用于很多情形，诸如两个或者更多被告在没有事先协商的情况下造成损害，但是对造成损害的份额各被告之间无法进行具体分割。比如，在一起由两家工厂造成损害的潜伏性毒物损害事件中，两家工厂同时造成该地区的污染并伤害了当地的民众。在这种案件中，所发生的损害很明显是无法详细区分的，因为不可能对此二者谁造成了何种损害无法确定。在这种案件中，不当行为人明显造成原告的证据损害。每一个工厂所导致的损害使得原告无法将其所遭受的伤害归咎于哪一个实际上的污染制造者。假设相关侵权实体法规定如果受害人对其所遭受的损害因不能指认具体的致害人而得不到损害赔偿，那么这种举证不能就会剥夺原告因被告给其造成直接损害而得到赔偿的能力。❷

这种证据损害理论同样适用于那些不当行为人身份无法确定的情形。而

---

❶ 本部分内容源自以下论文的启发，See A. Porat and A. Stein，Liability for Uncertainty：Making Evidential Damage Actionable，18 *Cardozo Law Review*，1997，p. 1891；idem，The Evidential Damage Doctrine：A Response to Critique，30 *Mishpatim* 1999，p. 349；J. H. King，Causation，Valuation，and Chance in Personal Injury Torts Involving Preexisting Conditions and Future Consequences，90 *Yale Law Journal*，1981，pp. 1353，1390 ~ 11394；M. Berger，Eliminating General Causation：Notes towards a New Theory of Justice and Toxic Torts，97 *Columbia Law Review*，1997，p. 2117；R. D. Friedman，Dealing with Evidentiary Deficiency，18 *Cardozo Law Review*，1997，p. 1961；I. Gilead，The Evidential Damage Doctrine：Has the Burden of Proof Been Met?，30 *Mishpatim*，1999，p. 317.

❷ *Melech v. Cornhauser*，44（2）Piskey Din 89（1990）.

且，这种理论还可以适用于那种直接损害不是不当行为所造成的那种案情。比方说，前文作者探讨的萨默斯诉泰斯案❶中所涉及的三个猎人。其中一个猎人（即原告）被另两个猎人（被告）当中的一位因过失所射偏的子弹击中眼睛，因两被告同时开枪射击，所以无法确定谁的子弹实际上击中并伤害原告。两被告向原告方向开枪，很明显其中之一肯定射出了致害的一枪。也就是说，二者之一（也可能是二者）都造成原告的证据损害。要是非致害的一枪没有射出，那么现存的证据就会非常充分，将伤害原告者筛选出来。但是那颗致害的子弹射出了，所以使得原告无法举证到底是谁射出的子弹伤害了他。如果我们明确原告无法将其损害归因于前者还是后者，那么原告所遭受的证据损害就等于其所遭受的身体损害的价值。如果前一被告不对原告所遭受的身体损害负责，那么他肯定应该对给原告造成的证据损害负责，这种情形同样适用于第二被告。

还有一个案例可以例证证据损害是如何导致原告举证因不当行为遭受直接损害方面的几率降低的。大约 50 多年前，从北美定居以色列的一批移民接受了一系列癣（菌）病（Ringworm）治疗，其中包括放射治疗。后来这种放射治疗导致了一种严重的疾病。但是，在一些案件中不可能确定是那种放射疗法导致了该疾病还是另有其他原因导致。在这个案件中，关键的问题是原告所接受的这种放射治疗在当时来看国家的这种强制行为是否属于一种不当行为。如果这种行为属于一种不当行为，那么原告无法确认其被害原因就可以归结为国家的不当行为导致其诉讼时出现证据损害。要是国家当时没有不当造成这种不确定性，那么每一位原告都会很确定其所罹患疾病的原因所在。这就意味着每一位原告有机会将其病因归结于当初接受放射疗法，那么他们就可以从国家得到赔偿，因为是国家的不当行为导致其身体遭受损害。本案例中的情形类似于典型的潜伏性毒物致害情形。此外，证据损害也适用于类似于前文探讨过的哈福特诉隆恩·帕姆饭店案，❷ 在该案中被告的不当不作为既可以是导致原告遭受直接损害的一个可能原因，也可以是给原告造成证据损害的一定因素。在该案中，被告被加利福尼亚州法院判处承担责任，其判决非常类似于认同证据损害理论。该判决指出，与所争执因果关系问题有关的举证责任应该转向被告，但在该案中，被告明显没有履行其举证责任。因此，法院判决如下。

在本案中，由于没有安排救生员，这样不仅剥夺了前述受害者应得到的某种程度的安全保护，而且还剥夺了本案原告准确举证其丈夫与儿子溺亡时的事实。

---

❶ *Summers v. Tice*, 199 P 2d 1（1948）.

❷ *Haft v. Lone Palm Hotel*, 478 P 2d 465（Cal 1970）.

通过以上例证及讲解，我们可知这种证据损害以两种不同方式呈现出来，每一种形式都与既定的案件有关。其中有一点很明显，那就是证据损害是导致原告遭受直接损害的相同不当行为的一个结果。因此，导致原告遭受直接损害和其遭受的证据损害会产生重叠，并且会非常有效地汇合在一起导致一个单一的不当行为。在这种情形下，直接不当行为者（或相关损害风险的不当发起者）以及证据损害者通常就是一个人。我们前面提到的这个案例就属于此种证据损害类型。

在另一种情形，证据损害属于那种明显不当行为的产物。在这种案情中，不当行为导致了（或可能导致了）原告的直接损害，也有不当行为造成证据损害，这两种不当行为很容易分辨出来。因此，直接的不当行为者（或者相关损害风险的不当制造者）以及证据损害者可能是两个不同的人。而且这两个行为不需要同时发生，一者在前一者在后，均可。

下面就有一个以色列案例属于刚才探讨的这种类型，其中证据损害是以后一种形态呈现出来的。例如，在下面一起病历记录不充分案中，原告患有一种脊椎病并伴随有严重背痛。然后他接受了药物治疗和物理疗法。这种情况下的病人只有当他们的病痛无法忍受时才会让他们进行脊椎外科手术，并且那些显示出来的神经症状必须马上给其进行外科手术。原告最后接受了这种外科手术，但是仍旧没有使他避免机体部分瘫痪。原告现在主张这个结果本可以避免的，要是医方早点给他进行外科手术，也即，当他初次向医生，也即本案被告，抱怨其神经有问题时，医生就应该立即给他进行外科手术。但是根据被告的意思，原告向他抱怨的时候，只是提及疼痛问题；当他提及神经问题时，被告马上给他进行了外科手术。被告对原告进行治疗的监控记录显示其中存在断断续续以及不充分等问题，这些行为都违反了被告的治疗过程（病历）记录义务。[1] 下面还有另一种形式的证据损害，该判例在加利福尼亚州上诉法院是具有历史性的判决。[2] 在该案中，两名不当行为者给原告造成了直接伤害，并且同时给原告造成证据损害。该案涉及一起证据破坏案。原告驾驶的一台汽车

---

[1] *Kanto v. Mussayev* 39（3）Piskey Din 253（1995）（Hebrew）. 在该案中，以色列最高法院接受了原告对该事件的描述。判决被告对该案中的证据损害承担责任。（在美国的佛罗里达州最高法院的判决中也有类似判决，see *Public Health Trust v. Valcin*，507 So 2d 596（Fa 1987）. Also see *Welsh v. United States*，844 F 2d 1239（6th Cir 1988）；*Sweet v Sisters of Providence*，881 P 2d 304（Alaska 1994）。这一立场也在其他国家的判例中又体现，see D. Giesen，*International Medical Malpractice Law：A Comparative Law Study of Civil Liability Arising from Medical Care*，Tübingen：Martinus Nijhott publishers，1988，pp. 521 ~ 522.

[2] *Smith v. Superior Court*，151 Cal App3d 491（1984）.

被一台迎面开过来的小货车逼近。突然，该小货车的左边轮脱落，飞起并重重砸在原告的挡风玻璃上，导致原告重伤。该小货车后被拖至修理厂维修，其中某些部件，尤其是从证据角度讲对原告诉讼极为有用的小货车部件已被修理厂的机械师无意给处理了。[1] 在该案中，修理厂所有人对原告造成证据伤害在程度上等同于给原告造成的身体伤害。[2]

2. 证据损害的救济机制探讨

可以从两个不同路径对证据损害科以责任。当被告对给原告造成的证据损害负有责任时，这种举证责任转而由被告承担。因此，如果该案事实不确定，在某种意义上讲，各方当事人的陈述具有同等可能性，那么应该判处原告胜诉。换句话说，遭受证据损害的原告应该获得侵权损害赔偿。下面我们就来探讨两种救济及其比较优势。

（1）证据救济。在一些案件中，将举证责任转移给被告的证据救济是不妥的。这种救济只在原告所遭受的直接损害以及证据损害归咎于同一被告时方才有效。当直接不当行为者以及证据不当处理者是两个不同的人时，如前述证据破坏案，在该案中转移举证责任就不合理，因为，对原告直接损害负责者不应该对另一个人的过错承担责任。此外，转移举证责任对于原告来说不是一种救济，因为原告明显举证不能，以其所处实际环境，其明显无法举出概率超过50%的证据来。在任何此类案情中，因为被告的不当行为通常具有高度盖然性，举证责任理论从一开始就不能适用。比方说，在前面探讨的癣（菌）病案例中，要估测出原告疾病源自被告的放射疗法的概率低于50%并非不切实际。因此将举证责任转移给被告并不会改变原告所受损害不是源自被告不当行为的事实认定。最后，转移举证责任给被告偶尔会使原告得到过度补偿。这种结果通常发生在原告遭受损害的不确定部分与被告不当行为之间不存在关联。在这种情形中，证据救济会置原告于一个优越的位置，即其会发现自己并没有遭受证据损害。那么这种救济就会确保原告所遭受的直接损害会得到完全的补偿，在这种情形本来原告应该只得到部分救济的，因为其并没有遭受证据损害。因此，在这种情形，证据救济就会导致补偿过度或者不足，相应地也就会产生威慑过度或者威慑不足。

因此，证据损害不限制在那些证据证明力相等（即 $P=0.5$）的案件中。作为一个一般原则，在 $P=0.5$ 时，法院通常会作出有利于被告的判决。对于这种诉讼证明标准及其潜在合理性，笔者在前文已经有所探讨。在涉及潜伏性

[1] 在实际案情中，该证据损害是被告有意而为的。该案因此按类似于故意侵权行为来判决的。

[2] 我们可以假设修理厂所有人对这种不确定性是可以预见的。后文还将继续探讨此问题。

毒物致害的侵权诉讼中，特别在涉及产品毒物致害侵权以及环境毒物致害侵权的诉讼中，由于被告的不当行为导致证据损害，那么他们而非原告就得对这些案件的不确定性承担责任。法律不应该让这些被告从其不法行为中获利。❶ 进一步讲，在那种对抗制的诉讼中，每一方当事人都会置对方于致错风险之中。不过，让彼此处于致错风险之中也是可以接受的，因为这种情况是相互的。但是当被告对原告造成证据损害时，他就置原告于非相互的风险之中。因此，如果该案到了 P = 0.5 时，那么举证责任转移至被告就会对那种相互性缺乏进行矫正，并且也可以对致错风险分配的最终不平等进行矫正。❷ 最后，当案件到了 P = 0.5 时，对于原告来说，任何附加的证据都将会为其胜诉加分。因此，遭遇证据损害的原告应该有权因被告给举证增加难度而得到补偿。这种结果将通过将举证责任转移给被告得到实现。

如果得到妥当运用，笔者认为证据救济会提高社会效用。证据救济的获得将会遏制潜在不当行为者对证据损害的破坏。而且，这种救济会引导侵权被告以一种得到社会认同的方式改变其诉讼策略。也即，使被告明白隐藏于不确定的阴影中，就得对这种不确定性负责，如此，就会有很多被告选择对相关事件进行开诚布公的事实揭露，而不是用一些似是而非的证据来支持其主张。实际上，当事实上的僵局不利于被告的时候，甚至可能对其造成损害的时候，他就会避免出现这种僵局。让被告承诺对事实进行简单的陈述，使其证据接受详细审查。这样做也可以过滤掉原告的一些不良企图。最终，信息的缺乏就会部分或者全部得到矫正。由此，适当应用证据救济将会引导不当行为人既要避免对他人造成证据损害，也可以在事件发生后对其进行矫正。

（2）补偿救济。在大量案件中，证据救济的应用会导致被告所负担的补偿义务出现明显过度的情形。在另一些案件中，该救济可能会不适用。这样就会导致侵权行为法的基本目标（威慑和矫正正义）得不到实现。这些案情在前面的证据救济中已有探讨。

因此，在这些案件中，证据损害应该被视为是一种直接具有可诉性的侵权行为。对于这种证据损害，可以很容易就将过错侵权理论应用于其责任承担之上，从而使得原告因其举证不能获得损害赔偿。特别需要指出的是，遭遇证据侵权的原告因被告不当获取其信息，则该原告应就此信息向被告要求补偿。因

❶ 对于该一般原则的道德合理性，see Ronald. Dworkin, *Law's Empire*, Harvard University Press 1986, pp. 15 ~ 20. Also see B. Coote, Chance and the Burden of Proof in Contract and Tort, 62 *Australian Law Journal*, 1988, pp. 761, 772.

❷ See G. P. Fletcher, Fairness and Utility in Tort Theory, 85 *Harvard Law Review*, 1972, p. 537.

此，我们在这一点上可以得出一个结论，当其原告所遭受的损害是由于被告的不当行为造成的时候，法律应该确认原告在认定其所遭受的直接损害上所拥有的合法利益。通过对原告实施证据损害，以及进而从原告那里获取确定其遭受直接损害的原因所需之必要信息，就可以认定被告从原告那里获取了某种价值。因此可以说，被告侵犯了原告在其遭受损害的信息方面所享有的合法权益。

对于证据损害直接强加侵权责任通常会涉及损害评估问题。但是，这种情况并非在每个案件中都会出现。在类似于前文所述的猎手案中，证据损害就很难进行评估。在这种案件中，两种类型的损害：直接损害和证据损害，都可以保证得到同样的补偿措施。这种措施就是全面补偿，要是被告没有实施证据损害，原告也可以因其所遭受的直接损失而得到全面补偿。但是在其他案件中，原告的举证通常不会与其所遭受的直接损害相重叠，原告因被告不当行为而被剥夺的信息并不必然能够保证原告在诉讼中能获得胜利。在这些案情中，证据损害的规模通常小于直接损害的规模。因为缺失的信息不会保证原告在其直接损害诉讼中获得胜利，原告所丧失的只是其胜诉的机会而已。因此，原告所遭受的证据损害是很难进行评估的。这个问题我们在前面探讨的癣（菌）病案中已有探讨。

笔者还主张事实上的证据损害者应该对原告所遭受的此种损害承担金钱赔偿责任。若更进一步，法院还应该就原告对其直接损害诉讼的期待价值损害给予确定，因这种价值是在其遭受证据损害之前就发生了。这种期待价值应按以下方式进行计算：直接损害的规模必须乘以原告主张直接不当行为者（或者相关损害风险的不当发起者）实际实施损害行为的概率。这种概率应该通过统计概率或其他方式来确定，只要这种方式能够对原告因被告不当行为剥夺的潜在证据信息作出解释即可。这种评估证据损害的方式可能会显得不透明，但实际上它非常确切。

此外，根据证据损害原理，还可以为这种侵权责任提供一个坚实的合理理由。这种理由就是基于侵权行为法的威慑和矫正正义目的。从矫正正义视角来看，事实证据损害侵犯了受害者的自治权；尤其是侵犯了受害者对其所遭受的直接损害的实际原因进行确定的权利，以及当直接不当行为者实施不当损害时，受害者向其提出正当法律要求的权利。从威慑视角来讲，证据损害责任具有双重合理性。首先，它可以有效激励最小化证据损害，从而有利于在直接损害的责任分配方面更加精确。其次，对于不当行为者所造成的直接损害，这种责任分配方式会激励其尽力最小化损害风险。

由此，证据损害理论可以通过双重身份运行。首先，该理论可以作为一种达致（与直接损害相关的）侵权行为法的威慑和矫正正义目标的法律技术。该理论在这方面的价值有赖于其比较需要。特别需要指出的是，当这种理论不存在，侵权法的实体目标遭遇系统受挫时，这种理论的合理性就凸现出来了；此外，要是其他理论已经获得现存法律的认可，但是无法系统保护侵权行为法的这些目标，则该理论的正当性亦得到凸显。正如我们在前文以及后文会谈到的那样，证据损害理论为大量存在的侵权案中所存在的因果关系不确定问题提供了一条系统解决路径。而从我们所探讨的已有侵权法理论来看，在这方面都缺乏这种系统解决此类特殊问题的能力。其次，证据损害理论除了为不确定情形下的直接损害之侵权责任设计了一种机制外，该理论还为对不确定性承担责任提供了独立的支持理由。证据损害的这种特征之处，正是其值得研究之所在。

（二）证据损害、矫正正义与侵权行为法

从矫正正义角度来讲，只会对那些不当行为才会强加侵权责任。而且矫正正义通常要求不当行为人承担责任与受害者获得补偿的权利，此二者的范围得根据受害者所遭受损害的范围来确定。下文笔者将从不当行为、不作为、经济损失以及可预见性等方面探讨证据损害理论与侵权行为法矫正正义目标的融洽之处。

1. 证据损害的界定

(1) 不当行为。根据证据损害规则，当被告的不当行为造成证据损害，让其承担其法律责任将会与侵权行为法矫正正义目标具有一致性。因此当被告的不当行为导致原告遭受直接损害，并且该同一行为会模糊此种损害与其他不当损害之间的界限时，被告应该对给原告造成的证据损害承担责任。让被告仅对那种与其证据损害不当行为相关的直接损害承担责任是不充分的。同样的推理适用于猎人案，在该案中，两位被告中的每一位都有可能或没有可能造成原告所遭受的直接损害，但是此二者都给原告造成了证据损害，并且行为都有不当。

在上述案例中，单一不当行为致使原告处于遭受直接损害风险之中，也同时给原告造成证据损害。进一步分析，该行为可以视为两个互相重叠的行为。在其他案例中，这两个行为可以分开并且可以很轻松地区分开来。在这种情形，该导致原告证据损害的行为可能是不当的，而该置原告于直接损害风险中的行为则有可能是无害的。即便该第二个行为是无害的，被告仍然要对原告所遭受的证据损害承担责任。下面我们通过例子来对此进行解释，假设在猎人案中，只有一位被告朝原告方向开枪，而其他人则正好在场，并且无法确定到底是谁干的。但是射击之后，每一个被告无意或者有意地参与了帮助实际致害人去掉伤害行为痕迹的活动。那么可以说每一个被告都对原告实施了不当行为。

在这个稍微经过改造了的猎人案中，矫正正义要求两位被告都对原告所遭受的证据损害承担责任。

根据侵权行为法的矫正正义及其一般理论，如果原告不能确定被告是否有不当行为，则被告不会承担责任。但是在上面列举的经改造过的猎人案中，证据损害就是由在事故现场的无辜猎人造成的，只不过其身份难以确定而已，因为他们每一个人都是无辜的，所以不应该让这些被告承担责任。只是因为出现在事故现场，这些无辜被告就造成了证据损害，但是，这种损害是不具有可诉讼性的，因为这种损害不是由于不当行为造成的。因为每一个被告都有权出现在某个事故现场，这是每一个人的权利。因此，被告的出现并非不当行为，并且其出现也没有伤害原告的权利。

（2）不作为。根据侵权行为法的矫正正义及其一般理论，我们可以得知对于那些没有阻止证据损害的不当行为，法律会对这种不当行为者科以责任。至于其他类型的损害，只有当某人违反其阻止伤害发生的法定义务时，该人没有阻止证据损害的发生行为就可以被认为是不当行为。这种义务只存在于特定案件中，也即，那些涉及原告与被告之间存在特殊关系的案件中。比如，医生与医院通常都有编写并保存病人诊断及治疗经过的病历的义务。因此，当医院违反其义务并且这么做剥夺了病人的信息知情权❶，这样就会发生证据损害。

根据矫正正义原理，给他人造成某种伤害风险者有义务阻止证据损害的发生。也就是说，当某人给他人造成伤害危险时，对这种人科以证据损害义务，并且不论该行为人的行为是正当的还是不正当的，也应如此，此外，其行为还得与其他包含类似风险的致害因素相联系（如其他人也对同一个人实施了某行为）。比如，像这种义务可以强加在猎人案中的每一个被告身上。对其强加这种义务可以使被告谨慎采取行动以便确认击伤原告的子弹来源。不过我们必须承认的是依据过错侵权法原理，纯粹的不作为通常是不具有可诉性的，并且矫正正义通常会反对就这种不作为强加责任的观念。但是，这种情形不是我们正在探讨的不作为情形。在笔者设定的语境中，这种不作为是被告先前行为的继续，并且这种不作为会不当地，也有可能是无意地使受害者暴露于损害风险之中。在这种情形当中，给行为人强加阻止证据损害发生的义务就比较合理一些。这样，因非不正当行为造成伤害风险的被告可能就会感觉到自己有义务采取合理步骤来消除案件中的不确定性。

（3）经济损失。证据损害有点像纯粹经济损失。使其成为具有可诉性的

❶ 参见上文中的病历记录不充分案，根据该案，我们可知这些信息对于原告在后来的医疗过失致害诉讼中来帮助其举证具有相当的重要性。

损害可能会导致与传统理论中否定对纯粹经济损失强加责任发生冲突。❶ 根据矫正正义原理，造成他人有形损害的不当行为人与造成他人经济利益遭受损害的不当行为之间是不存在差别的。对这任何一种类型的损害强加责任的中心要件是损害行为必须是不当行为：该不当行为侵犯了人与人之间的平等性，即便随之发生的损害是经济损害也如此。一般侵权法理论都不会对因与矫正正义无关的原因所造成的经济损害强加责任。这种不予考虑其实源自对法律制度的另外考虑。特别需要指出的是，这种情形缘于假设对纯粹经济损失强加责任就会导致法庭将要面临的诉讼是络绎不绝，并且对潜在的不当行为人来说，这样做会有些过度威慑之嫌。❷

但是把纯粹经济损失的特征套用到证据损害上并非完全确切。证据损害表现在原告对其所遭受的有形损害（比方说身体伤害或者给其财产所造成的伤害）获得救济机会的减少。因此，将证据损害分为有形损害和经济损害两类是非常恰当的。实际上，证据损害在本质上是一种有形损害，经济损害不大明显。如果从纯粹分析角度来讲，证据损害是一种经济损害是因为它会表现为原告在诉讼中获得金钱的有利条件的前景趋向暗淡，和受害者的有形福利趋向减少相对应。但是，证据损害通常无法和潜在的有形损害分离开来。有形损害的整体实质是受害者就其所遭受的有形损害获得补偿的机会会因此降低。因此要对证据损害强加责任，其目的当然旨在对受害人的有形损害给予矫正。举证不能的受害者所遭受的损失虽然名义上带有经济特征，但这种特征不会模糊其关键特征，而且对这种特征的认识必须从实际上驱散法律制度对法庭案满为患的恐惧。不会改变的是，侵权诉讼的原告要么是在现存的法律诉讼框架中提起证据损害，并且这种诉求一定得与其所遭受的直接损害有关，要么就是这种诉讼的一种替代方式。证据损害请求不会给法庭造成新负担，实际上还会帮助解决侵权诉讼中存在的不确定性问题。从此角度讲，该理论会帮助法庭快速清理积案，并且还会捍卫正义。此外，这种理论实际上还会提升这种制度对不当行为者的威慑到理想程度。实质上，它跟纯粹经济损失所承担的责任不一样，证据损害的责任不会产生过度威慑现象。

（4）可预见性。在英美过错侵权理论中，损害赔偿责任是以对该损害的

---

❶ See W. V. H. Rogers（ed.），*Winfield and Jolowicz on Torts*（15th ed.），London：Sweet & Maxwell，1998，p. 132.

❷ See J. A. Henderson，Process Constraints in Torts，67，*Cornell Law Review*，1982，p. 901；F. C. Zacharias，The Politics of Torts，95 *Yale Law Review*，1986，p. 698.

可预见性为条件的。❶ 如果损害在发生当时尚不能预见，实施该损害者对此外的责任就不承担责任。可预见性要件与矫正正义是紧密相连的。当某种损害无法预见，则可理解为实施该损害者的行为不具有不当性，因为他在行为时实际上没有作出此种选择。❷

一般来讲，证据损害是否具有可预见性呢？笔者认为，它是可以预见的，并且还可以将这种诉求实体化。首先，我们不应该混淆不可预见性与不当行为者先前的理念，即法律会认为该相关侵权损害不具有可诉性。比如，在癣（菌）病案中，被告会争辩说，即便该直接损害是可以预见的，但是放射治疗所造成的证据损害是不可预见的。但是这种类型的论点容易产生误导。如果直接损害是可以预见的，则证据损害也是可以预见的：因为笔者前文已经讲过这两种类型的损害是互相交织在一起的。如果被告能够预见或者可能已经预见对癣（菌）病进行放射治疗可能会导致疾病，那么他们肯定也能够预见到在某些情况下会不可能确定该疾病是由放射疗法导致的。被告实际上会意识到这样一个事实，即：其行为可能会，也可能不会造成损害，并且对其行为最终造成证据损害存在不确定意识。说得形象一点，可预见性标准应该无限制地延伸到有形损害。因为潜在的不当行为人应该会预见到其行为会造成别人无法查明其所造成的有形损害。

更进一步讲，在有些案件中，证据损害可以合理地被视为是不可预见的，并且对这种损害的不可预见性至少可以部分归因于当前认为这种侵权损害的可诉性没有得到认同。如果法律认同其可诉性，笔者认为证据损害将更加具有可预见性，也即，这种损害的可诉性就像个体偶尔应该阻止的损害那样具有可诉性。在这种情形下，这种类型损害的存在及其可能被实施对于潜在的致害人来说，通常在其思想上已经形成，而且损害的可预见性并非是一个纯粹的事实问题。根据过错侵权理论，一般认为可预见性问题的核心构成要素在本质上是规范性的。这种构成要素包含着各种各样的法庭需要的政策考量（顺便说一句，这些政策考量通常会与矫正正义不一致），❸ 这些政策考量肯定会适应减少证据损害规模的需要，以及借此使得侵权行为法变得更加精确。它们还必须得适

---

❶ See W. V. H. Rogers（ed.），*Winfield and Jolowicz on Torts*（15th ed.），London：Sweet & Maxwell，1998，p. 209；W. P. Keeton（ed.），*Prosser and Keeton On Torts*（5th ed.），St. Paul：West Publishing Co.，1984，p. 280.

❷ See R. A. Epstein，A Theory of Strict Liability，2 *Journal of Legal Studies*，1973，pp. 168～171.

❸ 所有认为侵权行为法应该反应矫正正义的人也会认为那些政策考量与矫正正义有些背道而驰，因为它们跟致害人与受害人之间的关系没有联系。Ernest. J. Weinrib，*The Idea of Private Law*，Harvard University Press，1995，pp. 3～6.

应直接损害的有效分配，并且证据损害理论还会帮助这种结果的实现。另一个能够给予证据损害理论支持的理由可以在矫正正义中发现。在诸多案件中，证据损害理论可以适用于那些遭受有形伤害并被冤枉了的原告，也可适用于那些实施损害行为的不法被告。如果法律对前者不予任何救济，又不使后者承担责任，从道德上来讲当然不可接受。

最后一点，可预见性要件的一个主要目标之一就是限制致害人的损害赔偿责任，使其限制在事件发生前致害人合理预见的范围之内。因此，当造成证据损害者极有可能同时造成直接损害，并且这种直接损害是可预见时，判决不当行为者对证据损害承担责任不会使其承担那些其不能合理预见的损害赔偿责任。由此观之，可预见性要件不可能阻止证据损害责任。

2. 证据损害责任范围

依据矫正正义原理，侵权行为中的责任与补偿应该与所造成的损害相等。也就是说，因不当行为造成他人遭受损害者应该为其不当行为作出相应赔偿，而因不当行为遭遇受害者则应该得到等量的补偿。

在那些原告所遭受的直接损害系不当行为造成之情形，证据损害所应承担的责任跟该不当行为人所造成的整个直接损害的量相等，这样，方符合矫正正义。尽管存在致害人确定难的问题，但是它将不会有碍证据损害责任与矫正正义之间的一致性。例如，在前文所列举的猎人案就明显可以例证这一点。在这种致害人无法确认的案情中，对原告的证据损害补偿从实际角度来讲就是对原告所遭受的直接损害进行补偿。证据损害理论因此还可以视为对受害者所遭受的证据损害的一种补偿机制，因为根据这种理论，受害者得到的补偿既不会多也不会少。尽管如此，假如我们忽视证据损害的内在合理性，在这些案情中被告承担的赔偿义务会超过其所造成的实际损害。不过，让被告对其给原告造成的伤害承担责任之合理性包含两部分。首先，被告的不当行为侵犯了受害者确知其遭受损害原因的权利。其次，有一点很明显，即：要是没有发生证据损害，受害者也可因为其所遭受的有形损害而得到全额赔偿。可以说，只有证据损害理论才可以提供这种双重合理性。因此，对于类似猎人案中被告，让其承担全部赔偿责任通常必须要满足该理论的标准。

在一些更为复杂的案件中，由于被告不当行为导致原告遭受了全面损害还是部分损害的问题会使其变得极其不确定。这种不确定性可能会造成证据损害理论与矫正正义的补偿及责任原则的紧张。如果适用该理论不会对证据损害的量产生太大刺激，那么这种紧张关系就会出现。比如，在原告所实际遭受的损害是否源自被告的不当行为尚不确定时，法官以强迫被告赔偿原告遭受的所有有形损害的方式适用证据损害理论，此时就会导致矫正正义与证据损害理论之间的紧张。任何适用证据损害理论的做法将会使许多原告所处的状况比证据损害尚没有发生时要更好一些。此外，使用此理论还会导致一些被告所承担的金钱损害赔偿超过其不当行为所造成的损失。这种形式的过度赔偿明显与矫正正义不一致。实际上，如此适用证据损害理论也与现存的补偿理论存在冲突。

在前面章节中我们探讨过类似于癣（菌）病案的例子，该案中就可以反应这一点。因为该案具有很多潜伏性毒物致害侵权诉讼中的特征：因果关系不确定并且损害过程无法追踪。为了简便起见，此处再举一案例。该案涉及辐射物致害。A的工厂会经常释放一种致癌射线。在受该射线辐射的区域，癌症的发生率上升了25%：在该工厂开始运行之前，每年100 000人中只有80人罹患癌症，现在这个数字增加到100人。但是，没有高度盖然性证据证明这些人实际上都是由于接触这种射线而罹患癌症。于是，所有前述100位罹患癌症者将A工厂告上法庭。在该案中，每一个原告都诉称A工厂应该对其所罹患的癌症承担责任。换种方式表述就是，每一位原告要求A工厂应该对其所遭受的证据损害承担责任，也即，被告要对其不能确认其致癌的病因承担责任。在这种案件中，通过让被告A工厂对每一位原告所遭受的有形损害承担责任的方式来适用证据损害存在的问题很大。即便A工厂只导致其中20位原告罹患癌症，但是他得被迫支付所有原告罹患癌症所支出的金钱。对这100名原告所造成的损害总量实际上五倍于A工厂因其不当行为实际造成他人的有形损害或者证据损害。进一步讲，强迫A工厂完全补偿所有100名原告的损害就意味着要对80名名不副实的原告给予金钱补偿，说其名不副实是因为他们的病情不是由于A工厂的过错造成的，这80名原告因此就会从这起起诉A工厂的诉讼中获得不当利益。

在有些案情中，有多个致害人，但是真正的致害人尚不确定，此时如果让那些非实际致害人承担受害人的全部损害赔偿责任就与矫正正义不相符合。不过，这种情形如果走向反面就会同样为真，即矫正正义也会被颠覆，如果原告所处的位置与前述辐射物致害案相类似的话。在这种情况下，一个身份已经确定的不当行为人，其已经确定造成他人实质损害，但是他们却完全逃脱了法律责任。这种结果在类似前述辐射物致害案中将会显得尤其混乱：因为在这种损害案件中，不当行为人因其不当行为所造成的有形损害之规模很容易进行评估。由此，我们可以思考第三种解决思路，即，根据被告可能伤害每一个原告的概率来对其进行补偿。依据这种解决思路，则前述辐射物致害中的每一位原告将会得到其所遭受有形损害20%的补偿。从而，致害人对因其不当行为导致的有形损害进行了赔偿。不过，从另一个侧面看，这种解决思路其实是基于“暴露于风险”或者“丧失几率”理论而来的。但是，诚如笔者在前文所述，这些替代理论是存在问题的。证据损害理论通过这种方式为我们给予每一个原告给予补偿提供了坚实的基础。这种思路还可用于一些其他致害人不确定的案件。

现在，我们再以矫正正义为根据来为这种解决思路寻求合理性。在我们所探讨的很多潜伏性毒物致害侵权案件中，原告遭受了损害，但是却不知道到底是什么原因造成其损害，甚至不知道致害人具体是谁，由于这些致害人的不当行为，从而使得这些受害者无法确知其所遭受损害的相关信息，因此作为受害人，其对致害因素的知情权就被致害人给侵犯了。可以说，这种权利是个人自治权的重要部分。[1] 不当行为致使证据损害，从而使得受害者对于其面临的法律后果无法确知。这种举证不能会破坏受害者行使自由选择是否实施其法定权利的能力。在损害发生之前，这些选择可能会包含在诉讼、和解中，为了胜利进行不妥协的斗争，当然，也包括从这种案件中脱身出来，放弃该案。这些非常重要的选择，关涉受害者的个人选择权，而其不同选择的作出通常会归因于证据损害。因为受害者通常都知道，根据诉讼法原则，“谁主张，谁举证”，具有优势性的证据才是其胜诉的保证。由于证据被损害，受害者作出各种选择及其所拥有的相应自治权都受到了极大限制。事实其实很清楚，那些失落的信息本可在受害者行使其法定权利时对其给予极大的帮助，从而有可能使其所遭受的损失得到填补，但是由于相关重大信息缺乏，受害者的承担这种信息不充分所带来的不利诉讼结果。因此，必须采取措施使受害者尽可能地接触到其原初的、能为其更加自由控制的信息位置。同时，采取这些措施也有利于实现矫正正义所倡导的恢复原状（restitutio ad integrum）要求。只有这样，受害者才可以因其所遭受的损害而得到补偿，并且法律应该设置一种能够使损害转换成货币的机制。这样看来，我们所探讨的，对于受害者来说，那些缺失的信息的价值应该由其能够潜在地帮助原告在诉讼中战胜直接致害人时体现出来，下文将接着阐述此议题。

再次回到我们在前文探讨的辐射物致害案，在该案中那些受害者遭 A 公司侵犯的信息知情权等于每一位受害者所遭受的有形损害结果及其被辐射物所伤害的概率。而损害赔偿的金钱总量等于每一位原告对 A 公司提起诉讼，在其遭受证据损害之前所期待的价值。如此，这种金钱补偿则正好反映了那些缺

[1] 根据约翰·斯图尔特·密尔的理论，在做与风险有关的选择时，信息不足就等于使人不能自由地进行选择。See John Stuart Mill，On Liberty（1859），in Mary Warnock（ed.），*John Stuart Mill：Utilitarianism：On Liberty：Essay on Bentham*，London：Collins，1962，pp. 228 ~ 229. 同样的表述也有见用于人们在诉讼以及和解中的选择情形，Cf. G. erald. Dworkin，*The Theory and Practice of Autonomy*，Cambridge University Press，1988，pp. 100 ~ 102［病人在治疗活动的知情决策（informed decision）就是从个体的自治权的内在价值中找到合理性的］.

失信息对于原告的价值，也就是说，每一个原告因 A 公司而遭受的损害之价值。至于受害者被致害人加害的概率问题，其实它应该由能够提交法庭的所有相关信息来确定。要是没有这些确切信息，法庭就会适用无差别原则，损害发生的概率采用通常的概率积分来表述。根据这种原则，法庭通常会假设未知事实都有同等可能，因为法庭在这方面没有举证义务，因此只能根据双方所举证据进行这种通常的判断。❶ 在那些原因不确定案件中，这种等同不确定的假设通常会为法庭所坚持，也就是说，法庭会认为遭受原告直接损害的相关因素其概率是相等的。

这种补偿机制有赖于案件的事实不确定以及被告过错之间的因果联系。在通常案件中，如果法庭找到让被告承担责任的纯粹统计概率，则被告会有非常合理的辩驳理由。比方说，他会举张其责任应该以其不当行为为基础，而不是根据统计上的相关性来判明责任，因为有可能它不是真正的致害人。❷ 但是，如果案件的不确定性是由于被告的不当行为造成的，在被告对这些纯粹的统计数据的辩解就该视为是无效的。因为被告没有合理理由反对法庭采用这些纯粹的统计数字，因为这仅仅是法庭能够获得的信息，造成这种结果者就是被告，是其造成原告及法庭出于这种信息背景之中的。要不是被告对证据损害采取那种不当的漠视态度，法庭是不会启用这种纯粹的统计数据来应对其漠视态度的，正所谓“以牙还牙，以眼还眼”。

原告的信息权以及对应的自主权（此二者均为被告所侵犯）可以通过下面这个扣盒比喻来将其转换成金钱。假设原告所拥有的扣盒当中存放着其遭受直接损害原因的证据。但是其中的证据内容无法确知。在这种情况下，原告无法确知其中的证据是否能给他所提起的直接损害诉讼带来胜利。当然，原告也不能打开这个扣盒，因为被告当初是因过错将其锁上的，并且其手段特殊，他人无法打开。可以确定的是，这个因素就是证据损害的全部本质所在，对这种证据损害被告必须对原告给予补偿。更确切地说，这个扣盒的价值，或者说打开这个扣盒并展示其内容的权利的价值等于原告所遭受的直接损害乘以身份已

---

❶ See L. Jonathan. Cohen, *An Introduction to the Philosophy of Induction and Probability*, Oxford University Press, 1989, pp. 3 ~7.

❷ 在前文笔者对一些采用统计学方法来查明潜伏性毒物致害的发生概率，其中提到了这种方法的不足之处，实际上很多时候，这种统计概率并不能够为对原告进行损害赔偿提供根据。See D. Kaye, The Limits of the Preponderance of the Evidence Standard: Justifiably Naked Statistical Evidence and Multiple Causation, *American Bar Association Research Journal*, 1982, p. 487; Brian Coote, Chance and the Burden of Proof in Contract and Tort, 62 *Australian Law Journal*, 1988, pp. 761, 762 ~ 763; A. Stein, An Essay on Certainty and Fact-Finding in Civil Litigation, With Special Reference to Contract Cases, 48 *University of Toronto Law Journal*, 1998, p. 299.

确定者不当行为损害的概率。在此，我们抛开风险规避以及交易成本问题不谈，原告当然会愿意为其打开这个扣盒的权利付出代价；因为原因很明显，如果原告要将这个扣盒卖给对其直接损害负有责任的被告，其所要求的代价是一样的。这份金钱就是该扣盒对于原告的价值所在，它反映了因被告过错而导致其遭受的证据损害。

该扣盒为原告所拥有，对于造成其直接损害之被告具有一定的威胁作用，当然原告所拥有的这种威胁价值（threat-value）可能会被淡化。比方说，在猎手案中，如果根据传统的侵权法及证据法理论来审理，则在被告实施证据损害之后，原告的威胁价值对于被告来说是接近于零，在这种情形下，很明显原告对于其直接损害被告来说的所存在的威胁几乎就不存在了。这个扣盒比喻还可以帮助我们确定在被告没有实施证据损害时所体现出来的威胁价值。这种威胁价值的确定可以通过以下方式来进行。假设该扣盒（在其锁上时，代表的是证据损害）所装的证据中错误地将非造成原告损害的被告列入其中。再假设，原告和其中一个被告经过协商达成和解，其协商是自由的并且不受任何非理性限制的影响。但是在这些假设性的协商中有一个关键条件：假设诉辩双方都没有达成自愿和解，则诉讼将继续并且该扣盒不会被打开。这个假设条件非常关键，因为该预设将允许法官对原告所遭受的证据损害进行精确评估。在这种情况下，每一个被告都知道其不得不赔偿原告全部损失的概率将会是 0.5。当该扣盒不能打开之时，很明显，原告所遭受的证据损害之威胁价值就会降低 d（于是，每一个被告将会因此支付原告 0.5d 的和解费），这样一来，我们就可以非常清楚地看到原告被剥夺的资产价值就等于 d。根据矫正正义原则，每一个被告都应该以此损害（d）作为其和解费用的开支。同样情形在任何其他致害人导致类似伤害是也适用。

（三）证据损害与侵权行为法的威慑功能

在本部分，我们将从工具论角度来考察证据损害理论可能创造的社会效用。从这个视角来看，该理论可视为是达到目的的手段之手段。越少的证据损害将包含着越多确切的事实确定，因此，更多实体法上的权利义务安排就会得到有效实现[1]。其结果就会导致个体迫于法律的威慑作用，不敢进行证据损害。跟其他类型的损害类似，证据损害也是要付出代价的。当阻止损害发生的成本要高于损害本身时，采取损害预防措施就会成为次优选择。证据损害的侵权责任只是在其成本—收益上能够最小化损害时才会有效率，也就是说，只有在该损害及其预防成本的总值处于最低值时证据损害的侵权责任才会显示出效率。这种结果可以通过将损害责任承担分配给处于具有比较优越地位，能够最小化上述总值的个体身上。如此，该个体就被筛选为“最廉价的成本规避者”(the cheapest cost-avoider)。[2]

证据损害理论不仅是为了有效地最小化证据损害；在有证据损害及因其产生不确定性时，这种理论还可以用于直接损害的有效分配。在那些具有典型证据损害特征的案件中，对于那些造成直接损害的被告来说，要是不让他们承担证据损害责任，则直接损害的有效分配将成为一句空话。这种无效率情形的发生是因为直接损害的最廉价成本规避者对其所造成的直接损害成本会支出更少，甚至根本就没有成本支出。因此，对于最廉价成本规避者来说，证据损害责任的分配会同时达到两个效用目标。它不仅可以优化与证据损害有关的威慑，而且还可以优化与直接损害相联系的威慑。而且，这种情形还会在那些证据损害的最廉价成本规避者很有可能实施直接损坏时发生。在这种情况下，威慑将会得到进一步优化，其方式就是向每一个被告索取期待价值，当然，这里的期待价值是指在没有证据损害的情形当中，原告对直接侵权行为人提起诉讼时所期待得到的价值。要是没有证据损害，威慑效应还可以通过向被告索取由其造成的直接损失价值而更加精确地得到优化。但是要是有证据损害，则就会排除精确的威慑效应。此时，与直接损害相关的近似威慑（approximate deterrence)，这是证据损害理论所倡导的目标所在，则正好能够得到实现。

但是最廉价的成本规避者地位通常是与既造成直接损害又造成证据损害者

---

[1] 假设实体法是有效率的，而司法裁判过程中的事实发现是不具有经济价值的。在此笔者采用类似证据法及程序法的效用来考察证据损害的效用。这种方法与本部分前面一样，都是采用了边沁的功利主义问题分析路径，对此，杰拉德·博斯塔玛（Gerald Postema）有如此表述：“我们不是直接根据效用原理来判断司法程序的妥当性，而是用该制度在恰当实施实体法的成功（或者接近成功）来判断其司法过程的妥当性，可以说，我们是间接从该制度的效用角度来考察司法过程的妥当性。See G. J. Postema, The Principle of Utility and the Law of Procedure: Betnam's Theory of Adjudication, 11 *George Law Review*, 1977, pp. 1393, 1396 ~ 1397.

[2] 对于最廉价的成本规避者地位之探讨，see Gerald Calabresi, *The Cost of Accidents: A Legal and Economic Analysis*, Yale University Press, 1970, pp. 68 ~ 94, 135 ~ 173, 244 ~ 265; Gerald Calabresi and J. T. Hirschoff, Toward a Test for Strict Liability in Torts, 81 *Yale Law Journal*, 1972, p. 1055; Richard A. Posner, A theory of Negligence, 1 *Journal of Legal Studies*, 1972, p. 29.

相关的。这两种类型的损害也可能有单独的最廉价成本规避者。在这种情况下，在与证据损害有关的威慑及与直接损害有关的威慑之间任何时候都会产生一种紧张关系。在这些案件中，要想对这两种威慑都进行优化是不可能的，要实现其中一个目标通常只有付出所有代价来实现另一个目标。易言之，这两个目标之间可以达成某种妥协，但是，此时是顾此失彼，对证据损害和直接损害所产生的威慑都将不充分。

1. 两种目标趋同示例

在此我们以典型的潜伏性毒物致害侵权案例——DES 案为例，集中探讨该案中所出现的无法解决的被告确定问题，并且从证据损害角度来对该案的解决展开思考。在该案中，每一位 DES 制造商很明显都是直接损害及证据损害的最廉价成本规避者。每一位制造商的最佳定位就是考虑通过某种方式充分地降低身份确定问题的难度（比方说，在销售该药时，是按品牌销售，而不是按药品的概括名称销售，或者对购买该药品者进行登记，以备将来查询）。❶当然，有人会说，要是原告的母亲通过记录当时所购买的药品情况进行记录，要解决这种问题就会更加有效。但是这种观点是不能让人信服的，因为原告母亲对该药品及生产者的情况无法进行充分了解，而且在某些情形下还有心理障碍，那种想方设法将其确定为最廉价的成本规避者的做法是不可信的。另外，有一点不能忘记的是，该药在原告母亲购买时药品广告上指出其化学成分是一致的并且是安全的。原告母亲作为普通消费者完全有权信赖这些药商所作出的明示或者默示保证。这种保证就会使消费者确信其安全及效力，并通常会认为对药品进行考证，特别是对全国 DES 厂商所生产的产品进行比较考证将是白白浪费时间之举。因为原告母亲购买的不仅是该药品，而且也购买的是他们的保证，因此，让他们承担证据损害责任是不妥当的。❷ 因此，每一个制造商都得对每一个原告的期待价值给予补偿，同样，这种期待价值是指在没有证据损害时，原告期待从该诉讼结果中所得到的那种价值。这种期待价值的总值等于该产品给原告所造成的直接伤害乘以制造商实际给原告造成伤害的概率。

但是，这种方法并不必然能对直接损害及证据损害产生最佳的威慑作用。

---

❶ 这种监控措施可以为所有药品零售商安排采纳。See G. O. Robinson，Multiple Causation in Tort Law：Reflections on the DES Cases，68 *Virginia Law Review*，1982，p. 713；R. P. Murray，Sindell v. Abbott Laboratories：A Market Share Approach to DES Causation，69 *California Law Review*，1981，pp. 1179，1202.

❷ 在很多涉及潜伏性毒物致害的案情中，让受害人承担这种举证责任都是不合理的，因为很明显，作为受害者他们通常所了解的致害物信息比加害人要欠缺得多，在当代科技社会，产品中的科技含量越来越高，非一般消费者所能进行检测，故而让消费者，或者那些环境污染的受害者来承担损害证明是不可取的。

有时，搭便车（free riding）以及集体行动（collective action）❶等问题的存在会阻止制造商采取有效行动去减少直接损害。但是，这些损害的减少通常是最佳的经济选择对象，因此必须用证据损害理论来推进它。该理论还可以通过引导每一个被告采取措施使其远离证据损害进一步推进前述目标。比如，在DES案中，可以引导被告通过药店零售商对购买药品者进行监控。这种药品销售记录就会很轻松地消除被告给原告所造成的证据损害。当然，被告也会发现通过适当投资药品安全研究和技术开发，从而使其从消除或者降低损害风险的市场行为中获利。这样做也会使其明白其所为是有利可图的，因为其他制造商不再能对其投资搭便车了，从而也使其大大降低其侵权行为成本。当然，其他制造商也可以仿效此举措，从而使得整个社会的福利因此而提高。不过还有必要提出一点，只要证据损害不与惩罚性赔偿相联系，某些制造商仍然可以从这种不确定性中获利，并且他们还会极力去实现此目标甚至变本加厉。从本质上来讲这种观点不会错。但要是这些制造商一起脱逃了侵权责任，则其行为可能会更加疯狂，为了获利将不择手段。对此，侵权法不能坐视不理。

同样的经济推理也适用于那些受害者不确定的案件，比如前文探讨的辐射物致害案。在这些案件中，被告同时是证据损害及直接损害的最廉价成本规避者。那些暴露于罹患癌症风险的原告，没有一个人能够单独知道这种辐射物的风险所在，就更不用对这种风险进行预防了。让每一个被告对原告所遭受的证据损害承担责任将会推动相应救济机制的付诸行动。这种机制的运行将会迫使被告完全将其行动的成本内化。这样，在这种受害人不明的案件中适用证据损

---

❶ 搭便车理论的中心论点是：公共物品（public good）一旦存在，每个社会成员不管是否对这一物品的产生做过贡献，都能享受这一物品所带来的好处。公共物品的这一特性决定了，当一群理性的人聚在一起想为获取某一公共物品而奋斗时，其中的每一个人都可能想让别人去为达到该目标而努力，而自己则坐享其成。这就是所谓的搭便车困境。通常认为由于存在以下机制，搭便车困境会随着一个群体中成员数量的增加而加剧：（1）当群体成员数量增加时，群体中每个个体在获取公共物品后能从中取得的好处会减少。（2）当群体成员数量增加时，群体中每个个体在一个集体行动中能作出的相对贡献减少（如果只有两个人时你能提供1/2的贡献的话，在一个100人的群体中你只能提供1/100的贡献）。这样，因参与集体行动而产生的自豪感、荣誉感、成就感等就会降低。（3）当群体成员数量增加时，群体内人与人之间进行直接监督的可能性会降低。也就是说，在大群体内，一个人是否参加某一集体行动往往无人知道。（4）当群体成员数量增加时，把该群体成员组织起来参加一个集体行动的成本会大大提高。也就是说，大群体需要付出更大的代价才能发起一场集体行动。因此，在一个大群体中，虽然每一个人都想获取一个公共物品，但每个人都不想因此而付出代价。See Mancur Olson, *The Logic of Collective Action: Public Goods and the Theory of Groups*, Cambridge (Mass.) and London: Harvard University Press, 1965; Gerald Marwell & Pamela Oliver, Collective Action Theory and Social Movements Research, in*Social Movements, Conflicts and Change*, Vol. 7, edited by Louis Kriesberg. Greenwich, Conn.: JAI Press, 1984.

害理论将使其对证据损害以及直接损害威慑得到极大优化。

2. 两种目标紧张示例

再举一例，在一起侵权诉讼中，某甲因两起间隔一年的车祸导致伤害，在此我们假设该伤害无法区分形成一种损害。在后一车祸发生之前，甲的身体状况本可经过医生的简单诊疗就可痊愈。但是甲依旧决定不进行这种诊疗，因为他认为他还有更多刺激的事情要做。在这种情形中，原告决策的成本应该内化，由其自身承担，因为这种情况下，既不是第一个被告，也不是第二个被告能够避免这种证据损害的，相比较而言，原告有更加便利的条件来降低证据损害发生的可能。可以说，原告决定不接受医生诊疗，不去主动获取有关疾病信息，那么其行为就构成一种对风险的不当管理，也即，他本可拥有独一无二的有利条件来阻止证据损害的发生，但是他没有那么去做。在此案中，很明显与证据损害有关的威慑目标将会把这种证据损害分配给原告。[1]

任何时候，如果解除被告的直接损害责任将会极大地威胁侵权法的威慑效应。从这个角度来看，两种效用目标之间的冲突就明显突出了。这种冲突很难解决因为这两种冲突目标都不会为彼此而牺牲自己。这两种目标之间可以达成某种妥协，但须采纳某种比较过失机制方可达到。

3. 受害者的负担

如果受害者也是最廉价的成本规避者，那么证据损害将会被认为是那种自我造成的损害，最终将无法得到补偿。这种观点，笔者在前文已有述及，不过这一观点需要从受害者的负担角度来进行一些补充。在某些案件中，对于受害者来说，当其通过提供能够填补信息缺陷的替代证据时，其所处的位置将是事后矫正证据损害的最佳位置。但是，如果替代证据不能有助于其得到补偿目标的实现，以及当证据损害责任由其对方当事人来承担时，他会避免这么做。这个问题是我们通过私人诉讼达致社会威慑最大化法律制度中非常明显的难题之一。其实，这种难题反映了社会与个体在适用司法资源时在动机上的根本差异。[2] 比如，某个 DES 案的原告实际上有证据确认其母亲服用的 DES 生产商。由于担心该生产商会破产，该原告依然会决定保留该证据。这样，证据损害理

---

[1] 这种损害的分配将会促使承保人身伤害的保险商对被保险人的身体状况进行及时的检查，以便设定其保险赔付的范围。缺乏这种被保险人的状况信息，可能会危及保险商对侵权行为人行使代位求偿。

[2] See S. Shavell, The Fundamental Divergence Between the Private and the Social Motive to Use the Legal System, 26 *Journal of Legal Studies*, 1997, p. 575. 对这种困难有学者进行了更深入的探讨，see Alex Stein, Of Two Wrongs that Make a Big Right: Two Paradoxes of the Evidence Law and Their Combined Economic Justification, 79 *Texas Law Review*, 2001, pp. 1199, 1226～1231.

论的应用就以一个社会无效用的结局走向终点。

尽管笔者已经进行了这么多探讨，但是，有一点要指出，证据损害的情形并非经常发生于各种案件中，但是，这种理论对于潜伏性毒物致害侵权诉讼来说是非常有价值，因为其中存在多种不确定性，前文均有所述及，而证据损害理论则可以解决其中很多问题，诸如致害人不确定，受害人不确定以及不当行为是否导致损害不确定等诸多特定情形。在目前的大陆法系民法理论中，除了共同侵权理论可以部分应用于致害人不确定情形之外,[1] 笔者尚没有发现一种能够激励致害人、受害人对损害进行事实披露的理论，因此，针对潜伏性毒物致害侵权诉讼中的诸多不确定，笔者认为证据损害理论的应用将会是极有价值的。当然，在诉讼中，证据损害的问题还得通过证据公开以及对证人和其他证据的审查等程序结合起来才可解决。在诉讼中，如果没有证据证明原告企图滥用证据损害理论，那么很明显，法庭应该判处原告胜诉。如果原告赢得不公平，那么其案件只能算作是那种不幸的、但又无法避免的不公平案件之一。这种不公平可能应该算作是一种社会无效用。但是，有一点很明显，为了阻止这种偶尔的扭曲，此类无效用应该得到容许，实际上要是没有证据损害理论，系统不公平现象发生的可能性更大。这点系统不公平现象在我国表现尤为突出，笔者在本书第一部分所援引的案例以及后文的阐述中就突出反映了各种涉及潜伏性毒物致害侵权诉讼法律以及司法实践的形式不正义和实质不正义。因此，笔者认为，要是没有证据损害这种理论作支撑，侵权行为法的威慑和矫正正义目标不仅得不到实现，而且侵权法本身最终都有可能被那些不当行为者给破坏掉。

本章小结及简短余论

尽管本书前几章从实体法角度对潜伏性毒物致害侵权进行了比较全面的阐述，但是，在这种特殊类型的侵权行为中，最大难题是如何通过程序法来解决，使受害者获得补偿，使致害人被威慑，从而实现侵权行为法的三大目标：

---

[1] 当然，在诉讼中制度中，我们虽然对特殊侵权诉讼设置了举证责任倒置制度，减轻了这些特定侵权诉讼中受害人的举证责任，但是法律为了保护一定的利益，给某些侵权人安排了免责事由，这些事由往往成为侵权者逃避责任的关键理由，特别是涉及产品毒物、环境毒物致害侵权等类型的潜伏性毒物致害侵权情形时，受害人要对这些事由进行举证根本不可能，如果让法庭来实施这个没有效用的事实发现，又会对社会公共资源造成一种极大的浪费。但是，如果不对侵权行为人进行惩罚，会造成威慑不够，那么这种后果将是法律所不能允许的。有鉴于此，对于相关制度的具体变造，笔者在前文已有述及，此处不再赘述。

损害赔偿、威慑与矫正正义。没有程序法的保障，实体权利将如同无本之木。

由于毒物致害侵权行为通常会有潜伏期，等到相关病情爆发的时候，很多不确定的情形都会出现，诸如因果关系不确定，这一点前一章已经详细探讨，美国法上的科学证据规则可以为我们大力借鉴；另一个很重要的问题是相关证据缺失，从而导致多种不确定情形出现，诸如致害人不确定、受害人不确定以及不当行为是否致害不确定等。通过对现有的民事诉讼证明标准——“高度盖然性”进行效用分析和公平性分析，笔者得出现有的证明标准及举证责任制度安排将导致受害者的权益无法得到保障。在对国外已有的若干涉及毒物致害侵权诉讼争端解决模式及责任分担模式进行详细研究基础之上，笔者认为针对不同情形可以大胆借鉴国外的相关制度，诸如，在致害人无法确定情形，可以考虑借鉴市场份额责任分担方式，但是也不能一概而论，不分情节而适用该原理。但是对于受害人不确定以及不当行为不确定的毒物致害致害情形，就没有比较完整的系统方案可资借鉴了。为此，需要在理论上进行创新。在已有的毒物致害侵权责任分担理论及相关案例裁判之上，笔者认为证据损害理论不啻为一种解决以上若干不确定情形的理论选择。从已有的很多涉及毒物致害侵权诉讼中，其被告通常都是各种实体，在毒物信息、社会资源、经济优势上都明显优于受害者，从侵权法的矫正正义和威慑目标出发，让这些致害人承担不能提供证明损害存在的证据损害责任，可以达致双重目的：其一，为了避免诉讼风险，事先保存各种毒物信息资料、交易清单以及其他相关信息；其二，在诉讼中，通过强加证据损害责任，迫使其提供证据，否则将承担不利法律后果。为此，笔者从侵权行为的矫正正义和威慑框架中对证据损害理论的范畴界定、责任范围以及与相关目标的冲突与协调等都进行详细探讨。不过，这些探讨只是基于已有毒物致害侵权成案及侵权行为法的基础理论之上展开的，尚需要在实践中进行检验、丰富、完善。

笔者在最后一章专门就毒物致害侵权的法律救济进行探讨，是因为笔者认为我国目前在涉及这方面的争端通常是通过对致害者进行行政处罚以及国家统一赔偿受害者等手段来解决，行政介入有其优势，在效率上可能比较高（当然，由于没有进行实证研究，其实际效率是否会比法律途径解决要高尚不得而知，特别是在个案当中更是无法判定），但是笔者认为这种处置方式有很多危害：其一，将国库收入用于部分受害者的救济，侵犯了我们大多数纳税人的权利，尽管国家有救济受害者的权力，但是在这种本来可以控制的人为致害情形应属例外；其二，这种国家行政干预方式使得那些致害人得不到应有的惩罚和威慑，因此其可以以此为契机，在高额利润的诱惑下再次冒险，置企业的社会责任于不顾，继续从事致害行为；其三，会置法律作为社会争端解决的最后调节器于尴尬地位，弱化法律的权威。当然，国外在这方面除了有发达的商业保险及替代法律救济[1]之外，在这方面尚有社会化的救济模式可资借鉴，诸如“特别损害赔偿基金”[2] 的建立，让涉及毒物致害者从其收入中拿出一部分作为未来的损害赔偿基金，当损害发生时，非政府组织以及政府也可以根据情况注入资金，这种基金的运作模式是另一个非常值得系统研究的问题。不过，很多发达国家都有健全的社会保障体系，所以其受害者的处境相对比较好。反观中国国情，不仅在社会保障制度方面尚有极大差距，在相关的制度建设上也是空白或者说无法满足现实矛盾解决的需要。因此，笔者呼吁从私法角度切入，对那些毒物致害者不仅要科以行政、刑事责任，更重要的是让其直接面对大规模的民事诉讼，面临巨额损害赔偿之威胁，从道德和法律上严格遵从企业的社会责任，否则将承担严重的不利法律后果。当然，这种大规模侵权损害民事诉讼模式的构建也是一个值得深入研究的问题，否则已经积案累累的人民法院将不堪重负。总之，毒物致害侵权，确切说潜伏性毒物致害侵权不仅仅是一个民事实体法上迫切需要面对的问题，其解决更需要民事程序法，特别是公平证据规则的支撑，只有这样才能达致侵权行为法的功能目标。

---

[1] 在德国、意大利等大陆法系国家，由于从民事诉讼角度，特别是要达到高度盖然性标准，获得法官认同赢得毒物致害侵权诉讼非常难，受害者转而通过对致害人提起刑事诉讼，法官从刑事诉讼证明角度出发判决原告胜诉者已很多见，故而这些欧洲民法学者也在思考为什么这种民事侵权行为却要通过刑事途径解决，是不是其制度构建存在问题，等等，see Federico Stella，Causation in Product Liability and Exposure to Toxic Substances：A European View，in *Exploring Tort Law* edited by M. Stuart Madden，Cambridge University Press，2005，pp. 403 ~ 425.

[2] 关于该种基金会的构建，可详见 FONDAZIONE ROSSELLI，Analysis of the Economic Impact of the Development Risk Clause as provided by Directive 85/374/EEC on Liability for Defective Products，PARTs II-III，downable at http：// www. europa. eu.

参考文献

一、中文文献：

(一) 中文著作

1. 曹立亚、张承续：《欧盟药物警戒体系与法规》，中国医药科技出版社 2006 年版。

2. 曹明德：《环境侵权法》，法律出版社 2000 年版。

3. 常纪文、陈明剑：《环境法总论》，中国时代经济出版社 2003 年版。

4. 陈朝璧：《罗马法原理》，法律出版社 2006 年版。

5. 陈聪富：《因果关系与损害赔偿》，元照出版有限公司 2004 年版。

6. 陈界融：《〈美国联邦证据规则（2004）〉译析》，中国人民大学出版社 2005 年版。

7. 陈光中：《刑事诉讼法实施问题研究》，中国法制出版社 2000 年版。

8. 陈泉生：《环境法原理》，法律出版社 1997 年版。

9. 刁荣华：《比较刑事证据法各论》，台湾汉林出版社 1984 年版。

10. 房维廉：《产品质量法实用指南》，中国民主法制出版社 1994 年版。

11. 高家伟：《欧洲环境法》，工商出版社 2000 年版。

12. 国家技术监督局政策法规司：《国外产品质量与产品责任法规选编》，中国计量出版社 1992 年版。

13. 葛志荣：《欧盟 REACH 法规文本》，中国标准出版社 2007 年版。

14. 黄松有：《侵权法司法解释实例释解》，人民法院出版社 2006 年版。

15. 黄松有：《最高法院人身损害赔偿司法解释的理解与适用》，人民法院出版社 2006 年版。

16. 何家弘：《外国证据法》，法律出版社 2003 年版。

17. 何孝元：《损害赔偿之研究》，台湾商务印书馆 1987 年版。

18. 黄家鑫：《侵权行为因果关系之研究——以现代纷争中之医疗行为为例》，东吴大学法律研究所 1999 年硕士论文。

19. 李薇：《日本机动车事故损害赔偿法律制度研究》，法律出版社 1997 年版。

20. 李永军：《民法总论》，法律出版社 2006 年版。

21. 李学灯：《证据法比较研究》，台湾五南图书出版公司 1992 年版。

22. 江平：《民法学》，中国政法大学出版社 2000 年版。

23. 黄维智：《鉴定证据制度研究》，中国检察出版社 2006 年版。

24. 梁慧星：《中国民法典草案建议稿附理由》，法律出版社 2004 年版。

25. 刘景林、周亚红：《毒物及微量物证分析学》，南京大学出版社 2005 年版。

26. 刘静：《产品责任论》，中国政法大学出版社 2000 年版。

27. 刘宁、张庆，等：《透视中国重大食品安全事件》，法律出版社 2005 年版。

28. 刘左军：《中华人民共和国产品质量法释解与实用问答》，中国标准出版社 2000 年版。

29. 吕忠梅：《环境法新视野》，中国政法大学出版社 2000 年版。

30. 牟宗三：《理则学》，台北正中书局 1971 年版。

31. 潘维大：《英美侵权行为法案例解析》，高等教育出版社 2005 年版。

32. 邱聪智：《民法研究（一）》，中国人民大学出版社 2002 年版。

33. 邱聪智：《新订民法债编通则（上）》，中国人民大学出版社 2003 年版。

34. 邱聪智：《从侵权行为归责原理之变动论危险责任之构成》，中国人民大学出版社 2006 年版。

35. 沈达明：《英美证据法》，中信出版社 1996 年版。

36. 史树林：《产品质量指南》，人民法院出版社 1994 年版。

37. 史尚宽：《债法总论》，中国政法大学出版社 2000 年版。

38. 史尚宽：《民法总论》，中国政法大学出版社 2000 年版。

39. 田平安：《民事诉讼法 · 诉讼证据篇》，厦门大学出版社 2006 年版。

40. 王家福：《中国民法学 · 民法债权》，法律出版社 1991 年版。

41. 王军：《侵权法上严格责任的原理和实践》，法律出版社 2006 年版。

42. 王利明：《民法 · 侵权行为法》，中国人民大学出版社 1993 年版。

43. 王利明、杨立新：《侵权行为法》，法律出版社 1996 年版。

44. 王利明：《侵权行为法研究》（上卷），中国人民大学出版社 2004 版。

45. 王利明：《中国民法典学者建议稿及立法理由》，法律出版社 2005 年版。

46. 王利明：《侵权法归责原则研究》，中国政法大学出版社 2001 年版。

47. 王明远：《环境侵权救济法律制度》，中国法制出版社 2001 年版。

48. 王树义：《俄罗斯生态法》，武汉大学出版社 2001 年版。

49. 王卫国：《过错责任的第三次勃兴》，中国法制出版社 2000 年版。

50. 王曦：《美国环境法概述》，武汉大学出版社 1992 年版。

51. 王亚新：《对抗与判定：日本民事诉讼的基本结构》，清华大学出版社 2002 年版。

52. 王泽鉴：《侵权行为法（I）》，中国政法大学出版社 2001 年版。

53. 王泽鉴：《民法学说与判例研究》（第三册），中国政法大学出版社 1997 年版。

54. 王泽鉴：《法律思维与民法实例》，中国政法大学出版社 2001 年版。

55. 魏振瀛：《民法学》，北京大学出版社、高等教育出版社 2006 年版。

56. 肖建国、肖建华：《民事诉讼证据操作指南》，中国民主法制出版社 2002 年版。

57. 谢怀栻：《外国民商法精要》，法律出版社 2006 年版。

58. 徐爱国：《英美侵权行为法学》，北京大学出版社 2004 年版。

59. 杨立新：《中华人民共和国侵权责任法草案建议稿及说明》，法律出版社 2007 年版。

60. 杨立新：《侵权法论》，人民法院出版社 2005 年版。

61. 杨仁寿：《法学方法论》，中国政法大学出版社 2004 年版。

62. 姚志明：《侵权行为法（一）》，元照出版公司 2002 年版。

63. 殷海光：《思想与方法》，上海三联书店 1992 年版。

64. 于敏：《日本侵权行为法（第二版）》，法律出版社 2006 年版。

65. 于敏：《机动车损害赔偿责任与过失相抵（第 2 版）》，法律出版社 2006 年版。

66. 曾隆兴：《详解损害赔偿法》，台北三民书局 2003 年版。

67. 曾世雄：《损害赔偿法原理》，台北三民书局 1996 年版。

68. 赵相林、曹俊：《国际产品责任法》，中国政法大学出版社 2000 年版。

69. 张民安：《过错侵权责任制度研究》，中国政法大学出版社 2002 年版。

70. 张民安：《现代法国侵权责任制度研究》，法律出版社 2003 年版。

71. 张俊浩：《民法学原理（上、下）》，中国政法大学出版社 2000 年版。

72. 张卫平：《外国民事证据制度研究》，清华大学出版社 2003 年版。

73. 张新宝：《侵权责任法原理》，中国人民大学出版社 2005 年版。

74. 张新宝：《侵权责任构成要件研究》，法律出版社 2007 年版。

75. 郑玉波：《民法债编总论》（修订 2 版），中国政法大学出版社 2004 年版。

76. 郑淑屏：《医疗过失案件中过失之类型与证据之判断》，台湾大学

1996年博士论文。

77. 朱怀祖：《食品药物消费者保护：学说与判例研究》，台湾五南图书出版公司1999年版。

（二）中文文章

1. 安建："试论产品质量法关于产品责任的规定"，《中国法学》，1993年第5期。

2. 毕玉谦："试论民事诉讼证明上的盖然性规则"，《法学评论》，2000年第4期。

3. 卞建林、郭志媛："论诉讼证明的相对性"，载陈卫东编：《司法公正与司法改革》，中国检察出版社2002年版。

4. 陈国义："民法因果关系之理论、概念及举证责任在德国环境损害赔偿事件的适用及其转变"，《法学丛刊》，第160期。

5. 张卫平：《外国民事证据制度研究》，清华大学出版社2003年版。

6. 陈聪富："侵权法上因果关系"，《台大法学论丛》，第29卷第2期。

7. 杜智娜、邵振国："龙胆泻肝丸案：受害者首获赔偿"，《法律与生活》，2005年8月上半月刊。

8. 高芙蓉："略论产品责任中的抗辩事由"，《前沿》，2001年第10期。

9. 玛格丽特·格里菲斯："欧洲经济共同体产品责任中的瑕疵问题"，张新宝译，《法学译丛》，1990年第1期。

10. 何家弘，等："论科学证据的采纳与采信"，《中国司法鉴定》，2001年第1期。

11. 何家弘："论司法鉴定的规范化"，《中国司法鉴定》，2005年第3期。

12. 梅益峰："损害赔偿责任范围因果关系之分析"，《华东政法学院学报》，2004年第2期。

13. 李浩："民事诉讼证明标准的再思考"，《法商研究》，1999年第5期。

14. 李浩："民事证据的若干问题——兼评最高人民法院《关于民事诉讼证据的司法解释》"，《法学研究》，2002年第3期。

15. 李延红、郭常义、汪国权，等，"上海地区人乳中HCH、DDT蓄积水平的动态研究"，《环境与职业医学》，2003年第3期。

16. 李蔚："论产品责任的发展风险及其抗辩"，《法学评论》，1998年第6期。

17. 李薇："日本侵权行为法的因果关系理论"，《外国法译评》，1995年第4期。

18. 秦晖："自己对自己负责的历史观"，《经济观察报》，2006年5月

2日。

19. 王忠：“白酒标签上该不该加警示标志?”《南方周末》，2000年6月16日。

20. 王利明：“民法中的因果关系问题探讨”，《中国人民大学学报》，1992年第2期。

21. 王明远：“环境侵权的概念与特征辨析”，载梁慧星主编：《民商法论丛》（第13卷），（香港）金桥文化出版公司2002年版。

22. 王舜钦，张金良：“我国儿童血铅水平分析研究”，《环境与健康杂志》，2004年第6期。

23. 翁里，等：“环境法的民事侵权归责原则和举证责任——兼论环境民事责任的公平适用”，《法学评论》，2002年第4期。

24. 吴晨光：“谁对‘龙胆泻肝丸’受害者负责?”，《南方周末》，2004年3月11日。

25. 杨立新：“论我国产品责任法中的警示缺陷”，杨立新侵权法网，2004年9月13日。

26. 曾亮亮：“我国每年20万人死于药品不良反应?推算是否准确?”，《经济参考报》，2005年5月11日第6版。

27. 张建新、薛飞：“恶性肿瘤再敲警钟”，《瞭望新闻周刊》，2007年第22期。

28. 张建伟：“关于刑事庭审中诱导性询问和证据证明力问题的一点思考”，《法学》，1999年第11期。

29. 张新宝：“美国有害体物侵权行为法介评”，《外国译评》，1994年第1期。

30. 张卫平：“证明标准建构的乌托邦”，《法学研究》，2003年第4期。

31. 赵钢、刘海峰：“试论证据法上的推定”，《法律科学》，1998年第1期。

32. 浙江省高级人民法院民一庭：“正确适用举证责任分配规则合理分配诉讼风险”，《诉讼法小全书》2007年版，第185页。

33. 植木哲：“产品责任”，谢志宇译，《法学译丛》，1992年第6期。

34. 周汉民、程斌：“晚近期产品责任立法趋势及可供我国的借鉴”，《国际商务研究》，1997年第2期。

35. 邹明理：“刑事鉴定若干问题比较研究”，《侦查》，1998年第4期。

（三）中文译著

1. 马克西米利安·福克斯：《侵权行为法》，齐晓琨译，法律出版社2006

年版。

2. 文森特·R. 约翰逊:《美国侵权法》,赵秀文,等译,中国人民大学出版社2004年版。

3. 威廉·M. 兰德斯、理查德·A. 波斯纳:《侵权法的经济结构》,王强、杨媛译,北京大学出版社2005年版。

4. 斯蒂文·萨维尔:《事故法的经济分析》,翟继光译,北京大学出版社2004年版。

5. 朱尔斯·L. 科尔曼:《原则的实践》,丁海俊译,法律出版社2006年版。

6. 拉伦茨:《法律方法论》,陈爱娥译,商务印书馆2003年版。

7. 原田尚彦:《环境法》,于敏译,法律出版社1999年版。

8. K·茨威格特,H·科茨:《比较法总论》,潘汉典,等译,法律出版社2003年版。

9. 勒内·达维:《当代世界主要法律体系》,漆竹生译,上海译文出版社1984年版。

10. 勒内·罗迪埃:《比较法导论》,徐柏康译,上海译文出版社1989年版。

11. 格伦顿、戈登、奥萨奎:《比较法律传统》,米健,等译,中国政法大学出版社1993年版。

12. 汉斯·凯尔森:《法和国家的一般理论》,沈宗灵译,中国大百科全书出版社1996年版。

13. 拉德布鲁赫:《法学导论》,米健,等译,中国大百科全书出版社1997年版。

14. 梅因:《古代法》,沈景一译,商务印书馆1964年版。

15. 道格拉斯·G. 拜尔、罗伯特·H. 格特纳、兰德尔·C. 皮克:《法律的博弈分析》,严旭阳译,法律出版社2003年版。

16. 伯尔曼:《法律与革命——西方法律传统的形成》,中国大百科全书出版社1993年版。

17. 理查德·A. 波斯纳:《法律的经济分析》,蒋兆康译,中国政法大学出版社1997年版。

18. 拉伦茨:《德国民法通论》,王晓晔,等译,法律出版社2003年版。

19. 梅迪库斯:《德国民法总论》,邵建东译,法律出版社2000年版。

20. 梅迪库斯:《德国债法总论》,杜景林、卢谌译,法律出版社2004年版。

21. 罗纳德·德沃金:《法律帝国》，李常青、徐宗英译，中国大百科全书出版社 1996 年版。

22. 博登海默:《法理学——法律哲学与法律方法》，邓正来译，中国政法大学出版社 1999 年版。

23. 哈特:《法律的概念》，张文显，等译，中国大百科全书出版社出版 1996 年版。

24. 马克思·韦伯:《社会科学方法论》，杨富斌译，华夏出版社 1999 年版。

25. 波斯纳:《法理学问题》，苏力译，中国政法大学出版社 1994 年版。

26. 考夫曼:《法律哲学》，刘幸义，等译，法律出版社 2004 年版。

27. 罗尔斯:《正义论（第二版)》，何怀宏译，中国社会科学出版社 2003 年版。

28. 丹宁:《法律的界碑》，刘庸安、张弘译，法律出版社 1999 年版。

29. 彼得罗·彭梵得:《罗马法教科书》，黄风译，中国政法大学出版社 1997 年版。

30. 罗伯特·D. 考特、托马斯·S. 尤伦:《法和经济学》，施少华、姜建强，等译，上海财经大学出版社 2003 年版。

31. 罗斯科·庞德:《普通法的精神》，唐乾宏译，法律出版社 2005 年版。

32. 彼得·斯坦:《西方社会的法律价值》，中国法制出版社 2005 年版。

33. 田中英夫、竹内昭夫:《私人在法现实中的作用》，李薇译，法律出版社 2006 年版。

34. 罗纳德·德沃金:《认真对待权利》，信春鹰、吴玉章译，中国大百科全书出版社 2002 年版。

35. 米尔恩:《人的权利与人的多样性——人权哲学》，夏勇、张志铭译，中国大百科全书出版社 2002 年版。

36. 贝勒斯:《法律的原则——一个规范的分析》，张文显译，中国大百科全书出版社 2002 年版。

37. 弗里德里希·冯·哈耶克:《法律、立法与自由（三卷)》，邓正来，等译，中国大百科全书出版社 2003 年版。

38. 我妻荣:《债权在近代法中的优越地位》，王书江，等译，中国大百科全书出版社 1999 年版。

39. 马克思·韦伯:《论经济与社会中的法律》，张乃根译，中国大百科全书出版社 2003 年版。

40. S. F·C. 密尔松:《普通法的历史基础》，李显冬，等译，中国大百科全书出版社 1999 年版。

41. 罗伯特·霍恩、海因·科茨:《德国民商法导论》，楚建译，中国大百科全书出版社 2002 年版。

42. 马克思·韦伯:《法律社会学》，康乐、简惠美译，广西师范大学出版社 2005 年版。

43. J·M·凯利:《西方法律思想简史》，王笑红译，法律出版社 2005 年版。

44. 美浓部达吉:《公法与私法》，黄冯明译，中国政法大学出版社 2003 年版。

45. 莫顿·J·霍维茨:《美国法的变迁 1780～1860》，谢鸿飞译，中国政法大学出版社 2004 年版。

46. 斯蒂芬·M·菲尔德曼:《从前现代主义到后现代主义的美国法律思想》，李国庆译，中国政法大学出版社 2005 年版。

47. 小奥利弗·温德尔·霍姆斯:《普通法》，冉昊、姚中秋译，中国政法大学出版社 2006 年版。

48. A. L·考夫曼:《卡多佐》，张守东译，法律出版社 2001 年版。

49. 约翰·密尔:《论自由》，程崇华译，商务印书馆 2006 年版。

50. 伯纳德·斯瓦茨:《美国法律史》，王军，等译，中国政法大学出版社 1997 年版。

51. 格瑞尔德·J·波斯特马:《哲学与侵权行为法》，陈敏、云建芳译，北京大学出版社 2005 年版。

52. 毛罗·布萨尼、弗农·瓦伦丁·帕尔默:《欧洲法中的纯粹经济损失》，张小义、钟洪明译，法律出版社 2003 年版。

53. 埃里克·弗鲁伯顿、鲁道夫·芮切特:《新制度经济学——一个交易费用的分析范式》，姜建强译，上海三联 2006 年版。

54. 大卫·D·弗里德曼:《经济学语境下的法律规则》，杨欣欣译，法律出版社 2005 年版。

55. 伯顿:《法律和法律推理导论》，解兴权、张志铭译，法律出版社 1999 年版。

56. 克雷斯蒂安·冯·巴尔，《欧洲比较侵权行为法》，上卷：张新宝译，下卷：焦美华译，法律出版社 2001 年版。

57. H. L·A·哈特、A·M·奥诺希:《法律中的因果关系》，张绍谦、孙战国译，中国政法大学出版社 2005 年版。

58. Edmund Morgan:《证据法之基本问题》，李学灯译，台湾世界书局

1982 年版。

59. 汉斯·普维庭：《现代证明责任问题》，吴越译，法律出版社 2000 年版。

60. 斯蒂芬森·W. 海维特：《产品责任法概述》，陈丽洁译，中国标准出版社 1991 年版。

61. 罗伯特·考特、托马斯·尤伦：《法和经济学》，张军，等译，上海三联书店出版社 1994 年版。

62. 彼得·G. 伦斯特洛姆：《美国法律辞典》，贺卫方，等译，中国政法大学出版社 1998 年版。

63. 埃利斯代尔·克拉克：《产品责任》，黄列译，社会科学技术文献出版社 1992 年版。

二、英文文献

（一）英文著作

1. ALI, Restatement of the Law: Torts, 1998.

2. Aristotle, *Nichomachean Ethics*, translated by W. D. Ross. eBooks @ Adelaide 2006.

3. G. Calabresi, *The Cost of Accidents: A Legal and Economic Analysis*, Yale University Press, 1970.

4. M. R. Cohen and F. S. Cohen, *Readings in Jurisprudence and Legal Philosophy*, Little, Brown, and Co., 1951.

5. L. Jonathan. Cohen, *An Introduction to the Philosophy of Induction and Probability*, Oxford University Press, 1989.

6. Carl F. Cranor, *Regulating Toxic Substances*, Oxford University Press, 1993.

7. Carl F. Cranor, *Toxic Torts: Science, Law, and the Possibility of Justice*, Cambridge University Press, 2006.

8. Michael Dore, *Law of Toxic Torts: Litigation, Defense, Insurance*, Thomson/West, 1992.

9. R. Dworking, *Law's Empire*, Harvard University Press, 1986.

10. R. A. Epstein, A Theory of Strict Liability, 2 *Journal of Legal Studies*, 1973.

11. Kenneth R. Foster & Peter Huber, *Judging Science and the Federal Courts*, The MIT Press, 1997.

12. Bryan A. Garner (ed.), *Black's Law Dictionary* (8th ed.), West Group, 2004.

13. D. Giesen, *International Medical Malpractice Law: A Comparative Law Study of Civil Liability Arising from Medical Care*, Tübingen: Martinus Nijhott publishers, 1988.

14. Anthony M. Graziano & Michael L. Raulin, *Research Methods: A Process of Inquiry*, 2nd ed., HarperCollins, 1993.

15. I. Hacking, *The Taming of Chance* (1st ed.), Cambridge University Press, 1990.

16. W. Jaeger, *Paideia: The Ideals of Greek Culture*, trans. Gilbert Highet, 3 vols. (New York, 1939 ~ 1944), Vol. I (2nd ed. 1945).

17. S. Jasaoff, *Science at the Bar: Law, Science and Technology in America*, Harvard University Press, 1995.

18. J. W. Jones, *The Law and Legal Theory of the Greeks: An Introduction*, Oxford University Press, 1956.

19. W. Page Keeton et al., *Prosser and Keeton on the Law of Torts* (5th ed.), West Publishing Co., 1984.

20. M. Stuart Madden, *Exploring Tort Law*, Cambridge University Press, 2005.

21. Harvey McGregor, *McGregor on Damages* (16th ed.), Sweet & Maxwell, 1997.

22. Neville MacMorris, *The Natures of Science*, Fairleigh Dickinson University Press, 1989.

23. Peter Murphy, *A Practical Approach to Evidence*, Blackstone Press Limited, 1992.

24. William L. Prosser, *Law of Torts*, 4th ed., West Publishing Co., 1971.

25. Mancur Olson, *The Logic of Collective Action: Public Goods and the Theory of Groups*, Harvard University Press, 1965.

26. David G. Owen, John E. Montgomery & W. Page Keeton, *Products Liability and Safety* (3rd ed.), The Foundation Press, Inc., 1996.

27. J. Von Plato, *Creating Modern Probability: Its Mathematics, Physics and Philosophy in Historical Perspective*, Cambridge University Press, 1994.

28. Karl Popper, *The Logic of scientific Discovery*, Basic Books, 1959.

29. Karl Popper, *Conjectures and Refutations*, Rutledge, 1992.

30. R. A. Posner, *Economics Analysis of Law* (5th ed.), Aspen Law & Business, 1998.

31. W. V. H. Rogers (ed.), *Winfield and Jolowicz on Torts* (15th ed.), London: Sweet & Maxwell, 1998.

32. B. Russell, *Human Knowledge: Its Scope and Limits*, Simon and Schuster, 1948.

33. Peter H. Schuck, *Agent Orange on Trial: Mass Toxic Disasters in the Courts*, The Belknap Press of Harvard University Press, 1987.

34. F. Schulz, *History of Roman Legal Science*, Oxford University Press, 1953.

35. Victor E. Schwartz, Comparative Negligence (2nd ed.), The Allen Smith Company, 1986.

36. G. F. Simmons, *Calculus Gems*, New York: McGraw Hill, Inc., 1992.

37. Peter Godfrey-Smith, *Theory and Reality: An introduction to the philosophy of science*, New Ed, University of Chicago Press, 2003.

38. J. Stapleton, *Product liability*, Butterworths, 1994.

39. John. William. Strong et al., *McCormick on Evidence* (5th ed.), West Group, 1999.

40. John Timbrell, *The Poison Paradox: Chemicals as Friends and Foes*, Oxford University Press, 2005.

41. Jack B. Weinstein, *Individual Justice in Mass Tort Litigation: the Effect of Class Action, Consolidations, and Other Multiparty Devices*, Northwestern University Press, 1995.

42. Christopher J. Wright, *Product Liability*, Blackstone Press Limited, 1989.

43. Raymond Youngs, *English, French & German Comparative Law*, Cavendish Publishing Limited, 1998.

44. 杰瑞·菲利蒲斯:《产品责任法》(影印本),法律出版社 1999 年版。

(二) 英文论文

1. R. J. Allen, Burdens of Proof, Uncertainty and Ambiguity in Modern Legal Discourse, 17 *Harvard Journal of Law & Public Policy*, 1994.

2. M. Berger, Eliminating General Causation: Notes towards a New Theory of Justice and Toxic Torts, 97 *Columbia Law Review*, 1997.

3. Troyen Brennen, Causal Chains and Statistical Links: The Role of Scientific Uncertainty in Hazardous-Substance Litigation, 73 *Cornell Law Review*, 1988.

4. Gerald Calabresi and J. T. Hirschoff, Toward a Test for Strict Liability in

Torts, 81, *Yale Law Journal*, 1972.

5. B. Coote, Chance and the Burden of Proof in Contract and Tort, 62 *Australian Law Journal*, 1988.

6. R. Delgado, Beyond Sindell: Relaxation of Cause-In-Fact Rules for Interminate Plaintiffs, 70 *California Law Review*, 1982.

7. Bert Black & David E. Lifienfeld, Epidemiological Proof in Toxic Tort Litigation, *Fordham Law Review*, 1984.

8. Kevin M. Clemont & Emily Sherwin, A Comparative View of Standards of Proof, *The American Journal of Comparative Law*, 2002.

9. R. H. Coase, The Problem of Social Cost, 3 *Journal of Law & Economics*, 1960.

10. F. S. Cohen, Field Theory and Judicial Logic, 59*Yale Law Journal*, 1950.

11. Cranor & S. A. Eastmond, Scientific Ignorance and Reliable Patterns of Evidence in Toxic Tort Causations: Is There a Need for Liability Reform? 64 *Law and Contemporary Problems*, 2001.

12. G. P. Fletcher, The Right and the Reasonable, 98 *Harvard Law Review*, 1985.

13. G. P. Fletcher, Fairness and Utility in Tort Theory, 85 *Harvard Law Review*, 1972.

14. R. D. Friedman, Dealing with Evidentiary Deficiency, 18 *Cardozo Law Review*, 1997.

15. I. Gilead, The Evidential Damage Doctrine: Has the Burden of Proof Been Met?, 30 *Mishpatim*, 1999.

16. S. Greenland & J. M. Robins, Epidemiology, Justice, and the Probability of Causation, 40 *Jurimetrics Journal*, 2000.

17. Allen P. Gruness, Exclusion of Plaintiffs from the Courtroom in Personal Injury Actions: A Matter of Discretion or Constitutional Right?, 38 Case Western Reserve Law Journal, 1988.

18. J. A. Henderson, Process Constraints in Torts, 67, *Cornell Law Review*, 1982.

19. Jonathan M. Hoffman, A Briefcase and an Opinion: Post-"Daubert" Expert Testimony—A Major Shift, 22 *Product Safety and Liability Report*, 1994.

20. T. Honoré, Responsibility and Luck: The Moral Basis of Strict Liability, in *Responsibility and Fault*, Oxford: Hart, 1999.

21. Edwin J. Jacob, of Causation in Science and Law: Consequences of the Erosion of Safeguards, 48 *Business Law*, 1985.

22. Allan Kanner, Emerging Conceptions of Latent Personal Injuries in Toxic Tort Litigation, 18 *Rutgers Law Journal*, 1987.

23. J. Kaplan, Decision Theory and the Fact-finding Process, 20 *Standard Law Review*, 1968.

24. D. Kaye, The Limits of the Preponderance of the Evidence Standard: Justifiably Naked Statistical Evidence and Multiple Causation, *American Bar Foundation Research Journal*, 1982.

25. L. Kaplow and S. Shavell, Accuracy in the Determination of Liability, 34 *Journal of Law & Economics*, 1994.

26. J. H. King, Causation, Valuation, and Chance in Personal Injury Torts Involving Preexisting Conditions and Future Consequences, 90 *Yale Law Journal*, 1981.

27. Richard H. Krochock & Stephen O. Plunkett, Getting Nasty with Manufacturers: Civil Conspiracy Claims, 57 *Defense Counsel Journal*, 1990.

28. Jack L. Landau & W. Hugh O' Riordan, of Mice and Men: The Admissibility of Animal Studies to Prove Causation in Toxic Tort Litigation, 25 *Idaho Law Review*, 1988 ~ 1989.

29. R. E. Litan, The Safety and Innovation Effects of US Liability Law: the Evidence, 81 *The American Economic Review*, 1991.

30. Helen Longino, "Evidence and Hypothesis", *Philosophy of Science*, Vol. 46, 1979.

31. S. Levmore, Probabilistic Recoveries, Restitution and Recurring Wrongs, 19 *Journal of Legal Studies*, 1990.

32. Gerald Marwell & Pamela Oliver, Collective Action Theory and Social Research, in *Social Movements*, *Conflicts and Change*, Vol. 7, edited by Louis Kriesberg Greenwich, Conn.: JAI Press, 1984.

33. D. Michael & C. Monforton, Manufacturing Uncertainty: Contested Science and the Protection of the Public Health and Environment, 95 *American Journal of Public Health*, 2005.

34. C. E. Miller, Law and Uncertainty—Risk and Legal Process, in R. Baldwin (ed.), *Radiological Risk and Civil Liability: A Review of Recent Development in the United Kingdom*, London, 1997.

35. R. P. Murray, Sindell v. Abbott Laboratories: A Market Share Approach to DES Causation, 69 *California Law Review*, 1981.

36. Sharon Novak, Comment, into the Quagmire: Washington Adopts Market Share Liability in DES Cases, 21 *Gonzaka Law Review*, 1985.

37. N. Orloff and J. Stedinger, A Framework for Evaluating the Preponderance-of-the-Evidence Standard, 131 *University of Pennsylvania Law Review*, 1983.

38. S. P. Perry, The Impossible of General Strict Liability, 1 *Canadian Journal of Law & Jurisprudence*, 1988.

39. A. Porat and A. Stein, Liability for Uncertainty: Making Evidential Damage Actionable, 18 *Cardozo Law Review*, 1997.

40. A. Porat and A. Stein, The Evidential Damage Doctrine: A Response to Critique, 30 *Mishpatim* 1999.

41. R. A. Posner, A Theory of Negligence, 1 *Journal of Legal Studies*, 1972.

42. G. Postema, The Principle of Utility and the Law of Procedure: Bentham's Theory of Adjudication, 11 *Georgia Law Review*, 1977.

43. Robert L. Rabin, Environmental Liability and The Tort System, 24 *Houston Law Review*, 1987.

44. Robert L. Rabin, *Tobacco Tort Litigation in the United States* (a seminar report), Roma, 1995.

45. Mike Redmayne, Standards of Proof in Civil Litigation, 62 *The Modern Law Review*, 1999.

46. B. Robertson and G. A. Vignaux, Probability—The Logic of the Law, 13 *Oxford Journal of Legal Studies*, 1993.

47. D. Rosenberg, The Causal Connection in Mass Exposure Cases: A 'Public Law' Vision of the Tort System, 97 *Harvard Law Review*, 1984.

48. G. O. Robinson, Multiple Causation in Tort Law: Reflections on the DES Cases, 68 *Virginia Law Review*, 1982.

49. Joseph Sanders, From Science to Evidence: The Testimony on Causation in the Bendectin Cases, 46 *Stanford Law Review*, 1993.

50. G. T. Schwartz, the Ethics and the Economics of Tort Liability Insurance, 75 *Cornell Law Review*, 1990.

51. S. Shavell, The Fundamental Divergence Between the Private and the Social Motive to Use the Legal System, 26 *Journal of Legal Studies*, 1997.

52. G. T. Schwartz, Insurance, Deterrence and Liability, in P. Newman

(ed.), *The New Palgrave Dictionary of Economics and the Law*, Vol. II.

53. J. Stapleton, Tort, Insurance and Ideology, 58 *The Modern Law Review*, 1995.

54. Naomi Sheiner, DES and a Proposed Theory of Enterprise Liability, 46 *Fordham Law Review*, 1978.

55. Alex Stein, The Refoundation of Evidence Law, 9 *Canadian Journal of Law & Jurisprudence*, 1996.

56. Alex Stein, Allocating the Burden of Proof in Sales Litigation: The Law, Its Rationale, a New Theory, and Its Failure, 50 *University of Miami Law Review*, 1995.

57. Alex Stein, An Essay on Uncertainty and Fact-finding in Civil Litigation, with Special Reference to Contract Cases, 48 *University of Toronto Law Journal*, 1998.

58. Alex Stein, Of Two Wrongs that Make a Big Right: Two Paradoxes of the Evidence Law and Their Combined Economic Justification, 79 *Texas Law Review*, 2001.

59. C. H. Schroeder, Corrective Justice and Liability for Increasing Risks, 37 *University of California Los Angeles Law Review*, 1990.

60. J. Waldron, Moments of Careless and Massive Loss, in D. G. Owen (ed.), *Philosophical Foundations of Tort Law*, 1995.

61. E. J. Weinrib, Understanding Tort Law, 23 *Valparaiso University Law Review*, 1989.

62. Ernest Weinrib, Corrective Justice, 77 *Iowa Law Review*, 1992.

63. F. C. Zacharias, The Politics of Torts, 95 *Yale Law Review*, 1986.

三、其他语种论文

1. D. Cerini, Responsabilità del produttore e rischio di sviluppo: oltre la lettera della dir. 85/374/CEE, in *Diritto ed economia dell' assicurazione*, 1996.

2. H. Cousy, L' adaptation du droit belge la directive sur la responsabilité du fait des produits défectueux, in *Les assurances de l' enteprise*, Bruxelles, Bruylant, 1988.

3. M. Von Kuegelgen, La loi du 25 Fevrier 1991 sur la responsabilité du fait des produits dans ses rapports avec le droit commun de la vente, in *Vente et cession de créance*, Volume XV, March 1997, Edition Formation Permanente CUP, 1997.

4. Fitz, Purtscheller, Reindl, Produkthaftung (1988) § 8 N° 14; Posch in Schwimann (ed.), Praxiskommentar zum ABGB, vol. 8, 2nd ed. (1997) § 8 PHG N° 10, cf. Study for the European Commission Contract No. ETD/2002/B5.

5. P. Trimarchi, La responsabilità del fabbricante nella direttiva comunitaria, in *Riv. Soc.*, 1986.

6. H. C. Taschner, La future responsabilité du fait des produits défectueux dans la Communauté Européene, *Revue du marché Commun*, 1986.

7. C. M. Verardi, La responsabilità per danno da prodotti difettosi, *Alpa - Carnevali-Di Giovanni*, Milano, 1990.

四、资料来源网站

1. http: //www. google. cn
2. http: //www. baidu. com
3. http: //www. LexisNexis. com
4. http: //www. westlaw. com
5. http: //www. EncyclopediaCenter. com
6. http: //www. ssrn. com
7. http: //plato. stanford. edu
8. http: //www. answers. com
9. http: //untreaty. un. org
10. http: //tech. sina. com. cn
11. http: //www. europa. eu. int
12. http: //www. civillaw. com. cn
13. http: //hsb. huash. com
14. http: //www. acftulb. org
15. http: //www. wd999. com
16. http: //www. atsdr. cdc. gov
17. http: //www. medipp. com
18. http: //society. people. com. cn
19. http: //www. zhb. gov. cn
20. http: //http: //www. foodlaw. cn